従業員持株制度の研究

従業員持株制度の研究

市川兼三著

〔学術選書〕

信山社

はしがき

現在の株式会社は社会の富の大部分を生み出しているが、株式会社が資本を集中・集積する機構であるがゆえに、その富を少数の者の手に集中させて、人々の間での経済力の差を拡大する。これがそのまま進行すれば、大多数の者は困窮し、社会体制は不安定なものとなるであろう。株式会社が生み出す富を政府が税として吸い上げ、これを広く分散することによって、人々の間の経済力格差を縮小し、各々の経済的生存権を確保することは可能であろう。しかしこの方法によると、政府権力が巨大なものとなり、それが各人の自立を奪い、社会の発展を阻害するおそれがある。株式会社の生み出す富を、政府を介することなく、個々人の権利に基づいて人々に広く分散する仕組みを作り出すことが必要である。株式会社の生み出す富の分配に参加することのできる基本的な権利は株式所有権である。人々は労働によって富を生み出し、労働を通じて株式会社の生み出す富の分配に参加できる。しかしこれは労働能力を有する人にのみ可能である。労働能力を有する人もいずれはその能力を失う時が来る。労働能力を有しない人が株式会社の生み出す富に直接参加するには株式所有権が必要である。株式所有権を多くの人々に分散する方法として従業員持株制度が重要となりつつある。

人口構成の少子高齢化によって労働能力を有しない人々が急速に増加しつつある。現在の生活水準を維持向上させるためには、株式会社の生産性を高めなければならない。株式会社の生産性を高めるには、従業員の自社株所有による経営意識の高揚が有益であり、それは自社株所有が退職後の生活の主な支えとなることによって、一層高揚する。従業員持株制度は従業員の勤労意欲を現在および退職後の生活向上に直結するものとして重要になりつつある。

諸外国の従業員持株制度と我が国の従業員持株制度を比較検討することによって、我が国の従業員持株制度の問題点を明らかにすると共に、我が国において大衆が経済的生存権を確保する手段としての株式を入手する一つの方法として従業員持株制度を確立することが、一九八五年以来の筆者の課題となった。本書には一九八五年から一九九六年までの一〇論文を収めた。本書所収の論文の他にも従業員持株制度に関する筆者の論文としては、米国従業員持株制度の理論と政策をその創始者とされるLouis O. Kelsoによりながら明らかにした「米国従業員持株制度の理論と政策―ルイス・オー・ケルソーより―(1)―(5)」（香川法学八巻三号、四号、九巻二号、三号、四号、一九八八年、一九八九年、一九八九年、一九八九年、一九九〇年）と、米国の従業員持株制度における従業員退職の際のその持株の処理に関する規制について紹介したうえで、それを参考として我が国の従業員持株制度における株式買戻の問題を論じる「従業員持株制度と株式買戻(上)、(中)、(下)」（商事法務一一五二号、一一五三号、一一五四号、一九八八年）がある。いずれにしろ、これらの論文によって、筆者の課題達成とはとても言えない。筆者は、今、日暮れつつあるのになお道遠し、の思いを痛感している。本書の出版を励みにして、心機新たに、研究に精進しようと思う。

従業員持株制度の研究としては、未完成の本書の出版を快くお引き受け下さった株式会社信山社および本書の出版に関して様々にご苦労いただきました編集担当の袖山貴氏に厚く御礼申し上げます。

二〇〇一年五月

市川兼三

目次

第二編　日本の従業員持株制度

〔初出一覧〕

第一編　外国の従業員持株制度
第一章　米国の従業員持株制度
第一節　米国従業員持株制度の現状……（商事法務一〇八五号、一九八六年）
第二節　米国従業員持株制度の効果と費用（上）、（中）、（下）
……（商事法務一一三七、一一三八、一一三九号、一九八八年）
第三節　日本と米国の従業員持株制度……（インベストメント三八巻四号、一九八五年）
第二章　英国の従業員持株制度
第一節　英国従業員持株制度の歴史……（岸田＝森田＝森本編・河本一郎先生古稀祝賀（有斐閣、一九九四年）
第二節　英国の従業員持株制度……（香川法学一三巻三号、一九九三年）
第三章　韓国の従業員持株制度（1）、（2）…（インベストメント四三巻三号、一九九〇年、四号、一九九〇年）
第二編　日本の従業員持株制度
第一章　従業員持株制度の草創期……（香川法学一六巻一号、一九九六年）
第二章　従業員持株制度と議決権（1）、（2）……（香川法学七巻一号、一九八七年、二号、一九八七年）
第三章　従業員持株制度と株式社内留保契約……（香川法学一二巻三号、一九九二年）
第四章　従業員持株制度における退職時の株式買戻（上）、（中）、（下）
……（商事法務一三二一、一三二二、一三二三号、一九九三年）

第一編　外国の従業員持株制度

第一章　米国の従業員持株制度

第一節　米国従業員持株制度の現状

一　はじめに

米国会計検査院（United States General Accounting Office, 略称GAO）は一九八六年二月七日に従業員持株制度（Employee Stock Ownership Plans, 略称ESOPs）についての調査報告書を公表した。この報告書は『従業員持株制度に関する調査とそれに関連する経済的傾向についての中間報告（Employee Stock Ownership Plans: Interim Report on a Survey and Related Economic Trends）』（以下中間報告書と略す）という表題をもち、六七頁からなる。これは小冊子ではあるが、その内容は米国政府自ら調査したものであり、また従来のいずれの調査よりも包括的なものである。中間報告書に依りながら、米国従業員持株制度の現状を見てみよう（以下引用頁は同書の頁）。

二　調査方法の概要

同調査の目的の一つは従業員持株制度についてのセンサスである。米国内国歳入庁は一九七七年から一九八三年までに提出された書式五、五〇〇に基づいて八、八九一制度が従業員持株制度の諸特徴を有すると確認した。会計検査院はこれらのうちどれだけが従業員持株制度の法的定義(1)を満たしているかどうかを調査した。そのため八、八九一制度を参加者数と資産額を基準として九階層に分け、各層から無作為に二、〇〇四制度を標本として抽出した。この数は誤差五％の範囲内で信頼度九五％において八、八九一の全制度を代表するのに十分な数である（七頁）。

会計検査院は一九八五年一月に二、〇〇四制度のうちどれだけが従業員持株制度であるかを決定するためにそれぞれの会社に質問表を郵送した。これは一、六一六の回答を得た（回答率八一％）（三頁）。同院はこの回答を七、〇四二制度の母集団にまで一般化する。残る一、八四九制度の中にも未知数の従業員持株制度が含まれているが、これにはこの調査結果を及ぼすことができない（七頁）。

従業員持株制度立法の主な目的は、株式所有の拡大、会社資金の供給および会社の業績改善である。会計検査院は従業員持株制度がこれらの目的を達成しつつあるかどうかについての調査も行っている。その結果は最終報告書に含められるであろう（三〜四頁）。

三　従業員持株制度のセンサス

1　従業員持株制度数とその種類

会計検査院は七、〇四二制度のうち、従業員持株制度は四、八九三あり、そのうち四、一七四は活動しているが、七一九は廃止されていると推測した（表Ⅰ参照）。回答のない場合も同様に考えると、最初の八、八九一制度のうち、従業員持株制度は六、一三五あり、そのうち五、一八八は活動しているが、九四七は廃止されていることにな

表 1　従業員持株制度数の推定

種類	活動中		廃止済		合計	
税額控除	1,078	25.8%	166	23.1%	1,244	25.4%
借入利用	676	16.2	58	8.1	733[a]	15.0
借入可能	1,466	35.1	192	26.7	1,659[a]	33.9
借入不能	933	22.4	287	39.9	1,221[a]	24.9
その他[b]	20	0.5	16	2.2	36	0.7
合計	4,174[a]	100.0	719	100.0	4,893	99.9[c]

a　概数計算のため各部分の合計とは一致しない。
b　情報の追加なしには分類できない従業員持株制度を含む。
c　概数計算のため100%にならない。

表 2　従業員持株制度の設立年次

種類＼年	1916～73	1974	1975	1976	1977	1978	1979	1980	1981	1982	1983	合計
税額控除	135	29	176	250	92	109	92	117	82	77	86	1,244
借入利用	106	51	114	124	67	36	58	52	47	50	28	733
借入可能	285	122	269	152	94	144	171	130	152	105	34	1,659
借入不能	207	80	163	174	114	159	106	90	83	37	7	1,221
その他	12	3	0	8	0	0	0	13	0	0	0	36
合計	746[a]	285	723[a]	708	367	449[a]	427	401[a]	364[a]	269[a]	155	4,893[a]

a　概数計算のため各部分の合計とは一致しない。

る（八頁）。

活動中の従業員持株制度のうち、二五・八%は税額控除（tax credit）従業員持株制度であり、一六・二%は株式購入のため借入規定を利用した（leveraged）ものであり、三五・一%は株式購入のための借入を認められているが、いまだ借入規定を利用していない（leverageable）ものであり、二二・四%は制度証書（plan documents）によって借入を認められていない（nonleveraged）ものである。[2]

廃止された従業員持株制度の約四〇%は借入を認められていないものであった。借入可能（leverageable）従業員持株制度は借入不能（non-leveraged）従業員持株制度より廃止されることがより少ないと思われる（八頁）。

2　**従業員持株制度設立数の推移**

表2は一九一六年から一九八三年までの従業員持株制度の設立数をその種類ごとに示している。一九七五年と一九七六年にはきわめて多くの従業員持株制度が設立されており、両年ともその設立数は七〇〇を超える。一九七五年における借入可能従業員持株制度および一九七五年から一九七六年にかけて借入利用従業員持株制度の設立数が比較的多いのは、一九七四年に成立した従業員退職所得保障法（Employee Retirement Income Security Act of 1974, 略称ERISA）の特別規定に対するすばやい反応を示すものであろう。同様に一九七六年における税額控除従業員持株制度設立数のピークは一九七五年における減税法（Tax Reduction Act of 1975）の制定を反映するものであろう。借入不能従業員持株制度は一九七五年から一九八〇年にかけて長期にわたってむらのない設立数を示している。

表2の一九一六年〜一九七三年についての数字は、従業員持株制度に関する最初の重要な立法がなされた年の前年である一九七三年までに設立された従業員福祉制度であり、後にこの調査の時点までに従業員持株制度に変更されたものをすべて含んでいる。つまりより一般的に言えば、ある制度が設立された年はそれが従業員持株制度になった年とは異なりうる（一〇頁）。

3　**従業員持株制度の産業分布**

従業員持株制度の二九・二％は製造業分野にあり、これは他にずば抜けて大きい（表3参照）。製造業に続く四分野はほぼ等しい割合を有する。すなわち、卸売業一四・六％、サービス業一四・一％、金融・保険・不動産業一三・二％、小売業一〇・九％である。その他の分野の割合は小さい。すなわち、運輸・公益事業七・一％、建

表3　従業員持株制度の産業分布

分野＼制度の種類	税額控除	借入利用	借入可能	借入不能	その他	合	計
農・林・漁業	4.4%	18.3%	62.8%	14.5%	0	109	2.7%[a]
鉱業[a]	39.0	19.8	16.0	25.3	0	60	1.5
建設業[a]	20.0	10.9	50.1	18.9	0	282	6.9
製造業	31.1	15.8	30.7	22.4	0	1,199	29.2
運輸・公益事業	77.6	2.2	16.6	2.6	1.0	291	7.1
卸売業	11.6	10.2	49.2	29.0	0	598	14.6
小売業	15.5	16.4	39.3	28.8	0	448	10.9
金融・保険・不動産業[a]	24.0	30.4	23.9	18.5	3.1	543	13.2
サービス業	17.8	19.2	36.5	26.5	0	579	14.1

a　概数計算のため各部分の合計は100.0にならない。

b　64制度についてのデータが見当たらない。

表4　活動中の従業員持株制度の地域分布

分野＼制度の種類	税額控除	借入利用	借入可能	借入不能	その他	合	計
ニューイングランド	45	41	62	29	0	177	4.3%
大西洋岸中部	147	85	120	66	0	418	10.0
中央部北東	237	109	276	160	0	782	18.7
中央部北西	145	88	213	156	0	601[a]	14.4
太平洋岸南部	140	83	164	72	8	468[a]	11.2
中央部南東	29	29	38	38	0	133[a]	3.2
中央部南西	112	63	164	142	0	481	11.5
ロッキー山脈	50	74	141	72	9	347[a]	8.3
太平洋岸	173	103	288	199	3	766	18.3
合計	1,078	676[a]	1,466	933[a]	20	4,174[a]	
%	25.8	16.2	35.1	22.4	0.5		100.0

a　概数計算のため各部分の合計とは一致しない。

設業六・九%、農・林・漁業二・七%、鉱業一・五%である（一二頁）。

従業員持株制度の種類は産業分野によってかなり異なる。たとえば、税額控除従業員持株制度は運輸・公益事業（七七・六%）、鉱業（三九・〇%）および製造業（三一・一%）に比較的多い。借入利用従業員持株制度は金融・保険・不動産業においてのみ高い率を占めている（三〇・四%）。借入可能従業員持株制度は農・林・漁業（六二・八%）、建設業（五〇・一%）、卸売業（四九・二%）、小売業（三九・三%）およびサービス業（三六・五%）に比較的集中している（一四頁）。

4　**従業員持株制度の地域分布**

全体で見ると、最も多いのは中央部北東地域であり、合わせて七八二の従業員持株制度を有する。これに次ぐのは太平洋岸諸州であり、合わせて七六六の従業員持株制度を有する。最も少ないのは中央部南東地域であり、合わせて一三三の従業員持株制度を有する。ニューイングランド諸州も少なく、合わせて一七七の従業員持株制度を有する（表4参照）。

大西洋岸中部地域と中央部南東地域を除くと、米国のすべての地域で最も一般的であるのは借入可能従業員持株制度である。大西洋岸中部地域において最も一般的であるのは税額控除従業員持株制度であり、中央部南東地域においては借入不能従業員持株制度が借入可能従業員持株制度と同数である（一六頁）。

5　**従業員持株制度所有株式の流通状態**

活動中の従業員持株制度の大半の約七六%は、株式が閉鎖的に所有されている企業によって支援されている（表5参照）。税額控除従業員持株制度は借入利用、借入可能および借入不能従業員持株制度とは異なって、そのほぼ六五%は株式が公開で取引されている企業によって支援されている（一八頁）。

表5　活動中の従業員持株信託にある株式の流通状態

種　類	閉鎖所有	公開取引	合　計
税額控除	35.4%	64.6%	1,064
借入利用	84.7	15.3	676
借入可能	94.4	5.6	1,462
借入不能	86.3	13.7	911
そ の 他	—	100.0	12
合　計	75.5%	24.5%	4,124[a]

a　49制度についてはデータが見当たらない。概数計算のため各部分の合計とは一致しない。

表6　議決権株式を有する活動中の従業員持株制度の割合

種　類	公開取引	閉鎖所有	全 会 社
税額控除	98.3%	55.4%	82.8%
借入利用	99.0	72.5	76.6
借入可能	88.4	67.8	69.0
借入不能	66.5	45.9	48.7
そ の 他	100.0	—	100.0
合　計	93.6%	61.7%	69.5%[a]

a　73制度についてはデータが見当たらない。

表7　活動中の従業員持株制度の参加者数と資産額の推定[a]

種類	参加者数			資産額[b]			
	数	%	制度の中央値	合計（百万ドル）	%	制度の中央値	参加者の中央値
税額控除	6,391,029	90.1	430	$14,800	79.3	$864,446	$2,952
借入利用	158,238	2.2	54	1,450	7.8	444,708	8,660
借入可能	293,274	4.1	37	1,445	7.7	272,663	7,149
借入不能	238,406	3.4	40	961	5.2	209,397	5,098
そ の 他	1,842	c	10	1	c	0	0
合　計	7,082,789	99.8[d]	54	$18,660	100.0	$334,606	$5,226

a　完全なデータの利用可能な最近年度である1983年において、活動中の制度に基づく。

b　1983年度ドル基準額で（in constant 1983 dollars.）。

c　0.05未満。

d　概数計算のため、各部分の合計は100.0にならない。

6　従業員持株制度と議決権

全体として見て、従業員持株制度の六九・五％は議決権株式を所有している。公開会社の従業員持株制度は九三・六％が、閉鎖会社の従業員持株制度は六一・七％が議決権株式を所有している（表6参照）。公開会社の従業員持株制度はいずれの種類においても閉鎖会社のものより議決権株式を所有する割合が高い。調査への回答によれば、公開会社の税額控除従業員持株制度と借入利用従業員持株制度は事実上すべてが議決権株式を所有している。公開会社は法律によって税額控除従業員持株制度および借入利用従業員持株制度に議決権株式を拠出しなければならない（二〇頁）。

閉鎖会社では税額控除従業員持株制度よりも借入利用従業員持株制度がより高い割合で議決権株式を有する。にもかかわらず全体として見れば、議決権株式は借入利用従業員持株制度よりは税額控除従業員持株制度においてより一般的である。

公開会社と閉鎖会社の両方を通じて、借入不能従業員持株制度は議決権株式を有する率が最も低い。

7　従業員持株制度の参加者数と資産額

従業員持株制度への参加者全体の九〇・一％は税額控除従業員持株制度に参加している（表7参照）。税額控除従業員持株制度における参加者数の中央値は四三〇人であり、他の種類のものよりはるかに多い。従業員持株信託の資産全体のうち七九・三％は税額控除従業員持株制度によって所有されている。

制度の資産額の中央値で見ると、税額控除従業員持株制度は八六四、四四六ドルであり、他の種類のものよりはるかに大きい。しかし参加者の資産額の中央値で見ると、税額控除従業員持株制度は借入利用、借入可能、借入不能のいずれの制度よりも小さい。これでは借入利用従業員持株制度が最も大きく、八、六六〇ドルである。

税額控除従業員持株制度は、他の種類のものに比べ、参加者の資産額の中央値ではより低いが、制度の資産額の中央値ではより高い地位にある。おそらくその理由は、税額控除従業員持株制度がしばしば非常に大きい企業において設立されるからであろう。制度の資産額は大きくても、これが多数の参加者に割り当てられると、参加者の資産額では限られたものとなる（二二頁）。

8　閉鎖会社および公開会社における参加者数と資産額

制度数の七六％（表5参照）は閉鎖会社の従業員持株制度であるが、参加者数の九三％と資産額の八三％は公開会社の従業員持株制度にある（表9参照）（二四頁）。

9　従業員持株制度参加者数の推移

従業員持株制度の参加者数は一九七五年から一九八三年まで毎年増加した。一九七五年にはそれは七五六、五二三人であったが、一九八三年には七、〇八二、七八九人になった（表8参照）。主な四種類の従業員持株制度のいずれも一九七五年から一九八二年まで一貫して毎年増加した。

参加者数の成長率では初期の従業員持株制度が最も大きい。一九七五年の数は一九七六年には二倍以上となり、一九七六年の数は一九七七年にはほとんど二倍になった。初期の全体としての急速な成長は主に税額控除従業員持株制度によるものであった。しかし借入利用従業員持株制度と借入可能従業員持株制度の参加者数は両方とも一九七六年には一九七五年のほぼ三倍になった。借入利用従業員持株制度と借入可能従業員持株制度の参加者数は一九八〇年から一九八二年にかけても急速に増加した。

借入不能従業員持株制度の成長パターンは他の種類のものとは異なる。その参加者数は一九七九年から一九八〇年にかけて増加数でも成長率でも最大の増加を示した（二六頁）。

表８　従業員持株制度参加者数の推移

種類＼年	1975	1976	1977	1978	1979	1980	1981	1982	1983
税額控除	708,354	1,517,863	3,081,350	3,262,655	4,296,566	4,600,799	4,836,478	5,464,778	6,391,029
借入利用	17,325	52,020	63,985	71,054	81,855	93,665	119,235	145,994	158,238
借入可能	7,077	20,657	41,460	56,174	66,531	99,775	284,218	313,974	293,274
借入不能	23,767	29,048	41,741	54,026	63,587	165,567	204,992	206,730	238,406
そ の 他	0	117	114	116	116	715	1,792	1,458	1,842
合　計	756,523	1,619,705	3,228,650	3,444,025	4,508,655	4,960,521	5,446,715	6,132,934	7,082,789

表９　株式の流通状態で見た従業員持株制度の参加者数と資産額[a]

	閉鎖所有	公開取引	合　計[b]
参加者数の合計	495,757	6,574,833	7,070,590
参加者数の中央値	39	631	54
資産額の合計[c]	$3,109,983	$15,488,434	$18,598,417
資産額の中央値[c]	$277	$1,464	$337

a　完全なデータが利用可能な最近年度である1983年において、活動中の制度に基づく。

b　株式の流通状態の明らかでない81制度を除いている。

c　1983年度ドル基準額で、単位は1,000ドル。

表10　従業員持株制度への拠出額[a]

種類＼年	1977	1978	1979	1980	1981	1982	1983	合　計
税額控除	925,542	1,051,756	1,195,278	1,361,370	1,714,237	2,021,584	1,998,115	10,267,882
借入利用	29,136	69,079	81,603	102,581	111,145	199,637	141,262	734,443
借入可能	26,653	71,375	94,033	109,261	184,213	199,159	164,031	848,725
借入不能	16,090	62,523	68,944	93,449	103,456	106,472	118,127	569,061
そ の 他	0	0	117	0	235	144	292	788
合　計	997,421	1,254,733	1,439,975	1,666,661	2,113,286	2,526,996	2,421,827	12,420,899

a　時価で、単位は1,000ドル。

10　従業員持株制度への拠出額

従業員持株制度への拠出額は一九七七年から一九八三年までの七年間で合わせて一二四億ドルになった。年間の拠出額は一九七七年にはやや一〇億ドルに満たなかったが、一九八三年には二四億ドルを超えるまでに増加した（表10参照）。

拠出額全体のほぼ八三％（一〇三億ドル）は税額控除従業員持株制度に対してなされた。借入利用、借入可能および借入不能従業員持株制度の各々になされた拠出額はたいていの年において似かよっており、一九七七年から一九八三年までになされた拠出額合計も比較的狭い範囲にあった（借入不能従業員持株制度に対する五六、九〇〇万ドルから借入可能従業員持株制度に対する八四、九〇〇万ドルまで）（二八頁）。

四　従業員持株制度と株式所有の分布

従業員持株制度立法の重要目的の一つは、従業員持株制度への参加を通じて、会社株式の所有を拡大することである。もしそうでないならば決して株式に投資しないであろう労働者に株式所有への道を開くことによって、従業員持株制度は労働者に賃金に付け加えて資本蓄積と配当からの収入を与え、米国経済制度への支持を強化することが期待されている。ここでは従業員持株制度を通じてその支援会社において従業員がどの程度株式所有に参加しているかを見てみよう。

従業員持株制度への従業員の参加率の中央値は、税額控除従業員持株制度の場合には他の種類のものよりやや低いけれども、すべての種類の従業員持株制度においてほとんど同じである（表12参照）。中間報告書はミシガン大学調査研究センターの調査から、米国世帯における株式所有の普及率を約二〇％と推定し（三五頁）、これとの比較より次のように述べる。株式所有は、従業員持株制度支援会社の従業員の間には、他の米国民の間よりも、はるかに普及している。一九八三年において、従業員持株制度を通じての株式所有への従業員の参加率の中央値は、米国世帯での株式所有の普及率の三倍以上である（三二頁）。

五　従業員持株制度への拠出による法人税の節約

従業員持株制度への会社からの拠出を促進するため、米国税法は様々な優遇措置を定めている。[3] その主なものは拠出額の税額からの控除と課税所得からの控除である。税額控除を認めるものには、一九七五年から一九八二年まで有効であった減税法従業員持株制度（Tax Reduction Act ESOPs, 略称TRASOPs）と一九八三年以来有効である賃金基準税額控除従業員持株制度（payroll-based tax credit ESOPs, 略称PAYSOPs）があり、所得控除は他の種類のすべての従業員持株制度に認められている。中間報告書は、一九七七年から一九八三年の間にこれらの優遇措置によって連邦財務省は約九九億ドルの税収を失った、と推測する（表II参照）。

税収減九九億ドルのうちの大部分、八九億ドル（九〇%）は税額控除従業員持株制度によるものである。その理由として、従業員持株制度への拠出の大部分が税額控除従業員持株制度になされていること、税額控除では拠出額全額が税収減になること、だが一方所得控除の税収への影響は限界税率（本件の場合には四六―四八%）に依存することがあげられよう（四二頁）。

生産設備への新規投資または代替投資を促進するため、米国税法は、従業員持株制度に関するものも含め、多数の規定を有している。これらのうち最も重要なものは投資税額控除と減価償却控除である。これらによる法人税節約額のうち従業員持株制度によるものがどの程度あるかを見てみよう。

表11　従業員持株制度への使用者拠出による法人所得税の減収[a]

種類＼年	1977	1978	1979	1980	1981	1982	1983	合　計
税額控除[b]	925,542	1,051,756	1,195,278	1,361,370	1,713,713	1,433,128	1,235,604	8,916,391
借入利用[c]	13,985	33,158	37,537	47,187	51,127	89,783	63,154	335,931
借入可能[c]	12,794	34,260	43,255	50,260	84,738	87,998	71,311	384,616
借入不能[c]	7,723	30,011	31,715	42,987	47,590	47,945	49,614	257,585
その他[c]	0	0	54	0	108	66	134	362
合　計	960,044	1,149,185	1,307,839	1,501,804	1,897,276	1,658,920	1,419,817	9,894,885

a　時価で、単位は1,000ドル。
b　使用者は拠出の年に適用可能な全額の税額控除を要求したと仮定している。
c　使用者は拠出の年に適用可能な全額の所得控除を要求したと仮定し、1977年と1978年については48%、その後の年については46%の限界税率を適用している。

表12　1983年における従業員持株制度への従業員の参加率[a]

種　類	従業員合計	参加従業員合計	参加率の中央値
税額控除	12,097,769	6,135,833	62.8%
借入利用	255,667	135,706	71.2
借入可能	503,134	263,819	74.3
借入不能	274,604	189,393	73.9
その他	2,607	1,712	78.7
合　計	13,133,782[b]	6,726,462[b]	70.6

a　データの見当たらない従業員持株制度を除く。
b　概数計算のため各部分の合計とは一致しない。

米国内国歳入庁のデータによれば、除外と繰越前の、仮の投資税額控除（tentative investment credit）は、一九七五年から一九八二年までを合わせると、約一、四二三億ドルになる。このうち、七%投資税額控除と一〇%投資税額控除が合わせて約一、三五三億ドル（九五%）あり、従業員持株制度による税額控除は約六六億ドル、仮の投資税額控除全体の五%に満たない。減価償却控除による法人税の節約は同じ期間に五、一五六億ドル、仮の投資税額控除のほぼ三・五倍になる（四四頁）。

六　従業員持株制度の経済目標達成機能

続いて、中間報告書は、従業員持株制度の経済目標達成機能に関連して、これと会社の資金源および生産性や収益性との関係について述べる。

会社の資金源については、連邦準備委員会の一九五五年から一九八五年にかけてのデータを参照して、内部資金が常に外部からの資金調達より大きいこと、内部資金のうちでは減価償却が、外部資金のうちでは借入が重要部分を占めていることおよび持分の新規発行による資金調達は最高の年でも全体の六・五％にしかならないことが示されている（四八頁）。

従業員持株制度と会社の生産性や収益性との関係については、これに関連する従来の研究を概括し（五四―五五頁）、米国の生産性の推移を他の工業諸国のそれと比較する（五六―五九頁）。その後、米国会計検査院のこれに関する研究の意図と方法が述べられ、その成果については最終報告書に委ねられている（六三―六四頁）。

七　むすび

中間報告書によって数多くの興味ある事実が明らかにされている。たとえば、一九八三年において活動中の従業員持株制度は四、一七四制度、その参加者総数は七〇八万人、その総資産額は一八七億ドルである。税額控除従業員持株制度は制度数では二六％にすぎないが、参加者数の九〇％、資産額の七八％を占めている。閉鎖会社支援の従業員持株制度は制度数では七六％を占めるが、公開会社支援の従業員持株制度が参加者数の九三％、資産額の八三％を占める。従業員持株制度支援会社での従業員のこれへの参加率の中央値は七一％であり、これは米国世帯での株式所有の普及率（約二〇%）の三倍以上である。従業員持株制度による法人所得税の減収額は一九七七年から一九八三年までを合わせると九九億ドルになるが、そのうち八九億ドル（九〇%）は税額控除従業員持株制度によるものである。一九七七年から一九八三年までの間の従業員持株制度への拠出総額は一二四億ドルであるので、この間の法人所得税の減収額をこれから差し引くと、拠出者の実質的な負担額は二五億ドル（拠出総額の二〇%）である等々。

最初の重要な従業員持株制度立法がなされてからほぼ一〇年が経過したが、この間、従業員持株制度は、その後もこれを促進する様々の立法が追加されたこともあって、米国企業に急速に広まり、今なおかなりの勢いで広まりつつある。しかし米国には一〇〇人以上の従業員を有する会社だけでも四九、〇〇〇社あり、これらの会社の従業員総数は、四、一〇〇万人であるとされているので、その普及は緒についたばかりで、まだまだこれからと言えるであろう。(4)

従業員持株制度のこのような普及が米国企業の経営にどのような影響を与えているか、ということについては、その多くが最終報告書に委ねられていることもあり、総じて中間報告書では明らかにされていない。たとえば、従業員持株制度の支援会社での持株比率は明らかでなく、したがって従業員持株制度が会社支配や従業員の経営参加に果たしている役割は判断できない。これは従業員持株制度と会社の生産性や収益性との関係を知るためにも必要と思われる。最終報告書では、従業員持株制度と会社の生産性や収益性との関係だけでなく、会社支配や経営参加との関係も明らかにされることが望まれる。

（1）　米国における従業員持株制度の定義については、市川兼三「日本と米国の従業員持株制度」インベストメント三八巻四号（一九八五年八月）三―五頁〔本書第一編第一章第三節五二―五五頁所収〕参照。

（2） 米国における従業員持株制度の種類とその税法上の優遇措置については、市川・前掲注(1)七—九頁（本書五七—六一頁）参照。

（3） 市川・前掲注(1)七—九頁（本書五七—六一頁）参照。

（4） William C. Freund and Eugen Epstein, People And Productivity 164 (1984).

第二節　米国従業員持株制度の効果と費用

一　はじめに

米国会計検査院は一九八六年一二月に従業員持株制度（Employee Stock Ownership Plans, 略称ESOPs）についての報告書を公表した。この報告書は『従業員持株制度、株式所有を拡大するための税制上の優遇措置の効果と費用（Employee Stock Ownership Plans: Benefits and Costs of ESOP Tax Incentives for Broadening Stock Ownership）』（以下成果報告書と略す）という表題をもち、七二頁からなる。成果報告書は標本調査によるものであるが、その標本は同院自ら今日までの従業員持株制度研究のうちでは最大かつ最も代表的なものであろうと述べ、同院はその調査結果の正確性に自信をもっている（同書六六頁。以下引用頁は同書の頁）。成果報告書の概要を紹介する。

二　従業員持株制度の定義、目的、種類

1　定　義

一九七四年従業員退職所得保障法（the Employee Retirement Income Security Act of 1974, 以下ERISAと略す）は従業員給付制度（employee benefit plans）を給付額確定年金制度（defined benefit plans）と拠出額確定年金制度（defined contribution plans）に分ける。

給付額確定年金制度とは、通常、年金制度（pension plan）と呼ばれるものである。この制度では参加者が退職後受け取るはずの額をあらかじめ明記する。その額は、多くの場合、勤続年数や収入に対する割合またはその両方によって確定された額である。個々の従業員に対する給付は一つの共通基金から支払われ、この基金の管理には厳格な受託者基準（strict fiduciary standards）が適用される。たとえば給付額確定年金制度では使用者証券にその資産の一〇%を超えて投資することが認められていない。同制度が税制上適格な制度に認められている有利な扱いを受けるためには、同制度はERISAその他の法律の定める連邦基準（federal standards）を満たさねばならない。同制度は最低積立て基準に服し、年金給付保証公庫（the Pension Benefit Guarantee Corporation）によって保証される（六〇頁）。

拠出額確定年金制度はその参加者に特定額の給付の支払を約束しない。使用者は各参加者の口座に規則的に拠出すること、および退職その他の出来事が発生すれば、どのようなものであれ、各々の口座にあるものを参加者に支払うことを約束する。それゆえ同制度はしばしば個人別口座制度（individual account plans）または資本蓄積制度（capital accumulation plans）とも呼ばれる。同制度には利益分配制度（profit sharing plans）、株式賞与制度

(stock bonus plans) および金銭拠出制度 (money purchase plans) がある (六〇頁)。

金銭拠出制度は使用者が毎年決まった額 (たとえば年間給料の五%) の拠出を保証しているが、利益分配制度への拠出額は利潤に基づくものであり、それゆえ毎年異なる。株式賞与制度においても使用者は毎年どれだけ拠出するかを決定できる (一二一一三頁)。もし制度約款 (plan documents) において特に定めるならば、これらの基金のいずれにおいても使用者証券に投資できる額を無制限にできる。ただし金銭拠出制度では、それが従業員持株制度の一部でない限り、使用者証券には最大限一〇%までしか投資できない。しかしながら制度受託者 (plan fiduciaries) は〃慎重な (prudent)〃投資を要求されており、これは通常ポートフォリオの多様化を意味すると解釈されている。これらの制度は最低積立て基準に服さないし、年金給付保証公庫によって保証されない (六〇—六一頁)。

従業員持株制度はERISAまたは一九七五年減税法 (the Tax Reduction Act of 1975) によって株式賞与制度または株式賞与制度と金銭拠出制度の組合せとして定義されている (一一二頁)。ただしいずれの場合にも主として適格な使用者証券に投資するよう設計されねばならない。この点において従業員持株制度はたいていの他の従業員給付制度と異なる。たいていの他の従業員給付制度では多様なポートフォリオを維持することが要求されている (一一三頁)。一九七七年以来、財務省規則は従業員持株制度が利益分配制度または株式賞与制度の一部であることを認めてきた (六一頁)。

2　目　的

一九七四年以来制定された一連の法律は、使用者と参加従業員の両方に税金節約を認めることによって従業員持株制度の設立を促進している。従業員持株制度が〃適格 (qualified)〃である限り、すなわち内国歳入法の要件を満たしている限り、使用者と従業員はこれらの税制上の特典を利用できる（一三頁）。

立法府がこれらの誘因によって従業員持株制度の設立を推進したのは、米国人の間での株式所有の分配、会社の利用する資金調達方法が株式所有の拡大を促進するよりはむしろ既存の株主に有利であること、および近年において米国経済の生産性上昇が相対的に低いことを懸念したからであった。それゆえ従業員持株制度の主な目的は株式によって代表される資本を所有する人々の数の増加、労働者が新資産の所有または（株主から労働者への所有の移転によって）既存資産の所有に参加することを可能とする会社金融方法の作出、および労働者が雇用会社の成功に利害関係をもつことから生じると期待される米国産業における生産性と収益性の改善である（一三頁）。

3　種　類

米国会計検査院は従業員持株制度を四つの主な種類に分ける。すなわち借入利用（leveraged）、借入可能（leverageable）、借入不能（nonleveraged）および税額控除（tax credit）である。

借入利用従業員持株制度はERISAの下で認められた。同制度においては、制度信託が使用者証券を購入するため資金を借り入れる。信託はこの借入金を分割して返済するが、使用者は毎年の元本と利子の支払に十分な額を信託に拠出する。通常、会社は利子支払分を課税所得から控除できるが、元本支払分を控除できない。しかし借入利用従業員持株制度への拠出は全額控除できる。結果的には、使用者はこの手続によって金融機関から資金を借り入れ、その元本と利子の両方を課税前の所得から返済できる（一三―一四頁）。

借入可能従業員持株制度と借入不能従業員持株制度もERISAによって認められた。しかしこの両制度は資金を借り入れていない。財務省規則五四・四九七五―一一によれば、従業員持株制度は制度約款（plan documents）によって借入れを認めることも認めないこともできる。もし制度約款が借入れを認めれば、制度は借入取引を授権されるが、しかしそれを行うことを要求されない。借入可能従業員持株制度は制度約款によって借入取引を授権されているが、借入不能従業員持株制度はそうでない。かくして借入不能従業員持株制度は他の株式賞与制度とほとんど同じであり、他の株式賞与制度が主として使用者証券に投資することを要求されていない点で異なる(一四頁)。多くの者が法律上の定義によれば従業員持株制度でない株式賞与制度 (non-ESOP stock bonus plans) を従業員持株制度として扱う。しかし成果報告書において会計検査院が調査対象としたのは法律と規則によって従業員持株制度と定義されているもののみである（一八頁)。

成果報告書では、借入利用、借入可能、借入不能の三つの従業員持株制度をまとめてエリサ型従業員持株制度 (ERISA-type ESOPs) と呼んでいる。支援企業はすべてのエリサ型従業員持株制度への拠出を課税所得から控除できるが、税額からは控除できない（一四頁)。

一九七五年減税法が税額控除従業員持株制度を創設した。同法は、使用者の従業員持株制度への拠出につき、当該税年度の使用者の適格な新資本投資額の一％を限度として、使用者が税額から控除することを認めた。この税額控除は一〇％の投資税額控除に追加して認められた（五七頁)。この税額控除を利用した従業員持株制度は、Tax Reduction Act ESOPsまたはTRASOPsと呼ばれた。一九七六年税制改革法 (the Tax Reform Act of 1976) は追加して新資本投資額の〇・五％を税額から控除することを認めたが、これは従業員が同等額をTRASOPsに拠出することを条件としていた。一九八三年から税額控除のための基準が投資から保障給与 (covered payroll) に変わり、その〇・五％となった。この種類の従業員持株制度は、Payroll-based ESOPsまたはPAYSOPsと呼ばれた(一四頁)。PAYSOPsでは従業員の拠出は要求されていない(五七頁)。PAYSOPs立法は一九八六年一二月三一日で失効した(五八頁)。成果報告書では、TRASOPsとPAYSOPsを合わせて税額控除従業員持株制度(tax credit

ESOPs）と呼んでいる（一四頁）。

従業員持株制度は従業員株式購入制度（employee stock purchase plan）とは異なる。後者は一九二〇年代に盛んであったが、その後当時の人気を回復していない。従業員株式購入制度は割引価格で使用者株式を購入することを可能にする。これについて、内国歳入法は、(1)株式が市場時価の八五％以上で従業員に売却されること、および(2)すべての従業員かまたはたいていの従業員がその割引を利用できること、を要求している（六一頁）。

三　従業員持株制度の数

米国会計検査院は一九八六年三月時点で四、七九九の従業員持株制度が活動中であると推定している。これは一九八三年までに内国歳入庁に提出された書式五、五〇〇に基づいてなされた一九八五年調査[(1)]によって確認された四、一七四制度と、その後の同庁の四半期報告書から知られた六二五制度からなる（一八頁）。これらの従業員持株制度を支援している企業の数は制度の数よりやや少ない。これは若干の使用者が複数の従業員持株制度を支援しているからである。同院の推定によれば、四、一〇〇の企業が先の四、一七四制度を、六〇五の企業が新たに設立された六二五制度を支援しており、総数で約四、七〇〇の従業員持株制度支援企業がある（一八頁）。

従業員持株制度に付け加えて、二、四〇五の従業員持株制度でない株式賞与制度（non-ESOP stock bonus plans）がある。この従業員持株制度でない株式賞与制度は借入不能従業員持株制度とほとんど区別できない。それゆえ多くの者が従業員持株制度でない株式賞与制度も従業員持株制度として扱う。従業員持株制度と法律上の定義によれば従業員持株制度でない株式賞与制度を合わせると、一九八六年三月時点で活動中のものが七、二〇四になる（一八頁）。

四　従業員持株制度の設立、維持、廃止の理由

1　設立理由

会社がなぜ従業員持株制度を設立したかを回答者にたずねた。回答者は質問紙に列挙した理由の中から選択することもできたし、それ以外の他の理由を選択することもできた。各々の回答者は適当と思われるすべての理由を選択できた。表Iはそれぞれの理由にチェックした従業員持株制度の比率を示す（一九頁）。

きわだってよくあげられる理由は、従業員に給付を与えること、税制上の利益を獲得することおよび生産性を改善することの三つである。これは従業員持株制度全体についても、またそれぞれの種類の従業員持株制度についても真実である。対照的に、従業員持株制度の非常に論争されている用い方、つまり労働組合化(unionization)の回避、敵対的乗っ取りに対する防備強化、失敗会社の救済、賃金譲歩と従業員持株制度への拠出を取引することおよび閉鎖会社化をあげた回答者はわずかである（二〇頁）。

税額控除従業員持株制度は、他の種類のものに比べ、大所有者の株式を購入するためまたは過半数所有を従業員に移すため、設立されることがより少ないようである。対照的に、借入利用従業員持株制度では五九％がその設立理由の一つとして大所有者の株式購入を、三七％が過半数所有の従業員への移転をあげている。また同制度は、他の種類のものに比べて、失敗会社の救済のため設立されることがいくぶん多いようである。といってもこの理由をあげているのは同制度でも八％にすぎない（二一頁）。

2　維持理由

従業員持株制度をもつことから企業に生じている利益と不利益について回答者にたずねた。この回答から企業

表1　従業員持株制度の設立理由

設立理由＼制度の種類	税額控除	借入利用	借入可能	借入不能	全　体
従業員給付	95%	88%	90%	92%	91%
税制上の利益	77	64	77	74	74
生産性の改善	65	73	74	70	70
大所有者の株式購入	21	59	45	35	38
転職の減少	29	36	40	36	36
過半数所有の従業員への移転	23	37	37	32	32
投資のための資本調達	21	26	30	18	24
無断欠勤の減少	13	11	16	14	14
労働組合化の回避	7	7	7	9	8
敵対的乗っ取りに対する防備強化	6	6	4	5	5
失敗会社の救済	3	8	2	4	4
賃金譲歩の代わり	3	1	2	4	3
閉鎖会社化	2	4	a	a	1
その他	10	10	7	8	a
加重事例合計	1,015	579	1,250	853	3,698[b]

a　0.5%以下。

b　加重小合計を合わせても、概数計算のため、全体の合計にならない。

（出所）U.S. General Accounting Office, Employee Stock Ownership Plans: Benefits and Costs of ESOP Tax Incentives for Broadening Stock Ownership, p. 20.

（以後、引用の表および図はすべて同書のものであるので、掲載頁のみ記す）

が従業員持株制度を維持する理由を推論できる。その回答は表2と表3において示されている（二二頁）。

従業員持株制度をもつことから、企業にとって何の利益も生じていない、と答えたのは八%にすぎないのに対し、何の不利益も生じていない、と答えたのは五七%である。すなわちすでに確立している従業員持株制度を放棄する誘因はほとんどない（二二頁）。

従業員持株制度の主な利益は、回答者によれば、従業員モラルの改善と税金節約である。いずれの種類においても回答者の過半数がこの二つの理由をあげている。税金節約とより高い生産性は従業員持株制度の主な利益としてあげられているが、すべての種類において、この利益をあげている回答者は、制度設立理由としてこれらの理由をあげたものより、割合において小さい。借入利用および借入可能従業員持株制度についての回答者は、他のものよりも、その制度の利益として収益性の改善により注目するようである（二三頁）。

過半数の制度（五七％）がその支援企業にとって不利益なしと回答した。残りの企業にとって最も一般的にあげられる不利益は株式価値の希釈化と買戻責任である。不利益として借入可能と借入不能従業員持株制度についての回答者は特に株式価値の希釈化をあげるようであり、エリサ型の従業員持株制度では税額控除従業員持株制度よりも買戻責任に注目するようである。約一五％の回答者が支援企業にとって従業員持株制度にはその他の不利益があると述べた。多くの企業が従業員持株制度のため要求されている事務労働をめんどうなものと思っていた（二三―二四頁）。

3　廃止理由

標本となった制度のうち一五％は調査時点において活動していなかった。これらの回答者になぜ従業員持株制度を廃止したのか、なぜそれを他の制度に変更したのか、またはなぜそれへの拠出を中止したのか、たずねた。その結果は表4に示されている（二四頁）。

従業員持株制度廃止の主な理由は事業環境の悪化であり、回答者の三二％がこれをあげた。これは制度そのものとはほとんど関係がない。同様に、合併（一三％）、所有の変更（一二％）および会社の清算（五％）も、制度そのものというよりはむしろ事業により多く関係する（二四頁）。

回答者の一八％は従業員持株制度廃止の理由としてERISAの負担をあげ、別の一五％はTRASOPsのための税額控除の終了をあげる。これらの理由は従業員持株制度と特に関係がある。その他と回答したものの多くは事務

表2　従業員持株制度をもつことの利益

利益＼制度の種類	税額控除	借入利用	借入可能	借入不能	全体
従業員モラルの改善	74%	75%	60%	61%	66%
税金節約	55	51	66	65	60
より高い生産性	34	42	38	31	36
転職の減少	25	42	35	34	33
より良い労使関係	27	28	24	25	26
投資のための資本	16	22	32	24	24
収益性の改善	16	26	30	20	23
無断欠勤の減少	6	11	10	9	9
その他の利益	8	9	6	4	6
利益なし	9	5	9	8	8
加重事例合計	1,019	573	1,240	825	3,657

（出所）22頁。

表3　従業員持株制度をもつことの不利益

不利益＼制度の種類	税額控除	借入利用	借入可能	借入不能	全体
株式価値の希釈化	10%	10%	20%	23%	16%
買戻責任	6	20	19	22	16
会社支配の喪失	1	3	7	5	4
株式パフォーマンスの低下	4	4	2	2	3
資金借入れの困難	0	2	1	1	1
その他の不利益	11	15	17	18	15
不利益なし	72	57	49	52	57
加重事例合計	995	567	1,221	803	3,586

（出所）22頁。

表4　従業員持株制度の廃止、その他の制度への変更または拠出の中止の理由

理由＼制度の種類	税額控除	借入利用	借入可能	借入不能	全体
事業環境の悪化	11%	39%	30%	53%	32%
ERISAの負担	10	32	22	20	18
TRASOPs税額控除の終了	46	0	3	1	15
従業員持株制度の不利益	4	28	19	13	14
合併	22	14	4	11	13
所有の変更	13	0	9	16	12
会社の清算	6	0	10	0	5
集団交渉の合意	0	0	3	0	1
その他	14	10	40	26	24
加重事例合計	243	66	238	247	765[a]

a　加重事例小合計を合わせても、概算計算のため、全体の合計にならない。
（出所）24頁。

労働を問題としているので、ERISAの負担はその他回答の多くにも含まれている。従業員持株制度それ自体の不利益をあげるものは一四%である。TRASOPs税額控除の終了をあげたもののうちのいくつかはその制度をPAYSOPsに変更した（二四頁）。

五　従業員持株制度の費用

1　上限見積り

従業員持株制度のための税制上の優遇措置（incentives）の費用はそのため連邦政府が失った税収としてあらわれる。まず次の三つの仮定の下に連邦の歳入損失を推測する。①会社の従業員持株制度への拠出はすべて税制上の利益を得るに適格であり、すべての使用者がそれを要求した。②適用可能な税額控除または所得控除は拠出の年に要求された。③優遇措置がなかったとしても行動は変わらない。これらの仮定は歳入損失の見積りを最大化する傾向にある。なお、一九八四年赤字削減法（the Deficit Reduction Act of 1984, 略称DEFRA）と一九八六年

表５　従業員持株制度に伴う歳入損失の上限見積り

（1977〜83年、単位百万ドル）

制度の種類／損失(利得)の源泉	税額控除	エリサ型	合　計
法人所得税	8,710	417	9,628
個人所得税			
拠出に関する繰延べ	2,814	567	3,381
収益に関する繰延べ	783	73	856
分配に関する支払	(503)	(50)	(553)
純個人	3,094	589	3,683
合　計	11,805	1,506	13,311

（出所）29頁。

税制改革法（the Tax Reform Act of 1986）による新しい税制上の優遇措置は考慮していない（二七頁）。

税額控除従業員持株制度への拠出による会社の税金節約については、その拠出全額が税額控除として利用されると仮定した。すなわち拠出全額を財務省の歳入損失とみなした。会社が従業員持株制度への拠出を所得から控除するとき、支払われない税額は、拠出額にその会社の限界税率（marginal tax rate）をかけたものに等しい。この限界税率は、会社の該当する課税区分（tax bracket）によって異なるが、会社はすべて最高の区分にあると仮定した。この区分のための適用税率は一九七八年までの数年間については四八％であり、それは一九七九年から四六％に減じられた。エリサ型の従業員持株制度に関する損失については、これらの限界税率をその適用可能な年度に用いた（六七頁）。

使用者が参加者の口座に拠出した額および制度信託がその資産によって得た収益は参加者にとって所得である。しかしこの所得は、参加者が退職、死亡または離職（separation）に伴い、その信託から分配を受けるまで、課税されない。従業員持株信託への拠出とその収益は、参加者全体を通じて平均二八％の限界税率で、また信託からの分配は二三・七五％の税率で課税されたと仮定した。個人所得の繰延べから生じる年間の歳入損失は、拠出と収益に関し繰り延べられた税と分配に関し支払われた税との差額として推測した（六七—六八頁）。

一九七七年から一九八三年までの間に、従業員持株制度に伴う連邦歳入損失は一三三億ドル（年平均一九億ドル）と推測される（表5参照）。このうち一一八億ドル、ほぼ八九％は税額控除従業員持株制度によるものである。歳入損失一三三億ドルのうち九六億ドル（約七二％）は会社の所得税節約額である。従業員は四二億ドル強の所得税を繰り延べており、そのうち五億五、〇〇〇万ドルは分配の際の課税によって取り戻された。それゆえこの期間中の個人所得税繰延べ純額はほぼ三七億ドルになる（二八—二九頁）。

2　下限見積り

先に述べた③の仮定を次の仮定に変える。すなわち、もし従業員持株制度についてのすべての税制上の特典が利用できないとすれば、企業は税制上の他の優遇措置を利用するためその行動を変える、との仮定である。

この変更は税額控除従業員持株制度についての結果には影響しないであろう。TRASOPによって追加された投資税額控除は会社が工場や設備に投資した額に基づくものであった。会社は税額控除を申請できる課税所得を有する限り、その減税額を全額利用できるようにTRASOPへの拠出を合わせた。同様に、PAYSOPの税額控除は、他の制度では埋め合わせのできない、税制上の完全な助成金を提供する。これらの税制上の特典は他の種類の従業員のための制度への拠出によっては獲得されない。税額控除従業員持株制度に伴う税損失の見積り額はその全部が従業員持株制度のための特別な優遇措置によると考えられる（二九頁）。

エリサ型の従業員持株制度への拠出は、同じ所得控除ルールに従いながら、他の種類の制度になされることができる、または賃金および給料に置き換えることができる、と思われる。つまり、これらの従業員持株制度は、

表6　従業員持株制度に伴う歳入損失の下限見積り

（1977〜83年、単位百万ドル）

制度の種類 / 損失(利得)の源泉	税額控除	エリサ型	合　計
法人所得税	8,710	227	8,938
個人所得税			
拠出に関する繰延べ	2,814	—	2,814
収益に関する繰延べ	783	—	783
分配に関する支払	(503)	—	(503)
純個人	3,094	—	3,094
合　計	11,805	227	12,032

（出所）31頁。

適格な従業員のための制度としてのその地位のゆえに、特別な歳入損失を必然的に伴うものでない。それゆえ、借入可能および借入不能従業員持株制度については、税損失を従業員持株制度のための特別な優遇措置のせいにはできない（三〇頁）。

借入利用従業員持株制度の場合には異なる。これへの拠出は新株の購入に用いられた借入金の支払にあてられることもある。支援会社は、限度はあるが制度への拠出額全額を所得から控除できる。その限度は、一九八一年以来制限的なものでなく、拠出のうち利子支払にあてる部分については全額を、元本支払にあてる部分については給与の二五％までに等しい額を所得から控除できる。通常、企業は借入金に対する利子支払を所得から控除できる。したがって従業員持株制度への拠出のうち、利子支払にあてる部分の所得からの控除は、従業員持株制度のための特別な優遇措置ではない。元本支払にあてる部分について認められた所得控除のみが借入利用従業員持株制度に特別なものである。それゆえ歳入損失を推定する際には、元本支払にあてる部分のみを考慮すべきである。その際、それぞれの借入金は、一〇年をかけて、毎年元本の一〇分の一ずつ支払われると仮定した（三〇頁）。

従業員持株制度に伴う個人所得税の歳入損失を推定する際にも、同制度への会社拠出の取扱いについての先の仮定は同じく適用されねばならない。すなわち、もし拠出が法人税について従業員持株制度のための特別規定のせいにできないとすれば、同じことは個人税にも妥当する。このことは、税額控除従業員持株制度については、従業員の繰り延べられた税についての先の見積りに何の変化も考えられない、ということを意味する。しかしながら、エリサ型の従業員持株制度については、従業員のための課税の繰延べはすべての従業員給付制度の下で利用できる通常の繰延べから生じており、従業員持株制度のための特別規定から生じるものでない。それゆえこれらの個人別口座には、従業員持株制度に特別に関係する連邦の歳入損失はない（三〇―三一頁）。

仮定の変更によって、歳入損失は一三三億ドルから一二〇億ドル（年平均では一九億ドルから一七億ドル）に減少する（表6参照）。このうち一一八億ドル（九八％）が税額控除従業員持株制度のための税額控除によるものであり、残りは借入利用従業員持株制度での借入金の元本支払にあてるための拠出の所得控除によるものである。これらは従業員持株制度に伴う歳入損失の下限見積りとみなされよう（三一頁）。

六　従業員持株制度による資本所有の拡大

1　従業員持株制度と株式所有の分配

一九八三年において、株式を直接にまたはミューチュアル・ファンドを通じて所有している家族は米国家族の一九％のみであった。少数の家族が株式を所有しているだけでなく、株式価値の分配が非常に豊かなものに異常に片寄っている。議会合同委員会の最近の報告書によれば、一九八三年において、人口の〇・五％の最富豪が直接にまたはミューチュアル・ファンドを通じて保有されている株式すべての価値の四五・六％を所有していた。

同じ人口の〇・五%の最富豪が一九八三年において純価値での富全体の二六・七%を所有していた。株式所有の分配は富全体の分配よりずっと集中している（三四頁）。

内国歳入庁のデータによれば、従業員持株制度全体についての従業員参加率の中央値はほぼ七一%である。(2) それゆえ、従業員持株制度をもつ企業の従業員が富と所得の水準において高くない労働者を含んでいると仮定すると、従業員持株制度を通じてこれらの労働者が株式所有に参加する高い割合は、これらの制度が支援企業内部の株式所有を拡大している、ということを示唆している（三五頁）。

しかしながら、従業員持株制度が株式所有全体の分配に影響できる範囲には限界がある。第一に、従業員持株制度の数が少なく、一九八六年において四、七九九である。第二に、一九八三年において七〇〇万人以上の労働者が従業員持株制度に参加しているけれども、これらはその年の雇用労働力一億二五〇〇万人の七%にも足りない。第三に、一九八三年において全従業員持株制度の総資産価値約一八七億ドルは当時の社外株式全体の価値二兆一、五一五億ドルの一%より少ない。かくして全株式のほんのわずかの部分だけが従業員持株制度を通じて従業員に獲得されており、全労働者のわずかな部分のみが今日までに給付を受けた（三六頁）。

2　従業員持株制度と株式所有に基づく配当収入

(1)　序

株式所有に伴う利益の一つは株主に支払われる配当である。現在の収入として配当を従業員にパス・スルー（pass through）することを支持する主な論拠の一つは、これが参加従業員の側での所有感を強め、生産性および収益性という点から見て、企業の成功により強い意欲を導くであろう、ということである。他方、従業員は信託に配当を残しておくことから利益を得る。というのはそれによって課税が繰り延べられ、各々の従業員の口座の価値が大きくなる（三六頁）。

(2)　会社から従業員持株制度への配当の分配

全体では三二％が常に配当を支払っているが、企業がその株式に配当を支払う程度は種類によって大きく異なる（表7参照）。税額控除従業員持株制度を支援する企業の間では、回答者の五八％が常に配当を支払うと述べた。しかし他の種類の従業員持株制度支援者の間では、規則的に配当を支払うのは二〇％から二六％にすぎない（三六頁）。

(3)　従業員持株制度から参加者への配当の分配

従業員持株制度信託に支払われた配当は、通常、信託に留保され、参加者に現在の収入として分配されていない。一九八四年六月より前に配当を受け取った従業員持株制度のうち八六％はそれを信託に留保した（表8参照）。この数字はすべての種類の従業員持株制度について実質的には同じであった（三七頁）。

(4)　一九八四年赤字削減法（DEFRA）は配当支払にほとんど影響していない

参加者への配当分配を促進し、所有の拡大に伴う資本収入についての〃二重課税〃を除去するため、一九八四年赤字削減法は参加者に支払われた現金配当の額を会社が課税所得から控除することを認めた。この法律の変更が参加者への配当分配に影響したかどうかを決定するため、同法可決後配当支払をどう処理したかを回答者にたずねた。表9は、一九八四年前には従業員持株制度信託に支払われた配当が信託に留保されていたと述べた会社の間での回答を示す。調査のなされた一九八五年末の時点では、この税制上の優遇措置にもかかわらず、一九八四年六月の後に配当を受け取った従業員持株制度の九五％が信託にそれを留保し続け、五％だけが参加者に配当を分配した（三七頁）。

表７　会社から従業員持株制度への配当の分配

頻度＼制度の種類	税額控除	借入利用	借入可能	借入不能	全体
常に	58%	26%	21%	20%	32%
約４分の３	3	2	2	1	2
約２分の１	2	2	2	3	2
約４分の１	2	8	5	9	6
一度も支給なし	35	61	70	66	58
加重事例合計	1,004	579	1,222	802	3,606

（出所）　37頁。

表８　配当を受け取った制度の間での1984年６月より前の配当の分配

分配の有無＼制度の種類	税額控除	借入利用	借入可能	借入不能	全体
制度信託に配当留保	86%	85%	87%	89%	86%
参加者に配当分配	12	9	4	2	8
1984年６月より前には配当の支払なし	2	6	9	9	5
事例合計	584	204	340	239	1,367

（出所）　37頁。

表９　1984年６月より前には配当を留保していた制度の間での、1984年６月より後での配当の分配

分配の有無＼制度の種類	税額控除	借入利用	借入可能	借入不能	全体
制度信託に配当留保	95%	92%	92%	100%	95%
参加者に配当分配	5	8	8	0	5
加重事例合計	514	136	259	180	1,089

（出所）　38頁。

3　従業員持株制度を通じての会社支配

(1)　序

従業員持株制度を通じての従業員の経営支配または経営参加は従業員持株制度立法の明らさまな目的ではないが、しかしそれは所有のもう一つの属性である。従業員持株制度を通じての従業員の経営支配または経営参加については多くの議論がある。一方では、従業員の経営支配または経営参加は従業員持株制度の生み出すであろう生産性上昇に寄与する点において重要である、と主張される。会社経営に直接関係している従業員が、生産性改善計画において経営陣と協力し、会社業績改善のための提案を発展させ、会社に対して過剰な賃金と給付要求を抑制することによって、会社の成功に意欲をもち貢献するであろう、ということは理屈に合っている。他方、従業員が経営決定に過剰な影響力をもつかもしれないという懸念が多くの企業において従業員持株制度設立の障害としてあげられてきた。会社経営者や金融機関の意思決定者の中には、もし労働者が経営決定を支配できるようになれば、労働者は会社の長期的成長のための投資を犠牲にして賃金と給付の増加を選択するかもしれないとの懸念を表明する者がある（三八頁）。

(2)　通常、従業員持株制度が所有する会社株式の比率は小さい

従業員持株制度を通じて従業員が会社を支配できる程度についての尺度の一つは、従業員持株制度信託が従業員のために所有する会社株式の比率である。表10によれば、使用者会社の社外株式の大きな部分を所有している従業員持株制度は少ない。従業員持株制度の持株比率の中央値は一〇％にすぎない。この値は借入利用従業員持株制度では二〇％、税額控除従業員持株制度では二％にすぎない。支援会社株式の二五％より多くを所有するのは従業員持株制度の二四％にすぎない（会社株式の全部を所有するのは二％より少ない）。借入利用従業員持株制度の

表10　従業員持株制度による支援会社の所有

所有比率＼制度の種類	税額控除	借入利用	借入可能	借入不能	全体
25%までの所有	95%	56%	68%	77%	75%
25%より多い所有	5	44	32	23	25
加重事例合計	838	506	1,061	648	3,052
持株比率の中央値	2%	20%	15%	13%	10%

（出所）39頁。

表11　支援会社における従業員持株制度の議決権の強さ

所有比率＼制度の種類	税額控除	借入利用	借入可能	借入不能	全体
25%までの所有	96%	68%	72%	85%	81%
25%より多い所有	4	32	28	15	19
加重事例合計	847	491	1,034	633	3,005
議決権の強さの比率の中央値	1%	14%	10%	5%	5%

（出所）40頁。

表12　従業員持株制度設立の前と後における会社の意思形成への経営陣でない従業員の関与

関与の増減＼制度の種類	税額控除	借入利用	借入可能	借入不能	全体
現在の方がより多い	24%	27%	31%	25%	27%
ほぼ同じ	69	71	65	69	68
現在の方がより少ない	2	0	0	2	1
確認できない	5	2	4	4	4
加重事例合計	936	552	1,174	786	3,447[a]

a　加重事例小合計は合わせても、概算計算のため、全体の合計にならない。
（出所）41頁。

間では、同制度の四二％が企業持分の二五％より多くを所有する(このうち六％だけが支援者株式の全部を所有する)(三九頁)。[3]

(3)　従業員持株制度の支配する議決権株式はより少ない

ほぼ七〇％の従業員持株制度が議決権ある使用者株式を保有する。[4]しかしながら従業員持株制度保有株式の中には議決権のないものもあり、同制度保有株式の支援企業での議決権の強さの割合は同制度所有株式数の割合より小さい(表II参照)。従業員持株制度口座にある株式の議決権は、制度の種類、閉鎖企業か公開企業か、および会社設立州の法律に応じて、参加者にパス・スルー (pass-through) されるかまたは制度受託者によって行使される。[5]調査によれば、税額控除従業員持株制度の六六％が全議決権を参加者にパス・スルーしている。この比率は、借入利用従業員持株制度では三三％、借入可能従業員持株制度では三〇％、借入不能従業員持株制度では二五％である(三九頁)。

(4)　従業員持株制度は取締役会を支配していない

回答者によれば、従業員持株制度支援企業のほぼ九七％が取締役会を有するが、これらのうち四％のみがその取締役会に労働組合代表または経営陣でない従業員の代表を含む。調査対象企業のいずれにおいても従業員代表が取締役会の過半数を構成しているとの報告はなかった(四〇頁)。

(5)　従業員持株制度は従業員の経営参加の増加を導きうる

従業員持株制度は会社経営に対する支配を一般従業員の手にゆだねるようには思われないけれども、それは会社の意思形成に従業員が参加する機会を増加することができる。そのような参加の範囲について回答者にたずねた。この点についてのデータは経営者の回答に基づくものであり、必ずしも経営陣でない従業員の見解を示すものでない（四〇頁）。

三分の二強が従業員の経営への参加は従業員持株制度設立の前後でほぼ同じであると回答した（表12参照）。しかし四分の一強が関与の増加を報告し、関与の減少を示したのは一％にすぎない。回答のパターンは従業員持株制度の種類によってほとんど変わらない（四〇頁）。

経営陣でない従業員の参加の増加は、たいていの場合、会社内で制度化されていないようである。従業員の参加が増加したと報告している企業のうち四分の一足らずが、参加の増加は委員会または対策部（task force）のような公式の組織かまたは公式と非公式の組織との組合せを通じて導かれた、と報告した（表13参照）。他方、回答者の四分の三強が、従業員の関与の増加はくつろいだ会合や会話のような非公式な場において生じた、と述べた。しかし借入利用従業員持株制度においては、参加の増加を報告しているもののうち四二％が、公式の組織かまたは公式と非公式の場の組合せにおいて生じた、と述べた（四一頁）。

(6)　従業員の参加は特定の問題において生じる

表14が示しているように、経営陣でない従業員が関与する作業集団または委員会は主に四つの問題、つまり、安全性、労働条件、良い労使関係の維持および費用減少を取り扱う傾向にある。従業員持株制度の種類によって多少異なるけれども、これらの四つはすべての種類について一貫して表の上位にある。逆に、製品品質サークル、新製品やサービスの開発、戦略的または長期的な計画の作成および資金計画または資金管理はすべての種類において下位にある四つの問題領域である。このパターンは経営陣でない従業員の関与が主として従業員参加の伝統的な領域において生じているということを示唆する（四一―四二頁）。

表13　意思形成への経営陣でない従業員の増加した関与の性質

制度の種類 / 関与の増減	税額控除	借入利用	借入可能	借入不能	全　体
公式	3%	27%	16%	17%	15%
公式と非公式の混合	14	15	5	3	8
非公式	83	58	77	80	76
確認されない	0	0	2	0	1
加重事例合計	226	151	362	198	937

（出所）　41頁。

表14　意思形成に経営陣でない従業員が関与する問題

制度の種類 / 問題領域	税額控除	借入利用	借入可能	借入不能	全　体
安全性	51%	34%	40%	38%	42%
労働条件	36	38	33	28	34
労使関係	38	30	36	25	33
費用減少	33	31	29	29	30
製品品質サークル	25	18	15	17	19
新製品の開発	14	19	12	16	14
長期計画作成	10	14	17	8	13
資金計画	13	10	10	8	11
その他	3	3	2	2	3
関与なし	32	34	29	40	33
加重事例合計	899	533	1,147	767	3,345[a]

a　加重事例小合計は合わせても、概算計算のため、全体の合計にならない。
（出所）　42頁。

(7)　従業員は決定よりもむしろ提案を求められる傾向にある
表14に列挙された問題のいずれであれ、意思形成に経営陣でない従業員が参加している場合でも、従業員が現実に意思形成に参加する範囲はいくぶん制限されている。表15が示しているように、ほとんどすべての企業が従業員からの提案を勧誘する。しかしこれらの問題のいずれかを従業員自身が決定するのは一〇％にすぎない。そして三分の一足らずにおいて、従業員は経営陣と意思形成を分かち合う（四二頁）。

七　企業金融の仕組みとしての借入利用従業員持株制度

1　借入利用従業員持株制度の理論

Louis O. Kelsoが一九五〇年代に借入利用従業員持株制度のアイデアを開発した。議会は一九七四年にERISAによってこれを認めた。Kelsoによれば、会社の資金調達方法は、その成長と生産性上昇の利益を比較的少数の豊かな層である現在の株主に確保する傾向がある。会社は内部金融および借入れに依存することによって、人口の小さい部分の資源所有を強化する傾向にある。逆に、借入利用従業員持株制度は会社が株式所有を拡大しながら資金を調達することを可能にする（四八頁）。

Kelsoのオリジナルなアイデアによれば、借入利用従業員持株制度は借入金で会社の新規発行株式を購入する。会社はこの株式売却によって得た資金を資本投資——新プラントや設備の購入または既存施設の革新——に用いるであろう。かくして、資本そのものと同じく資本所有が、既存資本の所有を再分配するよりはむしろ従業員を新資本の所有者にすることによって、拡大されるであろう（四八頁）。

表15　経営陣でない従業員による意思形成参加の型

型＼制度の種類	税額控除	借入利用	借入可能	借入不能	全　体
提案する	98%	96%	94%	94%	95%
経営陣と分かつ	20	36	42	35	33
従業員自身で決定	9	10	6	17	10
その他	1	4	0	0	1
加重事例合計	573	298	648	375	1,834

（出所）　43頁。

図1　借入利用従業員持株制度の仕組み

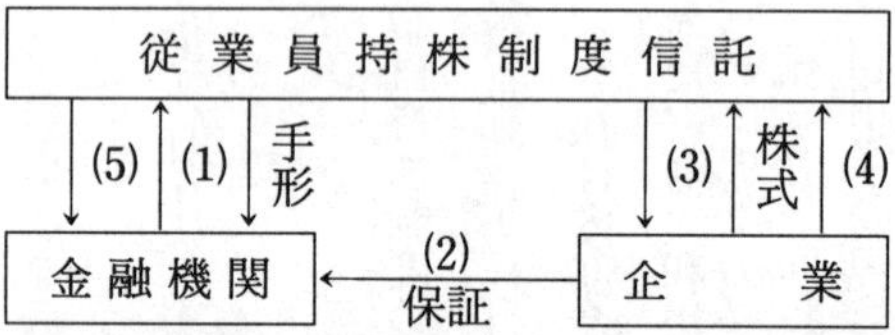

(1)　金融機関が約束手形と交換に従業員持株制度信託に貸し付ける。

(2)　支援企業がその手形を保証する。

(3)　制度受託者が借入金を用いて支援企業から株式を購入する。

(4)　企業は従業員持株制度信託に現金を拠出する。

(5)　従業員持株制度信託はその現金によって借入金の元本と利子を支払う。

（出所）　49頁。

2　借入利用従業員持株制度はどのように機能するか

図Ⅰは借入利用従業員持株制度の仕組みを示す概要図である。まず金融機関が約束手形と交換に従業員持株制度信託に貸し付ける(1)。一般的には、この手形は支援会社によって保証される(2)。制度受託者はその借入金を用いて会社から株式を購入する(3)。会社はその資金で金融上の必要を満たす。一方、従業員持株制度信託にある株式は未割当口座において保有され、借入金のための担保として用いられる。借入金を支払うため、会社は少なくとも信託が金融機関に毎年の元本および利子を支払う(5)ことができるよう信託に拠出するかまたは配当を支払う(4)。

3　借入利用従業員持株制度による金融の長所と短所

会社の立場から見て、従業員持株制度による金融の主な長所は、債務の返済に用いられる資金が課税目的上従業員のための制度（employee plan）への拠出として扱われるということである。これは、この資金が会社の課税前の所得から控除可能であり、したがって借入金に関する元本と利子の両方が課税前のドルでもって支払われる、ということを意味する。通常は、利子支払分のみが控除可能である（四九―五〇頁）。

金融機関も従業員持株制度金融から利益を得る。第一に、借入金は課税前の利益から支払われるので、借入会社は、他の条件が同じなら、その借入金をよりよく支払うことができるはずである。さらに追加して、議会は一九八四年赤字削減法と一九八六年税制改革法において貸付のため特別な優遇措置を規定した。この法律の条件の下で、商業的な貸付機関（commercial lending institutions）および規制された投資会社（regulated investment companies）は、従業員持株制度が株式取得のため用いた貸付金に関し受け取った利子の五〇％を所得から控除できる（五〇頁）。

借入利用従業員持株制度金融の主な短所は、ある人々によれば、その取引の一部として、従業員が会社株式を受け取る、との要件である。従業員持株制度信託への新株発行は他の株主によって保有された既存株式の価値を希釈する、という懸念が生じた。会社経営者の中には、従業員が会社の部分的な所有者にさえなることを嫌がる者もある。そして若干の銀行は、会社の安定性と借入金返済能力についての不安から、従業員を所有者にするような方法で会社に貸し付けることを嫌がる（五〇頁）。

従業員持株制度のその他の短所として、それに適用される計算規則と、参加者が制度から去った時の買戻責任がある（五〇頁）。

4　借入利用従業員持株制度の実際

調査に回答した借入利用従業員持株制度のうち、一二％のみが支援会社から新規発行株または金庫株を購入し、七六％が少なくとも借入金の一部を他の株主から社外株式を買うため用いた。すでに見たように、しばしば、従業員持株制度設立のためあげられる主な理由は大所有者の株式を買うことである。かくして現実には新規発行株購入のため設立される借入利用従業員持株制度はほとんどない（五一頁）。

八　むすび

成果報告書によって米国の従業員持株制度についての興味ある事実および分析が数多く明らかにされている。たとえば、一九八六年三月時点で活動中の従業員持株制度は四、七九九ある。これとは別に、一般的には従業員持株制度とみなされることの多い、しかし法律上の定義によれば従業員持株制度でない株式賞与制度が二、四〇五ある。

従業員持株制度のための税制上の特別な優遇措置によって発生した連邦の歳入損失は、一九七七年から一九八三年までの期間について一二一億ドルから一三三億ドルに、年平均では一七億ドルから一九億ドルになる。そのうち税額控除によるものが全体の八九％から九七％になる。

従業員持株制度設立の主な理由は、従業員に給付を与えること、税制上の利益を利用することおよび生産性を改善することである。従業員持株制度維持の主な理由は、従業員のモラル改善と税金節約である。従業員持株制度をもつことが会社に何の利益ももたらしていないとする回答者は少数であり、何の不利益ももたらしていないとする回答者が過半数である。従業員持株制度を廃止したもののうちでさえ、その理由として従業員持株制度の不利益をあげるものはわずかである。廃止理由として最も一般的なのは、事業環境の悪化とERISA上の負担である。

資本所有の拡大については、従業員持株制度は同制度支援企業内での株式所有の拡大には大いに役立っているが、その全体的な効果は限られている。なぜならば、同制度に参加している労働者は雇用労働者全体の七％にも足りない。また従業員持株制度保有の総資産価値は社外株式全体の一％よりも少ない。

成果報告書は、一九八六年一二月三一日の税額控除従業員持株制度の廃止によって、従業員持株制度の参加者数は急激に減るであろう、と予想し、その理由として、従業員持株制度参加者全体の九〇％が税額控除従業員持株制度の参加者である、ことをあげている（四四頁）。この予想が的中して、米国でのここ数年来のESOPブームも（特に公開企業において）消滅する運命にあるのかどうか、たいへん興味をそそるところである。

従業員の資本所有感を強めるためには、一つには、株式所有の利益が従業員にとって直接感じられるものとなることが必要である。だが、たいていの従業員持株制度は退職に関連する従業員給付制度として用いられている。

これは、たいていの従業員持株制度が退職基本法（the basic retirement law）の下で設立されているので、全く自然である。しかし退職制度は老年において労働者を保護することを目的としている。この利益は退職間近い労働者を除く多くの労働者にとって遠くかけ離れたものであり、特に若い労働者にはそうである。成果報告書によれば、労働者はそのような利益と資本所有とを強く結びつけているようには思われない（四四頁）。

従業員は配当のパス・スルーによってただちに株式所有の利益を享受する。配当のパス・スルーは従業員の資本所有感を強めるであろう。しかしながら、株式配当はたいてい従業員持株制度信託に留保され、参加者に分配されることはまれである。一九八四年の赤字削減法は、従業員持株制度参加者にパス・スルーした配当を、使用者が課税所得から控除することを認めた。しかし、成果報告書によれば、この変更は配当のパス・スルーを奨励するものでなく、配当処理にほとんど影響していない（三七頁）。これは、企業のみならず従業員にとっても各人の口座での課税繰延べを利用しながらの蓄積が有利と考えられているからであろう。とすると、従業員持株制度が基本的に退職後の所得を確保するための制度として構想されている以上、従業員持株制度を通じての資本所有の利益が、退職間近い労働者は別として、多くの労働者にとって縁遠いものとなるのはやむをえないように思われる。とすれば、従業員持株制度を通じての労働者の株式所有の拡大およびこれを通じての生産性の改善には、自ずからなる限界があるように思われる。これはいわば米国型従業員持株制度の基本的矛盾と言ってもいいかもしれない。株式所有の直接的利益は値上り益と配当収入であろう。この両方の利益を容易に享受できるまたは身近に感じられるような仕組みを米国型の従業員持株制度に持ち込むことは可能であろうか。

従業員持株制度は一般に従業員による企業支配をもたらさない。若干の企業においては、従業員の経営参加が増加しているが、これも通常制度化されたものでなく、また伝統的に従業員が関与してきた領域に限られている。

成果報告書によれば、従業員持株制度の数を増加することと、企業経営における従業員持株制度参加者の役割を強化することとは、矛盾する目的である（四五頁）。すなわち、多くの企業は経営権を従業員とある程度分かたねばならないとすれば、従業員持株制度の採用を嫌がるであろう。従業員が現在たいていの従業員持株制度支援会社で演じている比較的限られた役割が、強力な参加は経営陣の主要な目的でもなく、参加者の目的でもない、ということを示唆する。それゆえ、成果報告書によれば、従業員支配の問題は、借入利用従業員持株制度においてさえ、たいてい憶測上のものである（四六頁）。

しかし、借入利用従業員持株制度の持株比率を見ると、二五％を超えるものが同制度の四四％もあり、議決権比率で見ても、やはり二五％を超えるものが三二％ある（表10、表11参照）。同制度の六％は支援会社株式の全部を所有している（三九頁）。また、従業員持株制度全体では持株比率二五％を超えるものが二五％もあり、議決権比率二五％を超えるものは一九％ある（表10、表11参照）。二％弱の従業員持株制度は支援会社株式の全部を所有している（三九頁）。これらの数字から見る限り、筆者には、従業員持株制度保有株式が米国においても会社支配に関係ないとは思われない(6)。乗っ取りに対する防衛手段としての従業員持株制度の利用を強調する論稿は米国に数多くある。また乗っ取り対抗手段として従業員持株制度を利用できることが、米国においてこの制度が近年急速に普及してきた主な要因の一つであることは明らかと思われる(7)。米国会計検査院は調査結果の正確性に自信をもっているが、その調査は国家機関が経営者を対象として行ったものであり、ERISA上の受託者義務との関係もあってか、経営者の本音が出ていない面もあるように思われる。

ただ、従業員持株制度を通じての従業員の経営支配ないし経営参加について考える場合、積極的意味と消極的意味を区別する必要があると思われる。積極的意味の経営支配とは、まさに取締役会支配であり、会社の最高方針を決定する力であり、資金計画ないし資金管理もこれに含まれよう。消極的意味の経営支配とは、経営者の行動の行き過ぎをチェックしたり、乗っ取りに対して防衛する力であり、労働条件の改善もこれに含めてよいと思われる。高度に複雑な経済環境と企業組織を前提とする限り、積極的意味の経営支配については、ある程度まで経営専門家にゆだねざるをえないのであって、労働者の経営参加は自ずから消極的意味のものに限られるように思われる。このように考えるならば、従業員持株制度の数を増加することと、企業経営における従業員参加者の役割を強化することとは矛盾しないと思われる。むしろ大企業の経済力の巨大さとその社会的責任を考えるとき、従業員持株制度の数を増加することおよび企業経営における従業員参加者の役割を強化することの両方とも必要ではなかろうか。

なお、成果報告書は、従業員持株制度の数を増加することと、企業経営における従業員持株制度参加者の役割を強化することとは、矛盾する目的である（四五頁）、と述べているが、これは閉鎖企業におけるパス・スルー議決権に反対する主張の論拠の一つとほぼ同じであり、(8) 閉鎖企業におけるパス・スルー議決権をめぐる立法動向に影響するかもしれない。

借入利用従業員持株制度は、Kelsoによって資本形成のための資金調達と会社従業員の間での株式所有の拡大とを同時に実現する方法として考案された。しかし実際には、たいていの借入利用従業員持株制度が現在の株主、特に閉鎖企業の所有者から株式を買うため設立され、資本形成には資金供給していない。つまり、ERISAのレバレイジング（leveraging）規定は、新資本形成によって所有の拡大を達成するよりはむしろ株式の移転による所有の拡大においてより効果的であった（五三頁）。

なお成果報告書自ら驚くべき発見の一つとして、大株主から株式を買い取るためであれ、資本形成のためであれ、税法のレバレイジング規定を利用した従業員持株制度はごくわずかであった、ことをあげている。レバレイジングの仕組みを利用したのは従業員持株制度の一六％にすぎない（四五―四六頁）。しかし成果報告書は、なぜこの税制上の優遇措置が今日まで従業員持株制度設立にあまり利用されていない、のかを明らかにしていない。

調査結果は、従業員持株制度が参加者に及ぼす影響の主たるものは、その与える経営支配または経営参加よりはむしろその保有する株式の投資価値に関連する、ことを示唆するようである（四六頁）。他の形の投資と比べての投資としての従業員持株制度の成功は、同制度が支援企業の生産性および収益性を改善したかどうかという問題に関連するが、この問題についての検討は最終報告にゆだねられている。

（1）一九八五年調査については、市川兼三「米国従業員持株制度の現状」商事法務一〇八五号三三頁以下〔本書第一編第一章第一節所収〕参照。
（2）同・三八（本書一五頁）頁。
（3）表中の数字と本文解説中の数字が若干異なるがその理由は不明。
（4）市川・前掲注(1)三六頁（本書九頁）。
（5）市川兼三「従業員持株制度と議決権」香川法学七巻一号九―二五頁〔本書第二編第二章二六九―二八七頁所収〕参照。
（6）日本の従業員持株制度保有株式と会社支配の関係については、上場会社のみについてではあるが、市川兼三「日本と米国の従業員持株制度」インベストメント三八巻四号一〇―一二頁〔本書第一編第一章第三節六三―六七頁所収〕参照。
（7）同・一三頁（本書六八頁）参照。
（8）市川・前掲注(5)二〇―二二頁（本書二八一―二八三頁）参照。

第三節　日本と米国の従業員持株制度

一　はじめに

日本の人口構造は急速に高齢化しつつあり、厚生省人口問題研究所の『将来人口新推計』（昭和五六年一一月）によれば、六五歳以上の人の総人口に占める割合は現在約一〇％であるが、これが一五年後には一五％を超え、三〇年後には二〇％を超えるものと推定されている。これに対して直接生産に携わる二〇―五九歳の人の総人口に占める割合は現在約五六％であるが、一五年後には約五五％、三〇年後には四九％を割るものと推定されている。社会全体で見れば、扶養を必要とする老齢人口の急速な増加にもかかわらず、これを負担する青壮年層はほとんど増えず、人口の年齢別構成を図示すれば、現在のピラミッド型から次第に茶筒型になると言われている。現在では就業者五・六人で高年退職者一人の生活を支えている計算になるが、三〇年後を考えると、ほぼ二・三人の就業者で高年退職者一人の生活を支えることになる。

このような事態に備えるためには、退職後の所得確保のため、公的な年金制度の改革も当然必要となるが、同時に就業者一人当りの生産性を上昇させることがどうしても必要であろう。生産性を上昇させるためには、資本蓄積および労働意欲を高めることが必要であろう。退職後の所得を確保すると同時に、労働意欲を高め、資本蓄積を促進する一つの手段として、米国では従業員持株制度（Employee Stock Ownership Plans）が考えられているように思われる。本節において、日本での従業員持株制度の実態と米国での従業員持株制度の規制と実態を踏まえたうえで、我国従業員持株制度の法的問題点を考えてみよう。

二 定義と目的

1 日本

我国においても戦前から若干の会社が時折その従業員に自社株式を取得させるため、これに何らかの援助を与えていた。しかし、このようなことが急速に広がり出したのは昭和も四〇年代に入ってからのことであった。その原因は証券会社が給料からの天引を織り込んだ制度を定型化してこれを証券業務の一環として推進したことおよびこの制度が証券恐怖時の凍結株の受け皿や資本自由化を控えての株式安定工作として注目されたことにあると思われる。

従業員持株制度については、全国証券取引所協議会が昭和四八年度以降毎年実施状況を調査して『株式分布状況調査』において発表している。そこでの従業員持株制度とは「会社の一定の援助のもとに、従業員が資金を積み立て、自社株式を継続的に購入するため、常設の持株会が設置されているもの」とされている。経済界で従業員持株制度ないし従業員持株会と呼ばれているものも一般にこのような四つの要件を備えているものと思われる。これはつまり会社からの補助のある月掛投資方式の従業員持株制度と言ってよかろう。本節で従業員持株制度に関して用いる主な資料は全国証券取引所協議会の『株式分布状況調査』と週刊東洋経済の臨時増刊号である『企業系列総覧』とであるが、後者の大株主欄における従業員持株会も同じ要件を備えているものと思われる。なおこれらから得られる資料はすべて上場会社に限られている。本節ではこれらの用いる資料との関係により、従業員持株制度の意義を『株式分布状況調査』におけるそれと同じものと考える。したがって、従業員の共済会や互助会ないしこれに類似する福利厚生団体が自社株式を所有するとしても、これは従業員持株会による株式所有とは考えないことにする。

企業に対する各種のアンケート調査によれば、この制度の主たる目的は、昭和三〇年代後半から四〇年代初期の安定株主層の形成から、四〇年代中ごろの愛社精神ないし生産性の向上へ、さらに四〇年代後半より従業員の財産形成へと変ってきている。(1)

2　米　国

米国においては、既に一九二〇年代に従業員持株制度の最初の全盛期を経験し、かなり多くの企業においてこの制度は行われていたが、一九二九年の大恐慌によってほぼ潰滅したと言われている。(2) その後この制度はほとんど忘れ去られていたが、一九五〇年代に入ってこの制度を採用する企業がぽつぽつ見られるようになった。しかし、この制度が急速に普及し始めるのは、一九七四年の従業員退職所得保障法（Employee Retirement Income Security Act of 1974, Public Law 93-406, 略称ERISA）以後のことである。同法は労働者とその受益者の年金・福祉受給権の保護を目的として制定された。(3) 同法は年金、健康および福祉制度に関する法律であるが、主として年金法として施行され、大規模の福祉制度に報告および開示要件を満たすことを求めた点を除くと、他の制度にはほとんど影響がない。(4) それゆえ、同法は別名を「年金改革法」（Pension Reform Act）とも呼ばれる。(5) 同法以前において、既に企業年金制度はかなり普及していたが、年金に関する受給要件が厳しく、長期間における勤務にもかかわらず、従業員が受給権を取得できなかったり、また受給権を取得できても、給付をするに足る資産を欠くため、現実には給付がなされないということがしばしばあり、企業年金制度は「残酷な欺瞞」（cruel delusion）と言われ、ルーレットゲームになぞらえられていた。(6) そこで同法は企業年金制度におけるこのような欠陥を是正して従業員の受給権を保護するため、受給資格の付与および積立てについて最低基準を設定し、年金制度解体の危険に備えて再保険制度を設けると共に、受託者の責任を重くし、制度の内容や実態の公示および従業員への伝達の明確化を求めた。(8) 同法の制定された背景には、高齢化社会の進行につれて予想される公的年金制度の負担増大ないし財政赤字の急増があり、同法によって、従業員退職後の所得保障における国家の役割は軽減され、国家による所得保障政策は一歩後退した、と言われている。(9)

従業員持株制度はERISAによって企業年金制度の一種とされ、(10) 同法の適用を受けることになった。(11) 一方で内国歳入法（Internal Revenue Code, 略称IRC）はその要件を満たす従業員持株制度に税法上の優遇措置を与え、その普及を奨励している。(12) 以下の米国に関する記述においては、ERISAの適用を受け、税法上の優遇措置を与えられている従業員持株制度のみを対象とする。米国において一九七四年以後Employee Stock Ownership Plan（略称ESOP）とは一般にこれを指すと思われる。

ERISAおよび内国歳入法によれば、従業員持株制度とは従業員のための拠出額確定年金制度（defined contribution pension plan）であって、その制度に使用者が自社株かまたはこれを購入するため現金を拠出することおよび内国歳入法四〇一条(a)項の要件を満たすことが必要とされている。(13) 内国歳入法四〇一条(a)項によれば、ESOPは専ら参加者の利益のためのものであり、信託によらなければならず、従業員を差別してはならない。(14) 拠出額確定年金制度とは、毎年の拠出額は確定しているが、最終的な給付額は拠出金とその投資収益によって決まり、その投資危険は従業員が負担するものである。これに対して給付額確定年金制度（defined benefit plan）とは、退職後の給付額は確定しているが、毎年の拠出額は確定していなくて、使用者はその確定給付額を与えられるよう拠出額を定めればよく、その投資危険は使用者が負担するものである。(15)

従業員持株制度は企業年金制度としては分散投資義務等の厳格な要件を免除されており、[16]これらの免除規定はERISAの立法目的に反するとも思われる。[17]従業員持株制度に優利な規定がERISAに取り入れられるにあたっては、Rusell Long上院財政委員長の熱心な同制度支持があった。[18]彼はKelso理論に共鳴し、[19]従業員持株制度によって株式所有を一般の従業員にも拡大して万人の資本主義（universal capitalism）を実現しようとした。[20]Kelsoによれば、テクノロジーは生産性を増加する主な要素であるが、資本にのみ依拠するがゆえに、労働ではなく、資本が産業社会（industrial society）における富の主要な源泉である。彼によれば、富は資本の産物であり、資本所有に与えられるので、資本所有の機会が労働者に利用できないならば、大衆が増大した富に近づく方法はない。[21]もしあらゆる労働者も資本家になるならば、資本は上昇した生産性からより多くの収益を得ることができるであろう。生活の必要は労働者の各々が企業の所有者であり、配当を受け取るゆえ容易にみたされるであろう。資本はより多くの収益を得るがゆえに、継続的な投資が促進されるであろう。資本投資は新たな段階の生産性上昇をもたらし、投資のためより多くの資本を作り出すであろう。究極的には資本所有が労働者の経済的態度を支配し、配当が労働者の収入の重要な部分を形成するがゆえに、賃金要求は無理のないものとなるであろう。[22]肝心の問題は従業員の行状の変化の可能性と従業員所有の会社支配への効果である。産業民主主義（industrial democracy）擁護の観点から、従業員持株制度は会社の民主的支配を拡大するないし従業員を現行の意思形成システムに結びつける可能性を有する。[23]

また従業員持株制度がERISA上および税制上の様々の優遇措置を与えられた背景には次のこともあると思われる。従来、企業年金制度の運用は制度設定者の自由にゆだねられ、企業年金が事実上企業内の資金調達手段として用いられていたのであるが、ERISAの厳格な規定によってこれが不可能になったのみでなく、未積立年金債務の償却が強制された。その結果企業の金融および資金調達において困難が生じる。この困難を救済する手段として従業員持株制度が考えられた。[24]

企業成果に依存する企業年金制度を創り出すことによって、従業員の勤労意欲を刺激し生産性の向上を図ると共に、従業員持株制度は使用者にとってその他に節税資金での資本の調達および乗っ取りに対する防衛にも役立つ。[25] けれども従業員持株制度は給付額確定年金制度と同様な給付保障を与えることができないので、使用者提供の年金制度にとって代ることはできないが、それは退職後のための他の貯蓄手段の有益な補足を与えることができる。[26]

つまり従業員持株制度は、産業民主化の役割と共に、給付額確定年金制度に伴う欠陥を補って、勤労意欲を高め、資本投資を促進して生産性を向上させ、退職後の所得をより多くする役割を担うものとして期待されているように思われる。

三　制度の概要

1　日　本

日本では最近では従業員持株制度と言えば、会社から補助のある月掛投資方式の従業員持株制度を指す。この場合、その管理運営に当る機関として従業員持株会が形成される。またこれには、その管理事務の委託先によって証券会社方式のものと信託銀行方式のものとがある。証券会社方式のものには、会社の有志数人で持株会を形成し、これが制度参加従業員の自社株への直接投資を代行する形のもの（直接投資方式——山一方式）と、制度参加従業員全体で持株会を形成し、この持株会が従業員からの拠出金を運用する形で自社株式に投資するもの（間接投資方式——野村方式）がある。信託銀行方式では、制度参加従業員全体で持株会が形成され、その代表者が参加従業員の代理人となって信託銀行と自社株投資の管理について信託契約を締結する。

投資資金は従業員からの積立金と会社からの奨励金とからなる。従業員の積立金は毎月給料より天引される。積立金は一口一、〇〇〇円で一〇口までまたは基準内賃金の一割以内を限度とするものが多いようである。奨励金は積立口数一口に対して五〇円（五％）または一〇〇円（一〇％）とするものが大部分のようである。この他に会社は証券会社等への事務委託のための費用（一人年四〇〇円程度）を負担する。

投資方法を見ると、ほとんどの場合、毎月一定の日（積立日またはその翌日）に、証券会社に成行き注文を出す形で自社株を購入している。時たま指値注文をする場合もあるようである。毎月決まった額の資金で株価の水準に関係なく購入可能な株式数を継続的に買い付けるこの投資方法はドル・コスト平均法と呼ばれ、長期的に見ると、購入株式の平均単価を引き下げ、株価変動のリスクをかなり避けられると言われている（二〇—三〇％の株価下落でも損失を蒙らないという結果が出ることが多い[27]とのことである）。

株式の引出しについて見ると、上場会社の場合、多くは取引単位の株数に達すれば、取引単位ごとに引き出すことを認めているようである。退会した場合には、取引単位については株式で、取引単位未満については現金で払い戻すようである。

株式の議決権については、持株会の代表者がこれを行使する。ただし会員は自己の持分に相当する株式の議決権行使について代表者に特別の指示を与えることができるとしているものがほとんどのようである。

税法上特別な優遇措置はない。すなわち、会社の奨励金等の支出額については、通常、従業員に対する給与または福利厚生費等として経理され、税務計算上も損金の額に入る。従業員については、会社から支給された補助金等について雇用関係にある者への定期的給付すなわち給与所得として課税され、源泉徴収所得税を納付しなければならない。受取配当については、参加従業員の配当所得として扱われ、配当控除（課税所得が一、〇〇〇万円までは配当所得の一〇％、一、〇〇〇万円を超える部分は五％の税額控除）が受けられる。

2 米国

(1) 序

従業員持株制度は従業員または彼らの受益者の排他的利益のためのものでなければならない（IRC §401(a)）[28]。使用者は従業員持株制度のため信託を設定しなければならず、同制度の全資産は信託によって保有されねばならない（ERISA §403(a)）。受託者は、参加者および受益者の利益のためにのみ、その時々の状況に応じて、同種の問題に関し同様の能力と専門的な知識を有する慎重な人が同様の性格と同様の目的を有する企業を経営するに用いるであろう注意、技能、慎重さおよび誠実さでもって、行為しなければならない（ERISA §404(a)(B)）。

投資資金は原則として使用者が全額拠出するが、従業員が追加的に拠出することもある。使用者の拠出金は繰延報酬（deferred compensation）と考えられる[29]。

従業員持株制度は主として使用者証券に投資しなければならないが、他の資産も所有できる（ERISA §407(d)(6)）[30]。従業員持株制度は、主として使用者株式に投資し、参加者が同制度を支援する会社の所有持分を取得する点において、他の拠出額確定年金制度と異なる[31]。

従業員持株制度は拠出金、失権物、利益と損失等を参加者口座に割り当てる方式を定めねばならない[32]。すべての割当方式は無差別基準を満たすものでなければならない[33]（IRC §401(a)(4)）。この基準から見て無難なのは、各人の全報酬額の比での割当である[34]。それゆえ、株式は原則として参加者従業員の報酬総額に対する各従業員の報酬額の割合を基礎にして各人の口座に割り当てられるが、従業員報酬の最初の一〇万ドルまでだけを考慮に入れて割り当てられることや部分的に参加者の拠出額に応じて割り当てられることもある。[35]

従業員持株制度はERISAおよび内国歳入法の最低受給基準（minimum vesting standards）を守らねばならない（ERISA §203(a)—(c) and IRC §411(a)(2)）。[36] これによれば、従業員は少なくとも勤続一〇年で五〇％、同一五年で一〇〇％の受給権を与えられる。[37]

制度参加者への株式分配は、(1)参加者が六五歳かまたはその制度の下での正常な退職年齢かいずれかより早い方に到達した日、(2)参加者が制度に参加してから一〇年たった日、(3)参加者がその使用者との雇用関係を終了した日のうち、いずれか最も遅い日が属する制度年度の閉鎖後六〇日内に、開始しなければならない。ただし、参加者はこれより後の日を選択できる。[38]

分配された株式にたやすく売買できる市場が存しない場合には、従業員は使用者にその買戻を請求できる。[39]

従業員持株制度の管理者は、ERISAによって、制度参加者および受益者に制度説明書の要約および年次報告書の要約を交付し、かつ労働長官に制度説明書の要約、完全な制度説明書、制度変更説明書および年次報告書を提出しなければならない[40]（ERISA §§101—103）。年次報告書は公表されねばならず、またその財務書類には公認会計士の監査意見を必要とする（ERISA §103）。

制度参加者は原則として彼の口座に割り当てられた株式の議決権に関して指図権を有する（IRC §§409A(e), 401(a)(22), 4975(e)(7)）。つまり若干の例外を除いて議決権は参加者にパス・スルーされねばならない。[41]

税法上、基本的には、使用者にとって、制度への拠出金は課税所得から控除できる費用であり、労働者にとって、拠出金および投資収益に対する課税は退職または分配を受けるまで繰り延べられる。[42] その他に従業員持株制度の種類に応じて税法上様々な優遇措置が認められている。

⑵　従業員持株制度の種類

従業員持株制度には主なものだけで四種類ある。すなわち、the ESOP with leveraging features（leveraged ESOP）, the Tax Reduction Act ESOP（TRASOP）, the payroll based ESOP（PAYSOP）およびthe stock bonus planである。[43]

a　leveraged ESOP

これは次のような仕組のものである。使用者が従業員持株制度のため信託を設定する。信託は貸付機関から借り入れた資金で使用者株式を購入する。株式は借入金の担保として貸付機関に質入れされる。使用者は借入金の返済を保証し、信託に継続的な拠出をする。信託はこの拠出金で借入金とその利子を支払う。元本返済分の株式は信託に取り戻され、参加者に割り当てられる。[44]

一九八一年の経済再建税法（Economic Recovery Tax Act of 1981）は、従業員持株制度への使用者の拠出金が使用者株式を購入するため行われた借入の元本支払にあてられる場合に、使用者の課税所得から控除できる限度を保障賃金（covered payroll）の一五％から二五％に引き上げた。[45] 拠出金が借入の利子支払にあてられる場合には、無制限に課税所得から控除できる。[46] 一九八四年の税改革法（Tax Reform Act of 1984）は、銀行や保険会社などの金銭貸付事業に積極的に従事している会社が、使用者証券を購入するためleveraged ESOPになした貸付から受け取った利子の五〇％を課税所得から除外することを認めた。[47] また同法は従業員持株制度保有株式に支払われた現金配当が制度年度閉鎖後九〇日内に現金で参加者に支払われる場合には会社での課税所得からの控除を認めた。[48]

会社はleveraged ESOPに新株を発行することによって新資金を調達できる。leveraged ESOPによって一挙に大量の株式を取得できると共に、元金未返済分の株式は貸付機関が管理しているので、会社経営陣は自己に優利な貸付機関を利用することによって、その支配地位を強化し、乗っ取りに対抗できる。

b　TRASOP

一九七五年減税法（the Tax Reduction Act of 1975）は使用者の従業員持株制度への拠出について、当該税年度の使用者の新資本投資額の一％を限度として、使用者が全額を税額控除することを認めた。この投資に関係する税額控除に厳格な従業員持株制度は通常TRASOPと呼ばれた。もしTRASOPへの使用者の拠出額が税額控除の枠を超えないとすれば、その協定は使用者にとって費用負担のないものであった(49)。

一九七六年税改革法（Tax Reform Act of 1976）はTRASOPをより一層促進するため、TRASOPへの従業員の拠出額に相当する税額控除の追加を使用者に認めた。この追加的な税額控除は当年度の使用者の資本投資額の〇・五％までに限られていた(50)。

c　PAYSOP

一九八一年の経済再建税法は、一九七五年以来利用可能であった投資基準の税額控除を賃金基準の税額控除に置き換えることによって、従業員持株制度の課税上の取扱いに重要な変更をもたらした。投資基準の控除は、資本集約的であり、工場および設備に多くの投資をする企業にとってのみ、TRASOPの創設および維持を奨励するものとして役立った。労働集約的な企業も含めて、産業のより広い分野に刺激を与えるため、議会の従業員持株制度弁護者は賃金基準の税額控除を与えるよう同僚議員を説得した。その結果生まれた協定は一般にPAYSOPとして知られている。一九七八年の税収法（Tax Revenue Act of 1978）は一九八三年までの投資控除について規定

していたが、経済再建税法はそれを一年早く失効させた。(51)

経済再建税法はPAYSOPへの使用者拠出金のための税額控除の最高限を一九八三年と一九八四年については保障賃金の〇・五%に、一九八五年から一九八七年までについては保障賃金の〇・七五%に設定した。しかし一九八四年の税改革法（Tax Reform Act of 1984）は、それを一九八七年まで〇・五%に凍結すると共に、この特別な課税上の優遇措置が、その時までに議会によって延長されない限り、その時に失効すると定めた。(52)

d　stock bonus plan

内国歳入法では、右に述べた三つの種類の従業員持株制度はすべてstock bonus planとして分類されているが、stock bonus planは借入という特徴または税額控除という特徴をもたない。その代りに、stock bonus planでは、企業が従業員に分配するため借入なしに自己株式を購入する。企業はその利用によって投資可能な新資金を入手しないけれども、拠出額を報酬費として課税所得から控除できる。(53)

四　実　態

1　日　本

(1)　概　況

主として全国証券取引所協議会『株式分布状況調査　昭和五八年度』（一九八四年）によりながら、従業員持株制度のおおよその状況を見てみよう。同書の資料は全国の上場会社を対象とするものであって、一九八三年三月末現在のものである。

従業員持株制度を実施している会社の数は一、五五六社であって、全上場会社数に占める比率では八六・九%

になる。業種別に見ると、実施率の高いものは空運業（一〇〇％）、商業（九五・八％）、金融・保険業（九五・七％）であり、実施率の低いものは鉱業（四〇・〇％）、通信業（四二・九％）、サービス業（六二・二％）である。[54] 資本金別に見ると、実施率の高いものは資本金五〇〇億円以上（九五・〇％）、五〇億円以上一〇〇億円未満（九二・九％）、一〇〇億円以上五〇〇億円未満（九二・七％）であり、実施率の低いものは一億円以上五億円未満（六六・七％）、五億円以上一〇億円未満（七八・二％）、一〇億円以上二〇億円未満（八五・六％）であり、[55] おおむね資本金が大きくなるにつれて実施率が高くなっている。

従業員持株会の所有株式数は三一億九、四〇〇万株であって、同制度実施会社の発行株式数に占める比率では一・四一％、全上場会社の総発行株式数に占める比率では一・二八％である。[56] 業種別に実施会社での従業員持株会の株式所有比率を見ると、高いのは建設業（二・五六％）、繊維業（一・七二％）、商業（一・七〇％）であり、低いのは不動産業（〇・三一％）、水産・農林業（〇・四二％）、海運業（〇・五一％）である。[57]

従業員持株会所有株式数が個人所有株式数に占める比率を見ると、一九八四年三月末で四・八三％である。[58] この比率は五年前には三・五三％、一〇年前には一・四九％であり、急速に大きくなってきている。[59] 仮に個人所有株式を浮動株式と考えると、その中での株式の吸収・安定化に占める従業員持株会の役割は急速に大きくなってきており、毎月継続的に株式を購入し続けるというその投資方法も合わせ考えると、最近では株価の面でも軽視できなくなってきていると思われる。

従業員持株制度加入者一人当たりの持株数は一、七四九株、その保有金額は九〇万二、二九二円である。[60] わが国の企業年金制度には厚生年金基金と税制適格年金基金があるが、その各々の加入者一人当たり保有資産額は一三五万円と七七万円である。[61] 貯蓄をしている世帯の一世帯当たり平均貯蓄額は六四六万円で、借入残高を差し引くと四一九万円である。[62] これらと比べて見て、一般従業員の財産形成において約九〇万円相当の自社株式は軽視できないように思われる。

(2) 従業員持株会と会社支配（別表参照）

a 従業員持株会の株主順位

一九八四年三月末において従業員持株会が最大株主となっている会社は二四社、全上場会社数に占める比率では一・三四%であり、最大三位までの大株主となっている会社は一一二社、全上場会社数に占める比率では六・二五%であり、最大一〇社までの大株主となっている会社は五六七社、全上場会社数に占める比率では三一・六五%である。なお以上の数値は単独の従業員持株会の有する単独の参加についてのものであり、この中には一会社内に複数の従業員持株会があって、これらの従業員持株会所有株式数を合算すれば、大株主の持株数に匹敵するようになる場合は含まれていない。また資料としては不完全であるが、[63] 従業員持株会が最大二〇位までの大株主となっている会社は一、〇四二社あり、全上場会社数に占める比率では五八・一八%になる。[64] 従業員持株会は上場会社の約三分の一において一〇大株主となっており、約六割において二〇大株主になっていると見てよかろう。これらの数値を五年前、一〇年前と比較すると急速に増加してきている。たとえば、従業員持株会が最大株主となっている会社は五年前には九社、一〇年前では一社である。このことは従業員持株会の持株比率で見ても同じである。一九八四年三月末には従業員持株会の持株比率が五%以上である会社は三九社であるが、これは五年前には一二社、一〇年前には四社である。

b 従業員持株会の株式所有に基づく支配力

仮に、従業員持株会が最大株主であり、その持株比率が七%以上であってしかも第二位株主の二倍以上の株式

別表　従業員持株会の株主順位と持株比率

1984年３月上場会社数1971社、（　）内は銀行、保険会社、以下同じ。

持株比率(%)＼株主順位	1	2	3	4	5	6	7	8	9	10	合　計
10.00以上	1	2									3
8.00～9.99		1	1								2
7.00～7.99	(1)　2	2	1	1							(1)　6
6.00～6.99	(3)　4	3	1								(3)　8
5.00～5.99	(2)　4	(1) 10	3	1	(1)　2						(4)　20
4.00～4.99	(4)　5	(2) 12	(3) 10	(3) 11	(1)　9	(2)　7					(15) 54
3.00～3.99	(6)　6	(4)　6	(2) 16	(4) 18	(3) 10	(2) 13	(2) 11	2	(1)　1		(24) 83
2.00～2.99	(2)　2	1	(2)　7	(5) 11	(3) 25	25	(2) 38	(2) 28	21	15	(16) 173
1.00～1.99		(1)　6	(1)　6	(1)　9	(1) 15	(2) 19	(3) 25	41	(1) 37	(3) 35	(13) 193
0.50～0.99				1	1	1	4	3	(1)　2	8	(1)　20
0.49以下								2	1	2	5
合計	(18) 24	(8)　43	(8)　45	(13) 52	(9)　62	(6)　65	(7)　78	(2)　76	(3)　62	(3)　60	(77) 567

資料の出所：「企業系列総覧（1985年版）」東洋経済臨時増刊（1984年）

1979年３月上場会社数1709社

持株比率(%)＼株主順位	1	2	3	4	5	6	7	8	9	10	合　計
10.00以上											
8.00～9.99				1							1
7.00～7.99	(1)　1	2	1								(1)　4
6.00～6.99	(1)　1	2									(1)　3
5.00～5.99	1	1	1	1							4
4.00～4.99	(1)　1	3	(2)　5	(1)　4	1	1					(4)　15
3.00～3.99	(2)　3	(3)　6	(2)　7	(2) 13	11	8	(3)　6	(1)　3	1		(13) 58
2.00～2.99	(2)　2	(4)　7	(2)　6	(3) 10	(4) 20	(1) 22	(5) 22	(2) 18	(2) 21	(3)　5	(28) 133
1.00～1.99		2	5	(2)　7	(4) 20	(2) 12	(3) 19	(4) 22	(1) 32	(1) 36	(17) 155
0.50～0.99				1	2	3	3	(1)　8	9	7	(1)　33
0.49以下						1		2	1	1	5
合計	(7)　9	(7)　23	(6)　25	(8)　37	(8)　54	(3)　47	(11) 50	(8)　53	(3)　64	(4)　49	(65) 411

資料の出所：「企業系列総覧（1980年版）」東洋経済臨時増刊（1979年）

1974年４月上場会社数1696社

株主順位／持株比率(%)	1	2	3	4	5	6	7	8	9	10	合　計
10.00以上											
8.00～9.99				1							1
7.00～7.99											
6.00～6.99	(1)　1										(1)　1
5.00～5.99			2								2
4.00～4.99					1	1					2
3.00～3.99			1	1	2	3	2	(1)　2	1		(1)　12
2.00～2.99		3	(1)　3	4	2	6	5	7	2		(1)　32
1.00～1.99			4	6	(2)　7	(2)　10	(2)　7	(2)　15	(2)　14	(2)　19	(12)　82
0.50～0.99				3	1	3	1	7	4	(1)　3	(1)　22
0.49以下			1			1	1	1		1	5
合計	(1)　3	3	(1)　11	15	(2)　13	(2)　24	(2)　16	(3)　32	(2)　21	(3)　23	(16)159

資料の出所：「企業系列総覧（1974年版）」東洋経済臨時増刊（1974年）

を所有する場合には、従業員持株会が株式所有に基づいて単独で会社を支配しているものと考えるとすれば、このような会社は日本の上場会社にはない。

仮に、従業員持株会が第三位以内の大株主であり、その持株比率が三％以上であってしかも最大株主の半分以上の株式を有する場合には、従業員持株会が会社支配に関して株式所有に基づく強い影響力を有する、つまり共同支配者的地位にあるものと考えるとすれば、このような会社は六一社あり、これは全上場会社数の三・四一％に相当する。すなわち従業員持株会は上場会社約二九社のうち一社において共同支配者的地位にある。従業員持株会が共同支配者的地位にある六一社のうち非金融会社が三五社あり、残る二六社はすべて銀行である。

従業員持株会の共同支配の相手方について見てみよう。従業員持株会が共同支配の一環を担っていると思われる非金融会社三五社の内訳は一部上場会社が一六社、二部その他上場会社が一九社である。一部上場会社のうち一三社においては第三位以内の大株主との間に相互参加が見られ、二社においては生命保険会社が、一社においては同族が従業員持株会と並ぶ大株主となっている。二部その他上場会社のうち一四社において同族が第三位以内の大株主となっており、五社においては第三位以内の大株主との間に相互参加が見られる。ただしこのうち二社においては同族が第三位以内の大株主であると同時に第三位以内の大株主との間の相互参加もある。これらから見て、従業員持株会は一部上場会社では主として相互参加による経営者支配を、二部その他上場会社では主として同族支配を補強する役割を果しているものと思われる。これはまた、一部上場会社は規模において大抵二部その他上場会社より、より大きいと思われるので、会社規模の拡大につれて、従業員持株会が同族支配の補強装置から相互参加による経営者支配の補強装置へとその役割を変えながら、一貫して会社内での労使の共同体化、一体化を強化する機能を有していることを示すように思われる。

従業員持株会が共同支配の一環を担っていると思われる二六の銀行では、最大三位までの株主中に個人は全く見られない。銀行はその保有有価証券明細表を公表していないので、その大株主との間にどの程度の相互参加があるかは確認できない。しかし二六行のほとんどすべてにおいて大株主との間に相互参加があるものと推定され、二六行のほとんどにおいて相互参加による経営者支配が成立しており、従業員持株会の株式所有はこれを補強する役割を果しているものと思われる。

従業員持株会が会社支配において特に重要な役割を果していると思われる地方銀行および相互銀行について見てみよう。上場地方銀行五二行のうち、従業員持株会は一五行において最大株主、六行において第二位の大株主、同じく六行において第三位の大株主、八行において第四位の大株主となっている。従業員持株会が第四位以内の大株主となっている地方銀行は三五行で、これは全上場地方銀行の三分の二強となる。上場相互銀行二五行のうち、従業員持株会は三行において最大株主となっている。従業員持株会が第四位以内の大株主となっている相互銀行は一〇行あり、これは全上場相互銀行の五分の二に相当する。かつて事実上の親銀行ともいうべき都市銀行の吸収合併に、従業員が中心となって反対し、結局これを許さなかった関西相互銀行の場合、従業員持株会は八〜九位の大株主であり、その持株比率も三％に満たない。これらのことを合わせ考えると、地方銀行や相互銀行では、かなり多くの銀行において、従業員持株会がその経営者支配を支える強力な基盤になっていると思われる。

次に企業集団について見てみよう。三井、三菱、住友の三大企業集団について、従業員持株会所有株式数が、各集団社長会構成会社発行株式総数に占める比率を見ると、三井系では一・〇八％で、このグループでは非金融会社で最大の所有株式数を有する三井物産と同じであり、三菱系では〇・七一％で、このグループの非金融会社では第五位の所有株式数を有する三菱電機よりやや少なく、住友系では〇・三一％で、このグループの非金融会社では第一〇位の所有株式数を有する住友セメントを若干下回る。各集団の集団内相互持ち合い比率を見ると、三井系一七・六七％、三菱系二四・三九％、住友系二五・〇六％である。(65) 相互持ち合い比率の低い集団ほど、従業員持株会がより多くの株式を所有していることは、従業員持株会の自社株式所有が相互参加による経営者支配の補強装置として機能していることを示すように思われる。

2　米国

(1)　概況

一九五九年から一九七四年の間に実施された従業員持株制度はたった二七五にすぎなかった。(66) 一九七七年には二、三八九の従業員持株制度が存在していた。(67) さらに最近では七、〇〇〇社がこの制度を実施しており、ほぼ一、〇〇〇万人の労働者がその制度に参加している。(68) 一〇年前にはこの数は五〇万人未満であった。(69)

一九七七年の内国歳入庁の開示資料によれば、従業員持株制度の資産合計は約二四億ドルであり、年金および資本蓄積制度全体の資産額二、九〇〇億ドルの一％にも満たない。(70) 同資料によれば、参加者一人当たりの平均資産額はleveraged ESOPsでは五一・八％の制度において三、〇〇〇ドル以下であり、TRASOPにおいては極めて小さく八四・四％の制度において一、八〇〇ドル以下である。ただstock bonus plansでは参加者一人当たりの平均資産額の比較的大きいものが多く、五〇・五％の制度において三、〇〇〇ドルを超える。(71)

従業員持株制度が米国企業において急速に普及した最大の要因は税金を節約しながら、場合によっては税金そのもので資本を蓄積できるということであろう。たとえば、一九八六年度においてもし会社が従業員持株制度への拠出金について課税所得から控除できる限度を賃金の二五％から一五％に引き下げ、PAYSOPを廃止するならば、税収は一〇億ドル増加するだろうと言われている。(72)

従業員持株制度が急速に普及したもう一つの要因は、これが現経営陣にとって乗っ取りに対する防衛手段として利用できるということであろう。(73)労働者は敵対的な乗っ取りに際して経営陣に極めて忠実であると言われる。その理由は労働者が乗っ取りによって仕事を失うことをおそれるからであると言われている。(74)

(2)　米国百大鉱工業会社と従業員福祉基金

a　従業員福祉基金の設置数とその種類

米国百大鉱工業会社のうち、従業員福祉基金が使用者の〇・二％以上の大株主となっている会社は七三社ある。(75)このうち三一社においては二種類の従業員福祉基金が設置されているので、設置されている従業員福祉基金ののべ総数は一〇四制度となる。種類別に設置数の多いものを見ると、従業員貯蓄制度（saving & thrift plan）と従業員持株制度が各々二九、貯蓄株式制度（saving & stock plan）が二五、株式購入または投資制度（stock purchase or investment plan）が一四である。従業員持株制度設置数二九のうちには九つのTRASOPと三つのstock bonus planが含まれている。また一社においてはTRASOPとstock bonus planが設置されているので、従業員持株制度の設置会社数は二八社となる。このうち従業員持株制度のみが設置されている会社は三社であり、残る二五社においては従業員貯蓄制度等の他の従業員福祉制度が併置されている。従業員持株制度の使用者株式所有比率はまだ極めて少なく、たとえば、Exxonにおいては従業員貯蓄制度の持株比率が二・〇九%であるのに比べ、従業員持株制度の持株比率は〇・三一%であり、またGeneral Motorsにおいては貯蓄株式購入制度の持株比率が一二・二五%であるのに比べ、従業員持株制度の持株比率は〇・五二%にすぎない。まだ一九八〇年の時点では、使用者株式所有量からだけ見ても、従業員持株制度は他の従業員福祉制度の補充的機能を果しているにすぎない。

b　一〇%以上の大株主の種類

米国百大鉱工業会社への参加のうち持株比率一〇%以上のものは三九件ある。この内訳を見ると、個人と家族からの参加が一七件、銀行信託部からの参加が一二件、米国非金融企業からの参加が四件、外国からの参加が四件、保険、財団からの参加が各一件である。このうち実質的に見れば、自社の従業員福祉基金の参加と思われるものが、銀行信託部からの参加では一一件、米国非金融企業からの参加では二件、外国からの参加では一件ある。ただしこの外国からの参加一件は英国のMidland Bank GroupのStandard Oil Co. of Californiaに対する一一・一二%の参加であるが、このうちにはStandard Oil Calif. ST PLの持株比率九・七八%が含まれている。つまり、従業員福祉基金は実質的に見て使用者会社への一〇%以上の参加を一三件有しており、これを除くと、一〇%以上の参加は個人と家族からの一七件、外国からの三件、米国非金融企業からの二件、銀行信託部、保険、財団からの各一件となる。従業員福祉基金からの参加は、米国百大鉱工業会社における持株比率一〇%以上の参加数に関する限り、個人と家族からの参加と並んで、他の種類の株主からの参加よりはるかに多い。

c　従業員福祉基金と会社支配

従業員福祉基金は米国百大鉱工業会社中の三五社で最大株主、九社で第二位の大株主、七社で第三位の大株主である。従業員福祉基金が第三位以内の大株主となっている会社は四九社あり、第一〇位以内の大株主となっている会社は六二社ある。従業員福祉基金の持株比率が一〇%以上のものは一三社、一〇%未満五%以上のものは一六社、五%未満三%以上のものは一二社ある。

仮に、従業員福祉基金が最大株主で七%以上かつ第二位の大株主の二倍以上の株式を所有する場合には、従業員福祉基金が株式所有に基づいて自社を単独で支配していると考えるとすれば、一四社において従業員福祉基金は単独支配者となっている。また仮に、従業員福祉基金が第三位以内の大株主であり、三%以上かつ最大株主の半分以上の株式を保有する場合には、従業員福祉基金が株式所有に基づいて会社支配に強い影響力を有し、共同支配者的地位にあると考えるとすれば、二一社において従業員福祉基金はこのような地位を占めている。だがこの二一社のうち九社においては従業員福祉基金が最大株主であり、しかも第二位の大株主の二倍以上の株式を所有している。これらの九社および従業員福祉基金が株式所有から見る限り単独支配者とも言うべき地位にある先の一四社においては、その持株は現経営陣の経営者支配を支える重要な基盤になっているものと思われる。

五　むすび

日本には、従業員持株制度を規制する特別な法律も特別な税法上の優遇措置も存しない。したがって制度設定者はこれを自己の欲する目的のためほとんど自由に利用することができる。制度設定者へのアンケート調査によれば、従業員持株制度の主目的は当初の株式安定工作から愛社精神の向上へ、さらに最近では従業員の財産形成へと変ってきている。従業員持株会所有株式の会員一人当たり資産額は約九〇万円であり、それは従業員の財産形成において軽視できなくなってきている。自社株式の購入資金は主として従業員からの積立金により、会社からの奨励金はこれの補助にすぎない。この場合、従業員にとって自社株投資の危険は大きい。従業員が会社の破産等によって職を失ない、貯えた財産で生活の維持をはからねばならない。その時に自社株式は無価値になるおそれがある。従業員持株会はドル・コスト平均法によって継続的に自社株式を購入し続け、最近では個人持株の約五％を占めるに至っている。従業員持株会の所有する自社株式の資産価値は企業の成長につれて株価が上昇しかなり大きくなってきているが、これには従業員持株会自体による浮動株の継続的な吸収も幾分か貢献していると思われ、したがっていわば自転車操業的側面もあるように思われる。従業員持株会の株式取得が従業員の財産形成を目的とするものである限り、利回りを重視せざるを得ず、その増加はいずれ壁に突き当ると思われる。

従業員持株会所有株式の議決権は、日本では、経営陣の意向を受けて行使されると思われ[76]、したがってその増加は現経営陣の支配を強化する役割を果すものと思われる。最近では従業員持株会は上場会社の三分の一弱において一〇大株主となっており、特に上場地方銀行では三分の二強において四大株主となっている。従業員持株会所有株式は会社支配面において重要な役割を果すようになってきていると思われる。

日本の従業員持株会は、会社間の相互参加と並んで経営者支配の安定と高株価を実現し維持する両輪であると思われる。この点に関して全体としては相互参加が主輪であり、従業員持株会は補助輪の役割を果しているが、部分的には、ことに地方銀行において、従業員持株会が主輪であって相互参加が補助輪としての役割を果しているものもあると思われる。従業員持株会による株式所有は従業員を企業成果に直接結びつけることによって会社外に対して労使の共同体化、一体化を促進する。相互参加は経営者間での委任状交換を通じて会社内での経営者独裁を促進する。経営者は会社外に対しては従業員持株会によって、会社内に対しては相互参加によってその支配を強化する。従業員持株会も相互参加も共に株式所有を契機としての経営者支配の強化であり、それゆえ所有に拘束された経営者支配である。

米国において、従業員持株制度はERISAによって規制されており、法律によって目的が定められている。ERISAによれば、その目的は従業員の退職後の所得を確保することであり、それゆえそれは企業年金制度の一種と考えられている。この目的を実現する主な手段は給付額確定年金制度であるが、従業員持株制度は拠出額確定年金制度としてこれを補充するものと考えられている。従業員持株制度をこのようなものとしてERISAに取り込み、年金制度としての様々の特典を認めさせるための立法を推進した人々は従業員持株制度によって株式所有を労働者に拡大し、万人の資本主義を実現しようとした。また彼らは従業員持株制度によって資本蓄積を促進すると共に労使関係を改善し労働意欲を高めて生産性の上昇を実現しようとした。従業員持株制度への拠出金は原則として全額使用者が負担し、これは繰延報酬と考えられている。従業員は原則として拠出しないという点に、自社株投資による退職後所得確保の危険性への配慮が見られる。従業員持株制度は税法上様々の優遇措置を与えられ、国家の政策として推進されている。ERISA後、従業員持株制度は米国企業に急速に普及しているが、その主な要因は、従業員持株制度によって税金を節約しての資本蓄積が可能となり、場合によっては税金そのものによる資本蓄積が可能となったこと、および従業員持株制度が乗っ取りに対する防衛手段として利用できるということがあると思われる。

従業員福祉基金持株も含めた従業員による自社株式所有は、米国百大鉱工業会社に関する限り、そのうちの一四社において単独支配者、二一社において共同支配者とも言うべき地位にあり、個人と家族の株式所有と同程度に大きく、これら以外の他の種類の株主の株式所有より格段に大きい。その大きさからして株価への影響は軽視できないと思われる。また従業員所有の自社株式は従業員退職後の所得確保手段としてのみならず、経営民主化および経済民主化の観点からも軽視できなくなってきていると思われる。現実には従業員による自社株式所有は株式分散による経営者支配または同族支配を補強する役割を果していると思われるが、若干の企業では経営者は従業員による自社株式所有の隔絶した大きさのゆえに、これを通じて示される従業員の意向を無視できなくなってきていると思われる。

日米両国において、会社の援助を受けての従業員による自社株式所有は、乗っ取りに対する防衛手段として利用されているが、それと共に経営民主化ないし経営者コントロール手段および従業員の財産形成ないし退職後の所得確保手段として重要なものとなってきており、同時にその株価ないし証券市場への影響も軽視できなくなってきている。米国では、国家政策において、従業員持株制度は高齢化社会に備えて退職後の国家に依存しない自立的生活の確保と生産性の上昇を両立させ、世代間の円滑な所得移転を図る一つの手段として位置づけられている、と思われる。日本でも、急速な高齢化社会を控えて、国家政策上従業員持株制度を明確に位置づける必要性は次第に大きくなってきている、と思われる。なお、我国従業員持株制度の若干の問題点をあげておこう。従業員の財産形成面から見て、日本の場合、米国と比べて自社株式取得が主として従業員の拠出金によること、非上場株式についても会社は買戻責任を負わないこと、各自の持分に相当する株式の引出権について法律的な保護の存しないこと、制度運営者の受託者義務の中身および会社の当該制度についての報告・開示義務などが問題となろう。また経営者コントロール面から見て、日本の場合、米国と異なり、各自の持分に相当する株式についての従業員の議決権行使が保障されておらず、従業員持株制度が専ら経営者支配または同族支配の補強手段として利用されていることなどが問題となろう。

（1）木下公明「わが国における実施状況」（河本他著『従業員持株制度のすべて』所収）（一九七〇年）二〇頁、有岡高弥「持株会のメリットと導入の留意点」税務弘報一九八五年五月号一七頁。
（2）石川郁郎「アメリカの従業員持株制度」商事法務四六号（一九五六年）二頁。
（3）Special Committee on Aging, United States Senate, The Employee Retirement Income Security Act of 1974: The First Decade III (1984).
（4）Salisbury, Chapter 5 What Impact Has ERISA Had on Different Types of Pension Plans? in supra note 3 at 113.
（5）村上清「米国の企業年金改革法」生命保険経営四三巻三号（一九七五年）六四頁。
（6）「従業員退職所得保障法（Employee Retirement Income Security Act略称ERISA）の運用について（一九七五年一二月三一日までの期間）」信託一一二号（一九七七年）五九頁。
（7）井上久子「私的年金制度における受給権——アメリカ年金改革法に関連して——」追手門経済論集一二巻一・二合併号（一九七七年）六三頁。
（8）村上・前掲注（5）六六頁。
（9）Salisbury, supra note 4, at 109.
（10）See ibid.
（11）ERISA §3 (2), 29 U.S.C.A. §1002 (2) (West. 1975).
（12）牛丸與志夫「米国従業員持株制度の法的規制の現状」（『上柳克郎先生還暦記念商事法の解釈と展望』所収）（一九八四年）一七六頁。
（13）ERISA §407 (d) (6), IRC §4975 (e).
（14）参照、牛丸・前掲注（12）一七六—一七七頁。
（15）Salisbury, supra note 4, at 107.
（16）牛丸・前掲注（12）一八一—一八二頁。

(17)　参照、小桜純「米国の従業員持株信託」信託法研究二号（一九七八年）三〇—三一、三四—三五頁。Robert N. Stern & Philip Comstock, Employee Stock Ownership Plans (ESOPs): Benefits for Whom? 43 (1978).

(18)　Stern & Comstock, supra note 17, at 12.

(19)　Louis Orth Kelso、一九一三年生まれの銀行家であり、弁護士でもある。自らは経済学者と自称しており、The Capitalist Manifesto (1958) やThe New Capitalist (1961) 等の著作がある。

(20)　David A. Peckman, Employee Stock Ownership Plans: A Decision Maker's Guide 3-4 (1983).

(21)　Ibid.

(22)　Stern & Comstock, supra note 17, at 11-12.

(23)　Id. at 50; See also id. at 42.

(24)　参照、西村周三「アメリカの被用者退職所得保障法（ERISA）の最近の動向」エコノミア七〇号（一九八一年）七七頁。

(25)　See Stern & Comstock, supra note 17, at 36, 46; Peckman, supra note 20, at 33, 53-54.

(26)　Peckman, supra note 20, at 38.

(27)　田淵節也「新・従業員持株制度の提唱」商事法務四八〇号（一九六九年）八頁。

(28)　Timothy C. Jochim, Employee Stock Ownership and Related plans 162 (1982).

(29)　Stern & Comstock, supra note 17, at 1.

(30)　Id. at 17.

(31)　Peckman, supra note 20, at 1.

(32)　Stern & Comstock, supra note 17, at 17.

(33)　Jochim, supra note 28, at 168.

(34)　Michael J. Nassau, ESOP as a qualified defined contribution plan in Joseph E. Bachelder III (ed.), Employee Stock Ownership Plans 32 (1979).

(35) See Peckman, supra note 20, at 5-7; McGill, Chapter 3 Post-ERISA Legistlation in supra note 3 at 50.
(36) Stern & Comstock, supra note 17 at 18.
(37) 井上・前掲注（7）六四頁。
(38) Stern & Comstock, supra note 17 at 22.
(39) Peckman, supra note 20, at 28; Jochim, supra note 28, at 59.
(40) Stern & Comstock, supra note 17 at 20-21.
(41) See, Jochim, supra note 28, at 170-171; McGill, supra note 35 at 50, 65.
(42) Salisbury, supra note 4, at 108.
(43) Peckman, supra note 20, at 4.
(44) 参照、小桜・前掲注（17）二三一二四頁。
(45) McGill, supra note 35, at 64.
(46) Ibid.
(47) Id. at 75.
(48) Id. at 75-76.
(49) Id. at 46.
(50) Id. at 47.
(51) Id. at 64.
(52) Id. at 76.
(53) Peckman, supra note 20, at 8-9.
(54) 全国証券取引所協議会『株式分布状況調査昭和五八年度』（一九八四年）一三二頁。
(55) 井上道広「昭和五八年度従業員持株制度実施状況調査」証券昭和五九年九月号二三頁。
(56) 全国証券取引所協議会・前掲注（54）一三一頁。

(57)　同・一三二頁。
(58)　それは同一一頁および一三〇頁の数字より算出したものであって、従業員持株会所有株式数と拡大従業員持株会所有株式数の和が個人持株数と信託銀行方式の従業員持株会所有株式数の和に占める比率である。
(59)　同書の昭和五三年度版および昭和四八年度版の個人持株数に占める従業員持株会所有株式数の比率である。
(60)　全国証券取引所協議会・前掲注（54）一三二—一三三頁の数値より算出。
(61)　一九八四年三月末時点のもので、日本経済新聞一九八四年一二月四日号掲載の数字より算出。
(62)　貯蓄増強中央委員会『貯蓄に関する世論調査 昭和五九年』五頁。
(63)　週刊東洋経済臨時増刊企業系列総覧においては、一〇大株主までの資料は完全であり、すべての上場企業についてこれを知ることができるが、二〇大株主までの資料は不完全であり、すべての上場会社についてこれを知ることはできない。
(64)　最大二〇位までの大株主としての従業員持株会の参加件数は一、〇四五件であるが、昭和アルミニウム、古河電気工業および福山通運の三社では、従業員持株会がこのような参加を各二件ずつ有する。
(65)　週刊東洋経済臨時増刊一九八五年版企業系列総覧二八—三二頁。
(66)　Peckman, supra note 20, at 4.
(67)　Id. at 16.
(68)　John Hoerr, ESOPs: Revolution or Ripoff? Busiess Week, April 15, 1985, at 54.
(69)　Ibid.
(70)　Peckman, supra note 20, at 19-20.
(71)　Id. at 39.
(72)　John Hoerr, supra note 68, at 56.
(73)　参照、前掲三2(2)a。
(74)　John Hoerr, supra note 68, at 61.

(75)　以下の資料はすべて、Corporate Data Exchange, Inc., Stock Ownership Directory: Fortune 500 (1981) より得た。

(76)　参照、「従業員持株会への奨励金と利益供与」商事法務一〇四三号（一九八〇年）四〇―四一頁。

第二章　英国の従業員持株制度

第一節　英国従業員持株制度の歴史

一　英国従業員持株制度の定義と目的

1　定　義

英国では従業員持株制度（employee's share schemes）について一九八五年会社法（Company Act 1985）七四三条が定義している。同条によれば、従業員持株制度とは次の者によるまたは次の者のための会社の株式（shares）または債券（debentures）の保有を奨励するまたは容易にするための制度である。ここで言う次の者には二種類ある。その一つは、会社、会社の従属会社（subsidiary）または持株会社（holding company）または会社の持株会社の従属会社の真実の（bona fide）従業員または元（former）従業員でり、もう一つは、そのような従業員または元従業員の妻、夫、寡婦、男やもめまたは一八歳未満の子供または継子である。したがって英国では、従業員持株制度は、会社の従業員のためのみならずその配偶者や子供のために、また会社の発行する株式のみならず債券を取得するためにも設立できる。しかし一般的には英国においても従業員持株制度は従業員が勤務先である会社の株式を取得するのを奨励する制度として考えられているようである。

2　目　的

英国では従業員持株制度と利益分配制度（profit-sharing schemes）つまり企業利益の分配に従業員を参加させる制度がしばしば一体のものとして議論される。[1] それゆえ以下において英国の従業員持株制度の主題をめぐる議論を見る場合にも特にこの両者を区別していない。

英国では従業員持株制度の普及において政府が重要な役割を果している。英国では現在では主要な政党のいずれもが従業員持株制度の普及を支援する立法に賛成しており、この点に関しては意見の一致があるように思われる。[2] しかしながら、各政党が従業員持株制度によって追求している主題には重なり合う部分もあるが明らかに異なる部分もある。これらの主題は大きく三つにまとめることができるようである。これらの三つの主題とは人間関係（human relations）、市場の力（market forces）および社会的所有（social ownership）である。[3]

(1)　人間関係と協同（co-partnership）

これは経営者と従業員との間の人間関係を改善し、両者の協同を実現する手段として従業員持株制度を考える立場である。

従業員持株制度の採用は、多くの場合、利潤の増加もしくは生産性の向上を直接の目的とするものではないであろう。その代わりに、その目的は、従業員の会社への帰属感を高めることであり、ほぼ確かであるのは、株式所有を〝彼らと我ら〟という二分法を討ち倒す手段として考えていることである。もしこの後者の目的が満たされるならば、それは間接的に効率性の上昇に寄与しかつ収益性を増大させるであろう。そして収益性の増大は従業員の分け前を増やすであろう。このことは多くの点において生じるであろう。たとえば、会社への忠誠心の向上、離職の減少、職務経験の増加、会社に必要な特殊技能の獲得など。そしてもし〝彼らと我ら〟の障壁が連帯感の向上によって打ち倒されるならば、それは労使関係風土の改善をもたらすであろうし、これはさらにストライキやサボタージュによって失われる時間を減らし、効率の低下をもたらす不満を減らし、経営者や監督者が生産性改善のため利用できる時間を増やすであろう(4)。

現在ではこの目的に対する支持はすべての政党にみられる。しかし最も早くからこれを支持し続けている政党は、疑いもなく、自由党（the Liberal Party）である。一九二八年に自由党はその政策として次のように明瞭に述べた。「利益分配の真の目的は、組織された協議会制度と一緒になって、労働者がパートナーとして取り扱われており、産業の成果の分配が労働者に隠されたミステリィではなく、労働者も当事者として確立しよく知っているルールに基づくものであることを示すことにある（Liberal Party, 1928: 199）(5)」。

このような見解はその後五〇年にわたって自由党の様々な政策的提言に反映されてきた。しかし自由党・労働党提携（Lib–Lab pact）の時代になって初めて自由党のその政策は政府に影響を与えることができた。この提携継続のための取引の一部が利益分配についての自由党の提案の労働党政府による採用であった。これはそれまでこのような制度に反対していた労働党の以前の立場の廃棄であった(6)。

協同の主題は現在でも自由党が利益分配を支持する主な根拠である。これに関してDavid Steelは次のように述べる。「利益分配は従業員の勤務に対する関心を高め、労働条件を改善し、働くうえでの満足感を大きくするので、経営陣と従業員との間の分裂つまり〝彼らと我ら〟という対立的な態度を緩和するので、協同を促進し関わり合いを深め、経営能力を改良し、生産性を引き上げかつ創出された富の分配をより公正にする（1986: 42）(7)」。

自由党の基本戦略の一つは協同であり、同党はこれを保守党の私的企業と労働党の国有との間の〝第三の道〟と考える。

すなわちこの第三の道においては、産業の経営は同意した目的に向かって協同で作業する従業員と株主の両者の協同責任となり、その結果得られる成果は両者が分かち合うこととなるであろう（Scottish Liberal Party, 1983: 16）。(8)

自由党は従業員を株主もしくは経営陣とならぶ企業経営のパートナーとすることによって、国家的には労働者と資本家との間の階級対立を克服すると共に、企業経営においては従業員の勤務態度を改善し、生産性を向上させることを目指しているものと思われる。自由党の戦略は従業員と経営陣もしくは株主との間にパートナーシップを形成して両者間の〝彼らと我ら〟という対立的関係を克服することにあり、したがってその手段としては利益分配や従業員株式所有のみならず、労働者協同組合（worker co-opratives）や付加価値制度（added-value schemes）も考えられることとなる。(9)

協同という主題は保守党が利益分配と従業員所有を支持する根拠の一つでもある。保守党の下院議員であるKenneth Carlisleは同党のパターナリズムの伝統に基づいて利益分配を支持する。彼らは次のように主張する。利益分配によって従業員が会社との結びつきを知り企業の成功から利益を得られることを知って〝目的の一致〟が実現するならば、それは富を生み出す能力を有する。同制度は市場の現実を理解し、利潤を生み出すことの必要性と使用資本に妥当な報酬を稼ぐことの必要性を理解するのを助けるであろう。つまり利益分配制度の導入は、労働意欲を高めて生産を促進することを目的としているが、保守党にとってはより大きな政治的目的を有する。Carlisleは富の分配によってマルクシズムの亡霊が絶滅し、多くの人々が家を所有するのと同じように株を所有すること、それゆえ大衆資本主義（popular capitalism）の未来が確実になるであろうことを期待している。彼は利益分配制度の目的を次のように要約する。「利益分配制度は産業における人間関係の改善と富の創造において重要な役割を果たすことができる。それは住宅所有と同じように株式所有を普及させる推進力となるであろう。それは個々の労働者に真の経済的自立を達成する機会を与えるだろう。そして従業員が刹那的な消費の代わりにほむべき投資サイクルに入り込むのを助けるであろう（1980: 11)。[10]」。

保守党は税制上の優遇措置による利益分配と従業員株式所有の促進を長い間支持してきた。一九七〇年から一九七四年にかけてのHeath内閣は会社幹部用と、全従業員用と、二つの株式買受権制度（share option schemes）を導入した。全従業員向けの積立貯蓄による株式買受権制度は一九七三年財政法（the 1973 Finance Act）において導入された。これは保守党の思考におけるパターナリズム的、協同主義的流れに直接関係していた。大蔵大臣のPatrick Jenkinはこれに関して「この制度の目的は会社と従業員との間に利益共同体を設立することであり、労使関係の背後にあってトラブルの原因となっている障壁を破壊することである。[11]」と述べた。しかしながら、その制度は一九七三年一二月まで所得政策上の諸制限に服しており、次の労働党政府が課税上の優遇措置を撤廃するまでは、ほとんど実施されなかった。[12]

(2)　利益分配と市場

保守党政府の最近の政策を見ると、利益分配と従業員株式所有に対するその支持に変わりはないが、それらを支持する根拠が協同におけるパターナリズムの強調から離れて、マネタリスト的な市場重視に基づく政策へと変わりつつある。[13]

市場重視に由来する政策の初期の例は一九七二年財政法である。同法は会社幹部向けの株式買受権を導入した。この立法は、後に一九八四年財政法の下で導入されたそれと同じく、上級幹部の経営努力を鼓舞することが必要であり、企業が経営幹部を採用し保持するのを助けることが必要であるとの保守党の断固たる信念を反映するものである。経営努力の鼓舞を望む背景には、マネジャーリアリスト的なテーゼ、つまり所有者と経営者の目的は一致しないというテーゼに対する信念がある。[14] 大蔵大臣のPatrick Jenkinは一九七二年に次のように述べた。「最近数十年間にわたって、産業の所有者と経営者との間の利害の相違を減らしなくする手段の必要性が次第に大きくなってきた。もしこの相違をなくすることができるならば、産業は所有者イコール経営者であった時代に有していた活力と進取の気性を取り戻すであろう。[15]」。

それゆえ、保守党は経営者のためのこのような制度を支持し続けているが、他のすべての政党はこれに反対している。その反対の理由としては、この制度がエリート主義的差別的性質のものであることの他に、次のようなことが主張されている。そのような制度はせいぜい良くて脱税の手段にすぎないし、もし悪ければ企業内の分裂を作り出し強化することによって生産性を引き下げるであろう。[16]

市場の考慮は一九八〇年代の株式所有立法においては早くから含まれていた。Nicholas Ridleyは、大蔵省の財務長官であった時に、次のような見解を述べた。「政府の利益分配法案は、人々が効率的に働くよう促すことによって、特に労働意欲を高め人々の財産所有を支援することによって、他の諸政策と共に、経済の供給サイドのパフォーマンスを改善することを目的としている。」。民営分野での株式所有の利点が、市場との連結および民営化の必要を強調するような方法において、国有化された産業における労働者のひどい有様と対比される。「市場の力から部分的もしくは全面的に隔離されている、大規模の独占的な国有化された組織によって雇われている者については、このような動機づけを生み出すことは不可能である。[17]」。

かくして国有化された産業の民営化、それは、通常、従業員の特恵扱いや、利益分配と従業員株式所有を促進するための税制上の優遇措置の導入を伴うが、これと公営住宅の売却が財産所有民主主義(property-owing, share-owing democracy) という目的へ向かう運動のすべてとなる。Nicholas Ridleyは言う。「我々の目的は財産所有民主主義を築きあげることと大衆資本市場（people's capital market）を確立することであり、労働の場に、街路に、家庭にさえも資本主義を導入することである。[18]」。

英国政府の民営化計画は同政府の次のような認識と意図に基づいていると言われている。政府は、我々の社会において資本の報酬（capital rewards）を受けとらない市民は我々の民主資本主義制度（democratic capitalist system）に関わりがないと感じるであろう、ということを認識している。成功している企業に投資を有する市民はその成功と繁栄の継続に関心を持つであろう。資本形成への参加の経験が広がれば広がるほど、企業の繁栄を押さえつけるのではなく、それを促進する政府に対する選挙民の支持が大きくなるであろう。[19]

財産所有民主主義について次のようなことが言われている。これは賃金・給与取得者がその雇われている企業のパートナーになることによってその地位が永久的に変わってしまう社会である。それは、富と株式資本の過度の集中を根絶しようとする、そして長期的にはその結果として資本主義制度そのものを破壊することを目的とする政治哲学を消滅させる、型の社会・産業体制である。[20]

(3)　協同から社会的所有へ

最近まで労働党は、よく見ても、利益分配と従業員株式所有には中立的であり、むしろ敵対的であるように思われた。Bristowの報告によれば、一九二七年には労働党は、まだ公式に、利益分配を労働組合に敵対する使用者の兵器庫における狡猾な武器として非難していた。[21]労働党の推進していた道は基幹産業の国有化であり、その立法に労働組合を通じての労働者代表の権利を組み込むことであった。最近になってこのフェビアンの遺産は二方向から挑戦を受けた。一方では、同党は、保守党政府によって育成された株式と住宅の両方の個人所有の明白な成功に対応しなければならないと共に、保守党の公言する経済運営の成功にも対応しなければならない。他方では、労働党は、金融的参加（financial participation）によって生じるであろう忠誠と献身に何らかの価値を認めながらも、労働組合とその関係および団体交渉を支持する必要を意識し理解しているので、人間関係アプローチに内在するパターナリズムに対して、防衛しなければならなかった。(22)

労働党は保守党の初期の立法の多くに反対したが、それは、株式制度そのものに反対と言うよりはむしろ主として課税上の優遇措置に反対であったからである。たとえば、Dennis Healyは一九七二年法と一九七三年法の諸規定の廃止を求めて次のように述べた。「我々は株式制度そのものには反感を抱いていない。……まともな株式奨励制度は課税上の特権という支えに頼ることなしに自立できるべきである。(23)」。かくして、Wilson内閣は、株式買受権制度による利得を非課税とする貴族院の判決（Abbott v. Philbin, 1960）を無効にした。一九七四年に、労働党政府は一九七二年と一九七三年の財政法によって保守派が導入した課税上の優遇措置を廃止した。(24)

労働党が特に強く保守党の法案に反対したのはそれらが株主の犠牲と言うよりはむしろ歳入を犠牲にして会社の上級幹部に報いる方策であるという理由によってであった。(25)この反対理由は会社幹部用制度に特にあてはまるが、しかし労働党は非上場会社の労働者、特に公営分野の労働者が除外されているという理由からも反対した。(26)

このような背景からすれば、一九七八年に労働党政府が利益分配型持株制度（ADST-type schemes）のために課税上の特権を導入したのはかなり奇妙なことに思われる。ファイナンシアル・タイムズの論説において指摘されているように、その提案は同政府による自由党への明らさまな譲歩であった。(27)一九七八年にその提案をした頃、労働党にとってより広い産業民主主義をめぐる論争が大きな問題になっていたが、大蔵大臣のJoel Barnettは利益分配を産業における参加の代替物とは見ていなかった。その目的について彼は次のように述べた。「私はその制度が達成できる利点を誇張しようとは思わない。しかし私は長期的にはその制度が全体としての会社部門の効率性と生産性を改善し、それゆえその結果を良くするのに役立つと思う。[28]」。

一九七八年当時の労働党にとって従業員持株制度の目的は限定的なものであり、同党は自由党によって利益分配型持株制度の立法へと突き進められた。しかしながら労働党の大立者達が同党の一九八六年大会（Labour Party, 1986）においてはより広い社会的所有への運動との関係において従業員株式所有を擁護するようになった。[29]

一九八七年の総選挙の前に労働党は社会的所有の政策を採用した（Labour Party, 1986）。これは伝統的な国有化モデルから、消費者や従業員の権利と両立する、ある種の公衆所有（public ownership）への転換と見ることができる。British TelecomとBritish Gasを公衆所有に取り戻すこと、戦略上重要な分野における株式を取得するための新たな法人、British Enterpriseを創設すること、および金融分野における社会的所有の存在基盤を確立するためのBritish Investment BankとBritish Savings Bankを設立することが、特に提案された。スウェーデンの労働者基金を引用しながらも、金融参加についてのその提案はアメリカのESOPモデルからより多くを得ている。これらは、全労働者のための情報、協議および代表の権利の制定法による拡大と結びついて、労働者協同組合と並んで、同党によって促進されることとなった。[30]

労働党の提案は、保守党の個人所有計画に対抗する集団を基礎とする所有形態として提案されているが、私的産業を国家レベルの集団所有と支配の下にもたらそうとするものではない。同党の主流右派が、経済をいかに運営するか、新たな関係の構築に従業員と経営陣をいかに組み込むか、についての政策の開発においてイニシアティブをとってきた。これらの政策は国家主義的公有の破滅と保守党の政策の明らかな成功への対応である。たとえばRoy Hattersleyは保守党の大衆資本主義（peoples capitalism）という見解を否認しながらも次のように述べる。「持分保有が会社内での従業員の影響力を最大にするため組織されるならば、従業員の全く異なる態度を生み出すことができる。なぜならば従業員株主は会社と二重に関わり合う。そのような制度は、疎外を減じ、従業員・会社関係が通常の賃金支払を確保するため必要な最低限の努力の支出より以上のものであるとの感情を増大するということは、疑問の余地がない。(31)」。

従業員による企業買収、改善された株式所有制度、ESOPsおよび労働者協同組合に対するHattersleyの支持は、現在従業員を使用し、将来部分的に従業員が所有することになる、会社への従業員の感情的な関わり合いを増大することから、経済は利益を得るとの信念に起因している。しかし、Hattersleyにとって株式所有は従業員参加の実質的な拡張と手に手をとって進まねばならない。究極の目的は従業員の関与を増大し疎外の感情を減じることにある。というのは、従業員の無関心と疎外感が英国産業における変化と革新に対する心理的障壁となっているからである。(32)

（1）参照，Lesley Baddon, Laurie Hunter, Jeff Hyman, John Leopold and Harvie Ramasay, PEOPLE'S CAPITALISM? 32 (1989); Michael Pool, THE ORIGINS OF ECONOMIC DEMOCRACY 1 (1989).
（2）Baddon, supra note 1 at 32.
（3）Ibid.従業員持株制度によって追求されている目的についての以下の記述は，主としてBaddon, supra note 1による。
（4）Id. at 12.
（5）Id. at 33.
（6）Ibid.
（7）Ibid.
（8）Id. at 34.
（9）See, Baddon, supra note 1 at 33.

(10) Id.at 34-35.

(11) Hansared, House of Commons Standing Committee H col. 340, 9 May 1973, quoted in Baddon, supra note 1 at 35.

(12) Baddon, supra note 1 at 35.

(13) Id. at 36.

(14) Ibid.

(15) Hansard, House of Commons, vol. 837, col. 610, 17 May 1972, quoted in Baddon, supra note 1 at 36.

(16) Baddon, supra note 1 at 37.

(17) Speech to Glasgow Herald seminar on employee share schemes, 13 April 1983, quoted in Baddon supra note 1 at 37.

(18) Speech to Wider Share Ownership Council forum on employee share schemes, 3 October 1984, quoted in Baddon, supra note 1 at 37.

(19) Peter Young, A SOCIAL CHATER FOR OWNERSHIP 6-7 (1989).

(20) Pool, supra note 1 at 1.

(21) Baddon, supra note 1 at 38.

(22) Ibid.

(23) Hansard, House of Commons, vol. 837, col. 610, 9 May 1974, quoted in Baddon, supra note 1 at 38-39.

(24) Baddon, supra note 1 at 39.

(25) John Gilbert, Hansard, House of Commons, vol. 837, col. 585, 17 May 1972, quoted in Baddon, supra note 1 at 39.

(26) Baddon, supra note 1 at 39.

(27) Financial Times, 3 February 1978, quoted in Baddon, supra note 1 at 39.

(28) Hansard, House of Commons, vol. 948, col. 1657, 27 April 1987, quoted in Baddon, supra note 1 at 39.
(29) Baddon, supra note 1 at 40.
(30) Id. at 53.
(31) Id. at 53-54.
(32) Id. at 54.

二　英国従業員持株制度の歴史

1　第二次大戦前

有限責任の会社が資本と労働の分離と合わさって産業革命の進展を促進した。しかし、その発端から労働者に株式を所有させることの必要性が認識されていた。Robert Owenは社会が田舎的かつ農業的なものから都会的かつ工業的なものへと変わるにつれて資本参加の原理が重要になると述べた。[33] ヴィクトリア女王時代の博愛的で有名な家族たとえばカドベリィ家やICIのような大会社が二〇世紀の始めから労働者に株式を与えた。これらの制度の中にはESOPの原型とも言うべきものがあった。記録によれば、The Henly Telegraph Works Limitedは一九二〇年より前に確かに、経営者用の持株制度をもっていた。その制度によれば金銭が毎年信託に拠出され、信託はその金銭で自社株を購入した。その株式は五年間信託において保有され、その後従業員に放出された。[34]

2　第二次大戦後　一九六〇年代まで

第二次世界大戦の欠乏が消えうせた一九五〇年代に入って、持株制度は会社幹部レベルでの注目に値する報酬形態となった。この出発時から、その制度は税制上の意義が重要であった。一九五四年に開始したある持株制度に関するAbbott. v. Philbin事件[35]において、会社幹部は、発足時の株式の市場価格に等しい固定価格で将来において株式を買受ける権利を名目的な金額の支払いによって認められた。会社幹部はその得た利益に課税されるべきでない、と貴族院は判決した。これに応じて内国歳入庁は法規を変更して、その後三〇年間税法が持株制度の発展を後押しするのを確立した[36]。

3　一九七〇年代

一九七二年に持株制度の新時代が始まるかと思われた。この年に保守党政府が選択的株式奨励制度（selective share incentive schemes）と一般的株式参加制度（general share participation schemes）の両方を促進するため特別な立法を導入した。政府によって認可されたこれらの制度だけの発展を確かなものとするために、同時に認可された制度以外の他の制度に対しては厳しい税制が導入された。これは従業員が使用者会社の株式によって得た資本利得に所得税を課すという規則を制定した。だが一方、認可された制度に対しては、政府は資本利得を資本としての正当な課税に戻すことによって租税の負担軽減を認めた[37]。

不幸にも持株制度は党利党略とみなされたので、保守党好みの一九七二年法は後任の労働党政府によって一九七四年に破棄された。労働党政府は、〝認可された〟制度だけを会社に利用させるためのものであった苛酷な税制を拡大して、すべての持株制度に適用した。ごく少数の著名な会社が不利な税環境にもかかわらず、苦闘しながら制度を運営し続けた[38]。

しかし、一九七八年になって、労働党が権力を握り続けるために自由党と提携しなければならなくなった時に、ある種の全従業員用持株制度は税制上の優遇措置を受けるべきであるとの政治的なコンセンサスができあがってきた。一九七八年に労働党・自由党連立政府は英国に利益分配型持株制度を、つまり、従業員に所得税を全く課税することなしに株式を与える制度を導入した。その制度はすべての従業員が〝同じ条件で〟取り扱われること、および株式が売却される前に一定期間信託によって保有されることを要求する。一九七九年にサッチャー政府が権力を握り、この分野でのより一層の発展を形成した。(39)

4　一九八〇年代における成功

サッチャー政府は毎年のように持株制度立法を一歩一歩改善した。特に目立つ改善のなされた年がある。つまり、認可を受けた積立貯蓄による株式買受権制度（tax-approved savings-related share option schemes）のための一九八〇年と認可を受けた幹部用株式買受権制度（tax-approved executive share option schemes）のための一九八四年である。さらに、一九八八年には所得税率と資本利得税率の平等化と持株制度のためのめんどうな課税回避法の廃止を見た。一九八九年には特定の型のESOP信託のために特別な立法がなされた。(40)

その一〇年間を通じて、従業員による個人株式所有が強調されてきた。そして大きな成功がなし遂げられた。一九八九年九月末において、八五三の認可を受けた利益分配型持株制度（approved profit-sharing share schems）と、八三三の積立貯蓄による株式買受権制度があり、あわせて約一七五万人の従業員が加入していた。許可を受けた幹部用株式買受権制度は爆発的に成長した。一九八九年九月末までの五年間に四、〇六九の同制度が認可された。(41)これら各種の従業員持株制度はそのほとんどが上場会社設立のものである。一九九〇年九月末時点での英国証券取引所への英国会社の上場会社数は一、九五四社である。(42)上場会社の多数がいずれかの従業員持株制度を採用しているものと思われる。(43)

5　一九八九年会社法改正

一九八五年英国会社法は、一四三条一項において、原則として、会社が、購入、引受その他いかなる方法によってであれ、自己株式を取得することを禁止している。さらに、同法一五一条は、会社が自己株式又はその持株会社の株式の取得に対して直接または間接に金融援助を与えることを一般的に禁止している。この金融援助の一般的禁止は私会社（private companies）にはあてはまらない（同法一五五条一項）。私会社は自己株式の取得に対して金融援助を与えることができるので、従業員の自社株取得を促進するため従業員持株制度に金融援助を与えることができる。

公会社（public companies）が従業員持株制度に金融援助することは、会社に対して自己株式の取得のために金融援助を与えることを一般的に禁止する一五一条に違反するおそれがあった。しかしこのような状況は一九八九年の会社法改正によって変わった。会社法一五二条四項(b)号は、会社が会社の利益のために善意でする限り、従業員持株制度のために金融援助を与えることを明文によって認める。それによって認められる援助は株式取得のための金銭の支給に限られないのであってあらゆる形の金融援助を含む。たとえば会社は会社株式の取得のため従業員持株制度によってなされた借入の元金またはその利子の全部または一部を支払うことによって同制度を支援することができる。また会社は、従業員持株制度に金銭を貸付ける銀行が要求する保証その他の担保または損失補償を与えることもできる。(44) これは従業員持株制度が銀行その他から会社の保証によって資金を借入れるのを容易にした。

なお、私会社の場合であれ、公会社の場合であれ、会社が従業員持株制度に金融援助を与えることは、その金融援助によって会社の純資産が減少しないか、また純資産が減少する場合にはその援助が配当可能利益によってなされる場合にのみ、許される（会社法一五四条一項、一五五条二項）。ここでの純資産とは会社の資産総額がその負債総額を超過する額であり、資産および負債の額は金融援助が与えられる直前の会社の会計帳簿における記載による（会社法一五四条二項(a)号）のであり、現実の価値によるのでない。

6　英国の従業員持株制度における問題点

一九九一年七月三一日の時点で、内国歳入庁は四、八三九の幹部用株式買受権制度、九九八の積立貯蓄による株式買受権制度、および九七四の利益分配型持株制度を承認していた。内国歳入庁の統計では、不幸にもこれらを設立した会社の種類を区別できないが、公的で上場されている会社が支配的であり、公的で上場されている会社の私的な有限責任従属会社が少数であり、独立の未上場会社は、ごく稀であると思われる[45]。

しかしその成功のうちから二つの構造的な問題が明らかとなってきた。一つは未上場会社で持株制度を採用するものが極めて少ないということであった。保守党政府は私会社を経営している家族的な企業家からその活力の大きな部分を得ていたので、これは同政府にとっては特別な悩みであった。もう一つは主要な機関投資家（保険業者と年金基金）が持株制度によって引き起こされる株式所有の希釈化に関心を持ち出したことであった。彼らの制定した一連のガイドラインが持株制度に関して発行される株式について受入れ可能な限度を持ち出し始めた[46]。

私会社の本質的な特徴はその株式に公開の市場がないということである。株主名簿への登録は厳密に管理されており、その株式は緊密な関係にある家族だけによって保有される傾向にある。この本質的な特徴が従業員持株制度の運用にとって重大な障害である[47]。

持株制度の発達によって私会社は経営幹部の求人競争において上場会社より不利な状況におかれるようになってきた。上場会社は経営幹部に株式買受権を提供できるが、これが株価上昇局面では彼らにとって非常に重要な給与となった。もし株式の評価という困難な問題を解決する合意が達成されるならば、私会社がその従業員に株式を引き渡すことがかなり容易になる。しかし従業員が株式を売却しようとした時、市場が存しなければ、その給付は厳しい矛盾の原因となる。価値があると言われていた株式が売却出来ない。これではその株式に価値があるのか否かという疑問を生じる。その解決は株式を上場することであるが、これは私会社の本質的特徴、つまりその株式に市場性がないことおよびその株式に対する閉鎖的な支配を破壊する。(48)

ESOP信託は私会社の株式に市場を与え、そして従業員に対して効果的に株式を奨励するために開発された。(49)上場会社は従業員の採用、労働意欲の向上、および定着をはかることにおいて株式を従業員に与えることが有効であると知ったので、従業員持株制度を迅速に実施した。これらの制度はほとんど例外なしに新株発行によっていた。株主持分の打ち続く、抑制のない希釈化は伝統的な機関株主のみならず、小株主にとっても最近では受入れられないものとなりつつあった。そこでESOP信託が上場会社における従業員持株制度のための代替的な希釈化のない株式源として開発された。(50)

7　ESOPの発展

Employee Share Ownership Plan（ESOP）は英国では明確な定義のある専門用語ではない。この言葉は、一見すると、会社の従業員が使用者会社またはそのグループ会社の株式を所有するかまたは所有することに至るあらゆる制度（plan）または取決め（arrangement）を指すかに見える。しかしながら、単純な株式買受権制度や持株奨励制度は通常ESOPとは呼ばれない。一般にその言葉は、主として会社の拠出または借入金によって資金を調達して、株式を取得する従業員福祉信託（employee benefit trust）と、その株式を後にそれを通じて従業員に分配する内国歳入庁の認可を受けた利益分配型持株制度との二段階組織（two-tier system）を指すものとして用いられる。ESOPには様々なバリエーションが可能である。従業員福祉信託から直接株式が分配されることもあれば、株式分配が（非認可の）株式買受権制度を用いてなされることもある。(51)

一九八九年まで、英国のESOPは制定法による特別な税制上の支援なしに発展してきた。その状況は一九八九年財政法によって変わった。一九八九年財政法は制定法上の英国ESOP（statutory U. K. ESOP）を創り出した。制定法上のESOPに初めて認められた主な利点は会社またはその従属会社によってそれになされた拠出が制定法によって課税所得から控除可能となったことである。しかしながら、実務においてはこの利点はあまり重要ではなかった。というのは、このような拠出はそれ以前よりたいていの場合に課税所得から控除可能であった。そのうえ、制定法上のESOPの形成と運営に関して厳しい課税上の規則が適用される。たとえば、制定法上のESOPの受託者は英国居住者でなければならず、かつ受託者の過半数は従業員によって選出されなければならない。また制定法上のESOPを設立する会社は英国居住者でなければならず、かつ他の会社に支配されていてはならない。これは英国居住者でない会社がその英国従属会社のために制定法上のESOPを設立するのを阻止する。(52)それゆえ、制定法上のESOPが設立されることは稀なようである。

一九九〇年財政法は制定法上のESOPのために課税上の優遇措置を追加した。一定の条件を満たすならば（とりわけ、制定法上のESOPが売却時から一二カ月間会社持分の少なくとも一〇%を保有するならば）制定法上のESOPの受託者に株式を売却する株主は売却時の資本利得税負担を回避できる。しかしながらその株主はその売却による収入を代替資産、つまりそれ自体が後の売却に際して資本利得に課税される資産を取得するためにのみ用いることができる。その結果としては、代替資産が制定法上のESOPに売却されたもとの株式と同じものとして扱われる。(53)

この追加された租税負担の軽減は私会社にとって制定法上のESOPを魅力あるものとすることができると思われる。たとえば、家族で企業を所有する株主が会社の支配を保持しながら従業員の献身と労働意欲を増大するためにその持株の一部を処分する場合に、同制度を利用することによって資本利得税（現行では四〇%）を回避することが可能となる。[54]

英国のESOPは上場会社と私会社の双方において増加しつつある。The ESOP Centerは、一九九一年八月時点で労働者の過半数に利益を与えることを目的とするESOPsを持つ会社は五〇を越えると見積もっている。これに加えて、会社幹部に利益を与えることを目的とする選択的ESOPsが増加している。上場会社でのESOPsの増加は最近著しい。これらESOPsのほとんどは判例法上のESOPsである。つまり財政法の規則の下で税制適格を得るためのものではない。一九九一年九月の時点で一九八九年・一九九〇年財政法の規則の下で制定法上のESOPを設立することを選んだ英国の会社は三社にすぎないと信じられている。[55]

(33) New Bridge Street Consultants (NBS), ESOPs in the UK 5-6 (1989).
(34) Id. at 6.
(35) HL 1960, 39 TC 82;〔1961〕AC 352;〔1960〕2 All ER 763 in NBS, supra note 33 at 6.
(36) NBS, supra note 33 at 6.
(37) Id. at 6-7.
(38) Id. at 7.
(39) Ibid.
(40) Ibid.
(41) Id. at 8.
(42) 財団法人日本証券経済研究所編『新版現代証券辞典』(一九九二年) 七七五頁。
(43) David E. Reid, The UK ESOP in Clifford Chance, Employee Share Ownership Plans in UK, Second Edition 29 (1991).
(44) Halsbury's STATUTES, Fourth Edition vol. 8 at 253 (1991).

(45) Reid, supra note 43 at 30-31.
(46) NBS, supra note 33 at 8.
(47) Ibid.
(48) Id. at 9.
(49) Ibid.
(50) Id. at 10.
(51) David F Williams, TAXATION OF EMPLOYEE SHARE SCHEMES, Third Edtion 125 (1991).
(52) David E Reid, ESOPs and Other Employee Share Schemes in the U.K., France, and the Netherlands, The Journal of Employee Ownership Law and Finance, vol. 3 no. 4 at 63 (1991).
(53) Id. at 64.
(54) Ibid.
(55) Id. at 54.

第二節　英国の従業員持株制度

一　はじめに

本章第一節「英国従業員持株制度の歴史」においては英国従業員持株制度の定義とその政策目的および現代にいたるまでのその歴史を取り扱った。本節では、英国の従業員持株制度についてその種類、各々の特徴および各々の課税上の取り扱いなどを明らかにする。

英国の従業員持株制度は、株式取得資金を基本的に会社が拠出するのか従業員が拠出するのかによって、二つの種類に分けることができるように思われる。前者に属するものとしては、利益分配型持株制度や制限付株式付与制度や年金型持株制度があり、後者に属するものとしては、株式買受権を利用する一般的な株式買受権制度とその持株な形態としての積立貯蓄による株式買受権制度と幹部用株式買受権制度や株式買受権を利用しない株式購入制度がある。

会社からの拠出によってであれ、従業員からの拠出によってであれ、拠出金によって株式を取得する場合には、多くの場合に株式の取得時期と取得量が限定されざるを得ない。そこでまず借入金を利用して都合の良い時期に適量の株式を取得し、後にその借入金を会社の拠出や従業員への株式売却金などによって返済することが考えられる。借入権限のある従業員持株信託を利用する従業員持株制度としてemployee share ownership plan（ESOP）がある。ESOPは基本的には株式を取得し貯蔵するための制度としての従業員持株信託とその取得した株式を従業員に分配するための制度としての従業員持株制度の二つからなる二段階組織（two-tier system）である。借入権限ある従業員持株信託と共にESOPの構成要素となり得る従業員持株制度としては先に述べた各種の従業員持株制度がある。

ESOPには税制上適格な従業員持株信託を利用するつまり制定法によって課税上有利な扱いを受ける制定法上のESOP（statutory ESOP）と、税制上適格でない従業員持株信託を利用するつまりその課税上の扱いが税法上の一般原則に基づいて判例法上形成されてきた判例法上のESOP（case-law ESOP）がある。

英国の従業員持株制度は内国歳入庁の認可を受けて課税上有利な扱いを受ける従業員持株制度と、内国歳入庁の認可を受けていない、従って課税上有利な扱いを受けない従業員持株制度に分けることもできる。前者には利益分配型持株制度、積立貯蓄による株式買受権制度、幹部用株式買受権制度の三種があり、後者には非認可の株式買受権制度、株式購入制度、制限付株式付与制度、非認可の年金型持株制度などがある。従業員持株信託はこのいずれかと組み合わせることによってESOPを形成することができるが、従業員持株信託と共にESOPを形成することが多いのは内国歳入庁の認可を受けた三種の従業員持株制度であり、その中でも特に課税上利用価値の大きい適格従業員持株信託と利益分配型持株制度の組み合わせが多いようである。

英国においては、内国歳入庁の認可を受けた三種の従業員持株制度が最も多く利用されており、次いでこれらと従業員持株信託の組み合わせによるESOPが多く、課税上の有利な扱いを受けない非認可の従業員持株制度が利用されることは少ないようである。

以下においては、従業員持株制度における課税上の有利な取り扱いを明らかにする前提としてまず課税の一般原則を述べ、それに続けて課税上有利な扱いを受ける内国歳入庁認可の利益分配型持株制度、積立貯蓄による株式買受権制度、幹部用株式買受権制度について、その特徴や課税上の利点を明らかにする。次いで、英国のESOPについてその特徴や機能を明らかにし、制定法上のESOPと判例法上のESOPの課税上の違いを明らかする。終わりに、内国歳入庁の認可を受けていない従って課税上特別に有利な扱いを受けない、各種の従業員持株制度についてその各々の概要を述べる。

二　課税の一般原則

内国歳入庁の認可を受けた従業員持株制度は様々な税法上の優遇措置によって推進されている。その優遇措置の中味は一般的な課税原則と比較することによって明らかとなる。ここでは、認可された各々の従業員持株制度の課税面での利点について述べる前に、課税の一般原則について見ておこう。

従業員持株制度は是認し得ない脱税の手段として利用される虞がある。それゆえ、従業員持株制度が税法上の優遇措置を利用するためには内国歳入庁の認可を受けなければならず、この認可を受けるためには様々な厳しい条件を満たさなければならない。それゆえ、すべての従業員持株制度が同庁の認可を得られるわけではないし、また小規模の制度や特定の取締役または従業員を対象とする制度の場合には同庁の認可を求めないこともある。同庁の認可のない従業員持株制度には課税の一般原則が適用される。

取締役または従業員が会社から株式の形で支払いを受ける場合、受け取られた株式の価値にスケジュールEの下での所得税が課される。つまり、その価値から受領者がそれを受領するためにした支払いを差し引いたものが課税すべき報酬（emolument）として扱われる（ICTA 1989, s 19）。この課税が生じるためには株式が雇用に関して受け取られねばならないが、取締役や従業員に株式が支払われるたいていの場合にそれが推定されるであろう。(1)

株式が割引価格で取締役または従業員に売却された場合には、与えられた割引が報酬として課税される。これに加えて、一定の条件を満たす場合には、その後に生じた株主権の変更から生じる株式価値の増加について所得税が課される。[2]

株式買受権（share option）が取締役または従業員に与えられる場合、その権利が与えられてから七年を超えて行使できるか否かによって取り扱いが異なる。株式買受権が与えられてから七年より後に行使できる場合には、その権利が与えられた時に一般の課税原則に従ってスケジュールEの下で報酬として課税される（ICTA 1988, s 19)。株式買受権が与えられてから七年を超えて行使できない場合には、その権利が与えられた時には課税されないのであって、その代わりに、その権利の行使、譲渡、放棄によって利得を実現したときにスケジュールEの下で報酬として課税される（ICTA 1988, s 135)。課税される利得額は利得が実現したときの株式の市場価値からその株式または買受権のために従業員が支払ったすべてのものを差し引いた額である。[3]買受権の行使によって取得した株式についても、その取得後、株主権の変更によって株式価値が増加すれば、一定の場合にはその増加価値に対して所得税が課される。[4]

これらの負担に追加して、所得説を課されない株式の価値における利得には資本利得税が課される。課税される利得額は、株式の売却価格がインフレーションのための調整をした後の取得費用とそれに付随する費用を超過する額である。ある利得に所得税と資本利得税の両方が課されることはない（GGTA 1979, s 31）ので、株式または買受権の処分によって受け取った金額のうち所得税を課された額は資本利得税の計算に際しては除外される。[5]

一定の条件を満たした従業員持株制度は内国歳入庁の認可を受けることができる。認可にともなう主な利点は、従業員が認可を受けた制度の下では株式取得時に所得税を課されることなく株式を取得できる、ということである。課税は、通常、従業員が株式を売却するときまで、生じない。従業員は株式を売却したときに資本利得税に服する。もし株式取得時に税金を支払わねばならないとすれば、従業員はしばしばこの税負担を支払うためにその株式を売却せざるを得ないであろう。(6)

各人の所得税と資本利得税は現在同率（二五％または四〇％）であるけれども、それでも従業員にとっては所得税よりも資本利得税が有利である。というのは、各人は資本利得税については年間五、五〇〇ポンドの課税免除（exemption）を利用できる。これは株式売却時における従業員の課税利得を減じる。さらに、インフレーションの影響を考慮しての物価指数修正（indexation relief）も課税利得を減じるであろう。(7)

（1）Palmer's Company Lay 6205 (25th ed. 1992).
（2）David F. Williams, TAXATION OF EMPLOYEE SHARE SCHEMES 15 (3d ed. 1991).
（3）Palmer's, supra note 1 at 6205-6206.
（4）Williams, supra note 2 at 16.
（5）Palmer's supra note 1 at 6206.
（6）David E. Reid, ESOPs and Other Employee Share Schemes in the U.K., France, and the Netherlands, The Journal of Employee Ownership Law and Finance, vol. 3, no. 4 at 65-66 (1991).
（7）Id. at 66.

三　認可を受けた利益分配型持株制度

1　制度の概要

内国歳入庁の認可を受ける利益分配型持株制度（approved profit sharing schemes）は当初一九七八年財政法に

よって導入され、現在では一九八八年所得・法人税法の一八六条とスケジュール九によって主として規制されている。認可を受けた利益分配型持株制度の目的は、一般的には、会社にとっては課税対象となる利益を減らしながら、株式の受領者にとっては所得税を回避できる方法で、従業員に自社株式を分配する手段を会社に与えることである。これが減税の手段として濫用されるのを防ぐために、株式の分配は、それが内国歳入庁の認可を得た制度を通じてなされる場合にのみ、課税上有利な扱いを受ける。認可の与えられる条件は一九八八年所得・法人税法の一八六条とスケジュール九において定められている。内国歳入庁は与えた認可を取り消すこともできる。(8)

認可を受けた利益分配型持株制度の基本的な仕組みは次のとおりである。

会社は別個の信託、いわば利益分配信託を設定する。通常会社はこの信託に毎年拠出する。信託の受託者はこの拠出された資金でもって従業員のために会社の普通株式を市場からまたは引き受けによって取得し、その株式を従業員各人に割り当てる。受託者は株式に関するすべての支払い義務を負う。(9)

株式は参加資格ある従業員に割り当てられる。すべての常勤の英国従業員は少なくとも五年間勤続すれば自動的に参加資格を取得できる(会社は通常これよりずっと短い期間を勤続要件として定めている)。株式は同じ条件で(on similar terms)割り当てられねばならないが、これは従業員に、平等に、または勤続期間もしくは給与またはその両者を合わせたものに関連する方式に従って割り当てることを意味する。(10)

従業員は株式が割当日から五年間受託者の手元にとどまることを認めるならば所得税を全く課されることなく株式を受け取ることができる。従業員は、通常二年間である保留期間（period of retention）の間、株式が受託者の手元にとどまることを認めねばならない。従業員は、保留期間の経過後割当日から五年の放出日(release date)の前に、受託者に指示して株式を売却したり自らに移転させたりすることができるが、いずれもこれは所得税負担を引き起こす。もしこれらの処分が割当日から四年たたないうちになされるならば、株式の当初の市場価値つまり株式が参加者に割り当てられた日の市場価値（もし処分の日の市場価値がそれより低いならば処分の日の市場価値）の一〇〇%について所得税が課される。もし処分が割当日から四年経過後五年経過前になされるならば、株式の当初の市場価値（もし処分の日の市場価値がそれより低いならば処分の日の市場価値）の七五%について所得税が課される。(11)

利益分配型持株制度は従業員が所得税の負担なしに株式を無償で取得することを認めているがゆえに、従業員に割り当てることのできる株式の価値は厳しく制限されている。従業員が一年間に割り当てられることのできる株式の価値は、最高三、〇〇〇ポンド、もし給与の一〇%がそれより高いならば給与の一〇%（ただし、最高でも八、〇〇〇ポンドまで）に限られている（Finance Act 1991, s 41）。

利益分配型持株制度という名称は誤解を導きやすい。会社は同制度への拠出額を利益に関係させることももちろんできる。しかし会社が同制度に拠出できる額の限度について法律は何も定めていないので、会社は利益のない場合にも拠出できる。しかしながら従業員が割当を受けることのできる株式の価値については右に記したように明確な限度がある。つけ加えて、上場会社には機関投資家委員会のガイドラインがある。そのガイドラインは年間の拠出を会社が英国内の活動によって得た課税前利益の五%に制限している。(12)

一つまたは複数の会社を支配する会社は自社と一つまたは複数の被支配会社を含むグループ制度（group scheme）を作ることもできる（ICTA 1988, Sch 9, para 1(3)）。グループ制度に含まれる会社を参加会社（parting company）と呼ぶ（ICTA 1988, Sch 9, para 1(4)）。グループ制度において用いられる株式は申請会社（applicant company）またはその支配会社の株式でなければならない。(13)

2　認可の利点

制度が認可されており、株式が放出日後もその制度に保留されているとすれば、一般的な課税規定の下であれ、特別課税規定または脱税禁止規定の下であれ、いずれの段階であれ、株式に関して所得税が課されることはない（ICTA 1988, s 186 (2)）。その代わりに、株式の受領者は、株式を処分したときに、彼が割当日以来株式の所有者であったとの仮定の下に、資本利得税だけを課される。従業員は、それに追加して、認可制度の下で彼に割り当てられた額および移転された額が社会保障拠出金目的に関して、勤労所得として算入されないので、そのような収入に関して、拠出する責任がない。これは同じくそのような支払いに関してのSecondary Class 1拠出から使用者を保護する。(14)

使用者は法人税目的に関して受託者に拠出した額を、会社の性質に応じて、取引費または経営費として、利益から控除できる。ただしその額は拠出した会計期間の終了から九カ月以内に株式購入に用いられるかまたは信託の必要かつ合理的な管理費用として用いられねばならない（ICTA 1988, s 85）。また使用者は認可を受けた利益分配型持株制度の設立費用を会社の性質に応じて取引費または経営費として利益から控除できる（FA 1991, s 42, ICTA 1988, s 84A）。

所得税、法人税および使用者と従業員両方における社会保障拠出金に関するこれらの規則の複合効果によって、利益分配型持株制度は節税において極めて有効であると共にキャシュ・フローの増加という利点も伴う。(15)

受託者は株式の取得からその株式が従業員に帰属するまでの間に信託に生じた所得に対し通常の規則に従って納税する責任を負う。しかしながら受け取られた配当に対する基本税率による所得税の負担は、その配当に関して利用できる税額控除によって相殺されるであろう（ICTA 1988, s 231）。追加税率による負担は明文によって除去されている（ICTA 1988, s 186(11)）。株式が割り当てられると、所得は参加者に支払われねばならなず、参加者は通常の方法において配当その他の所得に関して生じる課税を負担する。(16)

3　認可の条件

内国歳入庁が制度を認可するには、制度参加者が少なくとも次の四つの条件に拘束されていることが必要である。

一、株式は保留期間中信託にとどめおかれねばならない。

二、保留期間中参加者の受益的持分は譲渡、質入れその他の方法によって処分されてはならない。

三、放出日前に参加者への株式譲渡を要求する場合には、従業員は所得税を支払わねばならない。

四、放出日前の受託者への株式処分の指示は利用できる最高価格での売却にのみ限られる（ICTA 1988, Sch 9, para 2)。

保留期間とは、参加者に株式が割り当てられた日から始まり、(a)割当日から二周年の日、(b)身体傷害もしくは就業不能という理由によってまたは（一九七八年雇用保護法の意義における）余剰人員との理由による解雇によって、参加者が制度設立会社（グループ制度の場合には、参加会社）の取締役もしくは従業員をやめる日、(c)参加者が（一九七五年社会保障法スケジュール二〇の意義における）年金受給資格年齢に達した日（現行では、男性六五歳、女性六〇歳）、(d)参加者の死亡の日、のうちいずれか最も早く来る日に終わる期間である。(17) グループ制度の場合には参加者がすべての参加会社の取締役または従業員をやめるときまで参加会社の取締役または従業員をやめたものとして扱われない（ICTA 1988, Sch 10, para 2)。

制度は英国の居住者（resident）である受託者団を設定しなければならない（ICTA 1988, Sch 9, para 30)。制度が受託者の任命と職務条件を決定する。受託者は彼に与えられた資金を法律の定める期間内に会社株式の購入に用いる義務およびその株式を適格な参加者に割り当てる義務を負う。信託自体が、法律の定める諸条件に従う信託証書によって英国法の下で設定されねばならない[18]。

信託証書は受託者に次のことを課さねばならない。すなわち、受託者は参加者に割り当てた株式の数、銘柄および当初の市場価値を文書で参加者に通知すること、会社改造（reconstruction）によって受け取った新株を除いて受託者が株式に関して受け取った金銭価値あるものは税金を控除した後参加者に支払うこと、株式に付着する無償交付や株主割当発行その他の権利に関して参加者の指図に基づいてのみ行為すること（これは会社乗っ取りの場合に特に重要である）、およびすべての取引の記録を保持し、スケジュールEの査定が必要になればすべての関連事実を参加者に知らせること（ICTA 1988, Sch 9, para 31-34）[19]。

4　適格な株式

(1)　序

受託者によって取得される株式は、(a)制度設立会社、または(b)制度設立会社を支配する会社、または(c)制度設立会社を所有するもしくはその会社を支配する会社を所有するconsortiumのメンバー会社またはそのメンバー会社を支配する会社の、普通株式資本の一部でなければならない（ICTA 1988, Sch 9, para 10）。ここに言うconsortiumとは他の会社の普通株式資本の四分の三以上を受益的に所有する団体でありかつ団体メンバーの各々がその普通株式資本の二〇分の一以上を受益的に所有する団体である（ICTA 1988, s 187(7)）。(c)に該当する会社を分説すれば次のとおりになる。(1)制度設立会社を所有するconsortiumのメンバーである会社、(2)制度設立会社を所有するconsortiumのメンバーである会社を支配する会社、(3)制度設立会社を支配する会社を所有する

consortiumのメンバーである会社、(4)制度設立会社を支配する会社を所有するconsortiumのメンバーである会社を支配する会社。[20]ここに言う会社の支配とは、(a)その会社または他の会社の株式保有によって、または(b)その会社または他の会社を規律する基本定款または他の文書によって、その会社の営業活動を意思どおりに処理する力を意味する（ICTA 1988, s 840)。たとえば、A社がB社の発行済普通株式資本の六〇%を所有し、B社がC社の発行済普通株式資本の六〇%を所有するとして、もし特別な議決権その他の例外的な事情がないとすれば、A社はC社を支配する。[21]

制度が利用できる株式は、(a)内国歳入庁によって認められた証券取引所に上場されている種類の株式、または(b)他の会社の支配下にない会社の株式、または(c)内国歳入庁によって認められた証券取引所に株式を上場している会社の支配下にある会社の株式でなければならない（ICTA 1988, Sch 9, para 11)。(c)によれば、他の会社の支配下にある会社の株式も利用可能であるが、その支配会社は上場会社でなければならないので、公的・制度的な検査や制定法外の規制に服することになるので、従業員株主にとって不利もしくは有利になるかも知れない、株価の操作を禁止されている。[22]

制度が利用できる株式は全額払込済みの、償還できない株式であり、かつ同じ種類の株式全部に付着する制約もしくは法律の明文によって許された制約以外の他の制約には服しない株式でなければならない（ICTA 1988, Sch 9, para 12(1))。同じ種類の株式のすべてに付着しない制約に服する株式を除外していることは、従業員株主を他の株主と平等な条件に置くとの立法趣旨を示すと共に、利益分配型持株制度にだけ利用される特別な種類の株式の創出を禁止している。[23]

(2)　処分義務ある株式

同じ種類の株式のすべてにはついていないにもかかわらず、利益分配型持株制度において利用する株式につけることが法律の明文によって認められている制約には次のものがある。すなわち、(a)取締役もしくは従業員が保有するすべての株式はもし保有者が取締役もしくは従業員であることをやめるならば処分されること、(b)取締役もしくは従業員であることによって得た権利に基づいて、取締役もしくは従業員をやめた者または取締役もしくは従業員でない者によって取得されたすべての株式はそれらが取得された時ただちに処分されること（ICTA 1988, Sch 9, para 12(2)）、である。これらの制約は会社の基本定款に明記されなければならない。またその際要求される処分は基本定款に定められた条件によると共に金銭を対価とするものでなければならない（ICTA 1988, Sch 9, para 12(3)）。(a)によって、取締役がその職務を終了した時もしくは従業員が雇用を終了した時、または死のように法の作用によって株式が他の者に移転する時は、取締役または従業員が保有していたすべての株式の処分が要求される。(b)によって、たとえば元従業員が従業員であった時に与えられた株式買受権によって元従業員もしくはその遺言執行者が取得する株式についてその取得時の処分が要求される。(24)

この限られた制約は一九八六年財政法二二条(1)、(4)および(5)によって導入された。それより前には、従業員に対し雇用終了時に株式の処分を要求することによって自社株式の流通を管理することを望む会社は認可制度を利用できなかった。(a)の制約の下では、取締役と従業員はその保有するすべての株式を現実に処分することを要求されるが、実際には、各人がその株式を売りに出すだけで、この条件を満たすものとして扱われる。会社に残る株主が株式の購入を望まないにもかかわらず、会社を去る従業員に残る株主に株式を売却する義務を負わせることは、明らかに不可能である。(25)

5 参加資格

(1) 序

認可を受けた利益分配型持株制度は会社の従業員(グループ制度においては参加会社の従業員)のすべてが参加できるものでなければならない。ただしここでの従業員とは、常勤(full time)の従業員と常勤の取締役であり、五年を超えない資格期間を通してその資格において会社に常勤しかつスケジュールEのケースIの下でその勤労所得につき所得税を負担する、という二つの条件にのみ服する者である(ICTA 1988, Sch 9, para 36)。

ここに言う常勤について法律による定義はないが、内国歳入庁は、これを、休憩時間を除いて、一週につき少なくとも二五時間会社のため勤務すること、と解している。[26]

参加資格あるすべての各人は同じ条件で参加することができなければならない(ICTA 1988, Sch 9, para 36)。ただし参加者に割り当てられる株式数がその報酬額や勤続期間またはこれらに類する要素(similar factors)によって異なることは差し支えない(ICTA 1988, Sch 9, para 36(2))。〝これらに類する要素〟とは何を意味するか、については明らかでない。しかし内国歳入庁が報酬額や勤務期間以外の他のものを差別する要素として認めたことは決してなかった。[27]

各人は、株式割当時に会社または参加会社の取締役または従業員でないか、それに先立つ一八カ月内に会社または参加会社の従業員でなかった場合には、割り当てられた株式を受け取ることができない(ICTA 1988, Sch 9, para 35)。また、各人は、同じ年に、会社または同じグループの会社によって設立された二つの制度から給付を受け取ることができない。これは複数の給付を受けることを阻止する。[28]

(2) 閉鎖会社の重要な持分を有する者の除外

制度の下でその株式が割り当てられる会社、その会社を支配する会社またはその会社を所有するconsortiumのメンバーである会社が閉鎖会社（close company）である場合に、その閉鎖会社の重要な持分（material interest）を有するかまたは先立つ一二カ月内に有していた者は制度に参加できない（ICTA 1988, Sch 9, para 8）。

ここに言う閉鎖会社とは五人以下の持分権者（participators）または数の如何を問わず取締役である持分権者の支配下にある会社である（ICTA 1988, s 414(1)）。ここでの持分権者とは会社の資本または利益に持分を有する者のことである（ICTA 1988, s 417(1)）。ただし、(a)閉鎖会社でない一つまたは複数の会社によって支配されている会社（ICTA 1988, s 414(5)(a)）、(b)議決権の三五％以上が公衆（the public）によって保有されておりかつ議決権の八五％以上が主要メンバー（principal members）によって保有されていない上場会社（ICTA 1988, ss 414(1)(d) and 415）は閉鎖会社として扱われない。

株式が閉鎖会社でない会社によって受益的に保有されている場合や（ICTA 1988, s 592における）免税の認可を受けた制度のための信託において保有されている場合には、公衆による保有として扱われるが、会社の主要メンバーの持株は公衆による保有として扱われない（ICTA 1988, s 415(4)）。[29]

会社の主要メンバーとは、会社の議決権の五％より多くを保有する者であるが、このような者が五人より多く存在する場合には、その比率において大きい五者を言う。同じ比率の議決権を有する者が複数存在するがゆえに、そのような五者を決められない場合には、同じ比率の者も主要メンバーとなるので、その数が六人以上になることがある（ICTA 1988, s 415(6)）。[30]

重要な持分とは、会社の普通株式資本または分配可能利益の二五％を超える持分を意味し、その計算においては提携者（associates）の有する持分も加える（ICTA 1988, s 187(3)）。従って当人自身は全く持分を有しない場合でも提携者が重要な持分を有する場合には、その人は制度に参加できない。[31] ここでの提携者とは、事業上のパートナー（business partner）、親族（relative）、当人またはその親族によってなされた継承的財産設定（settlement）の受託者などを意味する（ICTA 1988, s 417(3)）。ここでの親族とは夫または妻、親もしくはそれより先の先祖、子もしくはそれより後の子孫、または兄弟もしくは姉妹を意味する（ICTA 1988, s 417(4)）。

閉鎖会社の重要な持分を有する者が制度への参加資格から除外される理由として次のように述べられている。二五％を超える持分保有は自動的に株主総会の特別決議を阻止する権限を与えるし、それ以外の他の決議に際しても他の株主の協力を得ることによって大きな影響力を有する。それは(配当額やグループ内取引の価格の決定等を通じて）株式の価値や受託者への会社の拠出額に重要な影響力を行使可能である。[32]

6　非認可株式と超過株式

超過株式（excess shares）とは、ある人にその人の年間限度を超えて（受け取ったのが単一の制度からであろうと複数の制度からであろうと）割り当てられた株式である。非認可株式（unauthorised shares）とは、受領の時にそれを受け取る資格のない人に割り当てられた株式である。非認可株式は超過株式として扱われる。すべての超過株式はその受領者に受領の時に市場価値での所得税負担を生じさせる。これはその即時の効果としてその割当の課税上の利点をなくする。そしてこの欠陥は制度でのどんな長期間の株式保有によっても治癒されない。超過株式の支給は制度の認可条件の違反でもあり、それゆえそれによって制度全体が課税上の特典をなくすることもあり得る。[33]

7　保留期間内の処分

認可を受けた利益分配型持株制度は少なくとも二年間はすべての株式が制度に留まることを確保しようとして

いる。それより前に受託者が株式を放出するならば、それは信託条件の違反に相当し、それによって制度は認可を取り消されることになろう。参加者が制度株式に対する持分を譲渡することは、これが信託との契約に反する場合でも、可能である。もしそのような事が起こるならば、その株式は非認可株式とみなされることにはなるが、制度が認可を取り消されるようなことはない。株式を非認可なものとして取り扱うことは、その株式の価値全額での所得税負担をただちに引き起こす。しかしながら、その譲渡の理由が法の作用によって他の者に権利が帰属することになる参加者の支払不能であるならば、株式の処分とはみなされない（ICTA 1988, s 186(9)）[34]。

8　放出日前の処分

保留期間が完了すれば、株式を処分できるが、放出日前の処分は、通常、所得税の負担を引き起こす。ここに放出日とは株式が参加者に割り当てられた日から五周年の日のことである（ICTA 1988, s 187(2)）。放出日以後の株式処分は所得税負担を生じないとする明文の規定はないが、そう解されている[35]。

放出日または参加者の死亡の日がそれより早い場合にはその日、より前の株式の処分は参加者にスケジュールEの下での所得税負担を引き起こす（ICTA 1988, s 186(4)）。処分が売却によるものである場合には受託者は合理的に獲得可能な最高の対価で売却する義務を負う。所得税は処分のなされた年度において株式の凍結価値（locked in value）の適正割合（appropriate percentage）について課される。株式の凍結価値とは、たいていの場合、株式の当初の市場価値つまり株式が参加者に割り当てられた日の市場価値である（ICTA 1988, s 186(5), Sch 9, para 30(4)）[36]。

課税対象となる適正割合は、(a)株式が参加者に割り当てられた日から四周年の日より前に処分される場合には、次の(c)に該当しない限り、凍結価値の一〇〇％であり、(b)株式が参加者に割り当てられた日から四周年の日以後で五周年の日より前に処分される場合には、次の(c)に該当しない限り、凍結価値の七五％であり、(c)株式が参加者に割当られた日から五周年の日の前に処分される場合であるが、参加者が(1)身体傷害もしくは就業不能という理由によってまたは余剰人員との理由による解雇によって、制度設立会社(グループ制度の場合には参加会社)の取締役もしくは従業員をやめているか、または(2)年金受給資格年齢に達している場合には、凍結価値の五〇％である（ICTA 1988, Sch 10, para 3)。

株式の売却額が株式の凍結価値より低い場合には、売却額が凍結価値にとって代わる（ICTA 1988, s 186(6))。処分時の課税は、実際上、取得時になされなかった課税に代わるものであり、参加者が株式価値の実現を禁止または抑制されていたより早い時の価値ではなく、彼が現実に受け取った額の適正割合についてのみ課税されるので、参加者は取得時と処分時との間の価値下落に対して保護されている。[37]

9　資本的収入

もし五年の放出日前に、受託者または参加者が参加者の株式に関係して金銭または金銭的価値あるもの(これを資本的収入（capital receipt）という）を受け取る権利を取得するならば、参加者はその権利が生じた課税年度においてスケジュールEの下で所得税を課されるが、それはその収入額がその年の適正な所得控除額（appropriate allowance）を超える額の（受託者または参加者が権利を取得したときに応じて定まる）適正割合について課される（ICTA 1988, s 186(3))。適正な所得控除額とは、課税年度に先立つ五年内に制度の下で参加者に株式が割り当てられた年数に一を加えた数と二〇ポンドをかけて生じる額であるが、一〇〇ポンドまでに限られる（ICTA 1988, s 186(12))。

適正な所得控除の主な効果は権利の売却にともなう少額の収入に対する課税を排除することにある。それによって、異なる年に割り当てられた株式に収入を割り当てる問題を、従って異なる適正割合を適用する問題を避けることにある。[38]

金銭または金銭的価値あるものであっても、受領者が所得税を課される収入や、すでに述べた株式処分の売却額や、会社の改造または合併により発行される新株式は資本的収入ではない（ICTA 1988, Sch 10, para 4）。従って株式の配当収入は資本的収入として課税されないが、新株引受権の処分による収入は資本的収入として課税される。[39]

10　株主割当発行

会社が新株の株主割当発行（rights issue）を行い、これらの新株引受権が割り当てられた株式に関して生じる場合には、参加者は自ら受託者を通じて新株引受権を行使することもできるしその新株引受権を売却することもできる。もし参加者が新株引受権を行使するならば、彼はそのための資金を受託者に供給しなければならない。もしそのようになされるならば、その支払額は新株も含めた割当株式の処分による最終的な売却額から控除される。これは凍結価値を引き下げ、それゆえ課税額を引き下げるという効果を持つ。[40]

11　会社の改造

会社の改造（company reconstructions）に関する規定は、参加者による株式の新たな保有が当初の保有と同じに扱われるべき場合に、適用される。その規定の目的は割り当てられた株式が交換もしくは変更される場合または無償株が発行される場合に生じる所得税の負担を阻止することである。これは新株式を当初の株式に代わるものとみなすことによっておよび当初の株式の凍結価値を適当な額において新株式に移すことによってなされる（ICTA 1988, Sch 10, para 5）。[41]

12　制定法外の制限

利益分配型持株制度は、税法の諸規定の外にも、証券取引所の要件や英国保険業協会のような団体の定めたガイドラインに従わなければならない場合がある。

証券取引所の要件は、主として情報の開示に関するものであり、次のようなことを定めている。制度がその基本項目を明示して株主総会で承認されなければならないこと、制度内容を明らかにする書類が証券取引所上場委員会において検査のため利用可能でなければならないこと、および会社の取締役と受託者との利害関係を開示しなければならないこと等である(42)。

英国保険業協会のガイドラインは主として投資者としての利益を守ること、ことに新株発行による株主持分の希釈化を問題としているように思われる。まずそれは持株制度全体に対して次のようなことを定めている。持分資本の発行を必要とするすべての場合に株主の承認が求められるべきこと、すべての種類の制度のために一〇年間に利用できるものが株主持分の一〇%を超えないこと等である。さらに、それは利益分配型持株制度に関して次のようなことを定めている。(1)一暦年に利益分配型持株制度の下で引き受けの方法によって発行される持分株式資本の総量は同制度の目的のため利益が充当される日の前日において既発行の持分株式資本の一%を超えることができないこと、(2)一暦年にすべての利益分配協定のために利益から充当できる総量は会社株式の引き受けまたは購入による取得を含めて当該営業期間の課税前の例外的な項目を除いた利益の五%を超えることができないこと、(3)株式の引き受け価格は利益が充当される日の前の取引日における同じ種類の株式の中位の市場価格(middle market price)であるべきこと、(4)受託者が株式取得のため受け取った金銭は実行可能な限り早く株式の引き受けまたは購入に用いられるべきこと、(5)受託者が受け取った信託において保有されている株式に対する配当金は当該株式が割当てられている個人にただちに分配されるべきこと、(6)信託において保有されている株式に付着する議決権が行使されるべき場合には、受託者は当該株式が割り当てられている個人の指図を得て、この指図に従って議決権を行使すべきこと、等である。[43]

全英年金基金連合会も主として投資者としての株主持分の希釈化を問題として英国保険業協会のガイドラインと同様な見解を表明している。[44]

(8) Palmer's, supra note 1 at 6208.

(9) Id. at 6209.

(10) Robin T. Tremaine, Legal Structure of the ESOP in Clifford Chance, EMPLOYEE SHARE OWNERSHIP PLANS IN THE UK 50-51 (2d ed. 1991).

(11) Id. at 51.

(12) Id. at 52.

(13) Palmer's, supra note 1 at 6212.

(14) Id. at 6210.

(15) Ibid.

(16) Id. at 6210-6211.

(17) Williams, supra note 2 at 260.

(18) Palmer's, supra note 1 at 6211.

(19) Id. at 6212.

(20) Williams, supra note2 at 273-274.

(21) Id. at 360-361.

(22) Id. at 276.

(23) Id. at 278.
(24) Id. at 277.
(25) Ibid.
(26) Id. at 368.
(27) Aidan L. Langley, The Statutory ESOP in Clifford Chance, EMPLOYEE SHARE OWNERSHIP PLANS IN THE UK 124 (2d ed. 1991).
(28) Palmer's, supra note 1 at 6213.
(29) Williams, supra note 2 at 358.
(30) Id. at 359.
(31) Id. at 282.
(32) Id. at 283.
(33) Palmer's, supra note 1 at 6214.
(34) Ibid.
(35) Williams, supra note 2 at 236–237.
(36) Palmer's, supra note 1 at 6215.
(37) Williams, supra note 2 at 240.
(38) Id. at 245.
(39) Palmer's, supra note 1 at 6216.
(40) Ibid.
(41) Ibid.
(42) Section 1, Ch 3, para 9 of Admission of Securities to Listing (1984) in Williams, supra note 2 at 393.
(43) Association of British Insurers Investment Committee, Share Option and Profit-sharing Incentive

Schemes: Revised Guidlines to Requirements of Insurance Offices as Investers in Williams, supra note 2 at 386-387.

（44）　Williams, supra note 2 at 391-392.

四　認可を受けた積立貯蓄による株式買受権制度

1　制度の概要

内国歳入庁の認可を受けた積立貯蓄による株式買受権制度（approved savings-related share option schemes）は当初一九八〇年財政法によって導入され、現在では主として一九八八年所得・法人税法一八五条と同法のスケジュール九によって規制されている。同制度は定期的な小口の貯蓄をその生み出す利息に課税しないことによって奨励している積立貯蓄制度（save as you earn, 略称SAYE）による従業員の貯蓄を自社株式の購入に利用することを主なねらいとしている。

同制度は差別禁止の制度であり、一定の勤続期間（長くても五年間を超えてはならない）を満たす英国籍の常勤の従業員がすべて利用できるものでなければならない。

同制度に参加するためには、従業員は、銀行、住宅金融組合（building society）または郵便局（the Department of National Savings）と貯蓄契約を締結しなければならない。この契約によって従業員は五年間毎月税引き後の所得から一〇ポンドから二五〇ポンドの間の一定額を貯蓄しなければならない（FA 1991, s 40(1)）。これらの貯蓄に対する利息には課税されない。五年後に従業員は契約を終わらせることができ、非課税のボーナスを受け取ることができる。従業員は契約を二年間延長して存続させることもでき、その場合より高い非課税のボーナスを受け取ることができる。(45)

貯蓄契約と共に、従業員は特定の価格で株式を購入する買受権を与えられる。従業員が買受権を行使して支払うことのできる金額は彼が五年後に貯蓄契約の終了によって受け取る額（彼が七年間貯蓄契約を存続させる場合には、制度規則が認めておれば、七年後に受け取る額）と同じである。(46)

従業員は貯蓄契約の終了によって彼に返還される金銭を株式購入に用いる権利を有するがそうする義務を負わない。従業員はその金銭を自由に利用できるのであって、株式購入に用いないで、株式買受権を失効させることもできる。買受権を行使して支払う価格は買受権が与えられた時の株式の公正な市場価値の八〇％以上でなければならない。(47)

株式買受権の付与によって従業員に税の負担は生じない。従業員が貯蓄契約の満期によって買受権を行使する時にも税の負担は生じない。しかしながら、従業員は、株式を売却した時、売却額から引き受け価格を差し引いた額について資本利得税に服する。(48)

2　制度の認可

制度は、すべての制定法上の条件を満たし、制度の主要目的にとって必要でもなくまた合理的でもない特徴を有せず、かつ参加資格あるメンバーの参加を妨げるような特徴を有しない場合には内国歳入庁によって認可を与えられる。制度を認可する前に同庁はそれが制定法上の条件を満たしていることを確認しなければならない。(49)

認可を受けた積立貯蓄による株式買受権制度の税法上の主な利点については先に同制度の概要について述べたところでほぼ述べた。同制度への参加資格については、閉鎖会社の重要な持分を持つ人の除外を含めて認可を受けた利益分配型持株制度への参加資格とほぼ同じである（ICTA 1988, Sch 9, para 26)。また同制度が利用できる株式の種類についての一般的な条件およびそのような株式が服することのできる制約も認可を受けた利益分配型持株制度のそれと同じである（ICTA 1988, Sch 9, para 9)。

同制度は貯蓄者のなす拠出が株式買受権を行使して株式を取得するのに必要となる金額に可能な限り近い額を積み立てることを確保しなければならない、と同時に、貯蓄者の毎月の拠出額が一〇ポンド以上二五〇ポンド以下になることを確保しなければならない（ICTA 1988, Sch 9, para 24, as amended by FA 1991, s 40(1))。

株式買受権を行使して取得できる株式の価格はその権利を得る時に決められていなければならないが、それはその時の同じ種類の株式の市場価値の八〇%より明らかに低くあってはならない（ICTA 1988, Sch 9, para 25, as amended by FA 1989, s 62(3))。株式買受権は譲渡不可能なものでなければならない（ICTA 1988, Sch 9, para 22(a))[(50)]。

3　積立貯蓄契約と株式買受権の原則的な行使

認可を受けた積立貯蓄による株式買受権制度は、一九八八年所得・法人税法三二六条において定義されている認証積立貯蓄制度（certified contractual savings scheme）と株式買受権制度を結合したものであり、前者の下で蓄積された資金を利用して後者の下で株式を買い受ける制度である。一九八八年所得・法人税法三二六条(2)(c)もしくは同条(3)(b)の下での大蔵省による認証それ自体は、株式買受権制度のために貯蓄契約を利用することを条件とするものではないが、内国歳入庁が積立貯蓄による株式買受権制度を認可するためにはその認証が前提条件と考えられる。認証積立貯蓄制度の下では、拠出は通常給料からの天引きによってなされる。参加者が勤務をやめる場合には、関係する銀行、住宅金融組合または郵便局との合意によって異なる方法で支払いを続けることがで

きる。例外的に貯蓄機関は、毎月の拠出を五ヵ月分までは前以て支払うことに合意できる。(51)

認証積立貯蓄制度の下で支払われる満期時のボーナス、利息その他の金銭は所得税目的については所得とみなされないし、ボーナスは資本利得税目的について無視される（ICTA 1988, s 326(1); CGTA 1979, s 149 B(4))。その結果、認証を受けた積立貯蓄による株式買受権制度において、貯蓄契約そのものに関して課税問題は生じないのであって、生じ得る唯一の納税責任は株式買受権に関してのものである。(52)

株式買受権の行使による株式の購入は、積立貯蓄契約の支払金を超えない金額によってなされねばならないが、その支払金そのものによってなされる必要はない(ICTA 1988, Sch 9, para 16(1))。それゆえ、積立貯蓄契約によって獲得された資金の用途を株式の購入に限る必要はない。(53)

株式買受権は、原則として、ボーナス日（つまり認証積立貯蓄制度の下で返済のなされるべき日）より前には行使できないし（ICTA 1988, Sch 9, para 17 and s 187(2))、その日の後六ヵ月を経過した後にも行使できない（ICTA 1988, Sch 9, para 22(b))。

五年または七年のいずれかのボーナス日が株式買受権行使の適切な日として選択されなければならず、これは株式買受権付与の時に前以て決定されねばならない（ICTA 1988, Sch 9, para 17(c))。制度は参加者全員に対して五年の日または七年の日のいずれかを定めることもできるし、その選択を、参加者が制度に加入した時にすることを条件として、参加者の各々に委ねることもできる。

株式購入に用いられる返済額にはボーナスを含めることも含めないこともできる（ICTA 1988, Sch 9, para 17(a))。つまりボーナス分を除いた拠出分のみからなる返済額を株式買受権行使の際の買い受け価格の総額とすることが可能である。

返済のなされるべき日（すなわちボーナス日）は、最大のボーナスが買い受け価格に含まれる場合には、そのボーナスが支払い可能となる最も早い日（すなわち現行では七周年の日）と決められており、その他の場合には、制度の下でボーナスの支払いが可能となる最も早い日（すなわち現行では五周年の日）と定められている（ICTA 1988, Sch 9, para 17(b)）[54]。

株式買受権制度のための認証を受けた積立貯蓄制度の一九九〇年における契約条件は次のようなものである。同制度では、五年後に元金に加えて月払い額の一五倍に等しいボーナスが与えられる。そしてその時にその総額を引き出すことができる。そうしないでこの額をさらに二年間、追加して拠出することなしに、銀行、住宅金融組合または郵便局にとどめておくことができる。この追加の二年間が終わると、ボーナスは倍になり、月払い額の三〇倍になる。もし六〇回の月払いが完了する前に拠出が終わり、制度開始後一周年が経つ前に返済がなされるとすれば、返済額に利息はつかない。返済が制度開始後一周年以後になされるとすれば、年五％の複利の利息が支払われる。六〇回のすべての拠出がなされ、かつ返済が五周年日と七周年日との間になされる場合には、受け取られる額は五周年日に受け取られるべきボーナスを含めた返済額に合わせてそれに対するその後の期間についての年五％の複利の利息である。参加者が拠出すべき日に一回支払うことができない場合には、残る拠出をなすべき日およびボーナス日が一ヵ月遅れる（ただし六回以上遅れることはできない）。この契約条件は時々変わる。最近のそれについての詳細な情報は認証を受けた制度を運用している銀行、住宅金融組合または郵便局から得ることができる[55]。

4　株式買受権の例外的な行使

株式買受権が付与されてから三年内に行使される場合には、所得税免除を利用できない（ICTA 1988, s 185

(4))。この場合課税は一般原則によることとなる。株式買受権取得の時における所得の課税は、その取得後七年を超えては行使できない買受権については生じないので、実際上課税はないであろうが、買受権の行使の時には株式の市場価値から従業員がその株式または買受権のために支払った額を差し引いた額に対して、スケジュールEの下で報酬として課税がなされる（ICTA 1988, s 135)。(56)

買受権の保有者がボーナス日の前に死亡するならば、買受権は彼の死後一二ヵ月内に行使されねばならない、と制度は定めなければならない（ICTA 1988, Sch 9, para 18)。すなわち彼の死によって株式買受権を譲り受けたものは買受権を行使する義務を負わないが、行使を選択するのであれば、彼の死後一二ヵ月内に行使しなければならない。(57)

もし株式買受権の保有者がボーナス日の後六ヵ月内に死亡し、まだ買受権が行使されていない場合には、買受権はボーナス日の後一二ヵ月内において行使できる、と制度は定めなければならない（ICTA 1988, Sch 9, para 18)。従って、従業員が病気または死亡によって買受権を行使できない場合には、買受権を行使する合理的な機会が彼の代理人または相続人に与えられる。(58)

株式買受権の保有者が制度への参加資格を与えている職務または雇用を失い、かつその失った理由が身体傷害、就業不能、一九七八年雇用保護法の意義における余剰人員、一九七五年社会保障法スケジュール二〇の意義における年金受給年齢に達しての退職または雇用契約の条件によって退職を義務づけられている年齢に達しての退職である場合には、買受権が行使されるのであれば、雇用終了後六ヵ月内に行使されねばならない、と制度は定めなければならない（ICTA 1988, Sch 9, para 19 and s 187(2))。その際の株式購入に用いられる金額は、積立貯蓄制度からの早い引き出しによって得られる返済と利息の額による。(59)

従業員または取締役が制度の下で株式買受権を取得してから三年内に先に述べた五つの理由以外の他の理由によって関係の職務または雇用を失う場合には、株式買受権を行使できない、と制度は定めなければならない（ICTA 1988, Sch 9, para 19）。従業員または取締役が株式買受権取得後三年経過した後に述べた理由以外の他の理由によって関係の職務または雇用をなくした場合には、制度は買受権が行使できないことかまたはその雇用終了後六ヵ月内に行使されねばならないことのどちらかを規定しなければならない（ICTA 1988, Sch 9, para 19）。ただし、従業員もしくは取締役が株式買受権取得後三年内に先に述べた理由以外の他の理由によって関係の職務もしくは雇用をなくした場合であっても、そのなくした唯一の理由がその職務もしくは雇用の存する会社に対する支配を制度設立会社がなくしたか、または彼の職務もしくは雇用の存する事業が制度設立会社の提携会社[60]でないものもしくは制度設立会社が支配を有しない会社に譲渡された、ことによる場合には、株式買受権を有する人が関係の職務もしくは雇用をなくしてから六ヵ月内にその権利を行使することを、制度は認めることができるが、そうしなければならないのではない（ICTA 1988, Sch 9, para 21(1)(e)）[61]。

株式買受権の保有者が一九七五年社会保障法の意義における年金受給年齢に達した後にも制度に参加する資格を与える職務または雇用を継続している場合には、彼がその年齢に達した後六ヵ月内に買受権を行使できる、と制度は規定しなければならない（ICTA 1988, Sch 9, para 20）。しかしながら彼はそうしなければならないわけではない。もしそうすれば買い取ることのできる株式数が積立貯蓄契約の早期の解約によって減少するであろう。そこで買受権の行使をボーナス日まで延期することを選択する方が彼にとって良いであろう[62]。

（45） Tremaine, supra note 10 at 52.
（46） Ibid.

（47）　Reid, supra note 6 at 67.
（48）　Tremaine, supra note 10 at 53.
（49）　Palmer's, supra note 1 at 6219.
（50）　Ibid.
（51）　Williams, supra note 2 at 297.
（52）　Id. at 298.
（53）　Ibid.
（54）　Id. at 299.
（55）　Id. at 298-299.
（56）　Palmer's, supra note 1 at 6220.
（57）　Williams, supra note 2 at 299.
（58）　Id. at 300.
（59）　Ibid.
（60）　提携会社（associated company）という用語は一九八八年所得・法人税法四一六条(1)によって定義されている。それによれば、二つの会社のうちの一つが他方を支配しているかまたは二つの会社が同じ人の支配下にあるとき、その二つの会社は提携会社である。
（61）　Williams, supra note 2 at 303.
（62）　Id. at 301.

五　認可を受けた幹部用株式買受権制度

1　制度の概要

内国歳入庁の認可を受ける会社幹部用の株式買受権制度（approved executive share option schemes）は一九八四年財政法によって導入され、現在では主として、一九八八年所得・法人税法スケジュール九によって規制されている。この制度が先に述べた二つの認可制度と異なる点は、全従業員と言うよりはむしろ選ばれた従業員に対して株式買受権が与えられることと両制度に比べてかなり高額の給付が参加者に与えられることである。

この制度の下で、従業員は自社株式を入手する株式買受権を取得するが、この制度が内国歳入庁の認可を受けるためには次のような条件を満たさねばならない。参加者は制度の下で取得した株式買受権を譲渡できない。ただし参加者が株式買受権を行使する前に死亡した場合には、制度は彼の死後一年以内に限って買受権の行使を認めることができる（ICTA 1988, Sch 9, para 27(2)）。株式の買い受け価格は買受権取得の時に示されねばならない（ICTA 1988, Sch 9, para 29(a)）。その買い受け価格は一九九二年以後に与えられる次の場合を除いてその取得の日における株式の市場価値より明らかに低くあってはならない（ICTA 1988, Sch 9, para 29(b)）。もし会社が内国歳入庁の認可を受けた全従業員用の制度（つまり認可を受けた利益分配型持株制度かまたは認可を受けた積立貯蓄による株式買受権制度）を有し、一二ヵ月前にその制度の存在について資格ある全従業員に通知しているとすれば、買い受け価格は付与の時の株式の市場価値の八五％まで低くすることができる（FA 1991, s 39）[63]。従業員が買受権を行使して得ることのできる株式数については買い受け価額の総額による制限が定められている。すなわち、従業員は、買受権取得時の株式の市場価値において、一〇〇、〇〇〇ポンドまたは当課税年度もしくは前課税年度の源泉課税の対象となった彼の報酬額の四倍のうちの最大額を超える、株式に対する買受権を取得することができない（ICTA 1988, Sch 9, para 28）。

内国歳入庁の認可を受けると次のような利点が生じる。買受権の取得に際して従業員に租税の負担は生じない。もし従業員が買受権取得時より三周年日以後で一〇周年日以前に買受権を行使するならば（そして、最近三年内に内国歳入庁認可の幹部用買受権を所得税を負担することなく行使していないならば）、買受権の行使に際して租税の負担は生じない（ICTA 1988, s 185(5)）[64]。

株式売却の際に、従業員はその売却額から買受権行使のため支払った額を差し引いた額に資本利得税を課される[65]。

2　参加資格

認可を受けた会社幹部用株式買受権制度の税法上の利点については、同制度の概要について述べたところで、すでに述べた。その税法上の利点を利用するためには、同制度は内国歳入庁の認可を受けなければならない。同庁の認可を得るためには、株式買受権を行使して得る株式の買受価格と買受株数および買受権の行使時期について法定の条件を満たさなければならないが、これについても既に概要のところで述べた。同制度において用いることのできる株式は既に述べた二つの認可制度と同じである（ICTA 1988, Sch 9, para 9）[66]。ここでは既に述べた二つの認可制度とは異なる本制度への参加資格について述べよう。

本制度に参加できる者は、制度設立会社（グループ制度の場合には参加会社）の常勤の取締役かまたは資格ある従業員（qualifying employee）でなければならない。しかしながら、そのような資格でひとたび買受権を取得するならば、制度はその者が職務または雇用を終了した後にも、買受権を行使することを認めることができる（ICTA 1988, Sch 9, para 27(1)）。

ここでの常勤の取締役とは一週間につき二五時間以上会社のために働いている取締役であり、資格ある従業員とは制度設立会社（グループ制度の場合には参加会社）の取締役でない従業員であって、雇用条件として一週間につき二〇時間以上会社のため働くことを要求されている従業員である（ICTA 1988, Sch 9, para 27(4)）。最低では二〇時間勤務すれば資格を得られるので、理論的にはパートタイムの勤務先を二つ有する者が別々の制度に参加することも可能である。内国歳入庁はここでの二〇時間以上の勤務とは食事休憩を除いてのものと解している。(67) 通常各人は内国歳入庁の認可を受けた制度に二つ以上参加できない。というのは、常勤の取締役または従業員だけが、つまり彼の時間の大部分を制度設立会社に捧げている者だけが参加資格を有することが、制度が認可を受けられる条件である。しかしながら、本制度は取締役または従業員をやめた後にも本制度の下で権利を保持することをメンバーに認めている。それゆえ本制度では前の使用者の制度でのメンバーシップを保持しながら、現在の使用者の運営するもう一つの制度のメンバーになることが可能である。(68)

閉鎖会社の重要な持分を有する者は、先の二つの認可制度と同じく、本制度に参加できないが、本制度に関しては、重要な持ち分とは、提携者の持分も合わせて、会社の普通株式資本または分配可能利益における一〇%を超える持分を意味する（ICTA 1988, s 187(3)）。

3　株式買受権の行使

課税上の有利な扱いを受けるためには、株式買受権の行使は、その保有者の死亡の場合を除いて、次の二つの条件を満たさなければならない。(a)買受権を取得してからそれを行使するまでの期間は三年以上一〇年以下でなければならない、かつ、(b)買受権は、その制度または他の認可を受けた幹部用株式買受権制度の下で、参加者が課税上の有利な扱いを受けて買受権を行使してから、三年内に行使されてはならない（ICTA 1988, s 185(3)and (5)）。

この両条件から、この制度において、課税上の利益を十分に利用しながら株式買受権を行使できるのは一〇年間に最大でも三回に限られる。これは、おそらく、参加者が、株式買受権を、投機の機会として、株価の短期的変動を利用してもうける機会として、または節税のための偽装された報酬として、考えるのではなく、会社の将来に長期的な利害関係を与えるものとして考えるべきである、という立法趣旨を反映している(69)。

株式買受権が、その取得後三年内に行使された場合や前に課税上の有利な扱いを受けた行使の後三年内に行使された場合のように、法律によって与えられた課税上の有利な扱いを利用しないで行使される場合、その行使はその後における課税免除の利用可能性を害するものではない。そのような出来事は三年基準（three-year test）の計算においては無視される。もしこれがそうでなかったとすれば、課税免除を受けない買受権の行使(これは外部の事情によってしばしば参加者に強制されることがある。)は参加者に二重の罰を、つまりそれ自体の課税免除の喪失と次の行使の際の課税免除の剥奪または次の行使日の延期を生じるだろう(70)。

4　取得できる最大の株式買受権

従業員がこの制度の下で株式買受権を行使して得ることのできる株式数については買い受け価額の総額による限度が定められている。すなわち従業員は買受権取得時の株式の市場価値において、一〇〇、〇〇〇ポンドまたは当該課税年度もしくは前課税年度において源泉課税の対象となった彼の報酬額の四倍のうち最大額を超える、株式に対する買受権を取得することができない（ICTA 1988, Sch 9, para 28）。

株式買受権の計算においては、制度設立会社またはその提携会社によって設立された認可を受けた幹部用株式買受権制度の下で取得した買受権は合わせて考えられるが（ICTA 1988, Sch 9, para 28(1)）、認可を受けていない制度または認可を受けた制度であっても積立貯蓄による株式買受権制度または関係のない会社によって設立された認可を受けた幹部用株式買受権制度によって取得した買受権は計算に含められない。(71)

グループ制度の場合の割当限度額の決定において、この関係の報酬には複数の参加会社からの報酬が合わせて計算される。(72)

一つの制度の下で取得できる最大の株式買受権の計算を例示すると次のごとくである。

一九九〇年にAは甲会社の普通株式一、〇〇〇株の株式買受権を与えられた。付与の時のその株式全部の市場価額は九〇、〇〇〇ポンドであり、Aの関係報酬は二〇、〇〇〇ポンドであった。一九九五年にAは三〇〇株の買受権を行使する。一九九七年の彼の関係報酬は五〇、〇〇〇ポンドであり、株式の価値は一株二〇〇ポンドである。会社が彼に買受権を追加して与えることを望む。その時の割当限度を計算してみよう。(73)

第一回の付与は、報酬の四倍を超えているが、それにもかかわらず明らかに一〇〇、〇〇〇ポンドの割当限度内にある。第二回の付与に際しての割当限度はAの報酬の四倍の二〇〇、〇〇〇ポンドである。これから付与の時にAに残存する買受権の行使によって取得可能な株式の市場価額が除かれる。

第一回の付与の時の株式の市場価額	九〇、〇〇〇ポンド
買受権の行使による減少（九〇、〇〇〇×三〇〇÷一、〇〇〇）	二七、〇〇〇
残　存　額	六三、〇〇〇
割当限度	二〇〇、〇〇〇

第二回の付与において与えられる株式の最高価額　　一三七、〇〇〇
第二回の付与において与えられる最大の株式買受権　　六八五株
（一三七、〇〇〇÷二〇〇）

5　制定法外の制限

英国保険業協会のガイドラインは、一〇年間にすべての従業員持株制度の下で発行できる新株式を会社の既発行普通株式資本の最高一〇％までに制限しているが、幹部用株式買受権制度については、この最高限度を一〇年間に既発行普通株式資本の五％に引き下げている[74]。またこの制度では特定の場合に株式の買い受け価格を買受権付与時の株式の市場価値の八五％まで低くすることができるが、この割引価格での買受権の行使について、英国保険業協会のガイドラインは次のようなことを勧告している。そのような割引価格による買受権は付与後（三年でなく）五年経ってからのみ行使できるべきであり、かつ、その行使は、たとえばその五年を通して会社の利益がRPI（小売物価指数）プラス二％に等しい成長を遂げることのような、何らかの会社にとっての真の見返りのあることを条件とすべきである。さらに同ガイドラインは、割引価格による買受権が会社幹部に与えられる買受権全体の四分に一を超えるべきでない、と述べている[75]。

（63）Tremaine, supra note 10 at 53.
（64）Id. at 54.
（65）Ibid.
（66）Palmer's, supra note 1 at 6222.
（67）Williams, supra note 2 at 330.
（68）Id. at 321-322.

(69) Id. at 321.
(70) Id. at 322.
(71) Id. at 333.
(72) Id. at 334.
(73) See Williams, supra note 2 at 335.
(74) Reid, supra note 6 at 527.
(75) Tremaine, supra note 10 at 53-54.

六　ESOP

1　制度の概要

(1)　定　義

employee share ownership plan（ESOP）は英国では明確な定義のある専門用語ではない。この言葉は、一見すると、会社の従業員が使用者会社またはそのグループ会社の株式を所有するかまたは所有するに至る、あらゆる制度を指すかに見える。しかしながら、単純な株式買受権制度や持株奨励制度は通常ESOPとは呼ばれない。一般にこの言葉は、主として会社の拠出または借入金によって資金を調達して、株式を取得する従業員福祉信託（employee benefit trust）とその株式を後にそれを通じて従業員に分配する内国歳入庁の認可を受けた利益分配型持株制度との二段階組織（two-tier system）を指すものとして用いられる。(76)

ESOPについては法律上の定義はなく、学者によっても若干の違いがある。ここではReidの定義に従う。彼によれば、ESOPとは「使用者からの金融援助を得て、後に従業員に割り当てるため、使用者の証券を取得する従業員福祉信託を含む取り決め（arrangements）」である。この定義によれば、全従業員用のESOPのみでなく、英国では実務上重要な意味を有する会社幹部用のESOPも含まれることになる。(77)

ESOPという名称は米国で普及しているESOPにならったものであり、その共通する名称の由来は借り入れ権限を有する従業員福祉信託にある。

(2)　構　造

ESOPは通常二つの異なる部分から成り立つ。すなわち、従業員福祉裁量信託と従業員持株制度である。基本的には、信託は従業員のための株式の取得と貯蔵の役割を有し、従業員持株制度はその株式を従業員各人に課税上の有利な扱いを利用して分配する役割を有する。(78)信託は金銭を借り入れる権限を有し、受託者はその裁量において信託基金を従業員福祉のため利用することができる。(79)従業員に株式を分配する従業員持株制度は、多くの場合、既に述べた内国歳入庁の認可を受けた三種の制度であり、その限りにおいて既に述べたような課税上の有利な扱いを受けることができる。様々な変容が可能である。信託から直接株式が分配されることもある。(80)ESOPを構成する従業員持株制度は、後に述べる、内国歳入庁の認可を受けていないしたがって課税上有利な扱いを受けない種類の従業員持株制度であることもある。

(3)　種　類

ESOPを構成する従業員福祉信託それ自体は、一九八九年財政法によって適格従業員持株信託（qualifying employee share ownership trust, 略称QUEST）が認められるまで、内国歳入庁による認定を受けられず、従って制定法による租税負担の軽減を利用できなかった。この制定法による租税負担の軽減を利用できない信託による

ESOPを、税法上の一般原理に立脚して判例法上形成されてきたという意味において、判例法上のESOPと呼ぶ。これに対して内国歳入庁の認定を受け、制定法による租税負担の軽減を利用できる適格従業員持株信託によるESOPを、制定法に基づくという意味において、制定法上のESOPと呼ぶ。

適格従業員持株信託は株式取得を目的とするので、株式買受権の取得を目的とすることができない。それゆえ、適格従業員持株信託と組み合わすことのできる内国歳入庁の認可を受けた制度としては利益分配型持株制度に限られる。この両者の組み合わせによる制定法上のESOPは、米国のESOPと共通する重要な特徴を有する。つまり、いずれも、従業員の経済的な負担なしに、会社のキャシュ・フローおよび借り入れ能力を利用して、課税上の有利な扱いを受けながら、従業員に自社株を取得させることができる。(81)

制定法上のESOPは、判例法上のESOPに比べて、課税上三つの利点を有する。第一に、使用者会社またはそのグループのメンバーによる制定法上のESOPに対する任意の拠出は、制定法によってこれらの会社の課税所得から控除できる。これに対し、判例法上のESOPへのそのような拠出は、(判例によって確立された一般原理に基づいて)判例法によって課税所得から控除できる。第二に、制定法上のESOPに株式を売却するものは、定められた条件を満たすならば、資本利得の課税繰り延べを請求できる。第三の利点は、制定法上のESOPを設立するために支出した費用が会社の課税所得から控除できることである。(82)

しかしながら、実際には、制定法上のESOPには後に述べるような様々の規制がなされるので、会社はそのわずらわしい規制を避けながらも実質的に節税が可能となる判例法上のESOPを採用することが多いようである。

制定法上と判例法上と両方のESOPの利用は、従業員持株制度への資金供給に対する会社の金融援助を明文によって認める一九八九年会社法制定(Companies Act 1985, s 152(4)(b))によって促進された。また適格従業員持株信託に課税上の有利な扱いを追加した一九九〇年財政法（FA 1990, s 31）によって、制定法上のESOPの利用が促進された。

2　ESOPの特徴

(1)　ESOPと従来の従業員持株制度との比較

英国ESOPの特徴を明らかにするため、従来英国で利用されてきた従業員持株制度と比較してみよう。

ESOPは従来の従業員持株制度と次のような共通点を有する。

一、両方とも、使用者会社によって、営業成績を良くするために、設立される。

二、両方とも、使用者会社の従業員対策に、つまり従業員の採用を容易にし、その勤労意欲を強め、定着度を高めるのに役立つよう設計される。

三、両方とも、個別の従業員による株式の取得を含んでいる。

四、両方とも、使用者会社株式を有利に取得する機会を従業員に与える。

ESOPは次の点において従来の従業員持株制度と異なる。

一、ESOPは従業員が従来の従業員持株制度によるよりもずっと大きい量の株式を取得することを可能にする。

二、ESOPは使用者からの金融援助によって借り入れを利用できるが、従来の従業員持株制度は借り入れを利用できない。

三、ESOPは従業員の自社株取得を促進する手段であると共に会社の金融手段ともなり得る。(83)

(2)　英国ESOPと米国ESOPの比較

英国ESOPを米国ESOPと比較することによってその特徴を明らかにしよう。英国ESOPの名称の由来は米国

ESOPであり、どちらも借り入れを利用できる従業員持株信託であるという共通性を有する。しかし米国ESOPは基本的に税制適格年金制度であり、次のような仕組みのものである。米国ESOPは借り入れを利用して株式を取得し、その株式を同じ基準によってすべての従業員に割り当てるよう設計されている。現実の定年退職またはその他の離職まで、米国の従業員は、通常、彼に割り当てられた株式をESOP内に留保して、処分できない。典型的には、株式は、まず初めに、毎年従業員の口座に条件付きで割り当てられる。その後数年の勤務の後、その株式は、〝受給権を与えられ（vest）〟始める、つまり、没収されなくなるが、それにもかかわらず、現金化されていない現金化の不可能なものとして、ESOP口座内に留まる。終わりに、定年退職またはそれより早い離職の時に、各人のESOP口座から株式そのものかまたは（より一般的には）株式を評価した金銭が彼に分配される。(84)

英国ESOPは米国ESOPと次のような共通点を有する。

一、両方とも、従業員の株式取得制度である。

二、両方とも、株式を取得して後にそれらを従業員に割り当てる信託を含んでいる。

三、両方とも、使用者会社の金融援助を受けて多額の借り入れをすることができる。

四、両方とも、普通の従業員持株制度に比べてずっと大きい従業員株式所有をもたらすことができる。

五、両方とも、発達した市場経済において一般的に生じると思われる営業上の諸問題を解決できる。たとえば、創業者株主のための無理のない退出口、未上場株式のための市場形成と貯蔵所、経営陣による企業買収に際しての大部分の従業員の参加、普通の従業員持株制度（たとえば株式買受権制度）に通常ともなう持分希釈化を緩和する手段、乗っ取りに対抗する経営陣に友好的な株式保有の形成、ESOPが新株式を引き受ける場合には会社の新資本調達の節税手段等である。(85)

英国ESOPは米国ESOPと次の点で異なる。

一、英国ESOPは米国ESOPほどには詳細に規制されていない。米国ESOPは税制適格の協定であり、従って税制上有利な扱いを享受できるが、その代わりに、多数の条件と課税規制（たとえば参加資格）を満たさねばならない。

二、英国ESOPの課税上の利点は、米国ESOPのそれよりはるかに限られたものである。たとえば、米国のESOP信託は、英国での認可を受けた年金制度とほぼ同じように、所得と資本利得の両方の課税を免除されているが、英国のESOP信託（制定法上のESOPも含め）は通常英国での所得税と資本利得税を全面的に負担する。

三、英国では判例法上のESOPが選択された従業員にのみ給付を与えるよう設計できるが、米国のESOPは一定の差別禁止要件を満たさなければならず、それゆえ広い範囲の従業員を含まなければならない。

四、英国ESOPは、勤務中の従業員に株式を引き渡すよう設計されているので、比較的短期のものであるが、米国ESOPは、通常、従業員の定年退職またはそれより早い離職まで給付を蓄積するよう設計されているので、より長期のものである。

五、英国ESOPは従業員各人に現実に株式を引き渡すが、米国ESOPは従業員が株式価値を評価した金銭で受け取ることを勧める傾向にある。米国の未上場会社においてESOPの好まれる理由の一つは、それが従業員株式取得制度でありながら、必ずしも多数の小株主を創り出さないことにあるように思われる。というのは、もしこれらの小株主が出現すれば、彼らは株主として、取締役の違反行為を知ってまたは想像して訴えを起こすなどの、制定法上の権利を持つことになる。

六、英国ESOPはESOP信託から従業員に株式を引き出す手段として株式買受権を利用できるが、米国ESOPに

は株式買受権は含まれない。(86)

3　ESOPの機能

(1)　上場会社

上場会社においてESOPは次のような機能を有する。

一、ESOPは従業員持株制度による持分希釈化を避ける手段となる。

従業員持株制度の利用が増加するにつれて、上場会社は様々な従業員持株制度の下での従業員への新株発行による持分希釈化の問題に次第に関心を持つようになってきた。たとえば、会社幹部は株式買受権制度の下で上場会社の持分の五％までの買受権を保有できる。この株式買受権が行使されると、新株が発行される。会社幹部は新株を受け取るとただちにそのすべてまたは大部分を売却するであろう。なぜならば、彼は買受権を行使するために資金を借り入れておりこれを返済する必要があるからである。それゆえ上場会社は従業員への多量の新株発行をもたらす株式買受権制度に注意せざるをえなくなってきている。(87)

伝統的に機関投資家は、株主持分の希釈化に反対であり、既に見たように、公表されたガイドラインによってその許容限度を明らかにした。ESOPは上場会社によって直接もしくは間接に与えられた資金によって市場からまたは市場外から株式を購入できる。その株式の従業員への引き渡しは、通常のやり方で、たとえば、内国歳入庁の認可を受けた株式買受権制度を通じてなすことができる。

ある種の場合には、市場から株式を購入し新株発行を避けるためにESOPを利用することは極めて好都合である。たとえば、一株当たりの純資産価値が一株当たりの市場評価額を上回っている場合にそうである。また、急速に成長している上場会社においては、借り入れ資金を用いて市場から株式を購入することによる

一株当たり利益の希釈化は新株発行によるそれよりもはるかに低いであろう。(88)

二、ESOPは従業員持株制度への新たな株式供給源となる。

統計によれば、現在、上場会社の多数は内国歳入庁の認可を受けた従業員持株制度を運営している。この傾向は一九七八年以来認可制度が利用可能になることによって加速されてきた。従業員持株制度への新株発行が次第に機関投資家の設定した許容限度に近づきつつあるので、上場会社は株式の新たな供給源を探すことになってきている。株式の市場購入によってESOPはこの新たな株式供給源となり得る。(89)

三、ESOPは乗っ取り対抗手段となる。

乗っ取りの危険を心配している上場会社がある。これらの上場会社においては、経営陣に友好的なESOPの手に株式所有を蓄積することが好まれるであろう。敵対的な公開買い付けのような究極的な状況において、特に従業員や会社幹部が個人としては相対的にわずかな株式しか所有していない場合には、ESOPの株式所有が結果に影響を与えるかも知れない。(90)

四、ESOPは株式商店となる。

ESOPを採用した上場会社は、(会社幹部も含めた)従業員の自社株所有期間を長期化するよう計画できる。ESOPは極めてわずかな取引費用で従業員や会社幹部から株式を買い入れることによって、便利な株式商店(share shop)として活動することができる。(91)

(2)　未上場会社

未上場会社においてESOPは次のような機能を有する。

一、ESOPは未上場株式の閉鎖市場を提供する。

未上場株式には市場が存しないことが、未上場会社が従業員持株制度を導入する障害となっている、と思われる。このことは英国政府の関心事であった。というのは（公務員を除いた）英国労働人口の約半分が未上場の独立会社によって雇用されている。未上場会社の中には、もちろん、創業者家族以外に持分所有が広がるのを嫌がるものもある。だが、多くの独立の未上場会社はそのような嫌気をもたない。むしろ多くの未上場会社が、競争相手である上場会社の提供する報酬パッケージに対抗するために、従業員持株制度を導入する必要を感じている。(92)

ESOPは従業員持株制度の導入を望む未上場会社が直面する障害を取り除く手段となり得る。明らかに、ESOPは、未上場会社株式に閉鎖市場を、そこではその株式がより容易に現金化される、それゆえその株式が従業員にとって投資機会としてより興味あるものとなる、閉鎖市場を提供する。従業員が公正な価格で株式を処分できる株式商店であることは、ESOPの当然の役割の一つであり、このようにして取得した株式は後にESOPによって従業員持株制度を通じて他の従業員に再割り当てされる。(93)

二、ESOPは強制的な株式買い戻しの手段となる。

株主名簿の管理は常に未上場会社の取締役会の関心事である。認められない外部者が株主となることは、通常、未上場会社にとって受け入れがたい。取締役会は、通常、従業員持株制度の導入に関与する前に、このことについての安心を得たいと望むであろう。

ESOPは雇用を終えようとする従業員から強制的に株式を買い戻す便利な手段を与えることができる。実務上極めて重要なこの問題に、内国歳入庁はいままで鈍感であったが、同庁の規則は、現在、ある種の限られた状況において、離脱者からの株式の強制買い戻しを認めている。(94)

三、ESOPは経営陣による企業買収の手段となる。

ESOPセンターに登録されているESOPsの多くは、経営陣による企業買収の過程において設立された。これらのいくつかにおいて、売り手は国または国有企業であった。それゆえ、経営陣による企業買収の多くにおいてはすべての従業員が持分所有に参加するよう計画しているが、実際にはこれはしばしば達成できない。ESOPはこの問題を解決する手段となる。

ESOPの受託者は従業員全体の唯一の代表者として経営陣による企業買収交渉に参加できる。その場合、従業員への株式提供は、買収時点では求められないが、その代わりに、買収が完了した後かなりして時が至ってから、行われることができる。それにもかかわらず、従業員は借り入れを利用した企業買収(leveraged buy-out)に参加する利益を享受するであろう。そしてESOPは、それ自身の株式の帳簿原価がいくらであろうとも、従業員に株式を移すことができる。この方法は最近の企業買収においてしばしば採用され成功した。この最も有名な例はYorkshire Riderのそれである。そこでは経営陣が企業持分の五一％を買い取り、その残りの全部をESOPが現在と将来の従業員のために買い取った。(95)

四、ESOPはベンチャー・キャピタリストからの株式買い取り手段となる。

ESOPは、企業買収において、経営者チームとベンチャー・キャピタリストの両方の持株の喜ばしい買い手ともなり得る。企業買収投資家がその投資の現金化を望むとき、募集（flotation）（特に非上場会社での）や仲間競売（trade sales）が現実的でもなく魅力的でもないことがある。そのような持株を取得するため、既存のESOPを用いるまたはESOPを新設することによって、会社は未上場かつ独立のままにとどまることができ、従業員の勤労意欲が改善できる。(96)

五、ESOPは資本利得税を繰り延べる手段となる。

一九九〇年財政法は、様々な条件を満したうえで制定法上のESOPにその持株を売却する者に、資本利得に対する特別な課税繰延を導入した。これは私会社の所有者が、その持株を売却する際に、募集や仲間競売の代わりにESOPへの売却を考慮するよう促している。この課税繰り延べは、個人、たとえば企業買収の経営者チームの一員や、企業買収にかかわった機関投資家も利用できる[97]。

4　適格従業員持株信託の条件

(1)　序

制定法上のESOPは適格従業員持株信託をその構成要素とする。適格従業員持株信託であることについて内国歳入庁から認可を受ける制定法上の手続は存しない。法律によれば、会社が信託への拠出について課税所得からの控除を請求したときに、または信託に株式を売却した人が資本利得税の繰り延べを請求したときに、初めて、その信託が適格従業員持株信託であるか否か内国歳入庁によって検討される。しかしながら、その時点では、課税上の有利扱いを否定するかもしれない規則違反を修正するには余りにも遅すぎる。そこで、内国歳入庁は一九九〇年五月九日から効力を有する（制定法によるものではないが）公式の疑念解明手続（formal clearance procedure）を定めた。内国歳入庁はこの手続きによって作成された信託証書を検討し、それが条件を満たしているか否かについて意見を述べる（See, IR press release, 9 May 1990）[98]。

適格従業員持株信託であるために満たされなければならない条件は次のとおりである。

(2)　信託の設定と設定者

信託は捺印証書（deed）によって設定されねばならない（FA 1989, Sch 5, para 2 (1)）。

信託の設定者は英国の居住者でありかつ他の会社に支配されていない会社でなければならない（FA 1989, Sch 5, para 2 (2)）。

外国法人は、たとえ英国での課税に服する英国の支店を有する場合でも、適格従業員持株信託を設定できない。外国法人の英国従属会社はその親会社の株式を用いる制定法上のESOPを設立できない(99)。

(3) 受　託　者

信託証書は受託者団の設立について規定しなければならない（FA 1989, Sch 5, para 3 (1)）。それは最初の受託者を任命しかつ受託者の退職と解任および代わりの受託者と追加の受託者の任命についての規則を含まねばならない（FA 1989, Sch 5, para 3 (2)）。

信託証書は信託存続中受託者に関して次のように定めなければならない（FA 1989, Sch 5, para 3 (3)）。

一、受託者数は三人以上でなければならない。

二、すべての受託者は英国の居住者でなければならない。

三、受託者のうち少なくとも一人は信託法人、soliciterまたは内国歳入庁によってこの目的のため認可を受けたその他の専門家団体の会員でなければならない。

四、設定会社のグループ会社の取締役と取締役経験者も受託者となることができるが、しかし彼らは受託者の過半数を形成できない。

五、受託者の過半数は設定会社のグループ会社の従業員でなければならないが、そのような会社に重要な持分を持つ者または持ったことのある者であってはならない。

六、受託者である従業員はすべて受託者として任命される前に、設定会社のグループ会社の従業員の過半数またはそれらの従業員を代表するものとして選出された人々によって選出されねばならない。

ここに言う設定会社のグループ会社とは設定会社それ自体と英国の居住者でありかつ設定会社によって支配されている会社である（FA 1989, Sch 5, para 3 (4)）。

(4)　受　益　者

a　自動的受益者

信託証書は、次の条件を満たす人は受益者である、と規定しなければならない（FA 1989, Sch 5, para 4 (2)）。

(a)　彼は設定会社のグループ会社の従業員または取締役であり、

(b)　その時までに資格期間、グループ会社の従業員または取締役であり、かつ、

(c)　その時まで彼は該当会社の従業員または取締役として週につき少なくとも二〇時間の率で働いた（休日や病気休みは無視する）。

ここに言う資格期間とは一年以上五年以下の期間であって信託証書に記載された期間でありかつ従業員の適格性が考慮されるまでに終わる期間である（FA 1989, Sch 5, para 4 (5)）。また週につき二〇時間の率でというのは、単なる二〇時間とは異なるのであって、規則外の勤務時間が含められるということを意味している。法律は、雇用契約により定められた時間ではなく、彼がその率で働いた事実について述べており、それゆえ、超過勤務労働が計算に含められる(100)。

b　裁量的受益者

信託証書は、次の条件を満たす人を受益者である、と規定できる（FA 1989, Sch 5, para 4 (3)）。

(a)　彼は、その時までに資格期間、設定会社のグループ会社の従業員または取締役であったことがあり、

(b)　彼は設定会社のグループ会社の従業員または取締役をやめており、かつ、

(c)　彼の適格性が考慮されるその時までに、彼がそうであることまたは会社がそうであることをやめてから一八ヵ月を超える期間が経過していない。

c　受益者からの強制的除外

信託証書は、信託証書にどのような規則が記載されていようとも、次の条件を満たす人は受益者になれない、と規定しなければならない（FA 1989, Sch 5, para 4 (8)）。

(a)　設定会社の重要な持分を有する人、または、

(b)　先立つ一二ヵ月内にそのような持分を有したことのある人。

自動的受益者または裁量的受益者に入る人であっても、強制的除外の条件を満たす人は受益者となる適格性を有しない。(101)

(5)　受託者の職務

a　序

信託証書は、受託者の職務について規定しなければならず、その一般的職務が次のものであることを明らかにするよう、明文によって規定しなければならない（FA 1989, Sch 5, para 5)。

(a)　設定会社からの金銭と借り入れその他の方法による金銭を受け取ること。

(b)　証券を取得すること。

(c)　信託証書によって受益者である人に証券または金銭またはその両方を譲渡すること。

(d)　証券を一九八八年所得・法人税法スケジュール九の下で認可された利益分配型持株制度の受託者に譲渡する

こと。なお、その際の譲渡価格はその証券が公開市場で売買されると仮定した場合に合理的に期待されるより低くあってはならない。

(e) 譲渡まで、証券を保管し（議決権その他の権利を行使して）管理すること。

b　金銭の受取

一九八九年財政法スケジュール五第五項(2)(a)の金銭という文言は金銭以外の現物を含まないものと考えられる。[102]受託者の受け取る主たるものとしては、課税上の有利な扱いを受ける、設定会社その他のグループ会社からの拠出が考えられている。その他に受託者の受け取る金銭としては主要な株主からの拠出、グループ会社または第三者からの借入金、預金の利息、株式の配当やその売却代金が考えられている。第三者から借り入れをする場合には、通常、設定会社の保証が求められるであろう。[103]

c　信託資金の支出

受託者の受け取った金銭は、(a)適切な期間内に支出されなければならず、(b)適格な目的のためにのみ支出されることができ、(c)受託者のところに留保されている間、現金かまたは銀行もしくは住宅金融組合の預金として保持されねばならない（FA 1989, Sch 5, para 6 (1)）。

適切な期間とは、設定会社またはその従属会社から受け取った金銭については、その会社がそれを費用として負担する会計期間の終わりから九カ月であり、その他の場合には、金銭を受け取った日から九カ月である（FA 1989, Sch 5, para 6 (2)）。費用として負担する会計期間の終わりを基準とするのは、設定会社からの拠出に関してであり、その会社から配当として受け取った金銭に関するものではないと考えられる。配当として受け取った金銭については受取日から九カ月と考えられる。[104]

適格な目的とは、設定会社の株式の取得、借入金利息の支払、受益者への金銭の支払および費用の支払である（FA 1989, Sch 5, para 6 (3)）。受託者が同じ時に異なる受益者に金銭を支払う場合には、その金銭はすべて同じ条件で支払われねばならない（FA 1989, Sch 5, para 6 (5)）。ただし受益者の報酬額や勤務期間その他のこれに類する要素によって条件を異にすることは、条件が同じでないことを意味するものではない（FA 1989, Sch 5, para 6 (6)）。

受託者の受け取った金銭は、受託者のところに留保されている間、現金かまたは銀行もしくは住宅金融組合の預金として保持されねばならない。それゆえ設定会社の株式以外への投資は認められない。(105)

d　証券の取得

受託者による証券の取得方法としては、新株引受、既存株主からの購入、贈与があり得る。設定会社からの対価なしの受託者への新株発行は会社法によって禁止されている。(106)

受託者の取得できる証券つまり適格従業員持株信託に適格な証券は、原則として設定会社の全額払込済みの、償還できない、普通株式のみであり、かつ同じ種類の株式全部に付着する制約または法律の明文によって許された制約以外の他の制約には服しない株式でなければならない（FA 1989, Sch 5, para 7 (1)）。これは認可を受けた利益分配型持株制度に適格な株式と同じである。また同じ種類の株式の全部についていないにもかかわらず、受託者の取得する株式につけることが法律によって許されている制約およびその方法も認可を受けた利益分配型持株制度と同じである（FA 1989, Sch 5, para 7 (2) and (3)）。

受託者による設定会社株式の取得価格はその株式が公開市場で売買されると仮定した場合に合理的に期待される価格を超える価格であってはならない（FA 1989, Sch 5, para 7 (4)）。これは租税負担の軽減を受けて拠出された資金が株式の人為的な過大評価によって、拠出会社に返される、または第三者に振り向けられるのを阻止するためである。[107]

信託証書は、受託者が設定会社株式以外の他の証券を取得できる、と規定することができるが、それは一九七九年資本利得税法八五条(1)に述べられている状況において設定会社の株式と交換に他の会社の証券が受託者に発行される場合かまたは会社再構成（reorganization）の結果として設定会社の株式に関連して証券を受託者が取得する場合に限られる（FA 1989, Sch 5, para 8）。信託証書はそのように規定しないこともできるのであって、この場合には、takeoverや会社再構成が起きると、受託者は、彼が取得する権限を有しない新たな証券を受益者または認可を受けた利益分配型持株制度が受け取れるように、これらのものに株式を譲渡しなければならないであろう。なおここに言う証券とは株式または債券（debentures）を意味する（FA 1989, Sch 5, para 14）。それゆえ、先に述べた規定が信託証書に含められれば、受託者は設定会社の本来ならば適格でない株式や債券または他の会社の株式や債券を取得することができる。[108]

e　証券の譲渡

受託者は証券を取得してから七年の期間が満了する前にその証券を（受益者または認可を受けた利益分配型持株制度の受託者に）譲渡しなければならない（FA 1989, Sch 5, para 9(1)(b)）。

受託者が証券を認可を受けた利益分配型持株制度に譲渡する場合には、その譲渡価格はその証券が公開市場で売買されると仮定した場合に合理的に期待される価格より低くあってはならない（FA 1989, Sch 5, para 5 (2)(d)）。認可を受けた利益分配型持株制度への市場価格未満での譲渡禁止は受託者の行為の自由に対する大きな制約となる。受託者が株式を取得してから譲渡するまでに株式の価値が増加していると、譲渡によって資本利得課税が生じる。この場合受託者は資本利得課税の繰り延べを利用できない[109]。

受託者が証券を受益者に譲渡する場合には、受託者は適格条件に従ってそうしなければならない(FA 1989, Sch 5, para 9 (1) (a))。適格条件に従う譲渡とは次の三つの条件を満たす譲渡である（FA 1989, Sch 5, para 9 (2))。

(a)　同時に譲渡される証券がすべて同じ条件で譲渡されること、

(b)　証券が譲渡されるときに、信託証書の条件の下で受益者であるすべての人に譲渡の申込がなされること、および

(c)　承諾したすべての受益者に証券が譲渡されること。

適格条件を満たすためには証券はすべて同じ条件で譲渡されることを要するが、受益者の報酬額や勤務期間まはこれに類する要素によって条件を異にすることは、条件が同じでないことを意味するものではない（FA 1989, Sch 5, para 9 (3))。受託者から受益者への証券の譲渡の場合には、市場価値未満での譲渡や贈与も可能であり、その際に生じる利得について受託者は資本利得課税の繰り延べを利用できる[110]。

f　証券の管理

受託者は譲渡まで証券を管理するが、この管理の中には、会社株式への一般的な買い付け（general offer）を承諾するか否か、株主割当発行を引き受けるか否かというような問題を決定することおよび会社の株主総会で議決権を行使すること等が含まれる[111]。

5　適格従業員持株信託の税制上の地位

(1)　法人税の負担軽減

会社は支出した金額について次の六つの条件を満たすならば法人税の負担軽減を利用できる（FA 1989, s 67)。

(a)　会社が金銭を拠出の方法によって支払うこと。
金銭の支払が貸付の方法によってなされた場合には租税負担の軽減は利用できない。(112)
(b)　会社は金銭支出の時に適格従業員持株信託である信託の受託者に支払うこと。
(c)　金銭支出の時に、会社または会社の支配している会社が信託証書の条件の下で受益資格ある従業員を有すること。
これは、持株会社が、それ自体は従業員を有しない場合でも、そのグループ会社の従業員の利益のために拠出することを認めている。これは、会社が判例法上のESOPへの拠出について租税負担の軽減を請求する場合とは異なる。判例法上のESOPの場合には、グループ会社の従業員の利益のための支払は、会社の取引目的のためにまたは投資会社の経営費として全面的かつ排他的に発生していること、という基準を満たさないであろう。(113)
(d)　会社が英国の居住者であること。
これは英国の居住者でない法人は英国での事業利益について租税負担の軽減を請求できないことを意味する。(114)
(e)　金銭が受取の後九カ月内に適格な目的のため使用されること。
受託者が複数回金銭を受け取っている場合には、受け取った金銭は先入先出法で支出しているものと考えられる（FA 1989, s 67 (7)）。
(f)　租税負担軽減の請求が請求期間の終わる前になされること。
ここでの請求期間とは、会社が金銭を費用として負担した会計期間の終わりから二年間である（FA 1989, s 67 (6)）。

租税負担の軽減はスケジュールDのための計算に際して当該金額を拠出会社の取引利益から取引費として控除

することによって与えられる。ただし拠出会社が投資会社である場合には当該金額は経営費として総利益から控除される（FA 1989, s 67（2）and ICTA 1988, s 75）。投資会社とはその事業が全面的にかまたは主として投資することから成り立ちかつその収入の主な部分を投資から得ている会社である。[115]

(2)　法人税の負担軽減の撤回

a　課税を引き起こす出来事

適格従業員持株信託の受託者に関して、課税を引き起こす出来事の主なものとして次の四種類がある(FA 1989, s 69（1)）。

(a)　受託者による証券の譲渡であるが、その譲渡が不適格なものである場合。

(b)　譲渡の時に信託証書の条件の下で受益者である人への受託者による証券の譲渡であるが、その譲渡のなされた条件が不適格である場合。

(c)　受託者による証券の取得後七年の期間満了後の受託者による証券の保留。

(d)　適格な目的以外の他の目的のための受託者による金銭の支出。

①　適格な譲渡

譲渡の時に信託証書の条件の下で受益者である人への譲渡は適格である（FA 1989, s 69（2)）。譲渡の時に認可を受けた利益分配型持株制度の受託者への譲渡でありかつ証券が公開市場で売買されると仮定した場合に合理的に期待される価格より低くない対価でなされた譲渡は適格である（FA 1989, s 69（3)）。

譲渡が適格であるために満たされなければならない条件は、信託が適格従業員持株信託であるためには信託証書において規定しなければならない条件と同じである。それゆえ、このような課税を引き起こす出来事が生じる場合には、一般に、受託者は信託違反になるであろう。[116]

② 適格な条件

証券の譲渡は、同時に譲渡されるすべての証券が同じ条件で譲渡され、その証券が譲渡されるときに信託証書の条件の下で受益者であるすべての人に譲渡の申込がなされ、かつ承諾したすべての受益者に証券が譲渡されるならば、適格な条件によるものである（FA 1989, s 69（4））。

信託証書の条件の下で、受託者が受益者に証券を譲渡する場合には適格な条件によってそうしなければならない、ということは、信託が適格従業員持株信託であるための条件である。それゆえ、（受益者か利益分配型持株制度の受託者でない者への）不適格な譲渡と同じく、適格な条件によらない受益者への譲渡は、通常、信託違反を構成するであろう。[117]

③ 七年を超える証券の保留

受託者が証券取得後七年を超えてその証券を保留することは課税を引き起こす出来事であるが、ある証券が七年を超えて保留されているか否かの決定については、受託者が先に取得した証券は後に取得した証券よりも前に受託者によって譲渡されるものとして扱われる（FA 1989, s 69（7））。この決定のルールおよび七年内に譲渡の条件は信託証書に含めなければならない規定を反映するものである。それゆえ、この規定の下で課税を引き起こす出来事となる保留も受託者による信託違反を生じるであろう。[118]

証券取得の時期は、通常、証券が現実に受託者に譲渡された時でなく、受託者が証券の権利者となった時であり、証券譲渡の時期は他の人が証券の権利者となった時である（FA 1989, s 69（8））。この原則に対する例外は一九七九年資本利得税法八五条(1)に述べられている状況での証券の交換の結果として、または同法七七条に定義されている会社再構成の結果として、証券を取得する場合である。これらの場合には元の株式の取得の時が証券取得の時になる（FA 1989, s 69 (9)）。

④　適格な目的

受託者による金銭の支出は、信託を設定した会社の株式を取得するため、借入金を返済するため、借入金の利息を支払うため、および費用を支払うためなされる場合には適格な目的のための支出である（FA 1989, s 69 (5)）。ここで述べられている適格な目的は信託証書の条件の下で金銭の支出目的として限定されているものと同じである。それゆえ、課税を引き起こす出来事を生じる金銭の支出も受託者による信託違反を構成するであろう。[119]

b　受託者または適格会社への課税

課税を引き起こす出来事が従業員持株信託の受託者に関して生じると、その受託者は課税額の年利益を受け取っているものとして扱われる（FA 1989, s 68 (1) and (2) (a)）。その利益は、その出来事の発生した課税年度について スケジュールＤケースⅥの下で基本税率（一九九〇年と一九九一年については二五％、FA 1989, s 17 (1) (a)）と追加税率（一九九〇年と一九九一年については一〇％、ICTA 1988, s 832 (1)）を合わせたのに等しい税率で課税される（FA 1989, s 68 (2) (b) and (c)）。[120]

この税金に対する第一次の責任者は受託者であるが、もし受託者がその課税が最終的に確定してから六ヵ月内に税金を全額支払うことができなかった場合には、内国歳入庁は未払い額を利子も含めて従業員持株信託の設定会社または同信託への支払について租税負担の軽減を得た会社に請求できる（FA 1989, s 68 (3)）。[121]その請求後さらに三ヵ月経過した後に、これらの会社が利子も含めた未払額を支払うことができなかった場合には、受託者が請求のなされた会社と共に利子も含めた未払い額に対し連帯して責任を負う（FA 1989, s 68 (5)）。[122]

c　課　税　額

課税を引き起こす出来事が発生した場合の課税額はその種類ごとに異なる。

その出来事が資本利得税目的のための処分(つまり受託者による証券の譲渡)であるならば、課税額は一九七九年資本利得税法三二条(1)(a)と(b)によって認められる額(つまり資本利得税目的のための基準原価)に等しい額である(FA 1989, s 70 (2) (a))。

その出来事が資本利得税目的のための処分でない(つまり受託者による七年を超える証券の保留である)ならば、課税額は、課税を引き起こす出来事が生じたときに受託者が資本利得税目的のための処分をしたとすれば、一九七九年資本利得税三二条(1)(a)と(b)によって認められたであろう額に等しい額(つまり資本利得税目的のための基準原価)である(FA 1989, s 70 (2) (b))。その出来事が適格な目的以外の他の目的のための受託者による金銭の支出であるならば、課税額は支出されたその額である(FA 1989, s 70 (3))。

d　課税額の制限

課税を引き起こす出来事とそれ以前の課税を引き起こす出来事とによって生じた課税額の合計が課税控除を請求したまたは請求可能である信託へのそれまでの拠出額の合計を超える場合には、その出来事による課税額は、そのような課税額の合計がそのような拠出額の合計に等しくなる額に制限される(課税制限ルール)[123]。

課税を引き起こす出来事が従業員持株信託の受託者に関して生じた場合、(a)課税制限ルールを無視すると、その出来事のための課税額となるであろう額が問題の出来事より前に受託者に関して生じたあらゆる他の課税を引き起こす出来事のための課税額と、次の(b)のために、合計される。(b)課税制限ルールを無視すると、問題の出来事のための課税額となるであろう額(または前の(a)によって算出された合計額)が課税控除額を超えるならば、問題の出来事のための課税額はその超過額だけ減じられる（それゆえ、課税額の累積額は控除額の累積額に等しい）（FA 1989, s 72 (2)）[124]。

ここで言う課税控除額とは問題の出来事の発生前に受託者によって受け取られた金銭の合計であり、それはまた、(a)その出来事の発生前に一九八九年財政法六七条(2)(a)の下で取引利益の計算において控除されたかもしくは同条(2)(b)の下で経営費として取り扱われた額、または(b)もしその出来事の発生直前に（請求期間が終了していない場合に）租税負担の軽減を請求していたとすれば、そのように控除されたか取り扱われたであろう額からなる(FA 1989, s 72 (3) and (4))[125]。

e　借入金の返済による課税

課税を引き起こす出来事の後にまで会社の拠出を遅らせる、つまり、その出来事に必要な資金には一時的な借入金を利用し、その後会社の拠出によって借入金を返済する、という方法によって、課税制限ルールを適用すると、課税額が人為的に制限されることになる。これを防ぐための規則が定められている[126]。

この規則は次の場合に適用される（FA 1989, s 71 (1) and (2)）。

(a)　一九八九年財政法六九条の意味における課税を引き起こす出来事(先発の課税を引き起こす出来事)が従業員持株信託の受託者に関して発生する。

(b)　(a)の出来事が発生した時に、受託者の借り入れについて元金の未返済金がある。

(c)　その課税を引き起こす出来事は一九八九年財政法七二条(2)(b)が適用される出来事である（つまり、その課税額に関して課税制限ルールが適用される出来事である)。

元金の未返済金が先発の課税を引き起こす出来事の発生した後で返済されると、この返済が受託者にとって後発の課税を引き起こす出来事を生じる。そしてこの返済は返済がなされた課税年度の末になされたものと考えられる（FA 1989, s 71 (3)）。つまり、実際には複数の分割払いで返済されているとしても、その年の返済に関しては、課税年度末に一回だけ後発の課税を引き起こす出来事が生じる。[127]後発の課税を引き起こす出来事が発生すると、その時に、受託者は課税額に等しい年利益を受け取っているものとして扱われる。この利益は、その出来事が発生したとして取り扱われる課税年度について、スケジュールDケースⅥの下で、その年の基本税率と追加税率を合わせた税率で課税される。[128]

ここに言う課税額は、原則として元金の未返済金のうち課税年度に返済された額の合計に等しい額である（FA 1989, s 71 (5)）。ただし先発の課税を引き起こす出来事に際して、一九八九年財政法七二条(2)(b)が効力を有した場合（つまり課税制限ルールが適用された場合）には、例外的に課税額は次のように算出される（FA 1989, s 71 (6)）。

この場合の課税額は、(a)借り入れ元金の未返済金のうち課税年度に返済された額の合計、と、(b)次のAマイナスBマイナスCの方式によって算出された額、のうちのいずれか少ない方の額に等しい額である（FA 1989, s 71 (6)）。Aとは、先発の課税を引き起こす出来事に際して、課税制限ルールを適用しなかったとすれば課税額となったであろう額、Bとは、先発の課税を引き起こす出来事に際して、課税制限ルールを適用した現実の課税額、Cとは、先発の課税を引き起こす出来事が発生してから後発の課税を引き起こす出来事が発生するまでに、なされた借り入れ元金残高の返済による課税額の合計である（FA 1989, s 71 (7) and (8)）。

結局のところ、課税額は借り入れ元金の返済額となるが、先行する返済にもかかわらず、課税制限ルールの適用によって課税されず繰り延べられていた返済額部分に限られることになる。[129]

(3)　資本利得税の負担軽減

a　資本利得税の負担軽減の条件

適格従業員持株信託に株式を売却した人は資本利得税の負担を軽減できる（FA 1990, ss 31-40）。この租税負担の軽減は、課税を完全に免除されるということではなく、資本利得の移転による租税負担の軽減、つまり請求者が資本利得税の支払を繰り延べできるという形のものである。資本利得税の負担軽減を利用するためには、次の七つの条件を満たさなければならない（FA 1990, s 31 (1)）。

一、請求者は信託の受託者に株式または株式に対する持分を処分するが、その信託は処分の時に適格従業員持株信託であり、かつ処分の直後に商事会社（trading company）または商事グループ（trading group）の持株会社（holding company）である会社によって設定されたものでなければならない（FA 1990, s 31 (2)）。

請求者は租税負担の軽減を利用する前に、特定の期間、継続して株式を保有していたことを求められていない。それゆえ、理論的には、請求者は株式の取得と売却を同じ日にすることもできる。これは米国における類似の租税負担軽減の条件とは異なる。米国では売り手は租税負担の軽減を請求するためには、株式を売却する前に少なくとも三年間株式を所有していなければならない（Internal Revenue Code of 1986, s 1042 (b) (4)）[130]。

商事会社とは商事を行うことを全面的なまたは主な事業とする会社である（FA 1985, Sch 20, para 1）。商事とは商事の性質を有するあらゆるtrade, manufacture, adventureまたはconcernを含む。持株会社とは五一％従属会社（51 percent subsidiaries）である一つもしくは複数の会社の株式または証券の保有を全面的なまたは主な事業とする会社である（FA 1985, Sch 20, para 1）。五一％従属会社とは他の法人によって直接または間接に普通株式資本の五〇パーセント超を所有されている会社である（FA 1988, s 838 (1) (a)）。商事グループとは会社のグループであるが、メンバー全体として、商事を行うことを全面的なまたは主な事業としている、会社のグループである（FA 1985, Sch 20, para 1)。会社のグループとは、一つまたは複数の五一％従属会社を有する会社とそれらの従属会社を意味する（FA 1985, Sch 20, para 1)。

処分の対象は株式または株式に対する持分である。これは奇妙な規定である。というのは、制定法上のESOPの受託者は株式に対する持分を取得できないのであって、彼は直接株式に投資しなればならない。もし彼が株式に対する持分を取得するため信託の資金を支出するならば、それは適格な目的のための支出ではなくなろう。(131)

二、処分される株式は設定会社の株式であり、その会社の普通株式資本の一部であり、全額払込済みであり、償還不能であり、かつ同種の株式のすべてに付着する制限または一九八九年財政法スケジュール五第七項(2)によって認められた制限以外の他の制限に服しない株式でなければならない（FA 1990, s 31 (3))。株式に関するこの条件は適格従業員持株信託によって保有されることのできる株式に関する条件と同じである。(132)

三、権利保有期間（entitlement period）内いつでも受託者は、設定会社の普通株式資本の一〇％以上に対し受益的に権利を有し、設定会社の持分保有者に分配される利益の一〇％以上に対し受益的に権利を有し、かつもし設定会社が清算されるとすればその持分保有者に分配される会社資産の一〇％以上に対し受益的に権利を有しなければならない（FA 1990, s 31 (4))。

権利保有期間とは処分から始まり処分の日から一二ヵ月の期間の満了によって終わる期間である（FA 1990, s 32 (2))。一〇％の株式保有基準を満たす権利保有期間の一年はほぼ同じ頃になされた受託者への他の売却を考慮に入れて計算することができる。その基準がいったん満たされると信託からの株式の分配は租税負担の軽減を害しない。(133)

一〇％基準がいったん満たされると、譲渡人が租税負担の軽減を利用できる株式保有量に制限がない。たとえば、従業員持株制度によって小量の株式を取得した会社幹部もそれを利用できる。[134]

受託者による一〇%株式保有要件によって、法律は、明らかに、適格従業員持株信託（そして究極的には、従業員）の手における相当量の株式の蓄積を促進しようとしている。[135]

四、請求者は処分によって対価を取得し、取得期間中にその対価のすべてで代替資産を取得しなければならない。代替資産はその取得の直後において請求者に関し課税資産であらねばならず、かつ設定会社または（取得の時に）設定会社と同じグループの会社の発行した株式または債権であってはならない（FA 1990, s 31 (5)）。

取得期間は処分から始まり、処分の日かまたはもし受託者による一〇%株式所有の条件の最初に満たされる日がそれよりも遅いならば、その日から六ヵ月の満了によって終わる期間である（FA 1990, s 32 (3)）。

取得期間中の課税資産の取得という条件は、その資産の取得が取得期間の満了後になされるのであっても、その取得が取得期間中に締結された条件付きでない契約によってなされるとすれば、満たされる（FA 1990, s 31 (5)）。

資産は、請求者が代替資産としたその資産を取得した直後に、請求者が英国の居住民であるかまたは日常的にそうであり、かつ、もしその時にその資産を処分したとすれば、彼に生じる利得が課税所得となるであろうならば、請求者との関係において、課税資産である（FA 1990, s 32 (6)）。ただし課税資産についてのこの定義には二つの重要な例外がある。その一つは、請求者が居住用の住宅または土地に再投資する場合であって、その再投資の時には彼の主な私用の住宅ではないが、後には彼の主な私用の住宅になる、それゆえ資本利得税の負担軽減に適格となる場合である。このような場合には一九九〇年財政法三三条の下での租税負担の軽減は否定され、もしそれが与えられていたとすれば、取り戻される（FA 1990, s 34）。[136] これは適格従業員持株信託への株式処分による利得が、後の処分に際してその利得に課税されないであろう居住用の住宅に移されることよって課税を免れるのを阻止するためである。[137] もう一つの例外は、請求者が株式に投資し、その株式に関して事業拡張制度（business expansion shceme）による租税負担の軽減を利用できる場合である（FA 1990, s 35）。これも適格従業員持株信託への株式処分による利得が、後の処分において資本利得税を免れるであろう株式に移されることによって、課税が繰り延べられるというよりはむしろ除去されるのを防ぐためである。[138]

五、禁止期間（proscribed period）中、請求者または彼に関係ある人が請求者による処分の対象である株式またはその株式に対する持分またはその株式から派生する権利を取得するまたは再取得することを可能とする非認可の取り決めが存在してはならない（FA 1990, s 31 (6)）。

禁止期間とは処分から始まり、代替資産の取得の日かまたはもし受託者による一〇％株式所有の条件の最初に満たされる日がそれよりも遅いならばその日、に終わる期間である（FA 1990, s 32 (4)）。

すべての取り決めは、それらが一九八九年財政法スケジュール五第七項(2)によって認められた制限から生じる（つまり売り戻し義務の下で株式売却の申込をする事を要求されている、退職する従業員からの株式購入の）取り決めかまたは信託の下での受益者による株式、株式に対する持分もしくは株式に対する権利の取得かまたは認可を受けた利益分配型持株制度の下での株式割当の、いずれかの取り決めでない限り、非認可のものである（FA 1990, s 32 (5)）。[139]

六、請求者による処分のなされる課税年度（請求者が会社の場合には法人税目的のための会計期間）の最初の日から始まり、請求者による代替資産の取得のなされる課税年度の最後の日に終わる期間に、受託者に関して課税を引き起こす出来事が生じてはならない（FA 1990, s 31 (7)）。

課税を引き起こす出来事が生じてはならない期間は最長の場合三年である。これは、第一年度の後半に処分がなされ、第二年度の後半に受託者による一〇％株式所有の条件が満たされ、第三年度の前半に代替資産が取得される場合にそうなる。(140)

課税を引き起こす出来事は一九八九年財政法六九条のそれと同じである（FA 1990, s 32 (9)）。つまり、それは適格従業員持株信託への拠出によって会社に与えられた法人税の負担軽減を受託者から取り戻す状態を創り出す出来事である。しかしそれは一九八九年財政法七一条(3)の課税負担を引き起こす出来事を含まない。つまりそれは同法六九条の課税を引き起こす出来事が先に生じた時に未返済であった受託者の借入金の全部または一部の返済を含まない。というのは後者の出来事は、法律が止めさせようとしている種類の出来事ではなく、同法六九条の課税を引き起こす出来事が先に生じた時に繰り延べられた税を徴収する手段にすぎないからである。(141)

七、処分が一九九〇年三月二〇日以後になされること（FA 1990, s 31 (8)）。

b　資本利得税の負担軽減の方法

①　処分の対価の全額が代替資産の取得に用いられる場合

資本利得税の負担軽減の条件が満たされている場合、請求者は、代替資産取得後二年内に請求すれば、資本利得税目的について、(a)処分の対価は（もしそうでなければより大きい額または価値であるとしても）処分に際して彼に利得も損失も生じなかったような額であり、かつ(b)取得の対価は、その現実の対価の額または価値から、これが(a)の下で請求者が受け取るとされる対価の額を上回る分だけ、減じた額である、として扱われる（FA 1990, s. 33 (1)）。

その効果は、利得が新しい資産に移され、その処分まで課税が繰り延べられる、ということである。処分と取得の対価における減額はその二つの取引の相手方の資本利得課税上の地位に影響しない（FA 1990, s 33（4））。対価の価値（value）という表現は、処分であれ取得であれ、その対価が現金でなく現物である状態を含めるためのものである。[142]

② 処分の対価の一部のみが再投資される場合

処分によって受け取られた対価の一部のみが再投資される場合には、全額再投資の条件を満たさないので、一九九〇年財政法三三条(1)の下での租税負担の軽減は利用できない。処分の対価の一部のみが再投資される場合に、部分的な租税負担の軽減を認める規定がある。部分的な租税負担の軽減は次の二つの条件を満たす場合に利用できる。(a)処分の対価の一部のみが代替資産の取得に用いられるという事実がなかったとすれば、一九九〇年財政法三三条(1)の下での租税負担の軽減が利用できるであろうこと、かつ、(b)処分に際して生じる利得より少ない部分を除いて、処分の対価のすべてが代替資産の取得に用いられること（FA 1990, s 33（2））。

(b)において述べられている利得は処分に際して生じる利得のすべてである。再投資される額は基準原価（プラス物価指数修正）を超えるものでなければならない。なぜならば、もしそうでないとすると、（インフレ調整後の）元の資金のみが再投資されることとなり、利得は全く再投資されないこととなろう。[143]

右に述べた二つの条件が満たされている場合、請求者は取得後二年内に請求すれば、資本利得税目的について、(a)処分に際して生じる利得の額が再投資されなかった対価部分の額にまで減じられたものとして、かつ、(b)取得の対価が、その現実の対価の額または価値から(a)の下で利得が減じられた額だけ減じられた額、として取り扱われる（FA 1990, s 33（3））。

(4)　資本利得税の負担軽減の撤回

a　代替資産の全部が請求者によって保有されている場合

一九九〇年財政法三三条(1)または(3)の下で与えられた資本利得税の負担軽減は次の場合取り戻される（FA 1990, s 36 (1) and (2)）。(a)処分のなされた日以後、適格従業員持株信託の受託者に関して課税を引き起こす出来事が生じ、(b)請求者が課税を引き起こす出来事の発生前に死亡した個人または存在しなくなった継承的財産設定(settlememt) の受託者でなく、かつ、(c)課税を引き起こす出来事の発生時に請求者または彼に関係する人が代替資産の全部に対して受益的に権利を有する。

ここでの課税を引き起こす出来事とは適切な期間に発生すれば租税負担の軽減を否定する出来事（FA 1990, s 31 (7)）と同じであり、これは一九八九年財政法六九条のそれとも同じである。[144]

先の三条件が満たされる場合、請求者または彼に関係する人は、資本利得課税目的のために、(a)課税を引き起こす出来事の発生する直前にすべての代替資産を処分し、(b)ただちに適切な価値（relevant value）で再取得した、ものとして擬制される（FA 1990, s 36 (3)）。ここでの適切な価値とは、擬制された処分に際して、資産取得の対価が一九九〇年財政法三三条(1)(b)または同法三三条(3)(b)によって減じられたものとして取り扱われた額に等しい課税利得を確保するような価値である（FA 1990, s 36 (4)）。その結果、軽減された租税が完全に取り戻され、資産の基準原価が将来の処分を考慮して、それに応じて増加する。[145]

b　代替資産の一部のみが請求者によって保有されている場合

代替資産の一部のみが請求者またはその関係者によって保有されている場合でも、その資産の処分と再取得が一九九〇年財政法三六条(3)の下で（つまり代替資産の全部保有の場合）と同じように行われたものと考えられるが、適切な価値は正当かつ合理的な額にまで減じられる（FA 1990, s 36 (5)）。

一九九〇年財政法三六条(3)の下での課税が生じる場合でも、もし、課税を引き起こす出来事が発生する前に、代替資産のどの部分かに関して、同法三三条(1)または三三条(3)の下で繰り越された利得（つまり代替資産の基準原価の減額によって繰り越された利得）のどの部分かに関して課税が生じたといえるような、何らかの出来事が発生しておれば、同法三六条(5)（つまり代替資産の一部保有の場合）の下での減額とは関係なしに、適切な価値は減額され得る（FA 1990, s 36 (6) and (8)）。そのような場合には、一九九〇年財政法三六条(3)の擬制された処分と再取得に関する規定は、適切な価値が正当かつ合理的な価値まで減額されているものとして適用される。ただしこのように処理することが正当かつ合理的である場合に限る（FA 1990, s 36 (7)）。何が正当かつ合理的であるかという問題は、税務検査官（Inspecter of Taxes）との交渉の問題であるが、争いのある場合には、一般または特別審判官（General or Special Commissioners）の決定を求めることもできる。[146]

(5)　信託設定費用の非課税

会社は一九九一年四月一日以後適格従業員持株信託を設定するためにした支出を課税所得から控除できる。会社が商事会社であるならば、その支出はスケジュールD（つまり法人税）の目的のための計算において取引費として扱われ、取引利益から控除される。会社が投資会社であるならば、その支出は経営費として扱われる(FA 1991, s 43, ICTA 1988, s 85 A (1) and (2))。[147]

支出は通常その発生した会計期間において控除できる。しかしながら、支出のなされた会計期間が終わってから九ヵ月たった後で信託が設定される場合には、その支出は、（支出のなされた会計期間ではなく）信託が設定される会計期間に発生しているものとして扱われる（ICTA 1988, s 85 A (3)）。ここに言う信託の設定時期とはその下で信託が設定される捺印証書が作成された時である（ICTA 1988, s 85 A (5)）。

6 非適格従業員持株信託

適格従業員持株信託への会社拠出に対しては、法人税の負担軽減が法律によって認められるし、それへの株式の売却から生じる資本利得については一定の条件を満たせば無限に課税を繰り延べることができる。また会社はその設定費用を課税所得から控除できる。しかしそのためには様々な規制を守らなければならない。この様々な規制を守る必要のない、税制適格を有しない従業員持株信託を構成要素とするESOP（つまり判例法上のESOP）の課税上の地位について見てみよう。その際重要な点は非適格の従業員持株信託への拠出が法人税目的のためにその利益から控除できるかどうかである。

非適格従業員持株信託への会社拠出の法人税上の扱いに関する特別なルールはない。おおまかに言って、それが正常な会計原理の下で控除可能でありかつ一九八八年所得・法人税法七四条の下で特に否認されないならば、その額は法人税目的のための取引利益の計算において控除可能である。この問題に関係ある同条の規定は次の二つである。

一、取引目的のため全面的かつ排他的に（wholly and exclusively）なされていないまたは費やされていない支払いまたは出費（ICTA 1988, s 74 (a)）。

二、取引において資本として用いられたかまたは用いられることを意図した金額（ICTA 1988, s 74 (f)）。

第一の条件に関して、拠出は会社の取引目的のため全面的かつ排他的に支払われたことを立証する必要がある。従業員の労働に報い、または従業員の労働意欲を高めるためになされた会社の支払いは、一般に、取引目的の支払いとされ、通常ならば、この条件を満たすことになる。[148] しかしながら、会社グループの場合に、自社の従業員の利益のためのみでなく、グループ内の他社の従業員の利益のための支払いは会社の取引目的のため全面的かつ排他的に支払われたとの条件を満たさないであろう[149]。会社グループの場合、ある会社の拠出はその会社の従業員の利益のためにのみ用いられるということを確保する必要がある。これは、単一のグループ信託の内部に各々会社ごとに別々の口座を設定することによっても可能となるが、各々の会社が自社の従業員のためのみの各々別個の信託を設定する方がより単純であろう[150]。

もし支払いが特定の既存の株主からその持株を買い取ることを目指しているとすれば、それは取引目的という主張を否定することとなろう。もし支払いがたとえ一部でも特定の株主による株式の処分を促進する目的でなされておれば、その支払いは取引目的のため全面的かつ排他的になされたものでなくなる[151]。

受託者が、基金を蓄積するまたは基金を従業員以外の他の人々の利益のため使用する、広い裁量権を有する場合には、取引目的という主張は成り立たなくなるであろう[152]。

資本的性質のものでないという第二の条件に関して、次の区別が重要である。信託設定のための最初の一回限りの拠出は資本的金額（capital sum）として扱われ、数年間にわたる一連の多かれ少なかれ定期的な拠出は収益的支払い（revenue payment）として扱われるようである。しかしながら、定期的な拠出であっても、会社が信託に（単純な債権者としての利害関係でなく）意味のある受益的利害関係（significant beneficial interest）を有しているとすれば、その各々の拠出はそれに照応する耐久性ある資産を作り出すものとみなされ、従って資本的支出とみなされることとなろう。この理由のため、会社が拠出に対し課税控除を望むならば、会社は受益から（究極的な最終の受益者としてでさえ）完全に排除されているべきである[153]。

特定の会計期間に関係ある報酬は、その会計期間の終わりから九ヵ月内に支払われ（つまり、従業員の処分にゆだねられ）ない限り、その期間の取引利益の計算において通常控除できない。もしそうでないなら、それは支払われた時に控除される（FA 1989, s 43）。信託への支払いが特定の従業員に関してなされていない限り、それにはこの一九八九年財政法四三条のルールは適用されない。先の二条件がみたされる限り、信託への拠出は拠出がなされた会計年度に控除できる。[154]

非適格の従業員持株信託に対する株式の売却については資本利得税の繰り延べによる負担軽減に直接相当するものは存しないが、資本利得税に関する一般的な負担軽減は利用できる。[155]

（76）Williams, supra note 2 at 125.
（77）David E. Reid, Introduction in Clifford Chance, EMPLOYEE SHARE OWNERSHIP PLANS IN THE UK 1 (2d ed. 1991).
（78）New Bridge Street Consultants, ESOPS IN THE UK 1 (1989).
（79）David E. Reid, The UK ESOPS in Cliffoird Chance, EMPLOYEE SHARE OWNERSHIP PLANS IN THE UK 24 (2d ed. 1991).
（80）Williams, supra note 2 at 125.
（81）Reid, supra note 6 at 51-52.
（82）Langley, supra note 27 at 115.
（83）Reid, supra note 79 at 27.
（84）Reid, supra note 77 at 8-9.
（85）Id. at 9; Reid, supra note 6 at 54-55.
（86）Reid, supra note 77 at 9-10; Reid, supra note 6 at 55.
（87）Reid, supra note 79 at 27-28.
（88）Id. at 28-29.
（89）Id. at 29.

(90) Id. at 30.
(91) Ibid.
(92) Id. at 31.
(93) Ibid.
(94) Id. at 31-32.
(95) Id. at 33.
(96) Id. at 34.
(97) Id. at 32, 34.
(98) Williams, supra note 2 at 148.
(99) Langley, supra note 27 at 116.
(100) Williams, supra note 2 at 135.
(101) Id. at 137.
(102) Id. at 138.
(103) Ibid; Langley, supra note 27 at 118.
(104) Williams, supra note 2 at 143.
(105) Id. at 144.
(106) Id. at 138.
(107) Id. at 141.
(108) Id. at 142.
(109) Id. at 139.
(110) Ibid.
(111) Ibid.

(112) Langley, supra note 27 at 120.
(113) Williams, supra note 2 at 149.
(114) Langley, supra note 27 at 121.
(115) Williams, supra note 2 at 151.
(116) Id. at 152.
(117) Ibid.
(118) Id. at 153-154.
(119) Id. at 155.
(120) Ibid.
(121) Langley, supra note 27 at 122.
(122) Id. at 123.
(123) Williams, supra note 2 at 158.
(124) Id. at 158-159.
(125) Id. at 159.
(126) Ibid.
(127) Id. at 160.
(128) Ibid.
(129) Id. at 161.
(130) Langley, supra note 27 at 129.
(131) Williams, supra note 2 at 164.
(132) Ibid.
(133) Id. at 165.

(134) Ibid.
(135) Ibid.
(136) Langley, supra note 27 at 132.
(137) Williams, supra note 2 at 169.
(138) Id. at 171.
(139) Id. at 172; Langley, supra note 27 at 131.
(140) Williams, supra note 2 at 174.
(141) Ibid.
(142) Id. at 175.
(143) Id. at 176.
(144) Id. at 181.
(145) Id. at 182.
(146) Ibid.
(147) Langley, supra note 27 at 136.
(148) Michael Marks, Taxation of the Company in Clifford Chance, EMPLOYEE SHARE OWNERSHIP PLANS IN THE UK 107 (2d ed. 1991).
(149) Williams, supra note 2 at 149.
(150) Marks, supra note 148 at 107.
(151) Ibid.
(152) Ibid.
(153) Marks, supra note 148 at 106.
(154) Id. at 107.

(155) Palmer's, supra note 1 at 6228.

七　非認可の従業員持株制度

1　序

所得税の負担軽減は認可を受けた従業員持株制度の下でのみ可能であるが、その代わりに会社が非認可の制度を設立するいくつかの理由がある。たとえば、認可を受けた従業員持株制度のすべては従業員がそれから受け取ることのできる給付を法律によって制限している。それゆえ使用者が従業員にその制度より大きな価値の株式を提供しようとする場合、使用者は非認可の従業員持株制度を採用するであろう。また、使用者は、幹部用株式買受権制度を除いて、認可を受けた従業員持株制度をすべての従業員が参加できるものとしなければならない。そこで全従業員の参加を望まない使用者は取締役会の裁量で参加者を決めることのできる非認可の持株制度を選ぶであろう。ここにおいて非認可の従業員持株制度としては英国において比較的よく見られる四つの制度の概要を簡単に紹介しよう。

2　非認可の株式買受権制度

この制度の下で従業員は通常固定された価格で株式を取得する株式買受権を与えられる。買受権の行使価格は付与の日の市場価値を下回ることができる。もし買受権が付与の日から七年を超えて行使できないならば、買受権の付与に際して課税は生じない。従業員が買受権を行使した時、従業員は取得した株式の市場価値から行使価格を差し引いたものに所得税を課される。この税負担は従業員が株式を売却したかまたは保有し続けているかに関係なく生じる。資本利得税のための基準原価は従業員が買受権の行使に際して支払った所得税の額だけ増加する。[156]

非認可の株式買受権制度は、しばしば、最上級の従業員に内国歳入庁の認可を受けた幹部用株式買受権制度の下で利用可能な最高数の株式を超える買受権を与えるため、利用される。たとえば、従業員の給与が一〇〇、〇〇〇ポンドを超える場合に、もし会社が彼に給与の四倍を超える買受権を与えようとするならば、給与の四倍を超える買受権は非認可のものとならざるを得ない。[157]

非認可の制度は内国歳入庁認可制度の下で買受権付与に適格でない人々にも買受権を与えることができる。パートタイムの従業員、業務を執行していない取締役および自営業の人々は認可制度の下での買受権付与に適格でない。ある種の会社は内国歳入庁認可の制度を運営できない。たとえば、公認の証券取引所に株式を上場していない会社によって支配されている会社は、認可制度を運営できないが、非認可の制度を運営できる。[158]

3　株式購入制度（share purchase schemes）

会社が市場価値より低い価格その他の有利な条件で株式を購入する機会を従業員に与えることがある。このような場合従業員の株式購入を可能にするため、会社が購入代金を有利な条件で貸し付けることもあれば、従業員が購入代金を銀行などの第三者から借り入れるのに会社が保証を与えることもある。[159] このような場合、しばしば、会社と従業員の利益の同一化を図るために、株式の譲渡が制限される。たとえば、株式の最低保有(会社への売却を除く処分禁止)期間が定められる。[160] 従業員の最低勤務期間が定められることもある。従業員がその期間内に職場を去るときには、彼は当初支払った価格でその持株を売り戻すことが要求される。従業員がその期間経過後職場を去る場合にも、なお彼は株式の売り戻しを求められることがある。しかしこの場合には、従業員はその時の市場価値を受け取るであろう。この方法で株式は、去りゆく従業員から取り戻され、新たな従業員に利用できるものとなる。(161)このような場合、従業員が数年間勤務しないと実質的に給付を受け取れないという点で、株式購入制度は株式買受権制度に似た内容のものとなる。(162)

株式購入制度はESOPと共に利用できる。たとえば、同族株主が従業員の支払うことのできる価格よりも高い価格でその持株を売却することを望む場合、ESOP信託がかなりの大きさの株式保有にふさわしい価格でそのひとまとまりの株式を購入する。その後、ESOP信託は極めて小さい株式保有にふさわしい価格で、多数の従業員に株式の売却を申し出る。会社が同族株主の売却価格と従業員の購入価格との差額を埋め合わす資金を課税上有利な方法でESOP信託に提供する。ESOP信託からの従業員の株式購入価格が市場価値を下回るものでないなら、従業員は株式購入に際して所得税を負担しない。(163)

株式購入は、株式がもし同じ条件で従業員に提供されるならば、制定法上のESOPと共に利用できる。しかしながら、受託者が株式を購入する従業員を選択するならば、その制度は判例法上のESOPと共にのみ利用できる。(164)

4　制限付株式付与制度（restricted share schemes）

この制度によって従業員は取得の時には様々な制限に服する株式を無償で受け取る。株式に付着する諸制限が取得の時の株式の市場価値を減じる。それゆえ、取得の時の従業員の所得税負担を減じる。それらの諸制限は通常一定期間の経過によって消え去る。通常、従業員は株式売却の時まで何らかの追加的な課税には服しない。売却の時に従業員は資本利得税を負担する。(165)

5　非認可の年金制度（non-approved pension schemes）

使用者が従業員のために英国居住者である年金信託に拠出する。その拠出金は従業員の退職に備えて彼に資金を与えるために自社株等に投資される。従業員は使用者がなす制度への拠出金に対し所得税を支払わねばならない。その代わりに、もし従業員が一時金でその資金を引き出すとしても、彼は追加して所得税を負担しない。年金信託自体はそれが得る所得と資本利得に対し二五％で課税される。[(166)]

(156) Tremaine, supra note 10 at 55.
(157) Ibid.
(158) Id. at 56.
(159) Williams, supra note 2 at 6.
(160) Ibid.
(161) Tremaine, supra note 10 at 57.
(162) Ibid.
(163) Id. at 56.
(164) Id. at 57.
(165) Reid, supra note 6 at 69.
(166) Id. at 70.

第三章　韓国の従業員持株制度

一　はじめに

最近の日本における重要な経済問題は、地価と株価の上昇によって、国民間に大きな貧富の格差が発生していることである。韓国では土地対策として「土地公概念関連法」が制定され、一九九〇年三月より施行されている。同法の規制は日本の地価対策としても極めて有益な内容を含んでいると思われる。同法については新聞等でも詳しく紹介されている。だが、韓国の最近の株式対策については、日本にはほとんど知られていないように思われる。韓国は多くの経済問題について対策を考える際には、諸外国の規制をよく研究し、特に日本を反面教師として日本の規制もよく研究したうえで、対策を決定している。したがって同種の問題についての韓国の法規制を知ることは日本での問題解決にもたいへん有益であることが多いと思われる。

日本では、株式の法人所有の進展と共に株価が上昇して、株式は多くの日本人にとって手のでない高嶺の花になっている。従業員持株制度は、少額の積み立てによって株式所有を可能とするので、一般勤労者の株式所有を促進し、株式の自然人所有を促進する。従業員持株制度は日本において株価上昇によって発生してきた貧富の格差を解決する重要な手段となり得るように思われる。韓国が従業員持株制度によって国民間の貧富の差の拡大にどのように取り組んでいるかを知ることは日本での同種の問題を考えるうえでも非常に有益であろう。

本章では、まず韓国の従業員持株制度についてこれまでの経過とその実施状況を紹介する。次に同制度の概要を紹介し、その後で同制度の主な特徴とその問題点についてやや詳しく検討する。その際、同制度と日本の従業員持株制度との比較及び同制度が日本の制度に与える有益な示唆にも可能な限り触れるつもりである。(1)

(1)　本章は主として、韓国ソウルにある東国大学法学部教授朴栄吉先生から送られてきた韓国証券金融㈱『従業員持株制度――実務案内――』(一九八九年)と韓国上場会社協議会『従業員持株制度改善方案』(一九八八年)によっている。なおその他に大宇投資顧問㈱理事徐延宣経済学博士から香川大学非常勤講師韓大圭先生を通じて韓国の従業員持株制度についての資料を得た。また筆者が同制度について抱いた疑問点について問い合わせ、朴教授及び韓先生を通じて徐博士より書面にて親切な回答をいただいた。韓先生には資料収集の他に韓国語からの翻訳についても懇切な御協力を得た。

二　これまでの経過

韓国でも従業員持株制度は早くから知られていたが、実際にこの制度が企業経営に取り入れられたのは一九五〇年代も終わり近くになってからであった。すなわち一九五八年一〇月に株式会社柳韓洋行の柳一韓会長が従業員の福利向上と労使協調を目的として会社の幹部達に功労株を与えると共に従業員には各人の希望により自社株を購入できるようにし、その代金を賞与金から控除するようにした。これが韓国での従業員持株制度の始まりと言われる。その後一九六〇年代後半に入って三養社、海運公社(大韓商船の前身)、海東火災、南韓製紙等において類似の制度が断片的に実施された。しかしながら、当時の韓国の企業は一般に家族主義的であり閉鎖的であって、企業公開がたいしてなされていなかった。従業員持株制度は明文化された運営規則をもって組織的に実施されたのではなく、その時々の事情により従業員に功労株を与えるとか新株発行時に新株引受権を与えて自社株を取得できるようにしたにすぎなかった[2]。

一九六八年一一月二二日制定の「資本市場の育成に関する法律（以下「資育法」と略す。）」六条により「上場法人が新規に株式を有償で発行する場合に、当該法人の従業員の申込みがある時には、その発行株式の一〇％を超えない株式の引受権をその従業員に与えねばならない」と定めた。これによって従業員持株制度は初めて法律に根拠を持つこととなった。一九七二年一二月に同法が改正され、従業員に対する優先割当の範囲が旧法では新規発行株式の一〇％であったが、新法では既発行株式と新規発行株式との総数の一〇％に拡大された。また同時に制定された「企業公開促進法」においても企業を公開する場合、公開する株式の一〇％まで従業員に優先割当するよう規定された。しかしこの様な法律の規定以外には、制度の具体的な実施方法について定めるものはなく、また企業の自発的な導入・実施を誘導するための条件が十分には整えられていなかったので、制度は相変わらず普及しなかった[3]。

韓国において従業員持株制度が本格的に普及し始めたのは一九七四年に入ってからであった。つまり同年五月二九日の「企業の公開と健全な企業風土造りのための大統領特別指示」による資本市場の育成態勢の補完施策として同年七月二三日に「従業員持株制度の拡大実施方案」が発表されたが、この方案において従業員持株制度を推進するための支援策等が具体化され、これによって「自社株組合」（日本での従業員持株会に相当する）が本格的に結成され始めた[4]。つまり韓国の従業員持株制度は企業公開を促進し資本市場を育成する国家政策の一環として発達してきた[5]。

従業員持株制度は、一九八六年から翌年にかけての証券市場の活況と労使紛争によって、一躍注目されるようになってきた。特に一九八七年の夏、全国に吹き荒れた労使紛争は使用者と労働者の関係を今一度考え直す契機となった。今まで、企業においては資本の要素のみが強調されてきたが、労働者団体、野党、一部学界人等の間において、労働の要素を重視し、企業における従業員の参加を制度化しようとする主張が登場するまでになった。具体的には、西独等の例に従い、企業の意思決定機関に従業員側代表を参加させる、いわゆる共同決定制度を採用しようとする案が提示されるまでになった。全国経済人連合会を初めとして企業側ではこの様な従業員の経営参加を経営者の固有権限に対する侵害として強く反対した。政府は既存の従業員持株制度を労働者側により有利な方向に変更することで、このような企業側と労働者側の対立を緩和させようとした。(6) また政治的・社会的状況の変化に伴い社会全般に亘って再分配に対する要求が強くなってきた。(7)

そこで、勤労者の主人意識を高め、企業利益への参加を可能として財産形成を促進するために、勤労者の自社株所有が拡大するようにと、一九八七年九月一五日に「従業員持株制度の拡充方案」が整えられ、これにより自社株組合員に対する税制上・金融上の支援が拡大された。これに続いて同年一一月二八日に制定され八八年一月一日より施行された改正資育法は企業公開時や有償増資時に従業員に優先割当される株式の比率を二〇%に引き上げると共に、自社株組合の定義とその要件、組合員の資格等に関して規定して、従業員持株制度を大きく強化した。(8)

しかしながら、従業員保有株式の社外流出等従業員持株制度が本来意図した効果を達成することができないようになるに及んで、一九八八年六月二二日には、株式の長期保有誘導、自社株組合の健全な運営等を内容とする「従業員持株制度の改善方案」が整えられた。続いて、資育法施行令が改正され、一九八八年七月二三日後、従業員が自社株組合を通して取得した株式は自社株組合によって一括して韓国証券金融㈱に預託されなければならないこととなり、この預託された株式は原則として従業員が退職するまで引き出すことができないこととなった。

なお同時に「自社株組合の運営基準」（以下「運営基準」と略す。）が制定実施され、これによって自社株組合の運営に関して具体的に制度化されることとなった。(9)

（2） 韓国証券金融㈱『従業員持株制度――実務案内』（一九八九年）一九―二〇頁。
（3） 同・二〇頁。
（4） 同所。
（5） 東道生「韓国の従業員持株制度」商事法務一一三六号一三頁（一九八八年）。
（6） 韓国上場会社協議会『従業員持株制度改善方案』一頁（一九八八年）。
（7） 同・一七頁。
（8） 参照、同・一頁。
（9） 参照、韓国証券金融㈱・前掲注(2)二〇―二一頁。

三　実施状況

韓国では、一九七四年七月に発表された「従業員持株制度の拡大実施方案」を契機として、従業員持株制度が本格的に普及し始めた。すなわち同年一〇月に日新実業㈱と中央投資金融㈱が初めて自社株組合を結成した。その後、政府が強力に推進した企業公開政策及び従業員持株制度の拡大や普及のための各種支援政策と行政指導等に力づけられて、上場法人を中心にこの制度を採用する会社数が急速に増加した。(10)

一九七四年以後の自社株組合の結成状況を見てみよう。一九七四年度末には上場法人と非上場法人を合わせて八組合にすぎなかったが、七五年度末には一八三組合となり、七六年度末には二八一組合となった。組合数は七四年から七八年にかけて急速に増加し、七八年度末には三八〇組合となった。しかしその後、オイル・ショックの影響等による企業公開の不振等により停滞して八五年度末までに二九組合しか増えなかった。八六年以後、証券市場の活況による株価の上昇で従業員持株制度に対する関心が高まった。活発な企業公開もあり、組合数が急増した。すなわち、八六年度末には四二六組合、八七年度末には四八四組合となり、八八年度末には六〇一組合、八九年度末には七五一組合となった。(11)なお八八年度末において、上場法人数は五〇二法人、そのうち自社株組合を有する法人数は四九八法人であり、非上場法人で自社株組合を有するものが一〇三法人であった。(12)

全上場法人において自社株組合を有する法人数の割合つまり上場法人での従業員持株制度の実施率を見てみよう。実施率は一九七四年度末には六・三%と小さかったが、七五年度末には八四・一%、七六年度末には九二・三%となった。この率は七七年度に九五%を超えたが、その後も順調に増大して八二年度末には一〇〇%となった。その後やや下落したものの最近までは九九%を維持してきた。(13)

自社株組合の組合員数の推移について見てみよう。上場法人と非上場法人を合わせた組合員数は一九七七年度末には一二七、三八九人であり、七九年度末には一八五、八五九人と増加した。(14)しかしその後はオイル・ショックの影響等による経済不況の影響を受けてか、三年間で三万人も増えず、八二年度末において二一一、四八八人となった。しかしその後はほぼ順調に増えて、八六年度末には四四〇、三四八人となった。その後は、韓国経済の発展及び証券市場の活況の影響を受けて急増し、八七年度末には五五九、四七二人、八八年度末には七六八、七三九人、八九年度末には九一三、八九四人となった。(15)なお、八八年度末において上場法人の自社株組合員数は七一九、六五六人、非上場法人の自社株組合員数は四九、〇八三人であった。(16)これらを各々の組合数で割ると、上場法人の一組合当たり平均組合員数は一、四四五人、非上場法人のそれは四七七人となる。

上場・非上場両法人の自社株組合員数がこれらの組合員の属する法人の従業員総数に占める割合、つまり自社株組合への加入率を見てみよう。加入率は一九七七年度末には三九・〇%であった。この率は七九年度末には四七・六%と拡大したが、八一年度末には三五・三%に縮小した。しかしその後はほぼ順調に拡大して八五年度末には四九・四%となった。その後の拡大はめざましく、八七年度末には六〇・八%、八八年度末には七二・〇%となった。なお、八八年度末における上場法人での加入率は七二・四%であり、非上場法人での加入率は六七・一%であった。[17]

株式預託の状況について見ると、一九七七年度末において一九五組合が二九、五六一千株を預託しており、これがその属する法人の発行済株式総数に占める割合、つまり株式預託比率は三・一%であった。その後この比率は七九年度末には二・六%、八一年度末には二・〇%、[18]八二年度末には一・三%にまで低下した。その後この比率は上向きに転じたものの、八五年度末まで二%前後であった。[19]これら株式預託比率の減少・停滞は同時期における株式市場の停滞による企業公開と有償増資の不振を反映するものと思われる。株式預託比率は八六年度末には二・四%となり、八八年度末には三・五%にまで上昇したが、八九年度末には二・八%に下落した。[20]これらの株式預託比率の上昇は同時期における株式市場の活況を受けての企業公開と有償増資の増加及び自社株組合員に対する優先割当比率の拡大によるものと思われる。なお、八八年度末における上場法人での株式預託比率は三・三%、非上場法人でのそれは六・八%であった。[21]

(10)　参照、韓国証券金融㈱・前掲注(2)二二―二三頁。
(11)　韓国証券金融㈱「自社株組合状況」証券金融一七一号三一頁（一九九〇年）。
(12)　韓国証券金融㈱・前掲注(2)二四頁。
(13)　同所。

(14) 同・二五頁。
(15) 韓国証券金融㈱・前掲注(11)三一頁。
(16) 韓国証券金融㈱・前掲注(2)二五頁。
(17) 同所。
(18) 同・二六頁。
(19) 韓国証券金融㈱・前掲注(11)三一頁。
(20) 同所。
(21) 韓国証券金融㈱・前掲注(2)二六頁。

四　韓国従業員持株制度の概要

1　自社株組合の組織と運営

(1)　自社株組合の意義

韓国では従業員持株制度の管理運営に当たる組織として自社株組合が結成される。自社株組合は、資育法第二条第五号によって、「法人の従業員が当該法人の株式を取得・管理するために大統領が定める要件を備えて組織された団体」と定義されている。言いかえれば、自社株組合は従業員が自社株の取得・管理を目的として一定の要件を備えて組織した自主的・自律的な団体であり、一種の自社株投資会である。それゆえ、従業員はその自由な意思によって自社株組合に加入・脱退できる。自社株組合は当該会社や持株管理会社（証券金融会社）と対等な立場で従業員持株制度の運営に関する事項を協議・約定してその管理・運営の主体となる。

従業員持株制度は、従業員の株主化を通じて主人意識と愛社心を鼓吹し、労使間の共存共栄意識を高めることにより、企業の生産性を向上させると共に健全な労使関係を維持することを目的とし、さらに従業員をして企業利益の分配に直接参与せしめることにより従業員の財産形成を促進させることを目的とする。同制度がこの目的に合致して運営されるためには、従業員が優先割当株式等自社株組合を通じて取得した株式を長期的に保有するようにし、自社株組合が公正に運営されるようにしなければならない[22]。これを規定した資育法等を中心として、自社株組合の要件、組合員資格及び運営に関して見てみよう。

(2)　自社株組合の要件

特に一九八九年一月一日施行の改正税法では、自社株組合を資育法に規定した自社株組合に限って当該組合の組合員及びその法人に対して各種の税制優遇を与えている[23]。それゆえ、税制優遇を受けるためには、自社株組合は「大統領令が定める要件」を備えて運営されねばならない。この要件に関して資育法施行令二条一項に「自社株組合は当該法人のすべての従業員を加入対象として次の事項が含まれる規約を備えて運営されねばならない」と規定されているが、その内容は次のとごくである。

a　組合員の加入・脱退に関する事項

当該法人の従業員は自由に組合に加入することができるという内容と組合を脱退した従業員は一定期間加入を制限されるという内容を含む、組合員の加入及び脱退に関する事項[24]。

脱退組合員の再加入制限期間は各組合において任意に定めることができる（参照、自社株組合標準規約（案）―以下「標準規約（案）」と略す―五条二項）が、韓国証券金融㈱では普通一年ないし三年の制限期間を指針として指導している。また再加入を許された当該組合員は一回又はそれ以上有償増資時に優先割当から排除されるという不利益を受けることもあるが、特別な再加入許可条件はない[25]。

日本の従業員持株会では、多くの場合に退会した会員の再入会を原則として禁止していると思われる。しかし従業員持株制度の目的が従業員福祉の向上ないし従業員の財産形成であるとすれば、退会した会員といえども従業員である限りは、本人が望むなら再入会を認めるべきである。入退会を繰り返すことによる事務上の煩雑さは、韓国での例のように、退会後一定期間入会を制限することによって回避できるので、退会した会員の再入会を認めないことに合理的な理由があるとは思われない。(26)

b　株式の取得・管理に関する事項

(イ)　株式の組合員別配分方法

自社株組合員に優先割当された株式その他組合を通じて組合員が取得する株式の組合員別配分方法。この場合、低所得の組合員及び長期勤続の組合員を優遇する内容が含まれなければならない。

(ロ)　預託と引出しに関する事項

(イ)の規程により組合員が取得した株式は組合が一括して韓国証券金融㈱に預託して、組合員が退職する場合と預託後三年を経過した株式で財務部長官が定める止むを得ない事由がある場合とに限り、組合が当該株式を引出すことができるようにする内容。

(ハ)　引出株式に対して組合または他の組合員に優先買入権付与

(ロ)の規定により預託された株式を組合員が引出す場合、当該株式の引出し日の韓国証券取引所の最終価格(非上場法人の場合には組合が別途に定めた価格)で、組合または組合員が優先的に買い入れできるようにする内容。

株式の取得と管理に関しては後により詳しく触れる。

c　組合の基金又は経費の調達方法及びその運用とその他組合の運営に関する事項として財務部長官が定める

事項

これに関して財務部長官が定める事項を見ると、

㋑ 組合は企業支援金、組合員が納入した組合費、出資金、会費、金融機関からの借入金、その他寄附金等の資金で基金を調達できる。調達した基金は自社株式の買い入れに優先的に使用しなければならないが、余裕資金で収益事業を営むことができる。ただし、株式と不動産に投資してはならない（運営基準七条一項）。

㋺ 預託株式を引出して所有者が受取る場合には、取得価額と時価との差額の中から一部を組合費として納入しなければならないと定めることができる（運営基準八条）。

d 帳簿・書類の備置等

自社株組合は、組合の業務に関連する帳簿と書類、すなわち組合員名簿、規約、組合の役員及び代議員の氏名と住所録、財政に関する帳簿と書類、組合及び組合員の株式の取得・管理に関する帳簿と書類等を一〇年間保存しなければならない（運営基準九条）。また財務部長官は、組合の公正な運営のために必要な場合には、組合または関係人に対して必要な資料の提出を要求し、帳簿・書類等を閲覧することができ、これらを韓国証券金融㈱に委任することができる（運営基準一三条）。

(3) 組合員の資格

株式の優先割当は自社株組合員に対して行われるので、株式を取得するためには、従業員は必ず割当基準日現在自社株組合に加入していなければならない。

従業員持株制度は少額の資金を継続的に積立て無理なく自社株を取得できるようにし、これを通して従業員の財産形成と愛社心の高揚に資するのがその目的であるから、韓国でも従業員であれば誰でも自由に参加できるようにするのが原則である。しかし、役員、当該法人の株主(少額株主に該当する者を除く)及び日給または時間給を支給されている者のうち三ヵ月(建設工事労働者は一年)以上継続して雇用されていない臨時職勤労者(所得税法施行令四〇条の日雇勤労者)には参加資格を与えていない(資育法施行令二条二項)。役員と当該法人の株主を参加資格から除外しているのは、従業員持株制度が本来従業員の福利厚生の増進と財産形成の促進を目的とするからである。日給または時間給の従業員が除外されているのは、彼らは一般的に株式に投資することができる経済的余力を持たないし、継続的に会社に雇用されていないので、組合に加入させてもたいした意味がないし、組合への加入を認めると移動が激しいので事務処理が煩雑になるからである。

自社株組合員は必ず少額株主でなければならず、少額株主の範囲内においてのみ自社株式を取得・保有しなければならない。少額株主とは、法人の発行株式総数または出資総額の一%に該当する金額かまたは一億ウォンのいずれか少ない金額未満の株式を所有する株主である(資育法施行令三条一項)が、そうであっても大株主と親族その他の特殊な関係にある者(所得税法施行令一一一条一項各号のいずれかに該当する者)は少額株主の範囲から除外される(資育法施行令三条二項)[27]。

(4)　自社株組合の機関

自社株組合の最高意思決定機関は組合員総会である。組合員総会では組合の運営に関する基本方針、役員の選・解任を決定する。規約の制定と変更に関する事項、基金の設置に関する事項、予算と決算に関する事項、その他重要な事項も組合員総会の議決を必要とする(運営基準一〇条)。組合員総会には定時総会と臨時総会がある。総会は在籍組合員の過半数の出席で成立し、出席組合員の過半数の賛成で決議する。組合員の議決権は一人一票とし、組合員は書面または代理人によって議決権を行使することができる。

自社株組合には組合の運営を円滑にするため、理事（組合長一人を含む）若干名と監事を置く。理事及び監事は組合員総会において選任される。

理事は組合の業務執行に関する意思決定権限を有する理事会の構成員となる。理事会は常時継続して存在するのではなく、召集によって構成される会議体である。理事会は組合長の選任、会社と組合間の契約の締結、株式の取得と管理、積立金や組合基金の形成と管理運用、株式取得資金等の借入れ及びその他組合の運営に関する事項を議決する。理事会は在籍理事の過半数の出席によって成立し、出席理事の過半数の賛成で議決する。

組合長は対外的に組合を代表し対内的には業務の執行を担当する理事として常設の機関である。組合長は理事中より互選されるのが普通である。ただし組合規約によって選任方法を定めることもできる。

組合は規約により組合員総会に代わる代議員会を置くことができるが、この場合の代議員会は職能別または職級別の代表者で構成されねばならない(28)（運営基準一一条）。

会社の従業員であれば原則として誰でも自社株組合の組合員になることができる。組合の理事は通常各職能・職級の代表者が担当する。組合長は理事の中から選出されるが、普通には株式に関する業務を担当する部署の長が担当する。例えば総務部長や経理部長であるが(29)、人事部長(30)が担当することもある。つまり一般に、組合長には労働者側というよりはむしろ経営者側の人が就任しているようである。

(5)　株式の取得と申込み

a　序

株式の取得に関しては、申込みの外にも、優先割当分の算出方法、取得株式の組合員間での配分方法及び株式の取得価格が問題であるが、これらについては後に詳しく述べる。

b　株式の取得

自社株組合員が組合を通して購入することのできる有価証券は自己の会社の株式である。

自社株組合員が自社株を取得する方法には次の六つがある。

第一は、企業公開か有償増資時に優先割当分を取得する方法である。法人が株式を募集または売出す場合に、当該法人の自社株組合員は募集または売出される株式総数の一〇〇分の二〇を超えない範囲において優先的に株式の割当を受ける権利がある。特に政府が所有している公共的法人の株式を国民株として売却する場合には、当該法人の自社株組合員は売却株式を割引価格で買い入れかつ買い入れ代金を分割納付するという恩恵を受けることができる。上場法人が有償増資により株式を発行する場合も、特別な場合を除いて自社株組合員は新株の一〇〇分の二〇を超えない範囲において優先的に株式の割当を受ける権利がある（資育法一七条一項、二項）。優先割当された新株の他に、組合員に既所有の株式があるとすれば、彼はこの旧株によって一般株主の立場から新株引受権を行使できる。ただしこのようにして受ける新株と既所有の旧株を合算して組合員の持株が発行株式総数の二〇％を超えないように制限している（資育法一七条三項）。

非上場法人の場合には、優先割当を強制されていないが、定款で旧株主の新株引受権を制限して組合員に優先割当することができる。

第二は、大株主の所有株式を譲り受ける場合である。

第三は、賞与金や退職金の全額または一部を自社株式で代替支給する場合である。今まで行われた例は余りないようであるが、自己資本の充実、内部資金の社外流出の防止、従業員持株の促進等の観点から採用する価値がある、と言われている。特に上場法人が自己株式を自社株組合員に賞与金・退職金として支給するため保有する場合には、商法三四二条（自己株式の処分）の規定にかかわらず、理事会（日本での取締役会に該当する）決議によって取得日より一年間保有することができる（資育法一八条）。

ただこの場合には、従業員に現金で支給する場合より有利な条件で支給されねばならない。

第四は、自社株式を証券市場から買い入れる場合である。これには自社株組合が直接証券会社を通して買い入れる方法と、韓国証券金融㈱に代行させて買い入れる方法とがある。今までは証券市場で自社株を継続的に買い入れる例は余りなかったようであるが、将来従業員持株制度を活性化するために、自社株の市場買い入れが積極化されねばならない、と主張されている。

第五は、組合員が引出した株式を譲り受ける場合である。組合員が退職または止むを得ない事由により預託した株式を引出す場合には、当該株式の引出し日の韓国証券取引所の最終価格（非上場法人の場合には組合が別途に定めた価格）で組合または組合員が優先的に買い入れることができる（資育法施行令二条一項二号（다）目）。つまり株式を引出す組合員はその株式を組合または他の組合員に優先的に売却しなければならない（参照、標準規約（案）一六条四項）のであって、組合または他の組合員に優先買入権が付与されている。

第六は、その他の方法で組合が組合基金等で取得して預託した株式を新規加入の組合員等に売却譲渡する場合である。(31)

c　優先割当の例外

上場法人が有償増資により株式を発行する場合には、原則として自社株組合員に新規発行株式の一〇〇分の二〇を超えない範囲内において新株を優先割当しなければならないが、自社株組合員が所有する株式数が新規発行の株式と既発行の株式を合わせた株式総数の一〇〇分の二〇を超える場合や次の場合にはそうでない。

④　外資導入法による外国人投資企業のうち、大統領令で定める法人が株式を発行する場合（資育法一七条二項一号）。

⑤　転換社債の転換請求権または新株引受権付社債の新株引受権の行使により株式を発行する場合（資育法一七条二項二号）。

⑥　その他自社株組合員に対する優先割当が困難な株式の発行の場合で大統領令が定める場合（資育法一七条二項三号）。ここで「大統領令が定める場合」とは次の場合を言う。

(イ)　法人が新しく発行する株式により利益の配当をする場合。

(ロ)　自社株組合員の申込額と当該申込み直前一二ヵ月間に優先割当によって取得した当該法人の株式の取得価額（取得価額が額面額に達しない場合には額面額）を合算した金額が、当該法人から申込み直前一二ヵ月間に支給された給与総額（所得税の課税対象となる給与額）を超える場合。

(ハ)　自社株組合員の申込額と当該申込み前に優先割当により取得した株式の取得価額の累積額を合算した金額が少額株主の範囲（法人の発行株式総額の一〇〇分の一に該当する金額と一億ウォンのうちいずれか少ない金額）を超える場合。ここでの株式の取得価額の累積額は、韓国標準産業分類表の中分類基準によれば、株式を取得する日現在の法人の事業と同じ業種を営むとされる他の法人の従業員として優先割当によって取得した株式の取得価額を含めて計算する（資育法施行令一七条一項、二項、運営基準一二条）。組合員資格が少額株主でなければならないため、組合員が自社株を取得できる範囲は預託株式、優先割当株式、旧株に対する割当によって受ける新株及びその他の所有株式を合わせて少額株主の範囲でなければならない。[32]

上記(ロ)は自社株組合員の年間取得額の限度であり、(ハ)は累積取得額の限度である。これらは自社株組合員に優先割当された株式その他組合を通じて組合員が取得する株式の個別組合員への割当限度の基準ともなるが、この基準枠は個別従業員にとっては大きすぎると思われるので、事実上個別従業員への割当数量には限度がない[33]、と見ることができるようである。

d　株式の申込み

会社が有償増資を実施する場合には、自社株組合員は新株の二〇％の範囲内において優先割当を受けるほかに、旧株を所有するならば旧株による新株引受権によって新株の割当を受けることができる。

旧株による新株割当の場合には、新株割当基準日現在の組合員の持株数に応じて一定率で割当てられるので、この新株を取得しようとする組合員は個別に申込書を作成して申込期日に申込証拠金を納入すればよい。しかし従業員持株制度によって優先割当を受ける株式を取得しようとする場合には、組合を通して株式の引受けまたは買い入れの申込みをしなければならず、株主の新株申込日の二〇日前までに株式引受けの申込みをしなければならない。さらに法人の理事会または株主総会の定めるところに従って申込証拠金を納入しなければならない（運営基準三条二項、三項）。

優先割当の株式については組合員各自が自己の名義で申込書を作成し、これを組合に提出する。組合は自社株組合長の名義で一括して申込書を作成して自社株組合員の申込日に申込む。自社株組合員の申込日に発生する失権株については一般株主に追加割当して処理されねばならない。

無償増資の場合には、無償増資基準日現在の株主名簿によって自動的に割当てられる。

優先割当によって取得した株式は韓国証券金融㈱に預託しなければならないが、旧株への割当による有償・無償の新株式は預託しなくてもよい[34]。

(6)　株式取得資金の調達

自社株組合員が自社株投資に必要な資金を調達する方法には次の三つがある。

第一は、毎月給与から一定額（または一定率）を控除して、韓国証券金融㈱や銀行等に積立てる方法である。この場合、次の理由から積立額に最高限度と最低限度を定めるのが良いとされている。①過大な積立は結果的に無理が生じるために、長期的・安定的な貯蓄の継続である従業員持株制度の趣旨に適合しない。②株式の額面価格や時価等に比して余りにも少ない金額の積立は、その意味がたいしてなく、事務処理が煩雑になるだけである。毎月の積立金を決定する方法には一定額とする方法と一定率とする方法があるが、事務の簡素化という側面から、前者の方法が一般的に採用されている。

第二は、韓国証券金融㈱や国民銀行から新株の申込資金を一括で借入れた後、分割償還する方法である。

第三は、会社から新株の申込資金の貸与を受け、後に償還する方法である。

この他には組合員個人の余裕資金で払込んで自社株を取得できる。この場合には同資金を積立額と見て、その取得金に対して税額控除を受けることができる[35]（後掲四2(2)a㋑参照）。

自社株組合員の株式取得資金の調達については、後にその実態を参照してやや詳しく論じる。

(7)　取得株式の管理

a　序

取得株式の管理に関連して重要なことに株式の強制預託と引出制限があるがこれについては後に詳しく論じる。ここでは株式の譲渡制限と株式に基づく議決権の行使及び配当金の処理について述べる。

b　株式の譲渡制限

自社株組合員に優先割当された株式その他組合を通じて組合員が取得する株式は組合が一括して韓国証券金融㈱に預託する。この預託された株式を組合員が引出す場合、当該株式の引出し日の韓国証券取引所の最終価格（非上場法人の場合には組合が別途に定めた価格）で、組合または他の組合員がその株式を優先的に買い入れることができる。つまり組合または他の組合員に優先買入権を与えることによって株式の社外流出を防止している。ただし組合または他の組合員が買い入れない場合には、株式を受取る組合員はその株式の相場価額と取得価額の差額の中から一部を組合費として納入しなければならない（運営基準八条、標準規約（案）一六条四項）。また株式を韓国証券金融㈱に預託している期間中には、これを他人に譲渡したり、担保に提供すること等を認めていない。しかし株式の取得に関連して金融機関から貸出しを受けた場合には、例外的に韓国証券金融㈱の同意のもとで担保に提供することが認められる。(36)

日本でも従業員持株会所有株式の社外流出をどのようにして防止するかは大きな問題であると思われる。日本では持株会会員が持株会から株式を引出す場合に持株会または会員にその株式の優先買入権を与えているような例はほとんどないと思われるので、韓国の方法は興味深い。

c　議決権の行使

自社株組合員が組合を通じて取得した株式は組合が一括して韓国証券金融㈱に預託するが、この株式の株主名簿上の名義人は各組合員の名簿を添えて自社株組合長がなる。組合長がこの株式の議決権を行使するためには、各組合員から事前に委任を受けねばならないが、一般には、組合長は組合規約によってこの委任を受けており、したがって議決権は組合長が代理行使する。ただ組合員は希望する場合には自ら議決権を行使できる。(37)組合員が直接議決権を行使しようとする場合、彼は組合長から委任を受けねばならない。形式上の名義人は組合長であるが、議決権を実質的に所有するのは組合員各人であるので、各組合員は自己持分について組合長から委任状を受けるだけで議決権を直接行使することができる。[38] なお組合員と組合の役員もしくは代議員は組合員の株式に対する正当な権利の行使を妨げてはならない[39]（標準規約（案）二四条）。

後に見るように（後掲五5参照）、改正資育法は究極的には従業員が二〇％の自社株式を継続的に保有するよう誘導している。韓国上場法人の支配株主（自然人ownerとその関係者）の平均的持分は二六％程度であるので[40]、従業員集団が合わせて二〇％の株式を継続的に保有し、その株式に基づく支配力を統一的に行使するとすれば、彼らは持株において支配株主に対抗できることとなり、彼らの意思を経営に反映できることとなるであろう。これは彼らの経営参加意識を強め、企業における主人意識を強めることであろう。従業員の持株は、労使関係が協調的であるならば、生産性向上、経営効率向上に有益であろうが、もし労使が対立した場合には、経営権の不安定要因となるおそれもあろう。ただ既に見たように、自社株組合長には一般に労働者側というよりはむしろ経営者側というべき人が就任しているので、むしろ自社株組合員の持株は現経営者の経営基盤の強化に役立つことが多いであろう。

d　配当金の処理

名義人である組合長が株式の配当金を一次的には受領するが、二次的にはこれは各組合員の持分に応じて組合員各人に配分される。ただし組合規約でこれを積立てて自社株取得に再投資したり借入金の償還等に充当したりするよう定めることができる。[41] もっとも配当金は一般には額面価額五〇〇ウォンの一〇〜一五％であり、株価の二〜三％にしかならないので、配当金だけによる借入金の返済は不可能である。[42]

2　従業員持株制度のための各種支援

(1)　序

従業員持株制度には、従業員の福祉の増進ないし所得の再分配という社会政策的な効果を期待できるので、この制度の育成発展を図るために、自社株組合員に対して新株の二〇％の優先割当、大株主の所有株式の低価譲渡の周旋、各種事務の代行等の恩恵を付与している他に、自社株組合員及び当該法人に対して税制上・金融上の支援策等も備えている。

自社株組合員や当該法人が税制上・金融上の恩恵を受けるためには、組合員はその法人の株式を組合を通じて取得・預託しなければならず、自社株組合が税法上の要件、すなわち組合の要件、組合員の資格、預託及び引出し等の諸要件を備えて運営されねばならない(43)。

(2)　税制上の支援

a　組合員に対する支援

(イ)　自社株取得時の税額控除（租税減免規則法七条の二、同施行令四条の二）

自社株組合員がその法人の株式をその組合を通して取得する場合には、次の各号の金額に一〇〇分の一五を乗じて計算した金額を当該課税年度の綜合所得の算出税額及び退職所得の算出税額からそれぞれ控除する。

①　株式取得前に株式取得のために自社株組合に貯蓄した金額

②　株式取得後に株式取得価額の償還のために自社株組合に納入した金額

③　賞与金や退職金の全部または一部をその法人が発行した株式でもって支給された場合の、その株式の取得価額

ただし①の場合には韓国証券金融㈱や金融機関に貯蓄しなければならず、その貯蓄金額は必ず自社株を取得するのに使用されなければならない。賞与を受けて自社株を取得した場合には、貸与金残額の償還日から一年が経過する前に株式を引出すと、控除を受けた税額を追徴されることになる。ただし退職後に引出す場合はこの限りでない。このような税額控除は所得税法による貯蓄の税額控除とみなされ、特に組合員個人が余裕資金でもって払込んで株式を取得したときにも、その資金は①に該当すると見て、税額控除を受けることができる。

税額控除には限度が設定されている。すなわち、当該年度の平均月給額が六〇万ウォン以下である組合員に対しては当該年度の月給額の年間合計額（賞与金を含む）の一〇〇分の五〇に、また平均月給額が六〇万ウォンを超える組合員に対しては年間合計額の一〇〇分の三〇に、それぞれ一〇〇分の一五を乗じた金額が限度となる。もちろん退職金または甲種勤労所得に対する算出税額の範囲内において控除を受けることができる。(44)

㋺　贈与税等の非課税

自社株組合員が当該法人の株式をその組合を通して取得した場合に、その組合員が少額株主の基準に該当するときには、その株式の取得価額と時価との差額によって発生する所得は勤労所得とみなさないし、またこれに対しては贈与税を賦課しない（所得税法二一条四項、相続税法三四条の六）。

㋩　配当所得税の軽減

上場法人からの配当に対しては一〇%の、また非上場法人からの配当に対しては二五%の配当所得税率を適用するのが原則である（所得税法一四四条一項二号（사）目、（아）目）。しかし、非上場法人であっても、自社株組合員が当該法人から受取った配当所得に対しては一〇%（防衛費等を含む一六・七五%）の分離課税が適用される（所得税法一四四条一項二号（다）目）。また五〇〇〇万ウォン未満の少額株式を有する従業員が配当所得支給日現在でそ

の株式を韓国証券金融㈱に三年以上預託していた場合には、その受取る配当に対して少額家計貯蓄と同様に五％の優遇税率を適用し、分離課税して、教育税、防衛税及び住民税を賦課しない[45]（租税減免規則法四条の二第一項三号、同施行令二条の四）。この優遇税率は上場、非上場の如何に関係なく適用され、五〇〇万ウォンは従業員が預託した自社株式の額面価額の総合計を基準として判断される[46]。

㈡　相続税の非課税

自社株組合員がその組合を通して取得した株式を死亡によって相続する場合には、株式相続人に「自社株に対する相続税の課税価額の不算入特例」により額面価額の合計額の五〇〇万ウォンまでは相続税を免除する（租税減免規則法七条の三）[47]。

㈭　証券取引税の非課税

退職組合員等が組合または他の組合員に株式を売却する場合には、自社株組合内部の取引として処理され、証券取引所の取引には当たらないので、証券取引所の取引に賦課される証券取引税は課されない[48]。

b　会社に対する支援

㋑　貸与金に対する認定利子の非課税

会社が自社株組合員に対してその会社の株式の取得に要した金額の一〇〇％まで無利子で株式取得資金を貸与した場合には、これを償還する時まで貸与金に対するその認定利子（当座貸越利子相当額）を会社の益金に算入しない（法人税法施行規則二一条四項）[49]。

㋺　組合運営費の損金認定

会社が自社株組合の運営費（組合経費、預託手数料等）を支出した場合には、これを福利厚生費として損金処理することができる（法人税法施行令一三条一項三号）[50]。

㈧　株式取得補助金等の損金認定

会社が自社株組合員に株式取得資金を無償で補助するとか、株式取得のための金融機関からの借入金に対してその利子を補助する場合には、従業員に対する賞与金等の支給とみなして、これを損金と認定する[51]。

㈡　増資所得控除の優遇

営利社団法人が法人外の者、外国法人及び機関投資家（法人税法施行令二三条の三第一項）から金銭出資を受けて資本を増加する場合には、増加資本額に一定の控除率を乗じた額を三年間各事業年度の所得金額から控除できる（法人税法一〇条の三第一項）。

この控除率は基本的には上場法人と中小企業では一八％、その外の非上場法人では一五％である（法人税法施行令一一条の二第三項）。しかし自社株組合員が金銭出資した場合についてはより高い控除率を大統領令によって定めることができる（租税減免規則法七条の二第五項）。すなわち、

①　組合員の出資金額が増資総額の二〇％以上である場合には、増資所得控除の対象となる金額に対して、非上場企業では一八％、上場企業では二〇％を適用する。

②　組合員の出資金額が増資総額の二〇％未満である場合には、増資所得控除の対象となる増資金額のうち組合員の出資金額とその他の金額とでは控除率が異なる。すなわち、前者に対しては非上場企業では一八％、上場企業では二〇％であるが、後者に対しては原則にかえって非上場企業では一五％、上場企業では一八％である[52]（租税減免規制法施行令四条の二第一〇項、一一項）。

(3)　金融上の支援

a　会社による支援

会社は自社株組合員が組合を通して自社株を取得する場合、組合員に無利子で資金を貸与することができ、この場合には前述のごとく、認定利子制度を適用しない。

会社が大株主の所有株式を売出して株式を分散する場合、会社は自社株組合員に対して代金の分割納入による後払いの恩恵を提供することができる(53)。

会社が組合員に株式取得資金を貸出すか否か、及び貸出す場合のその利子率や償還期間などの貸出条件は会社と組合で協議して決定するが、貸出期間は三年程度で無利子(54)、返済方法は給与ないし賞与から分割償還する場合が多いようである。

ところで韓国においても、日本と同じく、会社は自己株式の取得を原則として禁止されている（韓国商法三四一条）。だが、会社が従業員に株式取得資金を貸出す場合には、従業員が取得した株式は従業員各人の所有に属するので自己株式取得の禁止とは関係なく、また会社は従業員が取得した株式を担保にとることもできないので韓国商法三四一条の二（自己株式の質受制限）とも関係ない(55)。したがって会社が組合員の株式取得のため貸出すことのできる金額は株式申込金の限度内であればよく、他に制限はない(56)。

b　金融機関による支援

金融機関が資金面で自社株組合員を直接支援する例としては、韓国証券金融㈱による組合支援貸出、預託株式担保貸出、自社株買入資金貸出と国民銀行による自社株賦金がある。

韓国証券金融㈱では組合長名義で一括して貸出しているが、その内容を見ると、組合支援貸出は組合員に自社株取得資金を貸出すことであり、預託株式担保貸出は預託された株式を担保として組合員に家計資金を、自社株

第１表　金融支援の内容

（1989年５月31日現在）

区　分	韓国証券金融㈱	国民銀行
貸出しの種類	①　組合支援貸出 ②　預託株式担保貸出 ③　自社株買入資金貸出	自社株賦金
貸出形式	証書貸出	相互賦金
貸出期間	①　組合支援貸出：５年以内 ②　預託株式担保貸出と自社株買入資金貸出：３年以内	12カ月〜60カ月
貸出利率	年12％	同左
貸出限度	１人当り壱千万ウォン以内で株式取得価額（預託株式担保貸出、自社株買入資金貸出は代用価格*）の80％以内	同左
元利金償還方法	月給与から控除して元利金均等分割償還	同左
担保	預託株式	同左

出所：韓国証券金融㈱『従業員持株制度―実務案内―』45頁（1989年）。

＊　代用価格とは、株式を担保に供する場合の評価額のことであり、一般的には市場価格の70％ぐらいである。

買入資金貸出は組合が退職組合員等の所有株式を取得するのに必要な資金を、融資することである。国民銀行の自社株賦金は相互賦金の形式で組合員に自社株取得資金を貸出すことである。(57)相互賦金とはその貸出し及び返済が無尽の形式において行われることである。(58)これらの貸出条件を要約すれば、第１表のごとくである。

第１表からわかるとおり、韓国証券金融㈱及び国民銀行の貸出利率は年一二％であるが、特別な制度によらない一般の貸出利率は年一八％程度であり、制度による住宅資金の貸出利率は年一二―一三％であるが附帯費用がついて年一五％ぐらいになる。(59)これから見ると自社株組合員に対する株式取得資金の貸出しはかなり優遇されている、と言えよう。

c　その他の支援

資育法施行令第一九条の二には「法人は自社株組合員に対して利益の配当に関して優先的な

内容を有する株式を発行するとか利益の配当において自社株組合員を優遇するよう努力しなければならない」と規定されている。これは自社株組合員の自社株式長期継続保有を支援するためのものと思われるが、今までのところ現実には自社株組合員に対してこのような優遇策が援用された例はないようである。(60)

(22) 韓国証券金融㈱・前掲注(2)二七—二八頁。
(23) 同・二九頁。
(24) 同・二八頁。
(25) 前掲注(1)の朴教授からの回答による。
(26) 参照、市川兼三「従業員持株制度と議決権(2)」香川法学七巻二号一五頁(一九八七年)〔本書第二編第二章三二六頁所収〕。
(27) 韓国証券金融㈱・前掲注(2)三〇—三一頁。
(28) 同・三八頁。
(29) 朴・前掲注(25)。
(30) 前掲注(1)徐博士からの回答による。
(31) 韓国証券金融㈱・前掲注(2)三二—三五頁。
(32) 同・三五—三六頁。
(33) 参照、韓国上場会社協議会・前掲注(6)三四、三七頁。
(34) 韓国証券金融㈱・前掲注(2)三九—四〇頁。
(35) 同・三一—三二頁。
(36) 同・四〇頁。
(37) 参照、韓国上場会社協議会・前掲注(6)二九頁。
(38) 朴・前掲注(25)。

(39) 韓国証券金融㈱・前掲注(2)三九頁。
(40) 韓国上場会社協議会・前掲注(6)三五頁。
(41) 参照、韓国証券金融㈱・前掲注(2)三九頁。
(42) 徐・前掲注(30)。
(43) 韓国証券金融㈱・前掲注(2)四一頁。
(44) 同・四一―四二頁。
(45) 同・四三頁。
(46) 徐・前掲注(30)。
(47) 韓国証券金融㈱・前掲注(2)四二―四三頁。
(48) 朴・前掲注(25)。
(49) 韓国証券金融㈱・前掲注(2)四三頁。
(50) 同所。
(51) 同所。
(52) 韓国証券金融㈱・自社株組合部『従業員持株制度』一三頁（一九九〇年）。参照、韓国証券金融㈱・前掲注(2)四四頁。
(53) 韓国証券金融㈱・前掲注(2)四四頁。
(54) 徐・前掲注(30)。
(55) 朴・前掲注(25)。
(56) 徐・前掲注(30)。
(57) 韓国証券金融㈱・前掲注(2)四四―四六頁。
(58) 徐・前掲注(30)。
(59) 同所。

（60） 同所。

五 韓国従業員持株制度の特徴と問題点

1 序

韓国の従業員持株制度の主な特徴として次の五つがあげられよう。まず第一は実施方法に関してである。韓国では従業員持株制度が上場法人に対し法律によって強制実施されている。第二は従業員の株式取得に関してである。従業員は企業公開または有償増資時に売出しまたは発行される株式総数の二〇％を超えない範囲内で優先割当を受ける権利を有する。第三は株式取得資金の調達方法に関してである。従業員への優先割当株数がかなりの数になると思われるので、その取得資金の調達方法が極めて重要となる。第四は従業員取得株式の管理方法である。従業員が取得した株式は韓国証券金融㈱に強制預託され、その引出しは、退職する場合を除き原則としてできない。第五は様々な支援措置である。以下順次これらの五点について日本の従業員持株制度と比較しながらやや詳しく検討してみよう。その際、韓国の従業員持株制度がもつ問題点及び同制度が日本の制度に与える有益な示唆についても可能な限り触れるつもりである。

2 従業員持株制度の実施方法

韓国の従業員持株制度は上場法人に対してだけではあるが法律によって強制実施されており、その内容も重要な部分は法律によって決められている。つまり韓国の従業員持株制度は国家政策の一環を担うものである。これに対し日本の従業員持株制度はこれを実施するか否か及びその内容も原則として各企業の自主的判断にゆだねられている。つまり、各企業はその経営上のメリットに着目してこれを導入しており、日本の従業員持株制度は各企業の経営政策の一環である。それぞれの社会の政治状況や経済発展の段階に応じて、従業員持株制度の導入目的も異なりうるのであり、その実施方法や内容が異なっても当然であろう。

国家政策として従業員持株制度を強制実施することは、従業員持株制度の導入目的が従業員福祉の向上であるとするならば、その目的の極めて有効な手段となりうるであろうし、従業員間での平等も確保されやすいであろう。また従業員持株制度によって従業員の受ける利益は従業員の権利として一般的に認識されることとなり、従業員がそれを経営陣による恩恵として認識することは少なくなるであろう。したがって経営陣が従業員持株制度を利用して自らの保身を図ることも一般的には困難となるであろう。ただし従業員の持株割合が大きいならば、従業員持株制度は従業員の経営参加意識を強め、主人意識を強化して生産性の向上に役立つであろう。

従業員持株制度を国家政策として強制実施することは、この制度についての経営者の裁量権を制約し、企業の個別的事情を無視することとなろう。

従業員に株式を市場で公正な対価を支払って取得させるのでは、国家が企業に従業員持株制度を強制する意味はほとんどなくなるので、国家政策として企業にそれを強制する場合、従業員の株式取得方法及び従業員が支払うその対価が重要な問題となるであろう。韓国で行われているように、従業員に新規発行の株式を割引価格で与えるとすれば、株主の利益を害する可能性が大きくなろう。

韓国の従業員持株制度は上場法人にのみ強制実施されているので、上場法人と非上場法人との間に不公平が生じるのみならず、それぞれの従業員間にも不公平が生じることとなろう(61)(後掲五3(6)参照)。

3　株式の取得・配分と株式の取得価格

(1)　序

韓国の従業員が従業員持株制度によって株式を入手する方法にはどのような方法があるかについては先に見た（前掲四－(5)b参照）。そのうちでも韓国の従業員持株制度においては新株の優先割当による取得が特に重要である。ここでは自社株組合員への優先割当分の算出方法、自社株組合員間での取得株式の配分方法及び株式の取得価格についてやや詳しく見てみよう。

(2)　優先割当分の算出方法

上場法人が有償増資を実施する場合、自社株組合員は上場法人が発行する新株の二〇%の優先割当を受けられる（資育法一七条一項、二項）。その他に従業員は、既に所有する株式があるとすればこの旧株によって一般株主の立場から新株引受権を行使できる。ただこのようにして受ける新株と既に所有する旧株を合算して従業員の持株が総発行株式の二〇%を超えないように制限している（資育法一七条三項）。

有償増資の場合、自社株組合員が優先割当を受けることのできる株式数の計算式は次のようになる。ある会社の既発行株式総数をSとし、そのうち従業員が所有する株式数の比率をEとする。会社が旧株に対して比率Dとなる新株を発行する場合、従業員が従業員持株制度によって優先割当を受けることのできる株式数の新株式数に占める比率Pは次のようになる。

$$S \cdot E + S \cdot D \cdot P + S \cdot D(1-P)E \leqq 0.2(S + S \cdot D)$$

ここで、Pすなわち従業員持株制度による新株優先割当比率の最大値は〇・二である。この最大の優先割当を受けるとすれば、

$$S \cdot E + 0.2S \cdot D + 0.8S \cdot D \cdot E \leqq 0.2(S + S \cdot D)$$

となる。ここでEの値を求めると、

$$E \leq \frac{1}{5+4D}$$

となる。これによって、新株の従業員への優先割当比率を最大にするためには、旧株における従業員の持株比率がどの程度であればよいかが明らかにされている。例えば、ある会社が一〇〇%増資をする場合には、最大限の優先割当権（二〇%）を行使するためには、従業員の旧株の持株比率は一一・一%以下でなければならないことがわかる。

$$D=100\%=1、E \leq \frac{1}{5+4\cdot1}、E \leq 11.1$$

したがって、もし従業員が旧株の二〇%を所有しているとすれば、最大限の優先割当権を行使するためには、従業員は九・九%を処分しなければならないことになる。もし従業員が旧株の二〇%を所有しているままであるとすれば、従業員はこの旧株に基づく新株引受権によって新発行株式の二〇%を受取ることができるので、従業員持株制度による従業員への優先割当は全くないこととなる。以上のごとく現行の韓国の従業員持株制度は従業員持株の短期処分を誘導するという盲点を内包している[62]。

これがかつて従業員が従業員持株制度を通して取得した株式を早期に売却した原因の一つであり、したがって一九八八年の資育法施行令の改正を導いた原因の一つであろう（後掲五5参照）。ただ従業員の持株量に二〇%という限度枠を設定することは従業員持株制度のどの目的からしても正当化できないであろう。これを正当化するものは株主の利益保護であろう。有償増資での新株発行において割引価格での優先割当を認める以上、このような方法での株主との利益調整は止むをえないのであろうか。

(3)　取得株式の配分方法

各従業員に対する優先割当の限度額については先に見た（前掲四－(5)c参照）。ここでは自社株組合員に優先割当された株式、その他組合を通じて組合員が取得する株式の組合員間での配分方法について見てみよう。

これについては、低所得組合員及び長期勤続の組合員を優遇しなければならない（資育法施行令二条一項二号（가）目）との規定がある。しかし、この基準がたいていの場合、短期勤務者は低所得であり、長期勤務者は高所得であるので、同時に充足することのできない条件であることもあってか[63]、組合員間での配分方法は、事実上、各法人に任されている（参照、標準規約（案）一五条）。一般的には、年間給与の限度以内で、まず全従業員に統一的に基本割当株数を定め、職務又は勤続年数により追加して割当てるとのことである[64]。しかし全員に均等に割当てる会社（商業銀行、朝興銀行、大韓保証保険、三千里産業等）、勤続年数により割当てる会社（大韓航空、現代車サービス等）、給与額によって割当てる会社（国民投資信託等）等がある。基準によっては、各従業員の受ける利益に大きな差が出てくるので、どの基準を採用するかをめぐって従業員間に鋭い利害関係の対立を見せている例もあるとのことである[65]。

(4)　株式の取得価格

自社株組合員の株式取得価格について見てみよう。かつてこの価格は理論権利落株価に三〇％の割引率を適用して算出していたが、一九八八年頃には二〇％の割引率となり、これが一九八九年には一〇％の割引率を適用するようになった[66]。しかし、これでは事実上の市価発行と余り変らず、従業員にとってメリットがほとんどないので、株価の下落ということもあって、失権株が大量（一〇－一〇〇％）に発生した[67]。そこで証券市場活性化の一手段として、一九八九年一二月一二日より、会社の事情によって三〇％の範囲内でその割引率を決めることとな

った。(68)

理論権利落株価は次の計算式で算出する。

$$理論権利落株価＝\frac{基準株価＋発行価格×有償増資比率}{1＋増資比率}$$

右記算式での発行価格と有償増資比率は株主への株式の発行価格と有償増資の比率であり、増資比率は有償・無償の両増資を含んだ比率である。基準株価は次の①または②のうちのいずれか低い価格である。①新株割当基準日より五取引日を遡ったその日を起算日として、起算日前一ヵ月間の平均終値と起算日前一週間の平均終値と起算日の終値とを足して三で割ったものか、又は起算日の終値のうちいずれか低い価格。②申込日の七取引日前の日を起算日として、起算日前一週間の平均終値と起算日の終値とを足して二で割ったものか、又は起算日の終値のうちいずれか低い価格。(69)

なお、韓国において新株を有償で発行する方法には株主割当と第三者割当と公募の三つがあるが、実際には株主割当の方法が一般的な慣行となっている。株主割当とは理事会の決議により株主に新株引受権を付与し、他の者に優先して株主から新株主を募集する方法であり、韓国での有償増資の大部分はこの形態によっている。この場合、株主への発行価額は旧株の時価にかかわらず額面価額とすることが慣例である。(70)

(5)　創業者利得の分与

韓国の一般従業員は企業公開または有償増資時に売出しまたは発行される株式総数の二〇％の優先割当を受ける権利を認められている(資育法一七条一項)。これは企業公開または有償増資時に調達する資金の二〇％をできることなら従業員から調達しようとしていることを意味する。と同時に、それは、売出しまたは発行される株式の価格にもよることであるが、従業員に創業者利得の二〇%を受取る権利を認めたものと解することができるように思われる。企業が従業員に株式取得資金を無利子で貸与する場合には、創業者利得を従業員に分ち与えるとの性格がより一層明白になろう。創業者利得は資本主義社会において富を得るのに最も効果的な手段と考えられるが、これは、従来、一般に、専ら企業の創業に資金を提供し創業の危険を負担した資本家のものと考えられてきたと思われる。もし一般従業員が創業者利得の二〇%を獲得する権利を認められたとすれば、これは世界的に見ても例のない画期的なことであると思われる。その主な目的は労使の対立を緩和し社会的な再分配の要求に応える(前掲二参照)ことにあると思われるが、この目的を実現するためには、従業員の株式取得代金が相当なものになると予想されるので、そのための資金調達方法に十分な配慮が必要となろう。

(6)　日本との比較

株式の入手方法についてみれば、韓国の従業員持株制度は日本のそれとはかなり異なる。すなわち韓国の場合、増資新株の引受による入手が中心であって市場から自社株を買い入れる例は今までのところ余り見られない。韓国の場合、最大限増資新株の二〇%を自社株組合員に割当てることとなる。したがってその発行価格の如何によっては既存株主の利益が害されることとなろう。ただ韓国の場合、従業員が増資資金の二〇%を払い込むことになるわけで、従業員持株制度が企業資金の調達に直接役立っているということができよう。

日本の場合、従業員持株制度は取得株式の大部分を市場から買い入れている。したがって日本では従業員持株会の株式取得に関連して既存株主の利益侵害が問題となる余地はほとんどないであろうし、従業員持株制度が直接企業資金の調達に役立つことも少ないであろう。日本の場合には、仮に時価の三〇%引で新株を発行するとすれば、たとえ発行相手が自社の従業員であっても、株主の利益を保護するために、現行法上理由を開示したうえでの株主総会の特別決議が必要である（日本商法二八〇条ノ二第二項）。

韓国の場合、従業員持株制度によって従業員の受ける利益に大きな格差が生じることがある。韓国では、従業員持株制度からの受益が事実上従業員の権利と化しているので、この格差が社会的な問題となりうるように思われる。従業員持株制度から受ける従業員の利益は、まず上場法人にのみ同制度が強制実施されているので、上場法人の従業員であるか非上場法人の従業員であるかによって大きく異なる。上場法人においても、二〇％の優先割当比率が画一的に適用されるので、法人の従業員数や増資金額及び増資比率によって大きな差の生じることがある。例えば一九八八年に民営化されて上場した浦項製鉄の場合、各従業員に勤続年数により三〇〇―八〇〇株を割当てたが、同年に上場したある金融業の法人の場合一〇、〇〇〇株まで割当てられた例がある。[71] この差は主として従業員数の差によって生じたものであるが、大体に製造業の賃金水準は金融業の賃金水準よりずっと低いので、製造業の従業員にはより多くの福祉的配慮が必要であるのに現実には逆になっている。[72]

さらに韓国の場合、企業が有償増資を全くしない場合には、その企業の従業員にとって事実上従業員持株制度のメリットがなくなる。

日本の場合、会社からの若干の奨励金はあるものの、主として従業員の積立金で市場から株式を購入しているので、従業員持株会取得株式の会員間での分配に関して問題が生じることはないであろう。また、従業員持株制度によって従業員の受ける利益に大きな格差が生じることがあっても、それは各企業にゆだねられた経営政策の問題であって、社会的な問題にはなりにくいと思われる。

4　株式取得資金の調達方法

実際に自社株組合員が自社株取得資金をどのようにして調達しているかを見てみよう（第2表参照）。一九八七年で見る限り、自社株組合員の自社株取得資金の調達源として最も大きいのは自己資金であり、これが全体の七五・四％を占める。次いで大きいのは企業支援であり、これは全体の一八・八％を占める。その内訳を見ると、無利子貸出が一三・六％と有利子貸出が五・二％である。金融支援は最も少なく、全体の五・八％にすぎない。資金調達源としての各々の比重は一九八六年度以前においても大筋において異ならない。ところで自社株組合員が自社株取得のため積立てた金額を見ると(第3表参照)、一九八六年には一〇億ウォン、一九八七年には二一億ウォンである。同期間において、自社株組合員が自社株取得のため調達した自己資金はそれぞれ一、七〇〇億ウォンと三、四〇〇億ウォンである。積立金はいずれの場合にも自己資金の約〇・六％を占めるにすぎない。これはつまり従業員が自社株取得時に必要な資金を貯蓄なしに即時調達したということを意味する。だからと言って韓国の従業員達がこのように豊富な資金を有するとは考えられない。従業員への優先割当数が大きいので、所詮彼等の平素の貯蓄で解決できるものではない。それゆえ、大部分は株式発行時に株式を処分する時まで必要な短期間金融費用を負担して借入れをするとか、他の資産を処分して引受資金を調達しており、なかには、そのため闇金融に手を出す従業員もいたようである(73)。

自社株取得資金の調達源についての実態を見る限り、韓国の従業員持株制度は日本のそれとはかなり異なると思われる。日本では、周知のように、自社株取得資金の大部分は従業員の積立金によって形成されている。また日本では資金源としての比重はわずかなものであるにしても、たいていの場合に会社が奨励金を出している。日本では自社株取得資金を調達するため借入れを利用したり、他の資産を処分することは稀であろう。韓国では従業員の積立金は自社株取得資金の調達源としてはほとんど意味をなしていない。日本では余り見られないと思われる企業貸出が韓国では相当な比重を占めている。特にその大半が無利子の貸出しであるので、貸出期間にもよ

第2表　自社株組合員の株式取得資金調達内訳

（単位：百万ウォン、%）

区分	1985		1986		1987		1988年3月末	
	金額	構成比	金額	構成比	金額	構成比	金額	構成比
金融支援	16,879	8.8	19,669	7.7	26,000	5.8	2,243	22.1
企業支援	44,653	23.4	63,775	25.1	85,263	18.8	5,436	53.5
（無利子貸出）	29,935	15.7	45,304	17.8	61,799	13.6	2,169	21.3
（有利子貸出）	14,718	7.7	18,411	7.3	23,464	5.2	3,267	32.2
自己資金	129,584	67.8	170,839	67.2	341,910	75.4	2,472	24.4
計	191,116	100.0	254,283	100.0	453,173	100.0	10,151	100.0

＊1988年3月末は同年3月1日から3月31日の数値である。1985年から1987年までは累計である。

出所：韓国証券金融㈱（韓国上場会社協議会『従業員持株制度改善方案』24頁（1988年）による)。

第3表　自社株取得資金の積立

（単位：名、個、1988年3月末現在）

区分		預託組合数	預託組合員	積立金額（千ウォン）	組合員1人当たり積立金額（ウォン）
1986年末	上場法人	35	31,033	973,811	31,380
	非上場法人	6	518	50,848	98,162
	計	41	31,551	1,024,659	32,476
1987年末	上場法人	32	27,780	1,985,711	71,480
	非上場法人	8	706	103,564	146,691
	計	40	28,486	2,089,275	73,344
1988年3月末	上場法人	34	30,895	3,438,144	111,285
	非上場法人	10	992	61,565	62,061
	計	44	31,887	3,499,709	109,753

出所：韓国証券金融㈱（韓国上場会社協議会『従業員持株制度改善方案』25頁（1988年）による)。

るが、資金調達源としての実際上の意味は数値に現れているよりもかなり大きいと思われる。

5　取得株式の管理方法

自社株組合員が組合を通して取得した自社株式は組合が一括して韓国証券金融㈱に預託しなければならず、預託した株式は組合員が退職する場合と、預託後三年が経過した株式で財務部長官が定める止むをえない事由がある場合とに限って、当該株式を引出すことができる（資育法施行令二条一項二号（나）目）。ここで止むをえない事由とは住宅購入資金、治療費、葬礼費、結婚費、学資金等日常生活に緊要な資金を調達するために預託した株式の売却が避けられないと認定される事由であり、これらの事由がある場合に限り組合が当該株式を引出すことができる（運営基準五条一項）。引出時には証憑書類を韓国証券金融㈱に提出しなければならず、引出事由に適合する金額に該当する株式に限り引出すことができる（運営基準六条）。

これらの規定によって株式の管理と処分に関して加えられる制約は次の三つに分けて見ることができる。

① 優先割当された株式は韓国証券金融㈱に預託する方式で管理し、従業員の個別的な保有・管理は許されない。

② 割当後三年以内は退職する場合に限って処分できるので、他の場合にはどのような場合であっても処分することができない。

③ 割当後三年が経っても、退職する場合と、住宅購入資金等日常生活に緊要な資金調達のために預託した株式の売却が避けられないと認定される事由のある場合と、に限って処分できる。

自社株組合員が退職または止むをえない事由により預託株式を引出す場合には、組合または他の組合員に優先買入権が与えられていることも合わせ考えると、韓国の従業員持株制度では、従業員に優先割当された株式は従業員が恒久的に所有し自社株組合が統一的に管理することを基本方針としている、[74] と見てよかろう。

割当後三年以内には退職する場合を除くといかなる事由があっても処分できない、というのは余りにも厳しすぎるように思われる。また三年経った後でも、退職の場合を除くと、株式の売却が避けられないと認定される事由がないと処分できないのもかなり厳しいと思われる。ただこの事由の存否については組合の業務執行者達が判断するので、同僚の組合員が処分の必要性を訴えてきたとき、果して効果的に統制することができるか疑問との見方がある。[75] 組合員が組合から株式を引出す場合には組合または他の組合員が優先買入権を有するから、株式の組合外への流出を防ぐことができると思われるので、右のような拘束が本当に必要か疑問に思われている。[76]

なお、右記の諸規定は資育法施行令の改正によって導入されたものであり、その施行日は一九八八年七月二三日であった。このような厳しい規定が導入された背景を知るために、一九八八年前半までの株式預託の実態を見てみよう。一九八六年八月末現在で見ると、一年以上預託されている株式は数で見て二六・六%であり、残る七三・四%の株式が一年未満の預託であった。また一九八八年三月末現在で見ると、預託期間一年以上のものは一〇・七%にすぎず、八九・三%が預託期間一年未満のものであった。上場株式の預託状況は非常に短期性を帯びていたと言えよう。それゆえ、上場株式の預託残高もわずか二%前後であった。もちろん証券金融から株式が引出されたとしても必ずしもすべてが処分されているとは限らない。しかし一九八八年の前半期に五つの市中銀行が有償増資を実施して従業員に三、〇二〇万株を割当てたが、その六〇%に相当する一、八一四万株については従業員株主が最初から税額控除の恩恵まで放棄して株券を受取った。これらの事実から見ると、従業員に割当てられた株式の大部分が短期で処分されていたと思われる。[77]

このような短期処分の実態と先に見た株式取得資金の調達源とを合わせ考えると、一九八八年前半までの韓国上場会社の従業員持株制度を大部分の従業員は安易な不労所得の機会ないしは株式投機の機会として利用していたにすぎなかったように思われる。もっともこのようなことは資育法が資本市場育成策の一環として導入した従業員持株制度の必然的な性格と見ることができよう。さらに従業員が借金をして株式を買ってでも短期のうちにある程度の利ざやをあげることがほぼ確実であるということは、既に資本市場が相当程度発達していることを示すものであり、そうであるとすれば資育法が従業員持株制度を導入したその当初の目的は一応達成したと見ることもできるようである。

一九八八年の資育法施行令改正は、今述べたような韓国従業員持株制度の性格を大きく変えるものであると思われる。それは従業員による株式の恒久的所有を基本方針とすることによって、従業員持株制度を言わば退職金制度に類似するものに変えようとしているように思われる。自社株組合に割当てられた株式を恒久的に組合内に留めて外に出さないとすれば、その株式は資本市場の育成発展とは直接的な関係をもたなくなるであろう。また原則として従業員に退職するまで持株の処分を許さないとするならば、従業員の株式取得資金の調達方法について特別な手当が必要となるであろう。既に見たように従業員の資金調達について様々な支援措置が採られているが、資金調達方法の実態から見る限り、これではなお不十分であろう。

6　支援措置

韓国では従業員持株制度を税制上・金融上様々に支援している。日本の従業員持株制度では、会社が多くの場合に若干の奨励金を出しているだけで、税制上・金融上特別な支援措置は採られていない。従業員持株制度を通じての株式の個人所有の促進、株式所有による資産格差の是正、さらには国民間での富の再分配ということを考えるとすれば、韓国での支援措置の多くは日本でも十分検討に値すると思われるが、現在のところその検討は時間不足もあって筆者の手におえない。ただ日本の制度にとっても有益な示唆を与えると思われるものを、とりあえず二つだけあげておこう。

その一は少額株主の受取る配当に対する優遇税率の適用である。日本でも現在、財形年金や財形住宅の制度が存在するので、十分導入の余地があるように思われる。つまり財形年金や財形住宅の代替可能なものとして財形持株制度の導入を考えてみても良いのではなかろうか。

その二は金融機関による長期・低利での株式取得資金の貸出しである。従業員が第三者割当等により大量に自社株を取得する場合には、会社や金融機関が住宅金融並の長期かつ低利でその取得資金を貸出し、従業員がこれを給与から分割償還できるようにする制度も導入を考慮するに値すると思われる。これによって中小企業等でも、企業家が後継者を見い出すことができないまま退職するような場合には、従業員集団にとって企業家の持株を買い取る道が開かれよう。

(61)　参照、韓国上場会社協議会・前掲注(6)二五―二六頁。
(62)　同・二一―二二頁。
(63)　同・四四頁。
(64)　徐・前掲注(30)。
(65)　韓国上場会社協議会・前掲注(6)二九頁。
(66)　朴・前掲注(25)。
(67)　徐・前掲注(30)。
(68)　朴・前掲注(25)。
(69)　徐・前掲注(30)。

(70) 安文宅著、東道生訳『韓国の証券取引法』一一六―一一七頁(一九八七年)。
(71) 韓国上場会社協議会・前掲注(6)二六頁。
(72) 同所。
(73) 参照、同・二二、二四―二五頁。
(74) 参照、同・三九頁。
(75) 同所。
(76) 参照、同・四〇―四一頁。
(77) 参照、同・二二―二三頁。

六 むすび

現在、株式会社は国富の主要部分を所有し、国の生産力の主要な担い手である。国民の多くは株式会社の生み出す富によって生活を維持している。人々は在職中は会社からの給与によって会社の生み出す富の分配に直接参加できるが、退職後は多くの場合これに直接参加する手段を有しない。多くの人々は退職後は、年金制度や社会福祉を通じて会社の生み出した富の分配に間接的に参加することとなるが、これでは媒介機関の権力が強まり、人々が媒介機関に依存することとなるおそれがあるし、経済効率から見ても余り良い結果は得られないであろう。人々が退職後に株式所有という形で会社の生み出した富の分配に直接参加できる場合には、人々の経済的自立性はより高まり、経済効率もより良くなると思われる。

米国では従業員持株制度は退職後の所得を確保するための年金制度の一種とされ、これに対する様々の支援措置がなされている(78)。韓国では従業員持株制度は国民間での富の再分配の手段として考えられると共に退職金制度に類似するものとなり、やはり様々な支援措置がなされている。我が国でも従業員持株制度を国民間での資産格差を是正する手段としてあるいは高齢化社会の到来に備えて従業員の退職後の所得を確保する手段として明確に位置づけると共に、これに対する支援措置を検討すべき時期に来ているように思われる。

(78)　参照、市川兼三「日本と米国の従業員持株制度」インベストメント三八巻四号三―五頁（一九八五年）〔本書第一編第一章第三節五二―五五頁所収〕。

第二編　日本の従業員持株制度

第一章　従業員持株制度の草創期

一　はじめに

日本の従業員持株制度の歴史は昭和四〇年（一九六五年）を境として大きく分けることが出来るように思われる。昭和三〇年代後半までは様々な型の従業員持株制度がそれぞれの時期の社会的要請を受けて登場する。だがその頃までは、制度として確立した従業員持株制度は極めて少なく、また一般的もしくは支配的な型の従業員持株制度というものは見られないように思われる。しかし昭和四〇年代に入ると、日本は世界市場に経済大国の一つとして登場する。昭和三〇年代後半における貿易自由化に引き続いて資本自由化が行われる。従業員持株制度としては従業員集団による月掛投資型が急速に普及しはじめる。後にはこれが支配的な型の従業員持株制度として確立し、単に従業員持株制度といえばこの型のものを指すようになる。そこで昭和三九年までを従業員持株制度の草創期として昭和四〇年以降と区別し、本章ではこの草創期の従業員持株制度を取り扱う。

その論述の順序としては、まず従業員持株制度に関する各種調査によりながら、各々の調査が行われた当時の従業員持株制度の一般的状況を明らかにする。次に各々の時期の代表的と思われる従業員持株制度についてその開始時期、制度内容および開始にいたる背景を明らかにする。しかる後に草創期の従業員持株制度について総括的なまとめを行う。

二　従業員持株制度についての各種調査

1　序

従業員持株制度についての調査は昭和三九年（一九六四年）以前において筆者の知る限り五回行われている。これらの調査はいずれも従業員持株制度が世間の注目を集めたときに行われている。一つは第二次世界大戦終了後間もない頃に従業員持株制度が日本経済民主化の手段として注目されたときに行われており、他の四つは昭和三〇年代後半になって、日本経済が貿易自由化を控えて、大型株の株価不振・安定株主の確保対策として、増資を円滑に行う手段として注目されたときに行われている。昭和三〇年代後半の調査は三五年、三七年、三九年と二年おきに行われている。三九年には上場企業の調査と中小企業の調査の二つが行われている。ここではこれらの調査の概要を見てみよう。

2　斎藤栄三郎博士の調査

斎藤栄三郎博士は昭和二二年（一九四七年）日本で最初の従業員持株制度についての実証的研究である『従業員持株制度の実証的研究』を著された。同書において第二次世界大戦終了直後の従業員持株制度について調査がなされている。斎藤博士は株式会社が資本主義の経済組織の中枢神経であるという認識の下に、株式会社を最大多数の最大幸福のために運用すべきであり、その目的を実現するものとして従業員持株制度に注目する。つまり斎藤博士が日本における従業員持株制度の実証的研究を行ったのは経済民主化の一助とするためであった(1)。同書において従業員持株制度とは、「会社が自社の従業員に特別の条件をもって、自社の株式を分譲し、従業員に株式を所有せしめる制度」である。従って従業員が勝手に市場で株式を購入し株主となったとしても、これを従業員持株制度とは言わない。特別の条件と言うのは、(1)株式の購入価格を市価より安くしたり、(2)配当を一般株式より優先せしめたり、(3)購入条件として、毎月の月給から少額を積み立て、株式購入額に達したとき、株式を完全に従業員の所有に移したり、(4)従業員の功労に報いるために無償で株式を分与したり等々である。(2) この定義から明らかなように、同書においては、会社が従業員に特別の条件を認めている限り、恒常的な制度を有しない場合にも従業員持株制度と考えられている。

第一回の調査では全国の主要会社に三、〇〇〇枚の調査表を配布した。その中身は「貴社では、従業員に株式を分与していますか。もし実行しているとすれば、その方法及び全株式数に対する従業員の持株数並びにその利害得失」であった。これに対し一〇六社から回答がありそのうち六四社が従業員持株制度を実施していた。しかしその回答内容は「実施している」という程度の簡単なものであった。そこで従業員持株制度を採用している会社にのみ、さらに第二回の調査表を送った。その内容は「(1)いつから従業員持株制度をはじめましたか、(2)この株式購入資金はどうしていますか、(3)転売を禁止していますか、(4)従業員の持株には議決権がはいっていますか、(5)全株式に対する従業員株の割合、(6)会社に対する影響」であった。(3) これに対しては三九社が回答を寄せた。その調査の結論は次のとおりであった。

(1)　従業員持株制度は全国にわたって行われている。

(2)　資本金額は扶桑金属(四億一、八〇〇円)、三菱本社(二億四、〇〇〇万円)等のように巨額のものもあるが、中規模程度の会社に多い。この原因としては、(イ)資本金が多くなると、従業員では、株式を消化しきれず、結局一般市場から株式を募集する結果となる。(ロ)中規模程度の会社では、いわゆる家族主義の精神で会社首脳部が従業員に株を分け易い。(ハ)従業員側からみても会社の内容が判るから、株式を持とうとの意欲が中規模の会社に多い。

(3)　業種から見ても、あらゆる種類の会社が従業員持株制を採用している。

(4)　従業員の持株は割合に少ない。(イ)全株数の五割以上を従業員が持っているのは大阪合同、興服産業、中部日本の三社、(ロ)二割以上五割未満は、大日本特殊工作所、興和紡績、理研護謨、昭和化工、大阪商事の五社、(ハ)一割以上二割未満は津田駒工業、電元工業、大和製鋼、早川電機、三河セメント産業、東武鉄道の六社、(ニ)一割未満は二五社、(ホ)比率不明二五社、この二五社は第二回目の調査に回答を寄せなかったものである。(4)

斎藤調査では、三、〇〇〇社に調査表を配布したが、回答を寄せたのは一〇六社（回答率三・五％）であり、従業員持株制度に対する関心は一般的には低かったと思われる。同調査では、会社が従業員に特別な条件を認めている限り、恒常的な制度を有していない場合にも、従業員持株制度と考えられているが、従業員持株制度を実施していた会社は六四社（調査表送付会社総数の二・一％）にすぎなかった。

3　東北大学商法研究室の調査

昭和三五年（一九六〇年）に東北大学商法研究室が「重役及び従業員の持株」に関するアンケート調査を行った。同調査は株式懇話会加盟の資本金五、〇〇〇万円以上の五九八社を対象として行われ、回答を寄せたものは二六七社（回答率四四・六％）であった。同調査では従業員の持株が従業員持株制度によったものか否かは調査していない。同調査によれば、従業員の株式取得に際して会社が直接または間接に資金援助を与えたものが七七社（調査表送付会社総数の一二・九％）ある。(5)この七七社は会社が特別の条件をもって従業員に自社株を所有せしめているので、斎藤調査によれば、従業員持株制度を実施していることになろう。斎藤調査の時よりも従業員持株制度がかなり普及していることを示すものであろう。

従業員が取得した株式の処理についてみると、内規で株式の譲渡を制限しているものが七社あり、この七社はいずれも資本金五億円未満である。また従業員の退職に当たって株式の譲渡をあっせんするとかの内規を定めているものが一〇社あり、この一〇社はいずれも資本金が一〇億円未満である。[6]

東北大調査によると、従業員の株式保有を積極的にすすめたい理由としては、(1)積極的経営参加促進および、それにより労資双方の立場を理解し健全な組合の発展に寄与する＝二四社、(2)会社運営への知識、愛社精神の高揚、生産能率の向上のため＝二一社、(3)安定株主層の確保ならびに強化の点を強調するもの＝一七社、(4)従業員の将来の貯蓄、定年退職後も一定の収入を得られるため＝二社、(5)未公開で外部資本にのみ依存できない＝一社、である。[7] 労使協調、愛社精神の高揚、安定株主の確保が主要な理由のようである。

4　大和証券の調査

大和証券が昭和三七年（一九六二年）に従業員持株制度についてのアンケート調査を行った。同調査の目的は前年に問題となった大型株の不振打開策として、安定株主の確保、増資資金の獲得と言った面から一段と注目されだした従業員持株制度の実態を明らかにすることであった。[8] この調査において従業員持株制度とは「従業員の自社株購入にあたって会社が便宜を与えることを恒常的に制度化している」ものとされた。これによれば、従業員持株制度の要件として、(1)会社が便宜を与えていること、(2)恒常的な制度となっていること、の二つが考えられており、一時的な自社株購入運動等は従業員持株制度として考えられなかった。大和証券は東京証券取引所の全上場会社一、〇五〇社に質問表を送付した。そのうち六二三社（うち不備二社）が回答してきた。[9] このうち従業員持株制度を実施している会社は四一社（回答総数の六・六％）であった。[10]

従業員持株制度の管理機関についてみると、会社一八社、従業員組合二社、特別に設置した団体一二社、その他（共済会等）六社、会社と従業員組合一社、会社と特別に設置した団体一社、無記入一社である。[11] 無記入を除いた四〇社のうち、会社が従業員持株制度の管理に関係しているものが二〇社あり、そのうち一八社は会社のみが管理機関である。このような場合、従業員の資金および株式が会社の企業活動に利用されるおそれがあり、従業員の権利保全の面から問題があると思われる。

制度加入者の資格についてみると、社員なら誰でも加入できる二八社、加入資格に制限を設けているもの一二社、無記入一社である。加入資格に制限を設けているものの内訳は一定年数以上の勤務者に限るもの六社、管理職員のみ三社、年齢・会員歴によるもの一社、入社後三年かつ本給一万円以上とするもの一社、社長の指名せるもの一社である。(12) 無記入を除く四〇社のうち二八社において従業員持株制度は社員なら誰でも加入できる制度となっている。

同調査により実施会社の規模をみると、四一社中の二五社が資本金一〇億円未満、また二一社が同五億円未満である。(13) 上場会社では比較的小資本の会社において従業員持株制度の実施率が高いようである。

制度実施の主なねらいについてみると、愛社精神の高揚三五社、従業員福祉の向上三〇社、安定株主の確保二三社、労使間の協調一八社、増資対策五社、外部資本による支配の防止四社、資本・経営・労働の一体化一社、小額資金の積立による自社株取得の容易化一社であった。(14) これによると、愛社精神の高揚、従業員福祉の向上、安定株主の確保が従業員持株制度実施目的の三本柱であると思われる。東北大調査に比べると、従業員福祉の向上が三本柱の一つとして出現している。特に資本金の比較的小さい会社（一〇億円未満）において、安定株主の確保、労使間の協調、外部資本による支配の防止のために従業員持株制度を実施する会社が多く見られる。(15)

会社が与えている便宜についてみると、資金的援助を与えているもの三四社、資金的援助を与えていないもの五社、無記入二社である。資金的援助の方法としては、(イ)奨励金の形で購入資金の一部を援助するもの四社、(ロ)

資金を貸し付け、分割返済させるもの二三社、(ハ)株式売買手数料を会社が負担するもの二社、(イ)と(ロ)の併用一社、(ロ)と(ハ)の併用三社、(イ)、(ロ)、(ハ)の併用一社である。[16] また購入資金について積立を実施しているもの一六社、実施していないもの二一社、無記入四社であるが、資金的援助を与えていない五社はすべて積立を実施している。[17] これによると、会社が従業員に与える便宜としては株式購入資金を貸し付け、それを分割返済させる（借入利用型従業員持株制度）のが二八社（無記入を除いた実施会社のうちの七一・八％）で、最も一般的である。

株式購入方法についてみると、(イ)増資新株につき従業員に新株引受権を与えるもの一〇社、(ロ)既発行株を取得させるもの一九社、(ハ)失権株を取得させるもの四社、(イ)と(ロ)の併用二社、(ロ)と(ハ)の併用三社、(イ)、(ロ)、(ハ)の併用一社、無記入二社である。[18] これによると既発行株式を取得させるものが二五社（無記入を除いた実施会社三九社のうちの六四・一％）で最も多く、次いで増資新株につき従業員に新株引受権を与えるものが一三社である。

株式の譲渡制限についてみると、加入者の持株譲渡を制限する定めのあるもの一八社、その定めのないもの二三社である。[19] 従業員持株制度実施会社のうち四四％もの会社が持株の譲渡を制限している。譲渡制限の方法としては、取得後一定期間内の譲渡を禁止するもの四社、原則として譲渡を認めないもの三社、会員間の譲渡のみ認めるもの三社、会社の承認を要するもの二社、融資返済までの譲渡を禁止するもの二社、五〇〇株未満の譲渡のみ禁止するもの一社、無記入三社である。[20]

従業員持株制度に対する従業員組合の反応についてみると、協調的と回答したもの二三社、非協調的と回答したもの〇社、あまり問題としていないもの一三社、組合無し四社、無記入一社である。[21] これからみる限り、従業員組合は従業員持株制度に協調的でこそあれ、反対はしていないようである。

従業員持株制度が実施されていない場合の従業員の自社株取得方法についてみると、従業員自らが一般市場で購入三八五社（回答会社総数五七五社に占める比率―以下同じ―六六・九％）、新株発行に際し新株引受権を与えた一九五社（三三・九％）、功労の意味で従業員に与えた一四一社（二四・五％）、株式公開に際し従業員に与えた一二四社（二一・六％）、失権株を優先的に取り扱った一〇六社（一八・四％）である。この他にアンケート項目には入れなかったが、財閥解体にともなう放出株の取得と記載したものが三〇社（五・二％）、公募株の優先的取扱いと記載したものが三九社（六・八％）あった。[22]

最初の調査では従業員が自社株を取得する際に会社が何らかの経済的援助を与えたか否かを調査していなかった。そこでアトランダムに五〇社を選定してこの点について再調査を行った。それによると、恒常的な制度として従業員持株制度を実施していないが、従業員の自社株取得に際して会社が直接または間接に資金的援助を与えているものが約三分の一あった。[23]従業員持株制度実施会社が回答会社総数の六・六％であったことと比べると、その比率は著しく高いと言うことができよう。

従業員持株制度の従業員持株に対する影響を知るために、従業員持株制度実施会社と実施していない会社を比較してみよう。株主総数に対する従業員株主数の割合（実施会社八・七〇％、非実施会社二・七〇％）は実施会社において著しく高い。だが自社株保有従業員一人当たりの所有株式数（実施会社一、二四八株、非実施会社二、七二七株）は逆に実施会社においてかなり低い。その結果、発行済株式総数に占める従業員持株数の比率（実施会社三・三八％、非実施会社一・八四％）は実施会社において若干の高率を示すにとどまっている。従業員総数に対する自社株保有従業員数の割合（実施会社三三・五九％、非実施会社七・〇一％）であり、当然のことながら、制度実施会社において著しく高くなっている。[24]

5　上林調査

神戸大学経営学部上林研究室が昭和三九年（一九六四年）五月に従業員持株制度についての調査を行った。同調査では従業員持株制度とは「従業員の自社株取得が、会社の勧奨、斡旋、援助等の方法によって、会社の経営方針ないし政策として行われる場合」[25]である。したがってそれは大和証券調査とは異なり、恒常的に制度化されているものに限られない。それによれば一時的な自社株購入運動のようなものでも会社の方針として行われるものは従業員持株制度に含まれることになる。しかし従業員が会社の方針とは関係なく市場から応募、買い入れによって任意に自社株を取得する場合は含まれないこととなる。

同調査では大阪証券取引所の上場会社八四四社にアンケート用紙を郵送したが、回答のあったものは四〇二社（回答率四七・五％）であった。そのうち従業員持株制度を採用している会社は七一社（回答総数の一七・七％）であった。その内訳をみると、「(a)常設機関を設けているもの一一社、(b)常設的制度として採用しているもの一六社、(c)制度としての規定は設けていないが、会社が従業員に贈与、融資、斡旋等を続けているもの二四社、(d)制度は規定していないが、会社が従業員の持株を勧誘ないし奨励しているもの二〇社」であった。[26]「常設機関を設けているもの」および「常設的制度として採用しているもの」は合わせて二七社であり、これは回答総数の六・七％に相当する。この両者を合わせたものは大和証券調査における「恒常的な制度として従業員持株制度を採用しているもの」にほぼ等しいと思われる。とすると恒常的な制度として従業員持株制度を実施しているものが回答総数に占める比率は大和証券調査では回答総数の六・六％であるので、両調査において共に約一五分の一と見ることができよう。

従業員持株制度の採用目的については特に項目を設けて質問していないので、資料として不完全である。制度実施会社であって回答中に意見を記載しているものが二二社あった。これら二二社のうち従業員持株制度の採用目的として、安定株主の確保をあげるものが一四社、愛社精神の高揚等をあげるものが一四社、労使協調等をあげるものが四社、貯蓄奨励等をあげるものが三社であった。[27] これによると、安定株主の確保、愛社精神の高揚が従業員持株制度採用の主な目的であるように思われる。

従業員持株制度が従業員の自社株保有にどの程度影響しているかについて見よう。従業員持株制度を採用している会社で従業員の自社株保有についての報告のあったのは六六社であった。株主総数に占める従業員株主数の割合は従業員持株制度を採用しているもの六六社合計では六・一九%、採用していないもの二四一社合計では三・五九%であり、[28] 前者において明らかに高い。発行済株式総数に占める従業員持株数の割合は従業員持株制度を採用しているもの六六社合計では二・五六%、採用していないもの二四一社合計では二・七八%であり、後者において若干高く、大和証券調査とは逆の結果が出ている。

6　東京商工会議所の調査

東京商工会議所が昭和三九年（一九六四年）に「中小企業における経営近代化の実態」について調査した。調査対象は東京に本社本店を有する製造業者のうち資本金一億円以下の企業二、三五〇社で、有効回答数は八七九社であった。[29] 八七九社のうちすでに株式を公開しているものが五一社あった。[30] 同調査では従業員持株制度を単に「従業員に自社株をもたせる制度」と考えているようである。[31]

従業員持株制度の採否状況を本調査の結果からみると、現在すでに採用しているものが四六一社（回答総数の五二・四%）であり、また今後採用したいとするものが一七九社である。[32]

従業員持株制度を採用している企業を従業員数の規模別にみると、五〇人未満では回答企業数一五一社中の五〇社、五〇人以上一〇〇人未満では二〇五社中の九九社、一〇〇人以上三〇〇人未満では三七二社中の二一七社、三〇〇人以上五〇〇人未満では八三社中の五二社、五〇〇人以上では六八社中の四三社である。[33] 従業員持株制度が普及しているのは大規模層ほど高く、三〇〇人以上では六二・九%が採用しているが、五〇人未満では三三・一%にすぎない。従業員が一〇〇人以上になると資本金一億円以下の企業でも約六割が従業員持株制度を採用している。

従業員持株制度の適用対象範囲を見ると、大多数の従業員を対象として実施しているものは六六社(採用企業総数の一四・三%)にすぎず、三九五社（八五・七%）が一部の従業員のみを対象として実施している。[34] 大和証券の東京証券取引所上場会社を対象とする調査とはかなり異なる。

従業員持株制度実施の効果としてあげられているものは集計総数で五九六ある。そのうち主なものについてみると、従業員の愛社精神が高揚したが二七六（集計総数の―以下同じ―四六・三%)、従業員の勤労意欲が向上したが二〇二（三三・九%)、現金支出が節約できて従業員の優遇措置ができたが三七（六・二%）であった。[35]

経営者区分によって従業員持株制度の採否状況を見る。代表者が創立者である四七三社のうち二五七社(五四・三%)において従業員持株制度を実施しており、今後採用する意向を持つものは九六社であり、今後も採用しない企業は六一社である。経営者が社内出身者である四六社のうち二六社（五六・五%）が実施中であり、今後実施する意向のものは五社、採用意思のないものは七社である。経営者が社外出身者である九三社のうち実施中のものは三六社(三八・七%)、今後採用の意向を持つものは一五社、採用の意思のないものは二六社である。[36] 一般に経営者が創立者（創立者自身の同族を含む）または社内出身者である場合には従業員持株制度に対して積極的な傾向がみられる反面、社外出身者の場合には消極的な面がうかがわれるようである。

株式公開と従業員持株制度の関係を見る。すでに上場している会社は五一社であるがそのうち三八社（七四・五％）が、また株式公開の意向を持つ企業では総数二三四社中の一五八社（六七・五％）が実施している。株式の公開をしない企業では総数三七四社中の一六四社（四三・九％）が実施している。(37) 株式の開放性の高い企業ほど従業員持株制度の実施に積極的であるように思われる。

一般に中小企業では経営者が創立者（創立者の同族を含む）または社内出身者であってかつ株式を公開または公開しようとしている企業において従業員持株制度の実施率が高く、経営者が社外出身者でかつ株式を公開しない企業において実施率が低くなる傾向があるようである。

7　各種調査の総括

従業員持株制度を単に「従業員に自社株を持たせる制度」と考えるならば、昭和三九年当時において、東京商工会議所の調査によれば資本金一億円以下の中小企業でも従業員数が一〇〇人以上の規模になると約六割が従業員持株制度を採用している。従業員持株制度を「従業員の株式取得に際して会社が直接または間接に資金援助を与えたもの」として考えると、昭和三五年当時において東北大調査によれば資本金五、〇〇〇万円以上の会社において約三割が従業員持株制度を採用している。また昭和三七年当時において東京証券取引所上場会社についての大和証券調査によると約三分の一が従業員持株制度を採用していることとなる。従業員持株制度を「従業員の株式取得が、会社の勧奨、斡旋、援助等の方法によって、会社の経営方針ないし政策として行われる場合」として考えると、昭和三九年当時において大阪証券取引所上場会社についての上林調査によれば約六分の一において従業員持株制度を採用していることとなる。従業員持株制度を「従業員の自社株購入にあたって会社が便宜を与えることを恒常的に制度化しているもの」として考えると、昭和三七年当時において東京証券取引所上場会社についての大和証券調査によれば約一五分の一において従業員持株制度が採用されていることとなる。この数字は昭和三九年当時における大阪証券取引所上場会社についての上林調査でもほぼ同じである。

昭和三〇年代後半における従業員持株制度の実施状況についてまとめると、従業員の株式取得に際し、会社が便宜を与えることを恒常的な制度としているものは上場会社の約一五分の一であるが、会社が直接または間接に資金的援助を与えるものは上場会社の約三分の一であった、と見ることができるようである。

東京証券取引所上場会社において従業員持株制度が恒常的な制度となっている場合の主な管理機関は会社であり、制度加入者については多くの場合従業員であればよく特に制限はない。ところが中小企業において従業員に自社株を持たせる場合には八割以上のものが対象を一部の従業員のみに限っている。

従業員持株制度をすすめる理由としては、昭和三五年の東北大調査では労使協調、愛社精神の高揚、安定株主の確保が、昭和三七年の大和証券調査では愛社精神の高揚、従業員福祉の向上、安定株主の確保が、昭和三九年の上林調査では愛社精神の高揚と安定株主の確保が主なものとなっている。昭和三七年の調査においてのみ従業員福祉の向上が主な理由となっているが、昭和三〇年代後半においては愛社精神の高揚、安定株主の確保、労使協調が従業員持株制度をすすめる三本柱であったと思われる。

東京証券取引所上場会社についての大和証券調査によれば、会社が従業員に与える便宜としては、株式購入資金を貸し付けそれを分割返済させるのが最も一般的であった。従業員の株式取得方法としては、既発行株式を取得するもの（二五社）が最も多いが、増資新株につき新株引受権を従業員に与えるもの（一三社）もかなりある。株式の譲渡制限については、定めのないもの（二三社）が多いが、定めのあるもの（一八社）も相当ある。

従業員持株制度実施の効果については、昭和三九年の中小企業を対象とした東京商工会議所の調査によれば、従業員の愛社精神が高揚した、従業員の勤労意欲が向上したとするものが多い。従業員持株制度はほぼ意図した効果をあげているようである。

株主総数に占める従業員株主数の割合については、従業員持株制度を採用している会社と採用していない会社を比較すると、昭和三七年の大和証券調査によれば採用会社では八・七〇％、非採用会社では二・七〇％であり、昭和三九年の上林調査によれば、採用会社では六・一九％、非採用会社では三・五九％である。制度採用会社において明らかに高いといえよう。

発行済株式総数に占める従業員持株数の割合について、従業員持株制度を採用している会社と採用していない会社を比較すると、大和証券調査では採用会社が三・三八％、非採用会社が一・八四％であるが、上林調査では採用会社が二・五六％、非採用会社が三・五九％である。両調査で逆の結果が出ているが、その原因の一つは大和証券調査では従業員持株制度を恒常的な制度として実施している会社に限られているからであろう。とすると、従業員の持株比率を高めるためには従業員持株制度を恒常的な制度として実施することが必要であると思われる。

（1）斎藤栄三郎『従業員特殊制度の実証的研究』（一九四七年）一頁。
（2）同・二頁。
（3）同所。
（4）同・三八―三九頁。
（5）東北大学商法研究室「重役および従業員の持株に関する実態調査」商事法務二〇一号（一九六一年）一九頁。
（6）同・二二頁。
（7）同所。
（8）大和証券株式会社『従業員持株制度』（一九六三年）序。

(9) 同・一三頁。
(10) 同・一八頁。
(11) 同・五〇頁。
(12) 同・五六—五七頁。
(13) 同・一九頁。
(14) 同・二〇—二一頁。
(15) 同・二一頁。
(16) 同・六〇頁。
(17) 十亀博光「従業員の自社株保有及び持株制度の実態調査」商事法務二六一号（一九六二年）八頁。
(18) 大和証券・前掲注(8)六三頁。
(19) 同・三一頁。
(20) 同・三〇—三二頁。
(21) 同・一四四頁。
(22) 同・二二頁。
(23) 同・二三頁。
(24) 同・二八—二九頁。
(25) 上林正矩「従業員持株制度に関する実証的研究」神戸大学経営学部有価証券研究センター編『株式保有の特殊研究』（一九六五年）九一頁。
(26) 同・九八頁。
(27) 同・一〇二、一四二—一四三頁。
(28) 同・一〇八—一〇九頁。
(29) 東京商工会議所『中小企業における経営近代化の実態』（一九六四年）一頁。

(30)　同・四〇頁。
(31)　同・二二、三七頁。
(32)　同・二三頁。
(33)　同・五〇頁。
(34)　同所。
(35)　同所。
(36)　同・三九頁。
(37)　同・四〇頁。

三　個別従業員持株制度の開始とその背景

1　第二次世界大戦終了前における従業員持株制度の開始とその背景

(1)　日本最初の従業員持株制度――兼松奨励会――

日本最初の従業員持株制度は大正七年（一九一八年）三月一八日の株式会社兼松商店設立と同時に発足した同社の兼松奨励会であるとされる。(38) この年は第一次世界大戦が終了した年でもあり、前年にロシア革命によって世界最初の社会主義国家が生まれている。兼松奨励会の淵源および組織構造は現在においても極めて興味を引くものがあり、また同会はその後の従業員持株制度の先駆けとも考えられるので、同会についてやや詳しく述べよう。

兼松商店は日本・オーストラリア間の貿易を目的として明治二二年（一八八九年）に兼松房次郎氏の個人事業として創業された。同氏はその創業の主意として「向来我が国の福利を増進するの分子を玆に播種栽培す」と記している。(39) 同商店は日本経済の拡大と共に順調に成長し、大正元年（一九一二年）に資本金三〇万円の匿名組合として組織される。同匿名組合における持分は、営業者である兼松房次郎氏が一〇万円、匿名組合員が二〇万円であり、その二〇万円の内訳は兼松夫人が四七、三〇〇円、店員一八名が一五二、七〇〇円であった。(40)店員の持分は各々の功労に応じて無償分与されたものであり、それが過半を占めることとなったのは、兼松房次郎氏がその事業を自己一人のものとは考えずに店員と共同の企業組織を理想としていたからであった。(41)同商店は兼松房次郎氏の死去によって、大正二年（一九一三年）に合資会社に組織替えされるが、当初の資本金は匿名組合と同じ三〇万円であった。同合資会社の無限責任社員は兼松房次郎氏の継嗣である馨氏と店員六名であり、有限責任社員は兼松未亡人とその縁故者および勤務満三年以上の店員一二名であった。兼松馨氏が初代社長となったが、同氏はその持分の半分を大正四年に会社に譲渡し、大正七年に株式会社に改組された時に残る持分も譲渡して、全く事業より退くこととなった。そこで、事業は兼松家と完全に分離されることとなった。(42)兼松商店は大正七年（一九一八年）に資本金二〇〇万円の株式会社に改組されるが、この新会社は専ら同店の従務員を主体として発足した。すなわちその発行済株式総数四〇、〇〇〇株（全額払込済）のうち兼松奨励会が九、九七〇株、店員二一名（当時の正式店員の約半数）が二九、〇三〇株、兼松未亡人が一、〇〇〇株を保有した。(43)同商店の株式は定款によってあらかじめ会社の承諾を得た後でなければ他人に譲渡もしくは質入れまたはその予約をすることができないものとされていた。(44)

兼松奨励会は商店の業務に従事するものを奨励することを目的として、株式会社設立の時に合資会社から組織変更記念として金五万円の寄付を受けて設立されたものであり(45)(会社設立型従業員持株制度)、商店の従務員である全部の株主を会員とする。(46)

同会は勤務年数満三年に達した従務員に対しその持株より株式を贈与し、また引き続き定期的に追加贈与を行う(無償交付型従業員持株制度)。贈与を受けた株主は商店の業務に従事しなくなった時には直ちに同会に各自所有の株式を移転する。それを実行するため、株主はあらかじめ停止条件つき株式譲渡の意思表示を同会および商店に申し出ておく。(47)

同会が株式の移転を受けた時は次の方式により算出された金額を支払う。商店の株金払込額、諸準備積立金(用途の特定しているものを除く)、繰越利益金の総額より繰越損失金および滞貨見込額を控除した残額によって株式の時価を算定する。同会は株式の移転者にその者が商店の業務に一五年以上従事していた時には時価の金額を、一五年に満たない時にはその年数に按分した金額を支払う。(48)

商店の取締役が同会の維持員となり、維持員の三分の二以上の同意によって同会の一切の事項を決議執行する。ただし同会の権利義務は維持員の決議によって選定した代表者の名義をもってこれを有するものとする。(49)同会が有する株式の株主総会での議決権行使に関しては、単に維持員代表によって行使されていたが、昭和二三年三月に奨励会規約が改正され、あらかじめ奨励会総会での承認を得るべきこととなり、会員は奨励会総会において会社株式一株につき一個の議決権を有することとなった。(50)

兼松奨励会は従務員に無償で分与した株式をその退職時に有償で買い戻している。これによって同会は非公開株式の現金化を保障すると共に株式の出入りする貯蔵所としての機能と退職金制度としての機能を兼ね備えたものとなっている。同会はまた兼松商店の厳格な定年制とあいまって、事業に現実に参加し責任を負担する従務員が株式を所有し、持株と共に新陳代謝していく機構となることによって店内に活気横溢する現役者を確保するのに役立っている。(51)同会は現在でも閉鎖的な会社の従業員持株制度にとって株式の買戻価格の算出方法等極めて有益な参考となるように思われる。

兼松奨励会は昭和三一年に最後の奨励を行って解散し、その持株は兼松株式会社の代表取締役を会員とする兼松会に引き継がれた。兼松会は昭和三二年二月期から昭和三六年三月期まで兼松株式会社の発行済株式総数の八七・三％を保有していたが、同社の株式上場を円滑に行うため（昭和三六年一〇月大阪証券取引所二部上場、昭和三八年八月大阪証券取引所一部上場）、その持株を徐々に処分し、昭和三八年三月期には同社の大株主のほとんどが金融機関となった。同社はその後昭和四七年になっていわゆる月掛投資型の従業員持株制度を発足させている。(52)

兼松商店の従業員持株制度は創業者が資本・経営・労働の三者一体の企業組織を理想としてこれを実践したこと、また多年事業と兼松家の分離を主張しており、これが養嗣子によって実行されたことによるものである。(53)だがその時代的背景としては兼松奨励会発足の前年に当たる大正六年（一九一七年）にロシア革命が勃発し世界最初の社会主義国家が成立したことおよび時代的思潮としての大正デモクラシーを無視できないと思われる。

兼松奨励会はいわば従業員の持ちたる会社を実現するためのものであり、現職の従業員のみが資本の所有者であるという資本民主化の理想を実現するものである（資本民主型従業員持株制度）。このような企業が日本の代表的な商社の一つとして第二次世界大戦をはさんで四〇年余も存在し続けたことは一種の奇跡のように思われる。

兼松奨励会が解散するに至る原因は次のようなものであろう。昭和三〇年代における日本経済の急速な成長に応じて兼松株式会社も規模を拡大する必要があり、そのために同社は巨額の資本を調達しなければならなかった。株主はすべて従業員であるといういわば純血主義では、巨額の資本を調達することは困難であった。そこで同社は株式を公開することになり、特定の大株主が九〇％近い株式を保有することは許されないこととなった。株式上場を円滑に行うため、兼松会はその持株を徐々に処分して市場に株式を供給すると同時に金融機関を中心とする安定株主に株式をはめ込んでいったものであろう。昭和三〇年代の日本では大衆に株式投資を行うことのできるほどの経済的余裕はなく、間接金融による企業資金供給方式が確立する。企業が規模拡大を求める限り企業は資金供給先として金融機関を頼りとせざるを得なくなり、各種の金融機関が大企業の大株主として登場する。

(2)　その他の従業員持株制度の開始とその背景

a　序

斎藤栄三郎『従業員持株制度の実証的研究』（一九四七年）には一一頁から三八頁にかけて各会社からの回答内容が記載されている。それによると、第二次世界大戦終了前において従業員持株制度の開始時期の明らかなものは二三社であり、これをその早い順にみると第Ⅰ表のとおりである（ただし郡是製糸については、斎藤同書では昭和初頭となっているが、筆者が同社の社史により大正九年に改めた）(54)。これら二三社のうち一〇社は増資に際してまた六社は株式会社設立に際して従業員持株制度を開始している。戦前・戦中を通じて、増資または株式会社設立に際して従業員持株制度を開始する例が多いように思われる。

第Ⅰ表より見ると、第二次世界大戦終了前の従業員持株制度の開始時期については、大正七年から同一四年までの時期（八年間に四社）、昭和元年より同八年までの時期（八年間に一社）、昭和九年より同二〇年までの時期（一二年間に一八社）の三期に分けることができるように思われる。

b　大正七年から同一四年まで

大正七年の兼松を皮切りとして同一四年までの八年間に合わせて四社が従業員持株制度を開始した。これらの会社の中には第一次世界大戦中およびその後の好況による利益蓄積を財源として大幅な増資を行い、その際に従業員の功労に報いるため株式を無償交付したものがある。その背景には時代的思潮としての大正デモクラシーがあったと思われる。既に見た兼松の従業員持株制度もその一つと考えられよう。もう一つの例として郡是製糸の場合がある。

第1表　第二次世界大戦終了前における従業員持株制度の開始時期

大正7年	兼松	昭和15年	平野製作所
9年	郡是製糸	16年	湯浅金属産業
11年	秩父鉄道	17年	九州配電、油谷重工業
14年	福助足袋	18年	茅場産業、丸栄
昭和4年	中央木材	19年	丸万証券、中央発条、相模鉄道、岩井産業、日本発条、帝国産業、朝比奈鉄鋼
9年	第一製薬	20年	東京無線電機
10年	野沢屋		
11年	日本特殊陶業		
13年	三菱商事		

郡是製糸はその社名から明らかなように、郡の発展を蚕糸業の振興をもって達成しようとして明治二九年に設立され、昭和八年に京都、大阪の両証券取引所に株式を上場した(55)。それゆえ同社は専ら蚕糸業奨励の機関であることを経営の精神としていた(56)。同社は大正九年（一九二〇年）一二月一〇日に一四万一、〇〇〇株を発行し、資本金を二七六万六、六五〇円から二、〇〇〇万円へと七倍を超える増資を行った。その際、同社は二万株を従業員に功労株として無償交付し、その払込金二五万円は大正八年度の決算処分として支出した（無償交付型従業員持株制度）。その株は役職員男女に対し職位と勤続年数により配分した。たとえば、工員については、勤続五年以上一株、七年以上五株、一〇年以上七株と定め、結果として多数の工女も株主名簿に名を連ねることとなった(57)。

郡是製糸には昭和初頭から同一八年まで「郡是同志会」という名称の社員を会員とする会社株式取得組織があったが、その後中止した。同志会では会員が任意に申し出た金額を月々の給与から積み立てる。同志会は市場その他から機を見て株式を買い付ける（市場購入型従業員持株制度）が、その場合の資金は会社から借り入れる（借入利用型従業員持株制度）。毎年一回締切り、年間購入の平均価格で、会員の積立預金の額に按分して株式を配当する。同志会会員の取得した株式には厳密な意味での譲渡制限はないが、株式を処分する際には一応、同志会会長の了解を求めることにしてあった[58]。

なお、大正時代に秩父鉄道や福助足袋も増資を契機として従業員持株制度を実施した[59]。

c　昭和元年から同八年まで

この時期に従業員持株制度を開始したのは一社のみであり、極めて少ない。これは金融恐慌（昭和二年）から世界恐慌（昭和四年）の影響を受けての農業恐慌（昭和五年）にわたる昭和恐慌の影響によるものであろう。

d　昭和九年から同二〇年まで

昭和一〇年頃より従業員持株制度を開始する企業がやや多くなり、同九年から一六年までの八年間に六社ある。これらの中には日本経済の重工業化に伴って資金調達が必要となったためもしくは財閥攻撃に対して同族色を薄めるため等の理由から株式公開や増資を行い、その際従業員持株制度を開始した会社がある。たとえば三菱財閥では、従来岩崎一家で独占する形となっていた資本の一部を社会一般に分かち従業員の参加を求めて開放的に三菱の事業を経営することとし、まずその第一歩として三菱鉱業株式の公開を行った[60]。三菱分系諸会社の中では、三菱商事が最も遅く昭和一三年七月一六日に株式を公開し、その際取引先・関係先および本社と分系会社役職員に、株式を一株（額面五〇円、払込済）につき七〇円で分譲した[61]（株式公開型従業員持株制度）。その結果、総数六〇万株中約三六万株が分譲され、その範囲は、国内はもとより台湾・朝鮮・「満州」の各地に及び、その人数は四、〇〇〇名に達した。同社会長船田一雄氏はその趣旨について「他の資本を加えて三菱独占の形を改め、当社と関係の深い取引先の協力を求め、また会社業務に共に励む従業員にも参加を求め、清新な気風と適正な組織を以て当社業務の伸張を期し、併せて我が国運の進展に貢献せん」と述べた[62]。その後三菱商事は各種国策会社への協力的出資、軍需産業面への出資、「満州」・中国における資源開発・商権確立のための投資が増加したこと、船舶建造に資金を要すること等を理由として、昭和一四年七月に株式六〇万株を一〇〇万株とし、増資株式四〇万株は一株五〇円で旧株三株に対し新株二株を割り当てて資本金を三、〇〇〇万円から五、〇〇〇万円に増加した。次いで昭和一六年二月には、旧株一株につき新株一株（一株五〇円）を割り当てて資本金を一億円にした。[63]

太平洋戦争の勃発と共に従業員持株制度を開始する会社が増加し、特に昭和一九年には七社が従業員持株制度を開始している。これらは経済の軍事化、重工業化の進展に伴う資金調達・資本開放の必要性と従業員を含めた国民総動員体制を反映するものと思われる。たとえば、丸万証券株式会社は個人企業を会社組織に改め昭和一九年三月に設立されるのであるが、その際に資本金一〇〇万円のうち、創業者社長は社長持分を三割程度にまで減らして、他の従業員に持たせたいとの意向を表明し、従業員一同に額面五〇円払込済株式を額面額で希望に従い割り当てた。その結果約六割が従業員側に行き、社長は約四割を引受けることとなった。[64]

2　第二次世界大戦終了後昭和三九年までの個別従業員持株制度の開始とその背景

(1)　序

昭和三〇年代までの従業員持株制度の開始時期については大和証券の調査がある。その結果は第2表に示されている。

第2表によると、戦前からの従業員持株制度は一社にすぎない。戦前から戦後まで従業員持株制度を恒常的な制度として実施していた会社はごく稀であったと思われる。終戦から昭和三九年までの従業員持株制度の開始について、日本経済の状況も考慮して、昭和二一年から二五年まで（五年間で一三社）、二六年から三二年まで（七年間で一一社）、三三年から三九年まで（三七年までの五年間で一四社）に分けられるように思われる。

(2)　昭和二一年から同二五年まで

第2表　従業員持株制度の開始時期

年　度	会社数	年　度	会社数	年　度	会社数
昭和15年	1社	昭和26年	1社	昭和32年	0社
21年	1	27年	0	33年	4
22年	1	28年	4	34年	0
23年	3	29年	1	35年	3
24年	4	30年	4	36年	1
25年	4	31年	1	37年	6

(注)　無記入2社。
出所：大和証券『従業員持株制度』(1953年) 18頁。

昭和二三年から同二五年までに比較的多くの会社が従業員持株制度を開始しており、この頃、従業員持株制度は戦後第一期のブームを迎えた。その背景としては次のようなことが考えられよう。

戦後、日本の軍事的侵略の原動力となった財閥を解体し、経済力の独占的な集中を排除して経済を非軍事化・民主化することが、アメリカ占領軍当局の基本目標となった。経済民主化の一環として企業の所有および経営の民主化が行われることになり、財閥家族、持株会社、制限会社等の所有していた株式が国民大衆に広く分配されることとなった。その際処分を要する株式としては次のようなものがあった。(イ)持株会社整理委員会令により同委員会が持株会社および指定者より譲り受けて処分しなければならない株式約七六億円、(ロ)会社証券保有制限令により処分される制限会社、従属会社、関係会社の所有株式約一四億円、(ハ)閉鎖機関整理委員会令により同委員会が管理し処分しなければならない株式約四〇億円、(ニ)戦時補償特別税および財産税の物納株式で処分しなければならないもの約二一億円、(ホ)独占禁止法により処分しなければならない株式約三三億円。

その総金額は一八四億円となり、その当時の日本の総株式金額四三七億円(昭和二一年末、大蔵省調査、払込資本金額)の四二%に相当する巨額のものであった。この巨額の株式を株式流通市場を混乱におとしいれることなく円滑かつ公正に処分するために、有価証券処分調整法に基づいて証券処理調整協議会が設立された。[65] 昭和二二年六月一九日、同協議会は証券処分に当たっての次のような基本方針を定めた。(1)指定会社、従属会社および関係会社の発行株式は、先ず当該発行会社の従業員に、次に支店、出張所、工場などの所在する地方住民の順序に優先売却する。(2)前項以外の会社の株式は一般処分によることが出来るものとする。但し従業員優先の原則に留意する。(3)証券取得により経済力の過度集中を防止するために充分なる努力をする。[66]

かくして昭和二二年八月一日の関東配電以下三銘柄約一一万八千株を皮切りに処分を開始し、昭和二六年七月一日、協議会が解散するに至るまでの間に、株数にして約二億三千万株、金額にして約一四一億円の株式（独占禁止法により処分すべき株式は含まれない）が協議会により処分された。このうち従業員処分は株数にして約七、三〇〇万株（三一・四％）、金額にして約三二億円（二二・七％）であった。[67]

処分価格についてみると、各銘柄の市場価格を一〇〇とした場合、価格の平均指数は従業員処分九五・一％、入札処分九五・一％、一般売出九七・七％といずれも極めて市場価格に近接している。従業員などの縁故者が一般人に比べ、わずかながら割安の価格で取得しているが、特に安価で買受けているわけではない。従っていわゆる証券民主化の線に沿う従業員などの優先取得というのは買受順位において優先するという意味で、決して買受価額の点において安値で買受ける特権を有することを意味しない。[68] 従業員の株式取得資金については、当初融資機関として復興金融公庫をあて、命令融資の形を予定していたが、インフレ助成その他の理由により同公庫からの融資には反対論が多く、結局発行会社と取引関係のある市中銀行を融資機関とすることとなった。その融資方法は協議融資の形をとり、従業員一人当たりの融資額は株式購入資金の一〇分の七を超えずかつ二五株を取得するに必要な金額または二、五〇〇円のうち、いずれか高い額を超えないものとされた。このような厳しい制限が加えられたため、その実績は低い。株式証券保有制限令により処分しなければならない株式について発行会社の提出した処分計画によれば、従業員への融資額は五〇件（発行会社ごと）、約一、四四八万円で従業員処分価額総額（約二億八、九九九万円）の五％弱にすぎない。[69]

持株会社整理委員会が譲受株式を優先的に従業員に処分した上場会社の例としては、湯浅蓄電池製造（発行済株式総数に占める従業員処分の比率―以下同じ―五一％）、電気化学工業（一三％）、三菱倉庫（一一％）、王子製紙（三・八％）、磐城セメント（二・七％）、味の素（一・一％）等がある。[70] 非上場会社の例としては大成建設等がある。

戦時補償の打ち切りにともなう企業の再建整備計画において、企業再建整備法による特別経理会社の整備計画として、生産再開のため第二会社設立の方法をとる場合に、旧会社が引受けた第二会社の株式を処分するについても、旧会社の株主や特別損失を負担した旧債権者に次いで、第二会社の役員および従業員となるべき者に対し、その譲受けについて優先的地位を認めるとの方針がとられた。[71] 特別経理会社に指定された会社の再建整備計画に基づく増資の従業員への割当として、日立、東芝、三菱電機、旧三菱重工系三社、日産自動車、東洋レーヨン、日本通運等がある。[72]

株式民主化の一つの例として大成建設について見てみよう。大成建設の旧名は大倉土木であり、大倉土木の株式は大倉財閥の持株会社である大倉鉱業がすべてを所有していた。これを財閥解体に伴い持株会社整理委員会が譲り受けていた。戦後大倉土木では社名を大成建設に変更すると共に、中堅社員が会社再建策を検討している中で、「大倉家が所有していた株式を社員が譲り受け、名実ともに社員の会社として再建させるのが本筋である。社員の感情として、もう財閥への宮仕えはまっぴらだ。自分達の手で経営を合理化するべきである。単なる労力提供の時代は過ぎたのだ」という考え方が社内で支配的となった。[73] そこで会社再建のための意思決定機関として、社員組合を結成し、社員持株制度、役員選挙制度が実施されることとなった[74]。社員組合が持株会社整理委員会と交渉して、昭和二四年六月三日にかって大倉鉱業の保有していた大成建設の全株式を従業員がすべて買い取った[75]（資本民主型従業員持株制度）。

当時従業員は月四、〇〇〇円そこそこで生活していたので、自社の株式とはいえその代金を直ちに支払うことは困難であったので、銀行融資を条件にして月賦販売された場合もあった[76]（借入利用型従業員持株制度）。

(3)　昭和二六年から同三二年まで

昭和二四年から同二五年にかけて日本経済は戦後のインフレと経済混乱を収束させ、日本経済を安定・自立させるための需要管理政策であるドッジ・ラインにより需要不足で不景気となっていた。昭和二五年六月に朝鮮戦争が勃発する。それまで不景気で沈滞していた世界経済は戦略物資の買い漁りにより、物価上昇が始まり、景気が回復する。日本では米軍の特需によって需要不足が解消し、にわかに経済が活気づく。朝鮮戦争終結後も世界経済は順調に拡大し、その中で日本経済は外国から技術を導入して生産手段を改新し急速に輸出を増やして、その後一五年間にわたる世界的にも稀な高度成長を開始する。朝鮮戦争後急成長した会社の中に従業員の功労に報いると共に労使協調をねらいとして従業員持株制度を導入するものが出てくる。そのような例の一つに神崎製紙がある。

神崎製紙は戦前全国紙パルプ生産高の九〇％以上を生産した王子製紙の神崎工場が戦後のアメリカ占領軍当局による独占企業解体政策を契機として分離独立したものである。同社の設立（昭和二三年九月二〇日、資本金一、〇〇〇万円）にあたっての創業者加藤藤太郎氏の念願は「大きな会社をつくるのではなく、従業員が幸福に暮らせる会社」をつくることであった。この念願を実現するため、同社は昭和二六年五月資本金を三、〇〇〇万円から一億円に増資するとき、初めて株式の従業員割当を実施した。この際増資新株一四〇万株のうち第三者割当によって、従業員に一六万株を、同社の共済組合である興和会に一五万株を割り当てた（新株引受型従業員持株制度）。社員の平均株式割当数は五〇〇株であった[77]。

加藤社長は株主総会においてプレミアムを伴う額面発行での第三者割当の承認を得るため、次のように説明した。「戦後無一文の会社がここまでになりましたのは、従業員の努力に負うところが大きいと存じます。うちの従業員は仕事に全身全霊を打ち込み、労働組合なども他社でみるようなストライキなどというようなことは一度もせず、上部団体にも入らず、専従者などというものもおらず、終始まじめな態度で会社と協力し、ともども会社の発展に努力し、自分たちの幸福もそこからとろうとしております。このような従業員があったればこそ、会社がここまで大きくなり、株主の皆様にも報いることができたのであります。どうか、このような従業員にも報いたいと考えますので、第三者割当を認めていただきたい[78]」。

この増資の直後、同社の株式は東京証券市場の店頭取引銘柄となり、さらに続いて昭和二六年七月に東京、二七年六月には大阪の両証券市場に上場された[79]。同社はその後昭和二七年六月に資本金を二億五、〇〇〇万円（従業員割当七〇万株）、つづいて昭和三一年六月に資本金を五億円（従業員割当一〇〇万株）に増資したが[80]、その際いずれも男子一、〇〇〇株の第三者割当がなされた。また興和会は社員が持株を処分したいとき、時価で買い入れて肩代わりするなどして、徐々に持株数を増やした。昭和三一年六月現在、発行済株式数一、〇〇〇万株のうち興和会は九四万株を保有し、その割合は九・四％に達し、筆頭株主となった。社員の持株は三三四万株で三三・四％を占め、これで神崎製紙株式の四二・八％を社員および興和会で所有することとなった[81]。

神崎製紙と同じような例として三洋電機がある。三洋電機は昭和二五年に設立（資本金二、〇〇〇万円）されたのであるが、六年後の昭和三一年に資本金を一五億円にする際に三七万九、二〇〇株を第三者割当の方法で従業員に割り当てた。その趣旨は、議決権代理行使勧誘の参考書類の記載によれば、設立以来の従業員の労苦に報いると共に従業員の愛社心を高め、労使一体となって社業に邁進することにあった(82)。他にも同様の例としては摂津酒造、山陽化学、照国海運等がある(83)。

(4)　昭和三三年から同三九年まで

昭和三〇年代に入って造船、鉄鋼、電気機械、石油化学など重化学工業を中心とする設備投資や世界水準に追いつくための技術導入・革新投資が盛んとなった。昭和三一年にスエズ危機があって運賃はじめ国際物価が暴騰する。日本経済は好景気を迎え、神武以来という意味で、それを神武景気と呼んだ。しかし翌年スエズ運河が開通するとブームがしぼんで世界的に不景気となっていく。日本では原材料を大量に輸入して国際収支が赤字となり、金融引締めが行われて昭和三三年には不景気となる。スエズ危機が終わって国際物価、特に原料価格が下落し、日本に中東から安い原油が大量に入ってくるようになり、石炭から石油へのエネルギー革命が起きる。日本では昭和三三年のなべ底景気の後、自動車産業などを中心とした重化学工業化と耐久消費財の大幅な普及によって「投資が投資を呼ぶ」と表現される設備投資ブームが起き、いわゆる岩戸景気の時代を迎える。日本は鉄鋼、造船、工作機械、産業機械、電子関係、光学機械などを中心として輸出を増やすが、輸入については依然として品目と外貨予算による制限が行われていた。これが諸外国から批判され、貿易自由化が問題となってくる。九〇パーセント貿易自由化を目前に控えて国際競争力をつけるための大企業の設備投資が盛んとなる。しかし昭和三六年の貿易赤字を契機とする金融引締めによって大企業の金詰まりは深刻なものとなる。大企業では持株を売却し新株を発行して資金を調達したので、いわゆる大型株（資本金一〇〇億円以上の企業の株）の価格が下落する。大企業の証券市場を通じての資金調達が困難になってくる。大企業の株価対策と資金調達の両面から従業員持株制度が注目を浴びるようになり、昭和三七年になって急に従業員持株制度を開始する企業が増加する。従業員持株制度の開始は戦後第二期のブームを迎える。

松下電器産業では従業員の経営参加、福祉の向上を目的として、昭和三三年六月に戦前行っていた従業員持株奨励制度を復活した。同社の創業者松下幸之助氏によれば、産業人の使命は水道の水のように物資を豊富に供給して、社会を貧より救って、これを富ましめることであり、そのため同社は全員一体の経営を理想としていた。同社の従業員持株奨励制度はこの理想を実現する一つの手段として考えられた(84)。同制度においてはまず従業員の自社株購入に際して購入代金の二割を会社側で補助する。そのかわりに、従業員は会社の補助を受けて取得した自社株を原則として三年間売却できない。購入資格は男女を問わず、入社後三年の社歴を持つ者で、購入できる株数は前年末の月額給与額の一二〇％を限度とし、購入は年一回、五〇株を単位として本社証券課に依頼して行い、購入価格は依頼日の大引け値段とする(85)。なお同社は昭和四三年には創立五〇周年を記念して株式購入額の五〇％相当額を会社が補助するという特別従業員持株奨励制度を行い、その結果同社の従業員株主は約一万人となった(86)。

松下電器の従業員持株制度の特徴は株式購入代金に借入金を利用しないこと、従業員が市場から自己資金で自社株を購入していること、それを会社が継続的に補助金を与えて奨励していることにあり、このような制度(自己資金・市場購入型従業員持株制度)の典型的なものと思われる。

引き続いて昭和三三年七月に松下電工株式会社が従業員持株制度を開始する。その動機は従業員にもできる少額の積み立てにより自社株購入を可能とすることであった。同制度においては、「自社株投資会」が設置され、従業員は毎月一定額を積み立てていく、いわゆる積立方式を採っている。制度加入者は勤続三年以上の従業員に限られる。積立は本俸の一割、賞与の五割を限度とし、一口一、〇〇〇円単位でする。加入者の積立額に対し会社から一割の補助がつく。毎月の給料等から差し引いた積立額と会社からの補助金でもって、翌月一日の時価により、自社株投資会の名義で株式を購入し、これが一〇〇株にまとまったときに本人名義に書き換える。ただし、株券は会社が保管し三年間は売却できない。配当金は積立金の中に加算され、増資の際には本人が払い込む。退社の時には株券を与えるが、端株については時価で会社が買い取る。いったん同制度に加入すると、株価の変動に応じて売買するのを防止するため、在職中は解約が認められない(87)。

松下電工の従業員持株制度の特徴は株式投資資金を給料からの天引きによっていること、多数の従業員の少額の資金をまとめることによって株式投資を容易にしていること、会社から株式購入資金について一定額の補助がなされていること、株価に関係なく毎月一定の金額を継続的に特定の株式に投資すること（ドル・コスト平均法）によって長期的には株価変動の危険を緩和していること、制度を管理運営する組織として自社株投資会を設置していることにある（従業員集団による月掛投資型従業員持株制度）。これらの特徴からみて、同社の従業員持株制度は、長期的にみて企業の成長が続く限り、大衆投資としての経済的合理性を備えた最初の従業員持株制度であり、昭和四〇年代に入って急速に普及する月掛投資型従業員持株制度の先駆けをなすものと思われる。米国において、世界最大の証券会社メリル・リンチ社によってほぼ同様の制度が開発されたのが一九六四年六月である(88)。これに比べても松下電工のそれは六年も早く、従業員持株制度の歴史においては画期的なことであると思われる。

昭和三七年六月に中部電力が松下電工と同様の従業員持株制度を開始するが、そのねらいは安定株主の拡大というよりは増資対策にあった(89)。また同じ頃日本海運が安定株主の確保を第一のねらいとして七〇〇万株の自社株購入運動を、住友金属工業が増資対策と安定株主の確保をねらいとして一人五〇〇株の自社株購入運動を、日本鋼管が愛社精神の向上をねらいとして一人一、〇〇〇株の購入運動を、日立製作所が安定株主層の拡大と従業員の経営参加意識の高揚をねらいとして自社株を持つ運動を開始した(90)。

これら昭和三七年頃に開始された大企業の従業員持株制度は、その大義名分はどうであれ、多くは大型株の不振に対する株価対策もしくは増資にともなって生じる失権株対策としての側面が濃くあるように思われる。たとえば住友金属工業の場合、当時の鉄鋼業界の激しい競争の中で生き抜くためには和歌山工場の拡張が必要であり、建設中の第二号高炉や薄板設備のために巨額の資金が必要であった。それゆえ日本輸出入銀行その他からの二〇〇億円の借入れを実現しなければならなかった。そのためには自己資本と外部資本との割合を四対六にまで充実する必要があった。ところが当時の同社の株価は四七～四八円であり、増資を行うことが難しかった。そこで同社は六割増資を行う前に従業員に一人五〇〇株の購入を呼びかけ、自己資金の不足する社員には会社が購入資金の一部を融資した。この融資枠は勤続年数その他に応じて決まっており、社員の借入金は毎月の給料やボーナスから分割返済することとなっていた(91)（借入利用型従業員持株制度）。

増資対策として、失権株を消化したり、安定株主を拡大するために実施された従業員持株制度は株価が上昇し、法人等への株式のはめ込みによってその目的が達成されると、月掛投資型のものを除いて自然消滅することとなった。

(38)　八木弘「従業員持株制度について」『商法の諸問題竹田省先生古稀記念』（一九五二年）二三八頁、上林・前掲注(25)九三頁。
(39)　兼松株式会社『兼松回顧六十年』（一九五〇年）五六頁。

(40) 同・七三頁。
(41) 同・七二頁。
(42) 同・八〇頁。
(43) 同・八六頁。
(44) 兼松株式会社『KG 100』（一九九〇年）二二八頁。
(45) 同・三一頁。
(46) 兼松・前掲注(39)八六頁。
(47) 兼松・前掲注(44)三一－三二頁。
(48) 同・三四頁。
(49) 同・三五頁。
(50) 兼松・前掲注(39)一二〇－一三〇頁。
(51) 同・八七頁。
(52) 兼松江商株式会社『KG・1974』（一九七五年）八八頁。
(53) 参照、兼松・前掲注(39)八〇頁。
(54) グンゼ株式会社『グンゼ株式会社八十年史』（一九七八年）一五六頁。
(55) 郡是株式会社『郡是製絲六十年史』（一九六〇年）六二二頁。
(56) グンゼ・前掲注(54)一〇八－一〇九頁。
(57) 同・一五五－一五六頁。
(58) 斎藤・前掲注(1)一三頁。
(59) 同・三五、一八頁。
(60) 三菱商事株式会社『三菱商事社史（上巻）』（一九八六年）一六四頁。
(61) 同・四四七頁。

(62) 同所。
(63) 同・四五〇頁。
(64) 斎藤・前掲注(1)二六頁。
(65) 持株会社整理委員会編『日本財閥とその解体(1)』(一九五一年) 四三五頁。
(66) 同・四三五―四三六頁。
(67) 公正取引委員会『独占禁止政策二十年史』(一九六八年) 三一頁。
(68) 持株会社整理委員会編・前掲注(65)四四七頁。
(69) 同・四六四頁。
(70) 持株会社整理委員会編『日本財閥とその解体(2)』(一九五一年) 四九六―四九七頁。
(71) 菱田政宏「従業員の株式保有と会社の経営・支配(2)」関西大学法学論集一三巻一号 (一九六三年) 四二頁。
(72) 同・四三頁。
(73) 大成建設株式会社『大成建設社史』(一九六三年) 四〇九頁。
(74) 同・四一〇頁。
(75) 同・四一七頁。
(76) 同・四一八頁。
(77) 神崎製紙株式会社『神崎製紙の歩み』(一九七一年) 七三頁。
(78) 同・七一―七二頁。
(79) 同・七〇頁。
(80) 商事法務一三号 (一九五六年) 一三頁。
(81) 神崎製紙・前掲注(77)七三頁。
(82) 商事法務二九号 (一九五六年) 一〇頁。
(83) 商事法務二五号 (一九五六年) 一四頁。

(84) 松下電器産業株式会社「松下電器五〇年の略史」(一九六八年)二九一頁。
(85)「社員に株を買わせる運動大流行」ダイヤモンド一九六二年七月二日号八頁。
(86) 松下電器産業株式会社『松下電器激動の一〇年―昭和四三〜昭和五二年』(一九七八年)一一〇―一一一頁。
(87) 前掲注(85)九頁。ただし、制度の開発時期については、河本一郎他『従業員持株制度のすべて』(一九七〇年)一三五頁による。
(88) 山上一夫『従業員持株制度―運営と税務』(一九七〇年)一〇頁。
(89) 前掲注(85)一〇頁。
(90) 同・四―七頁。
(91) 同・五―六頁。

四 おわりに

西洋において企業がその経営政策の一環として従業員持株制度を導入する場合、しばしば従業員は株主もしくは経営者のパートナーという発想がみられる。[92] 日本における従業員持株制度のパイオニアとも言うべき企業(兼松、グンゼ、大成建設、神崎製紙、松下電器等)の従業員持株制度開始動機をみると、そのような発想よりはむしろかつての日本の経営者には会社は国もしくは社会を富ますためのものひいてはそこで働いている人達の幸福のためのものという意識があったように思われる。このような意識をさらに強めて具体的に従業員持株制度を開始する背景になったものとして大正デモクラシーおよび第二次世界大戦後の経済民主化があったように思われる。

従業員持株制度の草創期を大正七年(一九一八年)の最初の従業員持株制度である兼松奨励会の発足から昭和三九年(一九六四年)までとすると、この期間は第二次世界大戦が終了した時によって前記と後期に分けることができるようである。

前期においては、まず第一次世界大戦中およびその後の好況による利益蓄積を財源として、大正デモクラシーを思想的背景として、従業員に株式を無償交付する会社が現れる(無償交付型従業員持株制度)。その後昭和恐慌の時期には従業員持株制度はあまり注目されなかった。昭和一〇年頃から、日本経済の重工業化にともなって必要となる資金を調達すると共に財閥攻撃に対して同族色を薄める等のために、同族で独占していた資本を一部社会に開放し、その際従業員持株制度を開始する会社が現れる(株式公開型従業員持株制度)。この傾向は太平洋戦争が始まると、戦争遂行のための重工業化の進展と国民総動員体制によっていっそう強まる。

後期は第二次世界大戦終了後の経済民主化から始まる。戦後アメリカ占領軍当局によって日本経済を民主化する一つの手段として従業員持株制度が注目され、多くの会社が従業員持株制度を採用する(資本民主型従業員持株制度)。従業員持株制度は戦後第一期のブームを迎える。その後朝鮮戦争による特需を受けて日本経済は昭和三〇年頃には戦前・戦中の最高水準にまで回復する。戦後再建に一体となって苦労した従業員に報いるため、多くの会社によって第三者割当による新株引受権を与えるという方法で従業員持株制度が実施される(新株引受型従業員持株制度)。昭和三〇年代に入って世界水準に追いつくための技術導入・設備投資が盛んとなり、日本経済は重化学工業を中心として急速に成長する。戦前から存在したまたは戦後生まれた民主的資本の会社が巨額資本調達の必要に迫られて、株式を公開する。間接金融方式の下巨額の資本を供給できるのは事実上金融機関に限られることとなり、各種の金融機関が大企業の株主としてくつわを並べて登場する。従業員のみならず個人の株主としての地位は著しく後退する。

従業員持株制度における株式購入資金は、戦前・戦中・戦後を通じて昭和三〇年代までは従業員各自の自己資金によることもあったが、主として会社もしくは会社の仲介による金融機関からの借入金であり、この借入金は株式購入後月賦等で分割返済された（借入利用型従業員持株制度）。従業員各自が自己資金で市場から株式を購入する場合には、取引単位の株式購入代金を必要とするし、従業員の自己資金には限りがあるので、株式を購入できる従業員層および購入株式量が限られる。借入金による場合には、そのような制約はない代わりに株式投資のリスクが大きく、従業員による投資には本来適しない。昭和三三年に従業員集団による月掛投資型従業員持株制度が開発される。これは企業の長期的成長を前提とする限り、大衆投資としての経済的合理性を備えたものであったが、自社株投資会のようなそのための特別な組織を必要とするためか、ただちには一般に広まらなかった。

昭和三〇年代後半になって貿易自由化が差し迫ってくると、大企業を中心として株価の不振を克服し増資を円滑に行うための安定株主対策として従業員持株制度が注目され、実施された。これらの従業員持株制度のうち月掛投資型でないものは、株価が上昇し、法人等への株式のはめ込みによってその目的が達成されると、自然消滅することとなった。

大企業の大株主のほとんどが金融機関を中心とする法人になると、このような大株主は創業者もしくは再建経営者とは異なり、従業員と一体となって創業もしくは再建に苦労したとの経験を有しない。大企業では従業員の功労に報いるための無償交付または新株引受型の従業員持株制度はほとんど行われなくなる。一方、月掛投資型従業員持株制度が様々な選択の過程を経て徐々に広まって行く。昭和四〇年代になって月掛投資型従業員持株制度は急速に普及することになるが、その発展は昭和三〇年代に育まれたと言えよう。

（92） 市川兼三「英国従業員持株制度の歴史」『現代企業と有価証券の法理――河本一郎先生古稀祝賀』（一九九四年）五二一―五四頁〔本書第一編第二章第一節八〇―八二頁所収〕。

第二章　従業員持株制度と議決権

一　はじめに

一九八五年三月末において、従業員持株制度は上場会社の八七・九％において実施されており、その加入者一人当りの保有金額は一〇一万円である。(1)一九八四年三月末において、従業員持株会は上場会社の約三分の一において一〇大株主となっており、上場会社の中で従業員持株会が最大株主となっている会社は二四社ある。(2)

従業員持株制度は本来従業員の財産形成を目的とするものと考えられるが、この目的に照らして、その健全な運営がなされているかどうかは、従業員加入者の利益保護にとって重要であるのみならず、企業経営にも大きな影響を与えるものと思われる。

証券市場では株主法人化現象が進行しており、その健全な発達のためには個人株主の増加が必要であると思われるが、この関連でも従業員持株制度の健全な運営が望ましいと思われる。さらに高齢化社会をひかえて、従業員が退職後の所得確保の一つの手段として従業員持株制度を利用して資産形成をはかる、ということも考えられるが、この場合にも従業員持株制度の健全な運営がその前提となるであろう。

株主が株式価値の保全、増大をはかるうえで重要なのはその議決権である。従業員持株制度においてもその加入者の利益を保護する重要な手段は所有株式の議決権であり、そこでの議決権行使方法の制度的仕組みはなによりも加入者の利益を守るものでなければならない。従業員持株制度における議決権行使方法が問題となった最初の事件としては熊谷組持株会事件がある（福井地裁昭和六〇年三月二九日民事第二部判決、昭和五九年(7)第五三号損害金返還等請求事件、金融・商事判例七二〇号四〇頁、判例タイムズ五五九号二七五頁）。同事件は㈱熊谷組による同社従業員持株会への奨励金の支給が商法二九四条ノ二に違反するかどうかをめぐって争われた。そのさい本判決は会社による従業員持株会への奨励金の支給は同条第二項の推定を受けるとし、同項の推定を覆す反対の証明の一つとして従業員持株制度における議決権行使方法を重視する。このような論理構成はこの判決を論評する学説においてもほぼ共通している。(3) だが、熊谷組持株会における議決権行使の制度的仕組みその他が商法二九四条ノ二第二項の推定を覆す反対の証明たりうるか否かという点（本判決はこれを肯定する）において学説は鋭く対立している。

従業員持株制度における議決権行使の制度的仕組みについては、米国の例がたいへん参考になると思われる。本章では、まず、米国の例を参考にして従業員持株制度における議決権行使の制度的仕組みについてそのあるべき姿を探究する。次にそれとの比較のうえで、商法二九四条ノ二第二項の推定を覆す反対の証明となりうるために、議決権行使方法その他に関して従業員持株制度が備えなければならない要件を明らかにする。

二　米国の従業員持株制度と議決権

1　ニューヨーク証券取引所と議決権

(1)　序

バンカーズ・トラスト・カンパニーの貯蓄制度についての一九七二年調査とギルバード兄弟の一九七二年年次

報告書によれば、合せて一五二の大会社が自社株式を所有する従業員福祉制度にパス・スルー議決権(pass through voting)を認めていた。[4][5] この印象的な数字はニューヨーク証券取引所株式上場部の賢明な政策を反映するものである。同取引所は一九六一年以来会社の社外株式の一%以上が従業員のための信託基金によって所有されている場合には、パス・スルー議決権を認めるよう会社に要請してきた。[6] パス・スルー議決権とは、株式に関し法律上の所有権を有しないが経済的または受益的利益を有する者がその株式の議決について指図を与えること、特に、従業員福祉制度の参加者がその制度の所有する会社株式の議決について指図を与えることを意味する。[7]

(2)　パス・スルー議決権に至る経過

既に一九六〇年以前からニューヨーク証券取引所のかなりの数の上場会社がパス・スルー議決権を与えていたが、これらの動きは明らかに使用者会社の任意的なものであった。その当時にはこの問題についての同取引所の確立した政策は存しなかった。しかしながら、同取引所は一九六〇年頃よりパス・スルー議決権に関心をもつようになり、非公式にではあるが若干の会社に対し、それらの従業員持株制度にパス・スルー議決権の仕組みをとり入れるよう勧告し、これについての意見を求めるようになった。一九五五年から一九六四年にかけて、多くの上場会社、特に石油会社が従業員貯蓄制度を採用しており、これが同取引所のパス・スルー議決権に対する関心を引き起こした。[8][9]

ニューヨーク証券取引所のパス・スルー議決権に対する関心が最初に公になったのは一九六一年であり、それはアメリカン・モーターズと全米自動車労組（United Auto Workers）との利益分配制度に関する交渉に関連してであった。同取引所理事長のFunston氏は、テレビ・インタビューにおいて、計画された利益分配制度が無議決権普通株式の上場を認めない同取引所規則に反しないかどうか尋ねられた。同氏は次のように答えた。「議決権信託にある株式はこの取引所に上場しない。ここに上場されるあらゆる株式は議決権をもたねばならない。議決権はいかなる点でも侵害されてはならない。」(10)。結局、利益分配制度は採用されたが、アメリカン・モーターズは同制度受託者の所有する自社株式につき従業員の指図に従って議決するとの協定に合意した(11)。

同取引所の実務は示唆から要求へと進んだ。一九六〇年代末には、上場申請登録の際または上場申請についての同取引所株式上場部との交渉の際に、申請者の経営者はパス・スルー議決権のための規定を設けるとの言質を求められた(12)。

(3)　パス・スルー議決権の要件

ニューヨーク証券取引所は利益分配制度の参加者に対してのみならず、退職年金制度、株式購入制度またはその他の従業員のための制度の参加者に対しても、パス・スルー議決権のための規定を設けるよう、会社に要求する。同取引所のこの要求は、これらの制度が拠出的なものであるかないかとは関係ないが、使用者株式を所有しているかまたはこれを所有することを目的としている制度に限られる(13)。同取引所の政策によれば、制度所有の会社株式が参加者の口座に各別に割り当てられているということは必要でない。しかしながら、従業員のための制度が使用者の社外株式の重要な (material) 量を所有するかまたはこれを所有すると予想される場合にのみ、同取引所はパス・スルー議決権のための規定を要求する。この関係では、社外株式の約一％以上の所有が重要なものとみなされる。制度所有の使用者株式が割合的に見てとるに足りない (minusucle) 場合にまで、制度参加者からの議決についての指図を確保することは使用者に期待されていない。制度参加者は、受給権を与えられていないという理由によって、議決について指図する機会を奪われない(14)。制度参加者が議決に関する指図を返送してこない株式は制度受託者によって議決されることができる(15)。

制度が各人の口座に割当られていない会社株式を所有しており、使用者が制度所有会社株式に対する参加者の割合的持分を定期的に計算している場合には、各参加者によって議決される株式の数を決定するため、最近の定期的な計算を利用してよい。取引所は特定の株主総会の基準日に計算がなされることを主張していない。(16)

(4)　パス・スルー議決権の根拠

a　議決権重視政策

ニューヨーク証券取引所のパス・スルー議決権政策は同取引所の議決権問題重視政策の一つの現れである。たとえば、同取引所は一九二六年以来無議決権普通株式の上場を拒否してきている。また同取引所は、同取引所会員またはその名義人が株主名簿上では所有しているがその顧客が受益的に所有している証券（それが同取引所に上場されているか否かにかかわらず）に関して、会員に顧客からの議決についての指図を求めること、若干の場合にはこれを確保することを要求している。パス・スルー議決権政策の展開において、同取引所は会員に遵守することを要求していると同じ原則を上場会社に遵守するよう求めているにすぎない。(17)

b　参加者への情報開示と参加者による議決権行使

ニューヨーク証券取引所がパス・スルー議決権を要求したねらいは、従業員のための制度が使用者株式を所有する場合には、その参加者は株主名簿上の株主に送付されるのと同じ委任状勧誘資料を受取ること、および株主総会で株主に付託される議案の議決について制度受託者に指図する機会と適当な手段を従業員参加者に与えること、にあった。(18)

2　判例と議決権

経営陣の任命した受託者または委員会による議決権の保持は、少数株主に対する経営陣の受信者義務（fiduciary

duty）に反するとして、争われることがある。Wolfson v. Gamble[19]において、貯蓄制度の下での経営陣の任命した委員会による議決権の保持が経営陣の支配の継続を意図するものであり、それによって経営陣の解任または経営陣の同意しないテンダー・オッファーの受諾をより困難にする、と主張された。本件は株主の代表訴訟であり、次のような内容を基礎とする和解によって解決された。すなわち、本貯蓄制度の参加者は以前から彼らの口座に割当られた株式の議決権を与えられていたのであるが、和解の一部として使用者は制度参加者による割当株式の議決権行使と同じ割合において、制度受託者が未割当株式の議決権を行使するとの制度修正に同意した。[20]

Klaus v. Hi-Shear Corp.[21]において、Hi-Shear Corp. の支配獲得をめざしてテンダー・オッファーを行った原告（Klaus）は、経営陣による従業員持株制度の設立、これへの会社株式の譲渡および経営陣の任命した委員会によるその議決権の行使を少数株主に対する経営陣の受信者義務違反であると主張した。本件において、控訴裁判所は、もしその株式の議決権が行使されたとしても、原告は回復不可能な損害を被らないであろうという理由で、従業員持株制度所有株式の議決権行使に対する予備的差止命令を取消し、地方裁判所に差戻した。けれども控訴裁判所は、地方裁判所がKluasに対する経営陣の受信者義務違反に対する適当な救済として、従業員持株制度所有株式の議決権行使を禁止する永久的差止命令を最終的に決定してもよい、とわざわざ述べた。[22]

3　株主運動と議決権

一九七〇年代に入ると、ギルバード兄弟（Lewis Gilbert, John Gilbert）や女性株主同盟会長のMrs. Wilma Sossのような、株主運動家が従業員福祉制度所有の自社株式についてパス・スルー議決権を求めて活動するようになった。彼らは、従業員は各人の投票について経営陣が知り得ない秘密投票の権利を有するべきである、と考えた。一九七〇年頃にはまだかなりの数の会社が民主的なパス・スルーの権利を与えることを公式に拒否していた。これらの中には、Federated Department Stores, R.J. ReynoldsやBurlington Industriesがあった。数年間にわたってこれらの三つの会社の委任状勧誘陳述は、経営陣がパス・スルーの権利を認めることに反対である、ということを示していた。

まずBurlington Industriesにおいて、株主運動家達は一九七〇年頃Wachtovia Bank and Trust Companyが従業員から何らの指図なしに約三〇〇万株のBurlington株式の議決権を行使することに反対して委任状を集めた。彼らは、一、七六七人の株主からの三三万八、三五四株の支持を得て、経営陣を説得し、このような議決権行使の慣行を止めると約束させた。その後従業員はその所有にある約一二%のBurlington株についてパス・スルーの権利を有するようになった。[23] 一九七六年までにはFederatedの従業員に同じ権利が与えられるようになった。Reynold Industriesにおいても、株主運動家達の決意がかなりの支持を得た後、パス・スルーが認められるようになった。[24]

American Telephone and Telegraphの場合、一九七六年に株主運動家達は秘密投票を求めて委任状を集めた。Mrs. Sossはその理由を次のように述べた。「秘密投票は民主的な社会の品質証明（hallmark）である。株主は会社市民であり、重大なものであれ、ささいなものであれ、実在するものであれ、空想上のものであれ、あらゆる圧力に対して保護されるに値し、また政治的投票に与えられると同じプライバシーに値する。公開投票はどのように用いられようと支配の手段である。約三二万人のA. T. T. 従業員株主は（もしその持株がブローカーによってストリート・ネイムでもたれていない限り）署名つきの公開投票で投票する。ベル・システムの役員（officers）一二九人は銀行の取締役を兼任しており、その銀行はA. T. T. 株を議決する信託および年金基金の管理者である。[25]」。その提案に反対してA. T. T. の経営陣は次のように述べた。「我々取締役は、従業員株主も含め、株主の皆さんに、あなたがたのプライバシーが現行の議決権協定の下で完全に尊重され保護されていると確約する。委任状を利用可能なのは現実にその手続を執り行っている人々のみである。経営陣またはその他の者に、個人または個人のグループによる議決権行使について、報告がなされたことはいままでにない。[26]」。

株主運動家達の提案は、一、四三七万八、八二六株を有する八万五、五〇七人によって支持されたが、四億五二三万八、五〇〇株を代表する一三八万二、八〇二の委任状によって反対された。[27] 後者には、無印の委任状および指図のなされていない委任状が含まれていた。株主運動家達の提案に対する支持は一九七七年の委任状勧誘陳述での再投票に付するのに必要とされる三％には十分であった。そこで彼らが一九七七年の委任状勧誘陳述のため彼らの提案を会社に送付すると、Mrs. SossがA. T. T. の会長によって呼ばれた。彼らはその問題の解決策について議論し、その結果、経営陣が株主運動家達の見解に同意した。[28]

一九七七年の委任状勧誘陳述の最終的な文言は次のようなものであった。「次のことを我社の政策とする。株主総会に関するすべての委任状、投票および議決票は、株主の身元に関係する限り、秘密であり、そのような書類は、会社設立州であるニューヨーク州法の下での法律上の要求を満たすため現実に必要とされる範囲を除いて、検査のため利用されるべきでないし、株主の身元または投票は明かされるべきでない。[29]」。株主運動家達の提案に賛成して、経営陣は委任状勧誘資料において次のように述べた。「その提案は、株主の議決権行使のプライバシーを保護する、会社の基本政策の明瞭かつ正確な表現である。[30]」。今度は、無印の委任状および反対の指図を与えられていないブローカーの委任状を含めて、A. T. T. の議決では、賛成が四億四、八五二万四、九二八票であり、反対は七六〇万五、六三六票にすぎなかった。[31]

4　一九七八年歳入法前の法令の変遷

(1)　一九七五年減税法（The Tax Reduction Act of 1975）

一九七五年減税法がまず税額控除の適格要件としてパス・スルー議決権を導入する。同法は、使用者の従業員持株制度への拠出について、当該税年度における使用者の新資本投資額の一％を限度として、使用者が全額を税額から控除することを認めた。[32]この税額控除に適格であるためには、従業員持株制度は、主として使用者発行の普通株式またはこれに軽換可能な証券に投資するよう計画されねばならず、また各参加者はその口座に割り当てられた使用者証券の議決方法について指図する権利を与えられねばならない（同法三〇一条(d)項）。[33]同法の下で、その普通株式は使用者によって発行された他の普通株式の議決権および配当請求権より不利でない議決権および配当請求権を持たねばならない。[34]投資税額控除に適格であるためには、従業員持株制度の取得する証券は、使用者の拠出によるものであれ、制度の購入によるものであれ、この種の株式またはこれに転換可能な証券でなければならない。[35]

(2)　一九七六年財務省規則案（The 1976 Proposed Treasury Regulations）

税額控除従業員持株制度に適用される投資対象および議決方法についての要件を他の従業員持株制度に適用する特別な制定法は存しなかった。しかしながら、一九七六年財務省規則案は他の従業員持株制度にも同じような要件を創出しようとした。同規則案がパス・スルー議決権を税額控除以外の他の従業員持株制度にも適用しようとしたその目的は、従業員の利益保護をより一層促進することにあった。[36]

同規則案は、従業員持株制度が借入金で取得する証券の大部分は無制限の配当請求権をもつ議決権付普通株式であること、[37]特にそのような証券の七五％以上が議決権付であることを要求した。[38]けれども、もし従業員持株信託が使用者証券取得のための資金を借り入れていないならば、同規則案は従業員持株信託に議決権ある使用者証券の取得を強制していない。それゆえ、同規則案は従業員に使用者証券の議決権行使に対する支配を与えるけれども、従業員持株信託によって所有される使用者証券のすべてが議決権付であることを保障するものではなかった。(39)

同規則案は、参加者の口座に割り当てられた証券については、その証券が免税の借入金によって取得されたか否かに関係なく、パス・スルー議決権を強制するが、未割当口座（suspense account）に付された未割当証券についてはこれを強制しない。(40) また同規則案は議決権が参加者によって指図された範囲内でのみ行使されることを要求する。(41) もし参加者が彼の口座に割り当てられた証券の議決について指図を与えないならば、その証券は議決されることができない。(42) さらに同規則案は強制的なパス・スルーを従業員持株制度所有の証券に帰属する「その他の権利（other rights）」の行使にも拡大する。(43) 同規則案は「その他の権利」という用語を定義していないので、議論の余地はあるが、この用語は、年次報告書の受取り権、新株引受権、代表訴訟提起権、テンダー・オッファーの受入れまたは拒絶権、転換社債の転換権など会社法上の株主権を含むことができた。(44)

(3)　両院協議会による批判と最終的な財務省規則

一九七六年税改革法（The Tax Reform Act of 1976）に伴う両院協議会報告書（The Conference Report）は、先の二点について、一九七六年財務省規則案を次のように批判した。すなわち、無制限の配当請求権をもつ議決権付普通株式以外の他の使用者証券の取得を制限することについては、従業員福祉制度一般に適用される通常規制が制度参加者の利益を適正に保護する。規則案の特別規制は必要でない。(45) 議決権のパス・スルーについては、同報告書によれば、財務省規則は借入利用従業員持株制度と他の従業員福祉制度とを区別するべきでない。(46)

この二つの陳述の意味合いは異なる。同報告書は借入金によって取得される株式の性質に関する規則案のルールを破棄し、新たなルールのための指示を与えた。議決権のパス・スルーに関しては、同報告書は規則案のルールが悪いとは必ずしも言っていない。むしろ同報告書の真意は、従業員持株制度が新ルールの適用のため別扱いされるべきでない、ということにあった。せっかく新ルールを適用するなら、それは、従業員持株制度のみならず他のタイプの制度にも適用されるべきである。(47)

しかしながら、意味合いにおけるこの違いは、従業員持株制度についての最終的な財務省規則には現れていない。同規則は、借入金によって取得される株式に付着しなければならない議決権または配当請求権に関する規定も、議決権その他の権利のパス・スルーに関する規定も含んでいない。実際に、同規則の前文で、議決権その他の権利のパス・スルーを創出する規則案の規定は撤回された、と述べられている。(48) 内国歳入庁は、最終的な規則の公表に際し、これを補足して、税制適格の従業員福祉制度の下での権利行使に関して一般に適用される要件は従業員持株制度に適用する、と述べている。この短い陳述は、おそらく、同庁の見解によれば、議決権その他の株主権の行使が制度の税制適格性に影響するか否かの決定に際して、従業員持株制度は他の税制適格な制度と異なる扱いを受けない、ということを意味する。(49)

5　一九七八年歳入法（The Revenue Act of 1978）

(1)　序

税額控除従業員持株制度では、制度所有の使用者証券の議決権の制度参加者へのパス・スルーが常に要求されてきた。一九七六年の財務省規則案は同じ要件を借入利用従業員持株制度に適用しようとしたが、これは最終的な財務省規則では抜け落ちた。(50) 一九七八年歳入法は税額控除従業員持株制度に関する条項を初めて内国歳入法典

（The Internal Revenue Code）に取り入れる[51]と共にパス・スルー議決権という要件を他の従業員持株制度にも拡大した。

内国歳入法四九七五条(e)項(7)号は、従業員持株制度を定義しているが、従業員持株制度は同法四〇九条(e)項の要件を満たさねばならない、と定めた。同法四〇九条(e)項は参加者への議決権の確実なパス・スルーを要求している。[52]全議決権のパス・スルーという要件は、使用者が「登録型（registration-type）」の証券を有する場合にのみ、すべての種類の従業員持株制度に適用される。使用者が登録型の証券を有しない場合には、従業員持株制度はその可決に株式の過半数より多くの議決権を必要とする場合に限って議決権をパス・スルーしなければならない。[53]税額控除従業員持株制度以外の他の従業員持株制度に対しては、これらの要件は、遡及しないのであって、本規定の効力発生日である一九八〇年一月一日以後に従業員持株制度によって取得された使用者証券に対してのみ適用される。[54]

(2)　パス・スルー議決権適用上の問題点

a　登録型（registration-type）とは何か

登録型の証券とは、一九三四年証券取引法一二条の下で登録を必要とされる証券および同条(g)項(2)号(H)において免除される場合を除いて登録を必要とされる証券、である。[55]要するに、五〇〇人以上の株主と一〇〇万ドル以上の資産をもつ会社はその従業員持株制度による議決権パス・スルーに服することになる。[56]

なお米国では右に述べた登録型の証券を発行している会社を一般に公開所有（publicly-held company）または公開取引会社（publicly-trade company）あるいは公開会社（public company）と言い、そうでない会社を閉鎖所有会社（closely-held company）あるいは閉鎖会社（private company）と言う。以下本章でもこれらの言葉はそのような内容を表わすものとして用いる。

使用者が登録型の証券を発行している場合には、各参加者は使用者証券の議決方法について制度に指示する権利を有する。使用者が優先株式や社債のような、普通株式以外の他の登録型の証券を発行している場合には、たとえ普通株式自体は閉鎖的に所有されており、登録型でない場合でも、明らかに、従業員持株制度はその所有する普通株式の議決権をパス・スルーしなければならない[57]。

b　可決に株式の過半数より多くの議決権を必要とする場合

閉鎖的に所有されているつまり登録型の証券を有しない使用者に対しては、議決権パス・スルーの要件は、法律または定款によって、議決された社外普通株式の過半数よりより多くによって決定されねばならない会社問題に関してのみ、適用される。これは一般に「限定議決権パス・スルー（limited voting pass-through）」と呼ばれる。一九七八年歳入法についての上院財政委員会の報告書によれば、これは、吸収合併（merger）、新設合併（consolidation）、営業譲受（acquisition）または会社資産の全部もしくは事実上全部の譲渡のような問題をカバーする意図であった[58]。議決権パス・スルーの要件は、明らかに、実際に行使された議決権の過半数では可決に十分でない場合には常に適用される。少なくとも「議決権ある」株式の過半数による承認という要件は、「議決された社外普通株式の過半数よりより多く」を構成するものと思われる[59]。

「過半数よりより多く（super-majority）」という要件は州によって大きく異なる。デラウェアは、明らかに、株主の同意を必要とするあらゆる取引に議決権の過半数よりより多くを要求していない[60]。ニューヨークは、この点に関してより典型的であって、他の会社との合併、会社の解散、会社資産の実質上全部の譲渡または会社目的に関係のない保証の付与に株主の議決権の三分の二以上を要求している[61]。

c　未割当口座にある株式の議決権

パス・スルー議決権の要件は、受給権の有無に関係なく、参加者の口座に割当られた株式に対してのみ適用される。(62)だが、制定法は割り当てられていない株式の議決権がどのように行使されるべきか、については何も述べていない。この未割当株式は、主として借入金によって取得された株式であろうが、この他にも、最後の割当日後取得された株式(63)や参加者口座への年間追加額に関する内国歳入法四一五条(c)項の制限を超えて取得された株式(64)を含む。従業員持株制度が借入金によって取得した株式は未割当口座において所有され、借入金の返済がなされた割合だけがそこから引出され、参加者口座に割当られる。借入利用従業員持株制度では、その設立時には持株のすべてが未割当口座にあるであろうし、持株のいく分かは借入金が全額支払われるまで数年間に渡ってそこに留まるであろう。(65)

未割当口座にある株式の議決権は従業員持株制度約款（ESOP document）において定められた方法によって行使されるが、これについては、次の三つの選択が可能である。すなわち、①受託者がその裁量において議決権を行使する、②受託者は、従業員が割り当てられた株式を議決したのと同じ割合で、議決権を行使する、③受託者は（おそらく経営陣からなる）従業員持株制度管理委員会によって指図されたとおりに議決権を行使する。この三つの選択のいずれにも次のような問題があると言われている。すなわち、受託者がその裁量において議決権を行使できるとすれば、この新しい権力感のゆえに受託者の性格が変わり、争いに際して両側から口説かれる受託者は、おそろしいが期待できる者（frigtening prospect）である。第二の選択、反射投票（mirror vote）はこの難点を除去するが、従業員の経営陣に対する反抗力を強める。第三の選択、経営陣の委員会が議決について指図することは、受託者の独立性に関して起りうる問題を悪化させる。(66)これら三つの選択のいずれも従業員持株制度において用いられているが、おそらく、後二者が第一のものよりより一般的である。[67]

制度受託者または管理委員会が議決権を行使する場合には、（従業員持株制度の受託者として）参加者および受益者の最上の利益において行為しなければならない。もし受託者が銀行その他の機関であるとすれば、受託者は通常管理委員会の指図に従って未割当株式の議決権を行使する。従業員退職所得保障法の下では、そのような受託者は一般に管理委員会の指図に従わなければならない。極端な特別の状況においてのみ、与えられた議決権指図が明らかに不当であり、従業員退職所得保障法に違反すると、受託者が知っているときには、受託者は、そのような株式の議決に関して、彼自身の判断を行使できる。[68]

なお、第三の選択（管理委員会の指図）の許される根拠は、使用者が従業員持株制度による借入金の保証人となっており、もし借入金返済の債務不履行が発生すれば、使用者は未割当口座にある株式の議決権代理行使委任状を正当に要求できる、ということにあると思われる。[69]けれども、第三の選択が裁判上争われ、第二の選択（反射投票）を基礎とする和解によって、解決を見た例がある。[70]

d　パス・スルー議決権が法律によって要求されていない場合、誰が株式の議決権を行使するかたいていの場合、株式の議決権は、未割当株式について先に述べたと同じように行使される。[71]

しかしながら、従業員持株制度は、法律によって要求されているものより以上に参加者に議決権を与えることができる。たとえば、法律によって要求されていないにもかかわらず、従業員持株制度約款は、参加者が株主の議決を必要とするすべての問題について全割当株式の議決権を行使できる、と定めることができる。その代わりに、そのような、法律によって要求されていない議決権の参加者による行使は、ある特別な問題（たとえば一人またはそれ以上の取締役の選出）に限ることや受給権を与えられた株式または完全な受給権を与えられている参加者に限ることもできる。[72]

e　従業員が議決権を行使しないとどうなるか

従業員参加者が彼の口座に割当られた株式の議決について指図しなかった場合、この議決権はどうなるのであろうか。このような場合、通常、使用者はこの使用されなかった議決権限を支配しようとするであろう。しかしながら、これの可能な範囲は限られている。TRASOPsに関する財務省規則が次のように定めている。[73]「制度は参加者が行使しない議決権の行使を指名された受信者（designated fiduciary）に認めてはならない。しかしながら、制度は、すべての証券所有者に適用される委任状規則の下で、経営陣その他による、参加者議決権の勧誘と行使を認めることができる。[74]」。

したがって、受信者は従業員の指図なしに株式の議決権を行使できない。しかしながら、経営陣自体は、通常の委任状勧誘方法に従って従業員に直接に勧誘できる。そして委任状用紙(proxy form)は、委任状資料において経営陣の意図が明瞭に述べられている問題に関して、経営陣に裁量権限を与えることができる。従業員が何もせず、受信者にも経営陣にも指図を与えない場合には、その議決権は絶対的に行使されない（the vote is simple not cast)。[75]したがって従業員が彼の株式を議決しないことは、棄権（abstention）として扱われる。[76]右に引用した規則は、特にTRASOPsに対してのみ適用されるものであり、一九七五年減税法のTRASOPs条項の下で、採用された。しかしながら、その法律の効力発生文言（operative language）は現行の四〇九条(e)項と同じであるがゆえに、従業員の指図を欠く場合の受信者による議決権行使の禁止はすべての従業員持株制度に適用されるように思われる。[77]

(3)　拠出額確定年金制度（defined contributions plans）へのパス・スルー議決権の適用

一九七八年歳入法一四三条、内国歳入法四〇一条(a)項(22)号は拠出額確定年金制度[78]に対して税制適格のための新たな要件を追加した。同号によれば、拠出額確定年金制度は、使用者株式が公開で取引されていなくてかつ使用者証券取得後制度の資産の一〇％より多くが使用者証券である場合には、同法四〇九条(e)項の要件を満たさねばならない。

この法律は一九八〇年一月一日以後有効となるので、これ以後の使用者証券の取得によって、もし制度の資産の一〇％より多くが使用者証券に投資されることになるならば、その制度は次のように定めなければならない。すなわち、各参加者は、法律または定款によって、可決に株式の議決権の過半数より多くを必要とする会社問題に関して、彼の口座に割り当てられた使用者証券の議決権のすべてを行使する権利を与えられる[79]。

(4)　内国歳入法によるパス・スルー議決権導入の根拠

ニューヨーク証券取引所によるパス・スルー議決権導入の根拠については先に述べた[80]。ここでは、一九七八年歳入法をめぐる議論を中心として、内国歳入法による従業員持株制度へのパス・スルー議決権導入の根拠を見てみよう。

a　従業員退職所得保障法（Employee Retirement Income Security Act of 1974）上の根拠

従業員退職所得保障法の基本政策は従業員福祉制度における従業員の利益を擁護することである[81]。受信者は、従業員持株制度所有の証券に帰属する議決権その他の株主権の行使に際して、同法四〇四条(a)項の一般的な受信者原理を遵守しなければならない[82]。同法によれば、従業員持株制度その他の税制適格制度は、参加者の排他的利益のため設立され、維持されなければならない。パス・スルー議決権が法律によって強制されていない場合にも、内国歳入庁が、議決権その他の株主権をパス・スルーしないことは同法四〇一条(a)項の排他的利益原則と両立しないのであり、これは制度の税制適格に関係する問題である、と考えるおそれはあった。[83] それゆえ、多くの使用者が任意に議決権その他の株主権のパス・スルーを認めてきており、これは彼らの制度が排他的目的原則に従って参加者の排他的利益のため設立され維持されていることの追加的証拠を与えるものと解されていた。[84]

b　議決権行使における利害対立の避止

一九七〇年代前半には既に従業員福祉制度の受託者が制度所有の使用者株式の議決権を制度の受益者にパス・スルーすることがしだいに一般的になってきていたが、これは次の利害の対立を避けるためであると言われている。すなわち、従業員福祉制度の下では、使用者株式が従業員のための信託基金において所有され、その議決権は基金を管理する受託者によって行使される。これらの受託者は一般には大商業銀行の信託部門であるが、[85] 彼らは使用者会社の希望に敏感であるかまたは使用者会社の上級経営陣と関係のある個人である。受託者は使用者会社の取締役によって選出されており、彼らが取締役選出のため会社株式の議決権を行使することには明白な利害の対立がある。[86]

c　少数株主に対する取締役の受信者義務違反

従業員貯蓄制度において経営陣の任命した委員会が未割当株式の議決権を保持していることが、経営陣の支配継続を意図するものであり、それによって経営陣の解任または経営陣の同意しないテンダー・オッファーの受諾を困難にするゆえ、少数株主に対する経営陣の受信者義務に反するとして争われたことがある。[87]

d　経営参加と生産性の向上

従業員持株制度は使用者証券への投資であり、それゆえ、会社破産等により、従業員が職を失い、まさに貯蓄での生活を必要とするときに無価値となるおそれがある。また従業員持株制度は使用者証券への集中投資であるがゆえに、分散投資である通常の年金制度より、従業員にとって危険が大きい。これらの高い危険を償うのは従業員持株制度の予想収益が分散投資より十分なほど高いということである。予想収益を押し上げる一つの方法は全議決権の従業員へのパス・スルーである。というのは、従業員の生産性は彼らが会社経営により大なる発言権を認められた場合に増大するということを諸研究が示している。(88) また従業員の態度についての調査によれば、多くの従業員が会社経営でのより大なる発言権を望んでおり、使用者証券の議決権は従業員にとって非経済的な、本来心理的な価値を有する。この価値も考慮に入れると、全議決権のパス・スルーを認める従業員持株制度は従業員にとって分散的な投資よりも魅力的でありうる。(89)

パス・スルー議決権は人事目的（personnel objectives）に有益であり、これはパス・スルー議決権に伴う追加費用および管理上の負担を上回る、と言われている。既に一九七〇年以前に、従業員福祉制度所有の株式数が状況からして議決権支配の重要な要素とはとても考えられない場合でさえも、多くの会社がパス・スルー議決権を実施していたのは、そのことを確信していたからである、と言われている。(90)

e　従業員各自の利益擁護

従業員は指図することなく、有能な受信者に株式の議決権を行使させた方がよい、との主張に対し、次のような反論がなされている。受信者は現任取締役によって選任され、そのおかげで仕事を得ているがゆえに、従業員の利益よりもむしろ経営陣の利益を代表しうる。従業員持株制度の受信者は受信者責任の違反を訴えられうるけれども、そのような訴は従業員の利益のための最低限の保護しか与えない。従業員は何が彼らの最上の利益であるかを判断し、それによって議決権を行使できる。複雑な経営上の諸決定は従業員にとって困難ではあるが、彼らは会社政策の基本問題を決定することおよび取締役を選出することに関しては他の株主と同じ程度に確かに有能である。むしろ彼らはその仕事上の経験のゆえに、典型的な株主よりも、会社経営についてより多くの情報を有する。(91)

従業員または従業員の団体交渉代表者によって選出された受信者が従業員の利益をより良く代表できるとの主張に対しては次のような反論がなされている。そのような仕組みは集団としての従業員により大きな権力を与えるかも知れないが、従業員は同質的な集団ではなく、おそらくすべての問題について同意するということはないであろう。もし従業員が彼らの株式を任意に結集して議決することを望むならば、彼らはそうすることを認められるべきである。しかしながら、従業員の株式が労働者選出の受信者によって議決されることを要求することは、そのすべてを経営陣選出の受信者によって議決させること、と同じ程度に良くない。いずれの場合にも、従業員は使用者証券への彼自身の投資に指図する権利を否認されている。従業員持株信託にある従業員の持分を、従業員でない株主の持分と異なって取扱うべき必然的な理由は存しない。(92)

f　経済の民主化

さらに、パス・スルー議決権は経営陣と従業員との間の対立を緩和し、より民主的な経済を導く、(93)および秘密投票は民主的な社会の品質証明である、(94)という主張もなされている。

6　一九七八年歳入法後の変遷

(1)　序

一九七八年歳入法によれば、従業員持株制度において、公開で取引される証券を発行している会社は、すべての問題について、参加者口座に割り当てられた使用者株式の議決権をパス・スルーしなければならない。公開で取引される証券を発行していない会社つまり閉鎖所有会社は、その可決に株式の過半数より多くの議決権を必要とする問題に限って、議決権をパス・スルーしなければならない。一九七八年の立法以来、この議決権要件は、とりわけ閉鎖所有会社について、激しく論争されてきた。

反対者の主張の要点は次のとおりである。すなわち、パス・スルー議決権は企業の従業員持株制度成立を抑圧する。(95) 従業員持株制度は従業員福祉制度であり、それで十分であって、勤務している会社の株式付与は会社経営への発言権付与を意味するものでない。(96) パス・スルー議決権は企業の経済的活力を破壊する。金に飢えた労働者達が支配するならば、資金を引上げ、再投資を止め、企業秘密を競争者に漏らすであろう。(97) 従業員は賢明な議決をする能力を欠いているし、従業員が株式の過半数を所有していない会社では、パス・スルー議決権は管理上めんどうなだけであって、実際上の効果はない。(98)

賛成者の主張の要点は次のとおりである。すなわち、パス・スルー議決権は重要な象徴的価値を有し、従業員の権利の重要な保護者となりうるし、本当は従業員所有を信じていない企業をふるいにかける。(99) 株式の所有は当然にその議決権行使を含む。株式の議決権を行使しない者は株式の所有者でない。(100) 従業員選出の取締役会は伝統的な取締役会とは異なる目的と関心を持つであろう。たとえば、後者が利益を増やすため資産を売却し雇用を減じるような場合にも、前者は雇用を維持する政策を優先するであろう。(101) 政治的民主主義と同じく経済的民主主義を確立すべきである。(102)

閉鎖所有会社についてのパス・スルー議決権要件の削除を目的とする法案は一九八一年、一九八二年、一九八三年と議会に提出された。(103) その法案は一九八一年には上院を通過したこともあったが、(104) いまだ法律として成立していない。

ここでは、反対論の代表として、Luis Granadosの主張を、賛成論の代表として、Juck Curtisの主張を見てみよう。前者はThe ESOP Associationの業務担当理事（managing director）であり、ESOP Associationはその重要な活動目的として閉鎖所有会社についてのパス・スルー議決権要件の削除を掲げ、議会に働きかけている。後者は代表的な従業員持株制度専門の弁護士であり、上院財政委員会の元補佐として、同要件を起草した(105)。

(2)　Luis Granadosの主張

アーカンソーに、Mad Butcherという人目をひく名前の食品雑貨店チェーンがある。Mad Butcherは第二次世界大戦直後に同族企業として営業を始め、仕事熱心と健全経営のゆえにしだいに大きくなった。一九七〇年代の始めに、所有者達は引退のための計画に着手し、従業員持株制度を通じて、株式を少しずつ従業員に譲渡すると決定した。彼らが従業員持株制度を選んだのは、会社に忠実に働いてくれた人々に報いるためと事業の経済的成功の分け前を従業員に与えることによって従業員の勤労意欲を高めるためであった。しかし彼らは自らが創業した事業に対する支配を失いたくなかった。その当時の法律の下では、彼らは従業員持株制度所有株式の議決権をパス・スルーしないことによって、支配の喪失を阻止できた。

この計画の進行していた一九七八年に議会が法律を変更した。議会は閉鎖所有会社に議決権パス・スルーを強制することによって、Mad Butcherの所有者達に次のように告げた。彼らがライフ・ワークである事業の支配を犠牲にすることなしには、彼らは株式でもって従業員に報いることを禁じられる。Mad Butcherは苦悩した後、この追加負担に耐えることを決定した。

一九八三年にMad Butcherを創設した家族は残余の株式のすべてを従業員持株制度に売却し、Mad Butcherは一〇〇%従業員所有の会社となった。新経営陣は、異なる見解をもっており、任意に、法律によって要求されていた重要問題のみでなく、すべての問題についての議決権パス・スルーを決定した。これは労働者支配の拡大を主張する立場からは幸運な結末であった。しかし、従業員持株制度が最初に考えられた時に、もしパス・スルー要件が存在していたとすれば、従業員持株制度は存在していなかったであろう。そのことを新経営陣も認めるにやぶさかではないであろう。完全な議決権をもつ一〇〇%の会社所有よりはむしろ従業員は何も所有していなかったであろう。

半分でもないよりはまし、ではなかろうか。議決権なしの株式は全くの株式なしよりもよいのではなかろうか。たいていの人はこれを肯定するであろう。だが議会は、従業員にはすべてかまたは無かのいずれかである、と主張することによって、半分を与えることを禁止した。余りにも多くの場合、これは従業員にとって無を意味する。

今日の従業員持株制度の現実を見ると、たいていのものは、議会が何と言おうと、議決の結果を支配するにたる株式を所有していない。ESOP Associationの会社メンバーはその従業員によって平均二八%を所有されているにすぎない。だが法律は、費用と事務労働に関係なく、議決権パス・スルーの遵守を主張している。

厳格な要件への反対は議決権パス・スルーが悪い事であると信じているからではない。しかし、すべての年金制度および利益分配制度のうち、従業員持株制度のみがこの要件に服する。この費用のかかる規則でもって従業員持株制度を特別扱いすることは、従業員所有の成長を遅らせ、未来のMad Butcherの成功物語を、それがスタートする前に、抹殺するだけである。[106]

(3)　Jack Curtisの主張

私（Jack Curtis—以下同じ）は従業員持株制度に適用される議決権パス・スルー要件をめぐって現在行われている論争に驚かされ続けている。率直に言って、私は、このパス・スルー要件が会社に従業員持株制度の実施を思いとどまらせることもなかったし、また既存の従業員持株制度を廃止させることもなかった、と信じている。より一層重要であって、私がおそれているのは、この議決権の廃棄を求めて引き続く叫び声が従業員持株制度共同体全体の信用を傷つけることである。

従業員への議決権パス・スルーの結果として予想されている啓示とは何か。今日まで私は従業員への議決権パス・スルーが会社に問題を引き起したという事例を知らない。むしろPan AmやThe Rath Packing Companyに見られるように、従業員は会社との関わり合いの増大によって労働意欲を高め、生産性を上昇させる。

従業員持株制度が組織労働者の黙認または積極的支持の下に実施されているたいていの場合において、議決権問題はほとんどただちに生じる問題であり、絶対的命令（absolute imperative）となる。そのような場合の議決権要求は、会社を支配しようとする望みからではなく、労働者に自らの未来に対する「発言権（Voice）」を与えるという、労働組合の歴史的な慣行から生じる。労働組合指導者達の間での従業員持株制度支持の拡大は、彼らの組合員への議決権パス・スルーを知ってから生じた、ということを認識することは重要である。

参加者への議決権パス・スルーをおそれる会社についてはどうか。警告者達が予言しているように、その従業員は株式所有を否認されるであろう、ということは必然的な真実であろうか。その答えはノーである。そのような会社は利益分配制度を設立できる。利益分配制度は議決権パス・スルーを決して要求されていないが、その資産の一〇〇％を会社株式に投資できる。議決権がパス・スルーされねばならないのは、会社が従業員持株制度から生じる納税上の特別利益を利用しようとする場合のみである。株式の議決権も含めて、株主の獲得できるすべての利益を従業員参加者に与えることなしに、そのような納税上の追加的利益を会社に与えることを正当化することは困難である。

おわりに、現行法は会社のすべての問題について議決権パス・スルーを要求しているのではない、ということを認識することは重要である。実際、議決権が従業員参加者にパス・スルーされねばならないのは、合併、ある種の会社買収または実質上会社全資産の譲渡のような、会社の重要問題のみである。彼らはそのような問題に議決する権利を保障されるべきではないのであろうか。結局、そのような取引においては、彼らの会社の性質そのものが回復不能なほどに変えられうる。これらの従業員参加者は、明らかに、株主としてそのような取引が行われるべきか否かについて彼らの希望を表明する機会を与えられるべきである。(107)

(4) 一九八六年税改革法（The Tax Reform Act of 1986）による変更

一九八六年税改革法は従業員持株制度についても様々の改正を行った。その従業員持株制度所有株式の議決権に関係する改正は、一人一票制の導入、重要問題の明確化および新聞発行業者についての特則の三点であると思われる。以下順次説明する。

a 一人一票制の導入

内国歳入法四〇九条(e)項に(5)号が追加された。この(5)号は従業員持株制度所有株式の議決権行使方法について新たな選択肢を認める。すなわち、制度は、議決権パス・スルーを要求されている問題に関して、参加者に割り当てられた株式数の如何に関係なく、参加者一人当り一票の議決権行使を認め、かくして定まった議決割合に応じて、受託者は未割当株式も含む制度所有株式の議決権を行使することもできる。(108) 従前の法律の下では、一人一票を土台とする議決権パス・スルーは、法律が議決権パス・スルーを要求していない問題に関してのみ認められた。(109)

b 重要問題の明確化

内国歳入法四〇九条(e)項(3)号の一部が修正され、閉鎖所有会社において参加者への議決権パス・スルーの強制される場合が明確となった。すなわち、使用者が登録型の証券を発行していない場合に、従来では、法律または定款によって、行使された社外普通株式の議決権の過半数より多くによって決定されねばならない会社問題に関してのみ、議決権パス・スルーが強制されていたが、新法では、会社の吸収合併、新設合併、資本変更、株式の種類変更、清算、解散、事業資産の実質上すべての譲渡（any corporate merger or consolidation, recapitalization, reclassification, liquidation, dissolution, sale of substantially all assets of a trade or business）または財務省規則が定める同様の取引に関してのみ、議決権パス・スルーが強制される(110)。取締役員の選任のような他の問題に関しては、制度が特に別のことを定めていない限り、株式は指名された受信者によって議決されることができる(111)。

c　新聞発行業者についての特則

内国歳入法四〇一条(a)項(22)号は、既存の文章の後に、次のような新しい文章が追加されることによって、修正された。すなわち「四〇九条(e)項の要件は、使用者の株式が公開で取引されていなくてかつ使用者の事業が一般的な配布のための新聞を定期的に発行することである場合には、そのような使用者によって設立され維持されている拠出額確定年金制度の参加者である従業員には適用されない。」。また同法四〇九条(l)項もその末尾に次のような新たな節が追加されることによって修正された。すなわち「(4)無議決権普通株式の取得が許される場合—四〇一条(a)項(22)号の最後の文章において記述された使用者の無議決権普通株式は、使用者が社外に無議決権普通株式を有し、制度の取得した特定の株式が発行されてから二四カ月以上社外にあったとすれば、使用者証券として取扱われる。」。

一九八六年税改革法は登録型の証券を発行していない使用者によって維持された従業員持株制度に適用される

議決権パス・スルー要件を修正し、特定の閉鎖的に所有された新聞発行業者によって維持されている従業員持株制度に関して、議決権パス・スルー要件を削除する。そのような使用者の無議決権普通株式が発行されてから二四ケ月以上社外にあるとすれば、一九八六年一二月三一日後、従業員持株制度によるそのような株式の購入は内国歳入法四〇九条(l)項の下での使用者証券の購入と考えられる。(112) つまり、新聞発行業者によって設立された従業員持株制度は、特定の場合には、無議決権普通株式の取得を認められる。これらの特例が認められるためには、使用者事業の大部分が一般的な配布のため新聞を定期的に発行することでなければならない。(113)

7　パス・スルー議決権の実施方法

従業員持株制度参加者から議決についての指図を求めるためどのような手続がなされるか。一般に、参加者は、適用される州会社法（および公開取引会社においては証券取引委員会規則）に従って、株主総会と関連してすべての株主に送付されると同じ株主総会招集通知および委任状勧誘資料を送付されるべきである。一般に、参加者は、彼らの欲するとおり、彼らの株式の議決方法について制度受託者に指図するため、標準的な委任状勧誘表と同様な書面に記入することを求められるであろう。参加者は回答を、直接受託者に返送する（それから受託者は参加者の指図に従って株式を議決する）かまたは従業員持株制度管理委員会に返送する（同委員会はそれを集計しそれに従って制度受託者に指図する）。従業員退職所得保障法の下で、手続は、参加者が彼の権利への不当な干渉なしに議決することを許すよう、設定されねばならない。(114)

パス・スルー議決権の実施方法を具体的に知るために、おそらくその最もよく知られている例の一つであるシァーズ・ローバック社の例を見てみよう。一九七二年一二月三一日現在、三、〇七三万五、二五一株（同社社外株式の約二〇％）、時価三五億ドルが、従業員参加者二二万四、一四二人のためにシァーズ貯蓄・利益分配年金基金

（The Sears Savings And Profit Sharing Pension Fund）によって所有され、パス・スルー議決権に服している。[115]シァーズのパス・スルー実施要領によればその仕組みは次のとおりである。制度の受託者が委任状関係資料を勤続五年以上の全受益者に郵送する。受益者は勤続年数に応じた議決権を有し、各自の利益に基づいて投票用紙に記入する。投票用紙はシァーズの会計士であるプライス・ウォーターハウス社に返送される。同社は各参加者の投票の秘密を守り、集計結果のみを受託者に証言する。受託者はそれに従ってその所有する株式の議決権を行使する。受益者によって議決されなかった株式は議決された株式によって示された割合に従って議決される。[116]

その特徴を述べれば、議決権を行使する受託者は会社とは関係のない第三者であること、その議決権の行使は参加者の直接秘密投票に基づくこと、およびその投票は会社と関係のない第三者が管理集計することによって、参加者の議決権行使における独立性が確保されていること、であろう。この場合制度参加者の議決権行使における独立性の確保はほぼ完全である、と言ってよかろう。だがこれは大規模公開会社の場合であって、閉鎖会社では、参加者の投票は、直接受託者に返送されることもあり、また制度管理委員会に返送されることもあるようである。これらの場合には、参加者の議決権行使における独立性の確保に若干の疑念が残る。しかしながら、これらの場合にも、従業員退職所得保障法によって、参加者の権利行使に対する干渉は許されない、のであり、参加者の直接秘密投票およびこれに基づく受託者の議決権行使は確保されているものと思われる。

8　パス・スルー議決権についての実態調査

(1)　序

既に述べたように、閉鎖所有会社におけるパス・スルー議決権をめぐって激しい論争が行われている。[117]しかしながら、これらの賛否両論は、たいてい観念のレベルの主張であって、従業員が彼らの株式を議決した場合の現実の効果についての資料はほとんどなかった。そこで一九八六年の夏にThe National Center for Employee Ownership（略称NCEO）は、従業員の議決権行使が会社統治に与える影響を知るために、従業員持株制度維持会社を調査した。[118] この調査報告書は、主にパス・スルー議決権の効果を明らかにする第一部と、パス・スルー議決権に関連する諸要因を明らかにする第二部から成り立っている。[119] 以下に同調査報告書の要点を紹介する。

(2) パス・スルー議決権の効果

a 序

閉鎖所有会社であり、従業員が株式の過半数を所有している会社、一六社が調査対象として選出された。これらの会社は全国的に普及している新聞等の出版物において従業員所有会社として世評にのぼった会社の中から選出された。公開会社（public companies）は、法律によってすべての問題について従業員所有者に議決権をパス・スルーすることを要求されているので、除かれた。閉鎖所有会社は重要問題についてのみ議決権をパス・スルーするか、それ以外の問題についても議決権をパス・スルーするか、を選択できる。調査されたのは、重要問題以外についても議決権をパス・スルーすることを選んだ会社である。[120]

調査は従業員が株式の過半数を所有している会社に限られた。これらの会社においては従業員が株主議決の結果を支配できる。調査された会社の規模、所在地、産業、労働者の種類および従業員所有となった原因は様々である。[121]

調査は業務担当役職員（managers）に対する面接によって行われた。[122] 調査での質問とこれに対する回答は次のとおりである。[123]

(1) 御社は重要問題以外にも議決権をパス・スルーしているとの当方の認識は正しいか。

肯定　一六

(2) 従業員は組合に組織されていますか。
肯定　五
肯定　二（union not owners)、
否定　九

(3) 御社には財務情報（financial information）を知らせる仕組がありますか。
否定　一
肯定　一五（求めに応じて三、年一回四、年二回一、年四回二、月一回五）

(4) あなたは良くない情報漏れに気付いたことがありますか。
否定　一四
肯定と否定（yes and no）　一
そのことを心配している　一

(5) どんな問題が議決されていますか。
取締役の選出のみ　八
取締役の選出と他の諸問題　五
他の諸問題のみ　三（たとえば、他社の買収、流動資金、従業員持株制度管理者、保険額の変更、業務規則の変更、労働規制、マネー・マーケットの購入、取締役会の規模、土・日曜の超過勤務）

(6) 議決において対立したことがありますか。
否定　一三
肯定　二
回答するには早すぎる　一

(7) 御社では従業員所有者が取締役の選出に投票しますか。

肯定　一三
否定　三
(8) 取締役の選出はどのように行われますか。
候補者名簿による（by slate）　一一
投票による（by ballot）　二
その他の方法　三
(9) 取締役のうち誰が従業員所有者によって選出されていますか。
全業務担当役職員　三
業務担当役職員と会社外部者　三
業務担当役職員でない者少くとも一人以上　七
(10) 取締役会の決定は全員一致によるものもあり、多数決によるものもある。御社の取締役会はどのような特徴をもちますか。
全員一致　九
多数決　五（対立がありますか。肯定　二、否定　三）
確かなことは言えない　二
(11) その他にも御社には経営レベルでの従業員参加の仕組みがありますか。
肯定　一〇
否定　六
(12) 議決権は従業員のモラルにどのような影響をもつと思われますか。
積極的　一二
影響ない　四
(13) 議決権は御社の政策形成にどのような影響をもつと思われますか。

影響ない　六
政策に変化をもたらす　二
確かなことは言えない　二
態度に影響ある　六

b　議決対象

調査された一六社のうち半数は一つの問題つまり取締役の選出についてのみ従業員に議決権を与えていた。複数の会社が取締役会構成員、取締役会の員数および従業員持株制度管理者の選出について議決権を与えていた。従業員は調査された会社の一つにおいて他社を買収するか否かについて議決した。上に述べたような諸決定事項は伝統的な会社において株主の決定事項とされているものとほぼ同じである。そこでは株主は一般に会社の基本政策について決定するが、日々の運営には間接的な影響しか有しない。これは従業員株主においても一般に同じである。(124)

株主の決定事項がまれにより細かな経営問題に及ぶこともある。二社では土地の購入や会社の保険総額が、一社では労働規則および資金構造が株主の決定事項とされている。(125)

c　議決のパターン

調査された会社の大部分では、従業員は所有株式数に応じて議決権を行使する。調査された会社のうち五社では、一人一票制である。これは各株主の影響力を平等にする。この五社のうち三社では従業員が会社を買収していた。会社買収の場合には、しばしば従業員（または労働組合）が従業員持株制度設立過程においてより大なる役割を有し、会社内での影響力の分配により強く関与する。(126)

伝統的な会社では、株主と従業員は異なった目的を有し、同一組織内の従業員もその種類によって異なった目的を有しうる。たとえば、事務労働者は筋肉労働者とは異なる要求を持ちうるし、労働組合に組織された従業員は労働組合に組織されていない従業員と異なる見解を有しうる。これらの対立が議決パターンに反映するであろうか。そして議決の結果に影響を及ぼすであろうか。

調査によれば、株主間での議決パータンにおける分裂または首尾一貫した対立を報告しているのは二社にすぎない。その一社では、三〇〇人を超える従業員の中で、たった一人の従業員所有者が取締役のための事前に選定された候補者リストに反対投票した。他の一社では、その取締役選挙が性質上分裂を伴うものであった。その会社では、取締役は候補者名簿の承認ではなく、書込投票（written ballot）によって選出される。(127)

d　取締役の選出

取締役の選出はしばしば従業員所有者が議決するただ一つの問題である。会社の正規の意思形成機関としての取締役会の構成は議決権論争の中心問題である。賛成者も反対者もいずれもが、従業員株主は会社目的というよりはむしろ従業員の目的を追求する人々を取締役に選出し、取締役会決定に分裂を生じさせるであろう、と心配している。議決権をもつ閉鎖会社（private companies）についての同調査によれば、従業員所有者によって選出された取締役会は通常業務担当役職員からなり、彼らは一般に全員一致によって決定する。(128)

調査された一六社のうち一三社が株主（従業員株主を含む）の直接選挙によって取締役を選んでいる。この一三社のうち、一一社では事前に選出された候補者名簿の承認によって、他の二社では全株主の書込投票によって、取締役を選出している。(129)

株主の直接選挙によって取締役を選んでいる一三社のうちの六社において、選出された取締役会は業務担当役職員ばかりかまたは業務担当役職員と会社外部者からなる。残る七社では、業務担当役職員でない従業員が取締役となっているが、それらの取締役選出の構造はきわめて様々であり、取締役会への従業員の出現について一般的な主張をなすことは困難である。この七社のうち二社では会社の業務規則において取締役会での業務担当役職員、従業員および会社外部者の同数を定めている。この二社では経営陣でない従業員は労働組合の代表者である。彼らは会社買収状況において労働組合と経営陣との共同作業の結果としての候補者名簿に基づいて取締役となった。管理職でない従業員が取締役となっている残る五社のうち、三社では業務担当役職員が取締役会の過半数を占めており、他の二社では業務担当役職員とそうでない者を同数選出し、これに加えて会社外部者を選出している（業務担当役職員、従業員および会社外部者の比率はそれぞれ三対三対一と二対二対三である）[130]。

書込投票による方が候補者名簿によるよりも従業員所有者が取締役の過半数を選出する可能性はより大きい。書込投票で選出している二社のうち、一社では業務担当役職員二人、経営陣ではない従業員一人および共同体（community）からの会社外部者四人を選出し、他の一社では会社の業務執行役員（executives）三人、従業員三人（うち事務労働者の代表一人）および従業員持株制度を組み立てた弁護士を選出した。このいずれの場合にも、従業員が既存の権力構造を変えるため、または業務担当役職員を交替させるため、彼らの議決権を用いていることを示すものは何もない[131]。

調査された一六社のうち、三社では株主の直接選挙で取締役を選出していない。このうちの一社では、従業員株主が三人の取締役員を選出し、この三人と社長が従業員持株制度委員会を構成する。この委員会は取締役員の半数であり、彼らが会社外部者から残る四人の取締役員を任命する。他の二社では株主の議決権そのものが用いられていない。この中の一社では、社長と六人の従業員が取締役会を構成し、欠員が生じたときには、その取締役会がその地位につく人を任命する。別の一社では、会社での職業上の五つのグループから各一人ずつ代表者が選ばれ、この代表者五人と社長および業務担当役職員一人が取締役会を構成する。(132)

e　取締役会での意思決定パターン

業務担当役職員と従業員または会社外部者と会社内部者との比率は調査された会社の取締役会での議論には関係がないようである。というのは、決定のほとんどが全員一致によってなされている。この方法によってなされた決定は、多数決原則による場合のように、代表者の正確な割合によって影響されない。一六社中の一〇社の取締役会が全員一致によって決定している。残る六社のうち、二社では取締役会での意思決定パターンが明らかでない。ある社長の言によると、彼らはまだ変化のまっただ中にある。四社は多数決原則によって決定しているが、うち二社のみが取締役会決定での対立を報告している。これらの対立が労働者対経営陣という性質をおびるものであるとの示唆はない。回答者の一人は、決定は通常全員一致でなされるけれども対立はある、と述べ、次のように言う。すなわち、法的には多数決原則であり、明らかに労働組合の代表者は異なる利益を有するが、決定は通常全員一致でなされる。(133)

f　会社情報の開示

調査された一六社中の一五社は財務情報を供給するための何らかの機構を有する。情報は会合や報告書で配布されるかまたは求めると与えられる。情報漏れについての関心は会社のおかれた地域、市場および産業によって大きく異なる。ある会社では、競争者への情報漏れを心配して、会社の財務状報についての概要しか与えていない。また別の会社の職員は、財務情報を与えているが心配である、と述べ、三〇〇～四〇〇人に情報を与えるならば、それは世間に広まるに違いない、と述べた。一方、最近会社買収を経験したある業務担当役職員は、その手続の間一年以上に渡って労働組合が財務情報を入手していたが、情報漏れの問題は全くなかった、と述べた。調査されたほとんどすべての会社が従業員所有者への詳細な財務情報の供給について同じ経験を有する。たいていの者はこの問題に無頓着ではないが、彼らのほとんどが情報漏れの問題を経験していない。(134)

g　作業現場での参加（participation on shop floor）

財務情報は経営の最高レベルでの決定をなすために必要であるが、職場レベル（job level）での決定をなすためには別の種類の情報が必要である。同調査の対象となった会社は、その従業員所有者が彼らの株式を議決することによって会社レベルでの決定に参加しているがゆえに、選ばれた。これらの会社の多くは、従業員が職場レベルでの決定に参加する機構も有している。職場レベルの決定においては、従業員は最も良く寄与できると思われる。ある会社職員(official)は、彼らは作業を行っているがゆえに、事務室に居る我々よりも作業についてよく知っている、と述べた。調査された会社のうち一〇社がこの底辺からのコミュニケーションを促進する方法を実施していた。先に述べたように、若干の会社は株主議決の対象となる問題を拡大して性質上職場レベルのものである決定をこれに含めている。安全、品質管理、人事および社会的出来事（social events）のような問題を議論するため委員会を設立している会社もある。(135)

h　議決権と従業員のモラル

調査された一六社中の一二社が議決権は従業員のモラルの改善に関係があると答えた。これに関して注意すべきことが三つある。第一に、この調査において、面接調査の対象となったのは、業務担当役職員であって、作業現場の従業員ではない。それゆえ、従業員の感覚についての情報は間接的な情報源からのものである。第二に、従業員所有の概念と意思形成への参加の概念とが、業務担当役職員の多くにおいて、明瞭には区別されていない。

議決権の従業員モラルおよび会社政策に与える効果について聞かれたとき、回答者の多くは、彼らの会社における従業員所有そのものの効果について述べた。議決権参加の効果と所有参加の効果とを区別することを求められた人々の圧倒的な回答は、これらの要素が共同で機能している、ということであった。第三に、調査された会社の多くは職場レベルでの参加機構も有する。職場レベルでの参加は、仕事での満足、愛社精神および勤労意欲(job satisfaction, company spirit and commitment) に関係がある。議決権が現実に従業員モラルを改善したかどうかはこれらのデータからは明らかでないが、しかし、明らかに、これらの会社の業務担当役職員の多くは、議決権がそうしているとの印象をもっている。(136)

ⅰ　議決権と会社政策

議決権問題の中心はほとんど常に従業員の議決が会社政策に及ぼす影響にあった。同調査によれば、調査された会社の過半数にとって、議決権は、業務担当役職員や従業員が思っているほどには、なされる決定の性質に影響していない。一六社のうち二社においてのみ、回答者は現実の政策の相違に言及した。ある製造業者は以前の所有者なら認めなかったであろうような日常の生産ラインの変更を行った。この答えは議決権についての質問に対する回答であるが、これらの変更はおそらく株主議決の効果ではなく、むしろ作業現場の雰囲気の変化の結果である。別のもう一社の回答は、議決権が極めて決定的に会社政策を変えた、と述べた。その会社の現在の新しい社長は会社の基本戦略としての従業員参加に興味をもっている。しかしながら、新聞記事や同調査に対する回答から得られた情報によっては、この変化が議決権の直接的な効果であったか否かは明らかでない。(137)

先の二例は例外である。六社は議決権が政策形成に何の影響も有しなかったと述べた。別の二社は、影響について判断するには余りにも早すぎるので、それについては何とも言えない、と述べた。残る会社は、議決権は経営者の態度や従業員の態度に影響があるかまたは一般的に従業員所有についての態度と関係がある、と述べた。[138]

(3) パス・スルー議決権に関連する諸要因

a 序

先に従業員所有会社における議決権の効果を見た。ここでは、労働者の特徴、会社の特徴または経営陣の態度がパス・スルー議決権や従業員の取締役会代表または従業員の作業集団のような参加組織（participatory structures）の導入と関係があるかどうかを扱う。[139]

ここでの研究対象となった会社は三二社であり、これは広い範囲の従業員所有会社を含んでいる。従業員に議決権のあるものも議決権のないものも、また、従業員が株式の過半数を所有するものも従業員が株式の少数を所有するものも含まれている。対象となった会社は、規模、地域、産業および従業員持株制度の目的において様々である。資料は一九八二年から一九八四年にかけて、従業員および会社職員との面接によって収集された。収集された資料は会社の特徴、制度の構造、従業員の態度および労働者の特徴に関するものである。[140]

ここでの研究に用いられた特別な変数は次のとおりである。[141]

従属変数（参加指標）

議決権：すべての問題についての議決権の有無（分析に含まれているのは閉鎖会社のみ）。

取締役：取締役会における経営陣でない従業員の有無。

集団：決定において管理職でない者を含む集団の数。

管理職でない者が、労使関係の改善、品質管理、作業方法の改善または新製品の開発に関して参加する集団の有無。

独立変数

会社の特徴：従業員持株制度の設立年次、
従業員持株制度への拠出金の比率、
従業員持株制度の所有比率、
従業員数、
公開会社か閉鎖会社か。

労働者の特徴：労働組合の有無、
労働組合員の比率、
平均的な従業員の教育レベル、
男性労働者の比率、
労働者の平均年齢、
従業員の平均勤続期間、
労働者の平均年間所得。

b　分　析

パス・スルー議決権の最上の予言者は、他の参加組織と同じく、制度の年齢である。すなわち、従業員持株制度が若ければ若いほど、より一層会社は、全問題について議決権をパス・スルーし、従業員所有者を取締役会に出席させ、業務担当役職員でない従業員を作業現場での意思形成や個別の品質管理決定に参加させるようである。

第1表は従業員持株制度の設立年次と様々な参加組織との相互関係を示している。議決権の分析は、公開会社

第１表　参加と従業員持株制度設立年次の相互関係

参加の方式	調査会社数	相関係数
議決権（閉鎖会社のみ）	25	.50**
取締役会代表	32	.31*
参加集団（業務担当役職員でない者を含む）	29	.44**
以下の集団への業務担当役職員でない者の参加：		
労使関係	29	.17
品質管理	29	.42**
作業方法の改善	29	.22
製品開発	29	.30
*p＜.05、**p＜.01（pは有意水準である）。		

Source：Cathy Ivanic and Corey Rosen, Voting And Participation In Employee Ownership Firms 6 (1986).

(public compnies) では法律によって完全な議決権のパス・スルーが強制されているので、閉鎖所有企業に限られている。[142]

この発見は何を意味するのであろうか。おそらく、新しい従業員持株制度は、所有と結びついた参加の積極的な効果について、新しい情報が利用可能であるので、議決権その他による参加の努力を伴いつつある。従業員持株制度は、当初税金節約の手段として注目されたが、一九八〇年代に入ってその組織上の発展面が注目されるようになった。従業員所有だけでも勤労意欲 (committment) の改善、満足および組織の業績に関係しているが、しかしその関係は従業員所有会社すべてにあてはまるものではない。参加は、従業員の所有感を強めるものであり、効果における相違を説明する媒介変数である。[143] 会社決定に影響力を有するとの認識を有する労働者はこの認識のない労働者より満足しているように思われる。所有だけでも従業員の関わり合い (involvement) と勤労意欲に効果を有するが、参加の態度に及ぼす効果はより強いものと思われる。参加は態度に関係しているのみならず、会社の業績の改善にも関係する。一九八六年のある研究[144]によれば、非常に参加的な従業員持株制度会社は、より参加的でない企業より、雇用と販売の成長においてより大きいようである。会社職員および従業員持株制度の設置に際して彼らを助けるコンサルタントは、これらの利益に気付き、その参加者に所有の責任をとらせるよう努力するようである。(145)

同調査は議決権そのものと従業員の態度または会社の業績との関係を見い出していない。むしろ従来の研究によれば、職場レベルの参加が重要である。にもかかわらず、少くとも業務担当役職員の中には、議決権を全体的な参加計画の必須の部分と見る者もいる。したがって参加増大への最近の動向は、より積極的にパス・スルー議決権を伴うこととなろう。(146)

設立年次を除くと、参加指標の一つより多くに一貫して独立に関係のある他の変数はない。労働者の年齢は議決権および取締役会代表とは関係ないが、労働者の平均年齢がより低いほど、より一層会社は作業方法の改善に関する職場レベルでの決定に従業員を関与させるようである（第2表参照）。これは、若い労働者ほど、しばしば教育程度が高く、かつ、仕事に社会的利益や感情的利益を期待する程度が高い、という事実によるのかも知れない。その他の労働者についての諸特徴、つまり、平均的な教育レベル、平均所得、平均勤続年数、労働組合化、および労働者の性などは有意に関係しない。(147)

従業員持株制度の設立年次以外の他の会社についての諸特徴も参加指標に関係がない。企業規模、従業員の所有比率、制度への拠出金の賃金に対する比率のいずれも参加組織の存在と関係がない。(148)

(4)　結　論

新しい従業員持株制度ほど、パス・スルー議決権その他の参加方式を与える傾向にある。たいていの民主的な会社の業務担当役職員の多くは、議決権、参加および従業員所有を区別していない。すなわち彼らの考えによれば、議決権その他の参加方式は従業員所有概念の各部分である。(149)

第2表　労働者の年齢と参加の存在との関係

参加の方式	調査会社数	相関係数
議決権（閉鎖会社のみ）	25	.001
取締役会代表	32	.13
参加集団（業務担当役職員でない者を含む）	29	.44*
以下の集団への業務担当役職員でない者の参加：		
労使関係	29	.31
品質管理	29	.001
作業方法の改善	29	.49**
製品開発	29	.23
*p＜.05、**p＜.01（pは有意水準である）。		

Source：Cathy Ivanic and Corey Rosen, Voting And Participation In Employee Ownership Firms 7 (1986).

業務担当役職員達は、議決権を与えると、労働者が会社の業績により一層力を入れ、肩入れをし、関心をもつようになることを認識していた。議決権その他の方法による従業員の参加は、決定の実施をより円滑にすると思われる。ある会社職員は、「人々が決定により多く寄与するほど、人々はそれが実行に移されたとき、よろこんでそれを支援する。」と述べた。これは参加型経営についての調査結果と同じである。当初の意思形成にはより長い過程を必要とするが、その決定の成功はそのアイデアに対する実施中および実施後の持続する支援によって強められる(150)。

同調査の結果は決して閉鎖所有会社における議決権についての論争を終了させるものではないが、賛成・反対両論者の議論のいくつかを解消する。議決権は会社支配および会社政策の変化にはほとんど関係がない。調査によれば、経営決定への公式の参加は、従業員所有会社における権力行使のパターンにほとんど影響しない。同調査におけるたいていの従業員株主は普通の伝統的な株主とほとんど同じように行動する。議決される問題は個別の問題というよりはむしろ政策の一般的な方向についてのものであると思われる。決定は分裂または反対投票なしに行われるようであり、従業員が取締役を選出するときにはしばしば現在の業務担当役職員を選出する。現実の政策に対する影響は全く限られている。[151]
従業員が現実に彼の株式を議決するとき、その影響は、会社の政策の変化というよりはむしろ、使用者と従業員が議決権について感じる状態により一層関係する。業務担当役職員は、議決権が従業員の「所有感（feeling of ownership)」を促進する、と信じており、議決権の効果は、従業員と業務担当役職員との関わり合いにおける象徴的な効果にあると思われる。双方にとっていわば議決権は所有認知の象徴である。[152]

（1）　全国証券取引所協議会『株式分布状況調査昭和五九年度』（一九八五年）一四八―一四九頁の数字より算出。

（2）　市川兼三「日本と米国の従業員持株制度」インベストメント三八巻四号（一九八五年）一〇頁（本書第一編第一章第三節六三頁所収）。

（3）　「従業員持株会への奨励金と利益供与」商事法務一〇四三号（一九八五年）四〇頁、中村一彦「会社の従業員を会員とする持株会に対する奨励金の支出が商法二九四条ノ二に違反しないとされた事例」金融・商事判例七二五号（一九八五年）四六頁、川島いづみ「従業員持株制度と利益供与の禁止」税経通信四〇巻一四号（一九八五年）二六六頁、盛岡一夫「従業員持株会への奨励金の支払と利益供与の禁止」東洋法学二九巻二号（一九八六年）七七頁、逆井史子「従業員持株制度について」亜細亜大学大学院法学研究論集一〇号（一九八六年）一〇頁、田中誠二「利益供与禁止規定の厳格化およびこの規定と従業員持株制度」商事法務一〇七一号（一九八六年）二頁、別府三郎「従業員持株会と利益供与」鹿児島大学法学論集二一巻二号（一九八六年）五三頁、田村諄之助「会社従業員の持株会に対する奨励金の支出と商法二九四条ノ二」ジュリスト臨時増刊昭和六〇年度重要判例解説（一九八六年）一〇〇頁、河本一郎「従業員持株会への奨励金と利益供与」商事法務一〇八八号二頁（一九八六年）、なお本判決前の学説として、大和正史「従業員持株制度と利益供与の禁止」商事法務九九九号（一九八四年）二頁がある。

（4）　Phillip I. Blumberg, The Megacorporation In American Society 126-127 (1975).

（5）　米国では、従業員福祉基金の所有株式が大会社支配において極めて重要な地位を占めるようになってきている。これについては、参照、市川兼三「米国一〇〇大工業会社の所有と支配［1］」、［2］」証券経済一四六号（一九八三年)、一四七号（一九八四年）。

（6） Blumberg, supra note 4, at 127.

（7） Robert E. Hone, Pass Through Voting: An Analysis, at 103. この論文はそのコピーが前掲注（4）に引用しているブランバーク教授の研究室にあり、米国留学中にコピーをとらせていただいたものである。同論文の掲載誌と発表年次が不明であったので、同教授に問い合わせた。同教授からは、"Profit Sharing, Vol. 17 at P. 22 in 1969"との返事があった。これはこの論文が前掲注（4）の書物の一二九頁に引用されている論文と同じものであるとの趣旨であろうが、両論文の著者の姓は同じであるが、著者の名および頁に付された数字が異なる。なおこの論文がその内容からして一九六六年以後一九六九年以前に書かれたものであることは間違いないと思われる。

（8） Hone, supra note 7 at 103.

（9） ニューヨーク証券取引所は、同取引所に上場されている会社の従業員持株制度について実態を調査し、これを一九六一年に発表している。この報告書については、参照、大和証券調査部「従業員持株制度——米国における実態」大和投資資料三三六号四頁以下（一九六三年）。なおこれによると、当時既に多くの会社においてパス・スルー議決権が認められていたようである。

（10） Hone, supra note 7, at 103.

（11） Ibid.

（12） Ibid.

（13） Ibid.

（14） Id. at 104.

（15） Id. at 105.

（16） Ibid.

（17） Id. at 106.

（18） Id. at 103-104.

(19) 74 Civ. No. 5221 (MP) (S.D.N.Y. 1975).

(20) Ronald S. Rizzo, Specific Drafting and Other Problems of ESOPs in Joseph E. Bachelder III, Employee Stock Ownership Plans 296 (1979).

(21) 528 F. 2d 225 (9th Cir. 1975).

(22) Id. at 234. Refer to Rizzo, supra note 20 at 297.

(23) Lewis D. Gilbert, It's Time For Pension Democracy, Pension World, November 1977, at 33.

(24) Ibid.

(25) Id. at 34.

(26) Ibid.

(27) Ibid.

(28) Ibid.

(29) Ibid.

(30) Ibid.

(31) Ibid.

(32) この投資に関係する税額控除に適格な従業員持株制度は通常TRASOP（Tax Reduction Act ESOP）と呼ばれる。これについては参照、市川・前掲注(2)八頁（本書六〇頁)。

(33) Thomas A. McSweeny, Comparison Of The Proposed And Final ESOP Regulations in Joseph E. Bachelder III, Employee Stock Ownersip Plans 458 (1979); Jonathan Barry Forman, Employee Stock Ownership Plans, Voting Rights, And Plant Closings, 11 Journal of Law Reform 170 (1977).

(34) McSweeny, supra note 33 at 458.

(35) Ibid.

(36) Forman, supra note 33 at 164.

(37) McSweeny, supra note 33 at 458.

(38) Forman, supra note 33 at 165.

(39) Ibid.

(40) Rizzo, supra note 20 at 294-295.

(41) McSweeny, supra note 33 at 459.

(42) Ibid.; Rizzo, supra note 20 at 294.

(43) McSweeny, supra note 33 at 459; Rizzo, supra note 20 at 295.

(44) Rizzo, supra note 20 at 295.

(45) McSweeny, supra note 33 at 459.

(46) Ibid.

(47) Ibid.

(48) Id. at 460.

(49) Rizzo, supra note 20 at 295.

(50) Mayer Siegel, Changes Under The 1978 Revenue Act Affecting ESOPs And TRASOPs in Joseph E. Bachelder III, Employee Stock Ownership Plans 575 (1979).

(51) Dan M. McGill, Post-ERISA Legislation in Special Committee On Aging, United States Senate, The Employee Retirement Income Security Act Of 1974: The First Decade 50 (1984).

(52) Weyher And Knott, The Employee Stock Ownership Plan, Second Edition 113 (1985).

(53) IRC § 409 (e); Weyher and Knott, supra note 52 at 113.

(54) Jared Kaplan, Gregory K. Brown and Ronald L. Ludwig, 1985 Tax Management Portfolios, ESOPs A-25; Timothy C. Jochim, Employee Stock Ownership And Related Plans 170 (1982).

(55) IRC § 409 A (e) (4).

(56) Weyher and Knott, supra note 52 at 114.
(57) Id. at 113.
(58) Kaplan, Brown and Ludwig, supra note 54 at A-25.
(59) Ibid.
(60) Refer to Delaware General Corporation Law [Del. Code Ann. tit. 8, §§ 341-356]; Weyher and Knott, supra note 52 at 139 n. 106.
(61) Refer to N.Y. Buss, Corp. Law §§ 903, 908, 909, 1001 (Mckinney 1963); Siegel, supra note 50 at 575.
(62) Weyher and Knott, supra note 52 at 114.
(63) Kaplan, Brown and Ludwig, supra note 54 at A-25.
(64) Weyher and Knott, supra note 52 at 114.
(65) Id. at 114-115.
(66) Id. at 115.
(67) Ibid.
(68) Ronald L. Ludwig and Anna Jeans, Q & A's On ESOP Voting Rights, The Employee Ownership Report, Sept./Oct., 1986 at 8.
(69) Refer to Rizzo, supra note 20 at 296.
(70) 参照、前掲⑴②。
(71) Ludwig and Jeans, supra note 68 at 8.
(72) Ibid.
(73) TRASOPsについては参照、前掲注(32)。
(74) Treas. Reg. §1. 46-8 (d) (8) (iii)。同規則は次のことも定めている。すなわち、参加者は部分株式(fractional shares) の議決権行使を認められねばならない。受信者は、完全な株式 (full shares) についての参加者の議決を反映する投票（mirror vote）において、部分株式全体を議決することを授権されることができる。Refer to Weyher and Knott, supra note 52 at 139 n. 109.
(75) Weyher and Knott, supra note 52 at 114.
(76) Ludwig and Jeans, supra note 68 at 8.
(77) Weyher and Knott, supra note 52 at 114.
(78) 拠出額確定年金制度については参照、市川・前掲注（2）四頁（本書五三頁）。
(79) Siegel, supra note 50 at 575; Rizzo, supra note 20 at 375.
(80) 参照、前掲二―1(4)。
(81) Forman, Supra note 33 at 165.
(82) Rizzo, supra note 20 at 294.
(83) Id. at 297-298.
(84) Id. at 297.
(85) 参照、市川・前掲注（5）〔1〕五五―五八頁。
(86) Blumberg, supra note 4 at 126.
(87) 参照、前掲二―2。
(88) Forman, supra note 33 at 168.
(89) Id. at 168, 170.
(90) Hone, supra note 7 at 106.
(91) Forman, supra note 33 at 169.
(92) Ibid.
(93) Id. at 170.
(94) 参照、前掲二―3。

(95) Voting Rights And ESOPs: A Debate, Employee Ownership, Dec. 1983, at 6.
(96) Working Better: Voting, The Employee Ownership Report, Sept./Oct. 1986, at 2.
(97) Cathy Ivanic and Corey Rosen, Voting And Participation In Employee Ownership Firms 1 (1986).
(98) Id. at 1-2.
(99) Voting Rights, supra note 95 at 6.
(100) Working Better, Supra note 96 at 2.
(101) Ivanic and Rosen, supra note 97 at 1.
(102) Working Better, supra note 96 at 2.
(103) Employee Ownership, Sept. 1982, at 7; Employee Ownership, June 1983, at 9.
(104) Employee Ownership, Sept. 1982, at 7.
(105) Voting Rights, supra note 95 at 6.
(106) Id. at 7.
(107) Id. at 8.
(108) Refer to Mark A. Vogel, Tax Reform Act of 1986 Changes Affecting ESOPs in The ESOP Association, ESOPs and The 1986 Tax Reform Act 146 (1986).
(109) Ludwig and Jeans, supra note 68 at 8.
(110) Vogel, supra note 108 at 146.
(111) The ESOP Association, How The ESOP Really Works 15 (1986).
(112) Keck, Mahin & Cate, Outline of Special Tax Provisions Dealing With Employee Stock Ownership Plans 26-27 (1986).
(113) Nick I. Goyak, The Tax Reform Act of 1986-Changes To Employee Stock Ownership Plans in The ESOP Association, ESOPs And The 1986 Tax Reform Act 163 (1986).

(114) Ludwig and Jeans, supra note 68 at 9.
(115) Blumberg, supra note 4 at 127.
(116) Ibid.
(117) 参照、前掲二6(1)、(2)および(3)。
(118) Cathy Ivanic, What Happens When Employees Vote Their Shares? The Employee Ownership Report, Sept./Oct., 1986 at 1.
(119) Ivanic and Rosen, supra note 97がこの報告書である。
(120) Id. at 2.
(121) Ibid.
(122) Ivanic, supra note 118 at 1.
(123) Ivanic and Rosen, supra note 97 at 8, Appendix B.
(124) Id. at 2.
(125) Ibid.
(126) Id. at 2-3.
(127) Id. at 3.
(128) Ibid.
(129) Ibid.
(130) Ibid.
(131) Ibid.
(132) Ibid.
(133) Id. at 3-4.
(134) Id. at 4.

(135) Ibid.
(136) Id. at 5.
(137) Ibid.
(138) Ibid.
(139) Id. at 6.
(140) Ibid.
(141) Id. at 8, Appendix A.
(142) Id. at 6.
(143) Ibid.
(144) M. Quarry, Employee Ownership and Corpopate Performance (1986)を指すものと思われる。
(145) Ivanic and Roson, supra note 97 at 6.
(146) Ibid.
(147) Id. at 6-7.
(148) Id. at 7.
(149) Ibid.
(150) Id. at 5.
(151) Id. at 5, 7.
(152) Ibid.

三　日本の従業員持株制度と議決権

1　従業員持株制度と利益供与禁止規定

商法二九四条ノ二は会社が何人に対しても株主の権利行使に関して財産上の利益を供与することを禁止している。本条がその立法の経緯からして、経営者といわゆる総会屋との癒着を断ち切ることを最大の目的として制定されたことは明らかである[153]。しかしながら、「何人に対しても」との立法形式から見て、本条の立法目的が総会屋の排除のみにとどまらないことも明らかである。本条の立法目的については会社財産の不適切な使用（浪費）の抑制にとどまらず、「会社の支配者たるべき株主の権利行使に影響を与える趣旨で取締役が会社の負担で行う利益供与を許すことは会社法の基本理念に反する（経営者支配の助長）から、そのような行為を禁止することによって、より広く会社の経営の適正をはかっているもの（抽象的危険犯[154]）」と言われている。つまり本条の立法的は会社資産を利用しての経営者支配の助長を禁止することによって会社運営の適正をはかることにあるものと思われる[155]。

会社による従業員持株制度への奨励金の支給は本条の規定に違反するのであろうか。これについては「従業員持株会の制度は、従業員の財産形成など福利厚生および安定した雇用関係の確立を目的とするものであり、これに対する会社の補助は個々の従業員の権利行使の具体的内容（会社提出の議案に対する賛否など）とはかかわりなく制度として設けられ一律に運用されるものであるから、本来権利行使に影響を与える趣旨は何ら含まれていないのであり、商法二九四条ノ二の禁止の対象ではない[156]」との見解がある。しかしながらこの説においても、奨励金の支給が本条の禁止違反とならないためには、それが株主の権利行使に関係していないことを条件としているものと思われるのであり、従業員持株制度が安定株主確保の方策として利用される場合には、株主権の行使に関する利益供与になるおそれがあることを認めている、[157]と思われる。

商法二九四条ノ二の禁止の対象となるためには、会社からの利益供与が株主の権利行使に関してなされること つまり両者の関連性が必要である。会社による従業員持株制度への奨励金の支給は、もしこれが従業員株主の株主としての権利行使に関してなされているとすれば、同条の禁止の対象となる。従業員持株制度が安定株主確保の方策として利用される場合には、取締役の忠実義務に違反するおそれがあるものと考えられるが[158]、さらに利益供与禁止規定に違反するおそれもあると考えられる。なぜならば、安定株主の確保とは、結局、現経営陣の地位保全のためであり、株主総会での発言権や議決権の行使を現経営陣に有利なようにするため、と考えられるのであり、それゆえ、安定株主確保のための会社の奨励金の支給は、株主の権利行使に関する利益供与になるおそれがあり[159]、会社資産を利用しての経営者支配の助長となるおそれがある。ところで各種の調査によれば、従業員持株制度がわが国で普及し始めた昭和三〇年代後半から同四〇年代初期にかけては、愛社精神の涵養と並んで安定株主の形成が同制度導入の最大の目的であったことは明らかであると思われる。[160]その後、安定株主の形成という目的は取締役の忠実義務に違反するおそれがあると批判されたにもかかわらず[161]、現在まで同目的は従業員の財産形成および経営参加意識の向上と並んで従業員持株制度導入の三大主要目的の一つであり続けている（第3表参照）。それゆえ、従業員持株制度は制度として設けられ、一律に運用されているものであるから、という理由によっては、これへの奨励金の支給が株主としての権利行使に関係ないとは言えないのであって、この両者の関連性の有無が当該制度の内容を通じて明らかにされなければならないと思われる。

2　従業員持株制度と商法二九四条ノ二第二項

商法二九四条ノ二の適用に際しての問題点は利益供与と株主の権利行使の関連性を利益供与の違法性を主張す

第3表　目的別従業員持株制度採用会社数

採用の目的＼調査年次	昭　43	昭　45	昭　47	昭　49	昭　51	昭　55	昭　60
	%	%	%	%	%	%	%
従業員財産形成	② 61(21.63)	①229 (32.71)	① 450(40.18)	① 665(31.71)	② 480(23.8)	① 826(35.9)	①1,100(39.9)
利益の分配	7(2.48)	5(0.71)	25(2.23)	57(2.72)	84(2.4)	39(2.0)	5(0.2)
安定株主の形成	① 64(22.70)	③ 125(17.86)	③ 153(13.66)	③ 324(15.45)	③ 249(12.4)	③ 374(16.3)	③ 438(15.9)
経営参加意識の向上	54(19.15)	② 150(21.43)	② 258(23.04)	② 488(23.27)	① 558(27.7)	② 542(23.6)	② 665(24.1)
生産性向上	③ 57(20.21)	83(11.86)	56(5.00)	31(1.48)	45(2.2)	14(0.6)	14(0.5)
従業員定着	3(1.06)	25(3.57)	38(3.39)	181(8.63)	179(8.9)	103(4.4)	127(4.6)
愛社精神の向上	20(7.06)	42(6.06)	119(10.63)	194(9.25)	206(10.2)	187(8.1)	198(7.2)
企業への関心向上	16(5.67)	46(6.57)	21(1.88)	157(7.49)	215(10.7)	213(9.1)	191(6.9)
その他							14(0.5)
計	282(100.00)	705(100.00)	1,120(100.00)	2,097(100.00)	2,016(100.00)	2,298(100.00)	2,752(100.00)

（注）　○内の数字は順位。

（出所）　日本証券経済研究所『従業員持株制度の実態調査―昭和60年の実情―』（1986年）7頁。

る者から立証することが困難なことである。同条第二項はこの困難を救済するため、その蓋然性の高いと思われる特定の場合にその関連性を推定し、これを否定する側にその立証責任を課している。すなわち本項は会社が特定の株主に対して無償で財産上の利益を供与した場合または有償であっても会社の受けた利益が供与した利益に比べ著しく少ない場合には、会社が株主の権利の行使に関して利益を供与したものと推定している。これについても従業員持株制度は制度として設けられ一律に運用されるものであるから、本来権利行使に影響を与える趣旨は含まれていないのであり、本項の株主の権利行使に関する推定を受けない[162]、との説がある。しかしながら前述のとおり、従業員持株制度は安定株主の形成を主要な目的としていることがあり、この場合には利益供与禁止規定に違反するおそれがある。また本項の立法形式からしても従業員持株制度は本項の推定を受けないとは言えないと思われる。なぜならば奨励金は全株主ではなく、一部の特定された株主である持株会会員に対して与えられると共に、それは従業員の労務の対価ではなく、自社株投資への補助であって、その支給は無償の供与と考えられるからである[163]。

従業員持株制度への奨励金の支給は商法二九四条ノ二第二項によって利益供与禁止規定違反との推定を受ける。それゆえ、それが違法な利益供与となるか否かは、この推定を覆す反対の証明の成否如何によるものと思われる。この点が最初に問題となった判例として熊谷組従業員持株会事件がある。この判決を手がかりとしてこの推定を覆す反対の証明に必要な要件の問題を考えてみよう。

3　熊谷組従業員持株会事件

(1)　事件の概要

熊谷組従業員持株会は、同規約によれば、同社と同社が全額出資する会社の従業員を会員とする団体であって、会員の財産形成と会員と会社との共同体意識の高揚を図ることを目的とする民法上の組合である。会員は毎月給与時に一口一、〇〇〇円、一〇口を限度とする一定額を、賞与時には月額積立口数の三倍の額を、それぞれ、積立て、持株会はこの積立金によりその都度熊谷組の株式を購入するが、その際会社は従業員の福利厚生の一環として積立金額の五パーセントおよび会員一名につき年四〇〇円（取扱証券会社に対する事務委託手数料相当額）を奨励金として支出している。

かくして熊谷組は、昭和五七年一〇月一日から昭和五八年九月三〇日までの一年間に、熊谷組の大株主である熊谷組持株会の会員らに対して、合計金三、四七五万二五〇円を無償で供与し、以後も現在に至るまで同趣旨の金員の供与を続けている。原告は熊谷組の一株主であるが、奨励金の支出は商法二九四条ノ二に反するとして、会社に代って同社代表取締役社長に対し、右の金三、四七五万二五〇円を会社に賠償することおよび継続中の利益供与行為の中止を求めた。

請求原因事実については当事者間に争いはない。主な争点は会社による奨励金の支出が株主の権利行使に関してなされたか否かにあったが、奨励金の支出が商法二九四条ノ二第二項前段に該当するため、被告によって同項の推定が覆されたと認められるか否かが主として争われた。

判決は事実関係について「持株会規約によると、……従業員が持株会への入退会をするにつき特段の制約はなく、また、取得した株式の議決権行使についても、制度上は、各会員の独立性が確保されており、更に、持株会の役員の選出方法を含め熊谷組の取締役らの意思を持株会会員の有する議決権行使に反映させる方法は制度上はなく、会員は、保有株式数が一定限度を超えた場合にはその超えた株式を自由に処分することもできることが認められるうえ、……奨励金の額又は割合も前示規約等のいう趣旨ないし目的以外の何らかの他の目的を有するほどのものではないと認めるのが相当である[164]」とする。

このような事実認定のもとに、判決は「熊谷組が持株会会員に対してなす奨励金の支払いは、被告主張のとおり、従業員に対する福利厚生の一環等の目的をもってしたものと認めるのが相当であるから、右は、株主の権利の行使に関してなしたものとの前記推定は覆えるものというべきである[165]」と判断した。

(2)　本件の問題点

会社による従業員持株制度への奨励金の支給が商法二九四条ノ二による禁止の対象となるか否かは、奨励金の支給と持株会会員の株主としての権利行使との関連性の有無による。この関連性の有無は当該制度の内容を通じて明らかにされねばならない。その際問題となる制度内容は、取得株式の議決権等株主権の行使において、持株会会員の独立性が確保されており、取締役等会社経営陣による影響が排除されているか否か、取得株式の引出について不合理な制限がないか否かおよび奨励金の額が妥当なものであるか否かの三点であると思われる。これらの三点はいずれも、利益供与禁止規定との関係においてのみならず、従業員の財産形成という観点から見ても重要な問題である。会社による奨励金の支給は商法二九四条ノ二第二項の推定を受ける、それゆえその合法性を主張する者が奨励金の支給と株主としての権利行使とは関係のないこと、つまり上記三点を立証しなければならない。これら三点のうちでも、議決権行使における会員の独立性の有無は株主の会社経営に対する監督是正の権限に直接関係するので、同項の推定を覆す反対の証明の問題において、その成否を決する直接事実の問題であり、株式の引出制限および奨励金の額の妥当性の問題は反対の証明の成否を推認させる間接事実の問題であると思われる。以下順次この三点について検討する。

なろう。

4　議決権の行使

(1)　序

熊谷組従業員持株会は、同会規約によれば、会員の財産形成と会社との共同体意識の高揚を図ることを目的としている。会員の財産上の利益について最も良く知っているのは会員自身であろう。会員の財産形成という制度目的からすれば、持株会取得株式の議決権は会員の自由な意思によって行使されるべきであり、もしそれが取締役等の会社経営陣の影響下に行使されるとすれば、会社による奨励金の支給は利益供与禁止規定に反することとなろう。

まず議論の前提となる事実の確認のため、持株会取得株式の議決権行使に関する熊谷組持株会規約を見てみよう。同規約によれば、会員総会において一人一票で理事を選任し、理事会において理事長を選任する(同規約一〇条、一一条および一五条)。会員は自己に登録配分された株式を理事長に管理させる目的をもって信託し、理事長が受託する株式は、理事長名義として会社の株主名簿に名義を書き換える(同規約二一条)。理事長名義に書き換えられた株式の議決権は、理事会の決議に基づき、理事長が行使する(同規約一五条五項および二二条)。ただし会員はその登録配分株数に応じて株主総会ごとに理事長に特別の指示をすることができる(同規約二二条但書)。このような役員選任および議決権行使方法は日本では比較的多くの従業員持株会の採用する方法であると思われる。

熊谷組従業員持株会事件の判決は前述のような議決権行使の制度上の仕組みをもって商法二九四条ノ二第二項の推定を覆す証拠の一つと見る。その理由は次のとおりである。「取得した株式の議決権行使についても、制度上は、各会員の独立性が確保されており、更に、持株会の役員の選出方法も含め熊谷組の取締役らの意思を持株会会員の有する株式の議決権行使に反映させる方法は制度上はなく、……」。

(2) 学　説

確かに判決の述べるごとく、取得株式の議決権行使において各会員の独立性が確保されており、取締役らの意思を持株会会員の有する株式の議決権行使に反映させる方法がないとすれば、奨励金の支給は株主としての権利の行使に関してなされたものでない、と言えるであろう。だがこれについての学説の評価は鋭く対立している。

熊谷組持株会規約のような議決権行使の制度上の仕組みでもって商法二九四条ノ二第二項の推定を覆す証拠の一つとする説（合法説）の根拠は「会社に対する持株会組織および議決権行使の独立性が確保されている」[166]ことであり、本判決もこの学説にそったものと思われる。合法説は追加的理由として、「これ以上のことを要求すると、わが国の従業員持株制度を根底から覆すこと」になり、「それはとうてい法の意図するところではない」[167]とも述べる。

これに対して、熊谷組持株会のような議決権行使の制度上の仕組みをもってしては、商法二九四条ノ二第二項の推定を覆す証拠としては不十分とする説（違法説）は次のように述べる。「実際には、たいてい理事長に会社の人事部長または総務部長（本件《熊谷組従業員持株会事件―筆者注》の場合、人事部次長兼厚生課長）が就任」しており、「これらの者は、取締役の支配下におかれ、現実に取締役の意向に反して議決権を行使することはできないこと、および個々の従業員は会社に対して経済的弱者の立場にあることに鑑みれば、取締役の直接支配下にある者（人事部長等）の理事長就任をゆるすような持株会の仕組みそのものが、会員の議決権行使の独立性の点できわめて不十分であり、制度上問題がある」[168]。会員は株主総会ごとに理事長に特別の指示をすることができるが、「その独自の議決権行使は、全部そのまま会社関係者、ことにその上司に知られてしまうのであり、これをさけたいと思う限りは、会員は『特別の指示』をすることができず、理事長が理事会の決議に従って上司の意思を反映して議決権を行使することになるのである。即ちこの（熊谷組の—筆者注）持株会規約は、外見上制度上の議決権行使の独立性を認めているようであるが、実際上は、ほとんど全くこれを抑圧し得るのである」[169]。

(3) 私　見

学説の対立点は明白である。合法説は制度上の仕組みのみを根拠として、なお違法説をとった場合の現実への効果を憂慮する。これに対して違法説は制度上の仕組みがもたらしている実態を問題とするが、そのような解釈をとった場合の現実への効果については述べない。

商法二九四条ノ二第二項は法律上の事実推定である。推定の前提事実は、奨励金が全株主ではなく、一部の特定された株主である持株会会員に対して与えられていること、およびそれが従業員の労務の対価ではなく、自社株投資への補助であって、無償の供与であることによって証明されている。推定の前提事実が証明されたときは、法律上の事実推定により推定事実の証明があったと同様の法律効果を生じる[170]。すなわち奨励金の支給は株主の権利行使に関連してなされたとの事実（両者の関連性有り）の証明があったと同様の法律効果が生ずる。この推定を覆すためには、推定と反対の積極的証明を要し、推定事実と反対の事実が証明主題となるもので、単なる反証では足りない[171]。このための相手方の提出する証拠は、裁判上の推定を覆す場合のように反証ではなく、自ら挙証責任を負う者の提出する本証に外ならないのである[172]。反証は必ずしも反対の事実について確信を抱かせなくとも、本証に基づく裁判官の確信を妨害し動揺させる程度で充分であるが、本証はその事実について裁判所に確定的な心証を引起させなければ目的を達しない[173]。証明は、一応確からしいとの心証で足りる疎明とは異なるのであって、九分九厘まで間違いないと認められて初めて真実と認定すべきであって、当事者の主張の真実性が七分三分であるからといって、七分の方へ認定すべきでない[174]。つまり相手方の提出する証拠は、推定事実の反対事実（持株会員の議決権行使における独立性の確保）が真実であることについて、裁判所に九分九厘まで間違いないとの心証を引起させなければならないのであって、その真実性が七分三分程度では、裁判所は推定事実の反対事実を真実と認定すべきでない。

裁判所は、取得株式の議決権行使について制度上各会員の独立性が確保されていることおよび取締役らの意思を会員の有する議決権行使に反映させる方法が制度上ないことでもって、会員の議決権行使における独立性の確保を真実と認定している。しかし、熊谷組持株会規約における会員の議決権行使方法によれば、会員が自ら議決権を行使するためには、自己の氏名を明らかにして、上司である理事長に特別の指示をしなければならないのであって、その議決権行使は制度上の仕組みそのものからしてすでに取締役らの影響を受けざるをえないと思われる。判決は持株会会員である従業員と職場の上司である理事長および取締役とは独立対等な存在であることを前提としているようであるが、現実には、後者に対し前者はその指揮命令に服する被傭者であり、経済的弱者である。仮に独立対等な当事者間においてであったとしても、「特別の指示」を与えるという形での議決権行使方法が事実上当事者の自由な意思表明を抑圧する手段として機能することは、国政選挙の例を見るまでもなく、我々の身近に常態的に見られるように思われる。実態は違法説の指摘するとおり（持株会理事長は取締役の意向に反して議決権を行使しえないおよび持株会会員は上司の意向に反して議決権を行使しえない）であると思われる。それゆえ、熊谷組持株会規約における議決権行使の制度上の仕組みだけでは、会員の議決権行使における独立性が確保されているとの確定的な心証を引起す証拠としては十分なものでないと思われる。

なお本件判旨のごとく、株主としての権利行使における独立性の確保ないし他からの影響の排除について、制度上の仕組みだけから形式的に判断するとすれば、商法二九四条ノ二第二項の推定を覆すことは極めて容易なものとなり、同項の機能する範囲は著しく限定されることとなるであろう。

5　株式の引出制限

(1)　序

従業員の財産形成という従業員持株制度の目的からすれば、価格変動の激しい取得株式の引出を制限することは問題であり、合理性のない引出制限が加えられている場合には、安定株主の確保を目的とするものと解されるおそれがあり、商法二九四条ノ二第二項の推定を覆すための証明が困難になろう。

まず議論の前提となる事実の確認として株式の引出制限に関する熊谷組持株会規約を見てみよう。会員が退会しようとする場合には、退職その他の理由によって会員の資格を喪失した場合や、持株会の目的に反する行為があったため理事会において退会を決定した場合を除いて、理事長に退会を申し出なければならない（同規約五条二項）。退会した者の再入会は原則として認めない（同規約五条三項）。会員は登録配分された株式が三、〇〇〇株以上になったとき一、〇〇〇株を単位として引出すことができる（同規約二三条）。会員は登録配分された株式を他に譲渡しまたは担保に供することができない（同規約二四条）。熊谷組持株会規約のような、入退会および再入会並びに株式の引出制限および処分の禁止についての規定内容は、日本の従業員持株制度に一般的であると思われる。ただ株式の引出制限の枠とされている三、〇〇〇株は平均的な制限枠より明らかに大きいと思われる。一般には、株式の引出制限枠は取引単位と一致する一、〇〇〇株としているものが多いようである。(175)

判決は熊谷組持株会規約による入退会および株式の引出制限をもって、商法二九四条ノ二第二項の推定を覆す一つの証拠と見る。判決は次のように述べる。「従業員が持株会の入退会をするにつき特段の制約はなく、……中略……会員は、保有株式数が一定限度を超えた場合にはその超えた株式を自由に処分することもできることが認められる……中略……。……会員の再入会を認めないとの制約は、本件持株会のような団体にあっては当然の合理的制約であると認めるのが相当であり……」。[176]

(2)　学　説

判決のこのような認定判断に対する学説の評価は分かれている。まず本判決を肯定する説を見てみよう。肯定説は判決の要旨を次の二点にまとめる。①従業員の持株会への入退会は自由である。退会した会員の再入会は認めないが、本件持株会のような団体にあっては当然の合理的制約である。②会員は、保有株式数が一定限度を超えた場合には、その超えた株式を自由に処分することもできる。[177]肯定説はこのような判決の認定判断を是認すると共に、本判決がこれをもって会社による持株会に対する奨励金の支払は、従業員の福利厚生の一環等の目的をもってしたものと認め、株主権の行使に関してなしたものとの推定を覆す一つの証拠としていることを是認する。[178]

なお本判決の結論自体(利益供与禁止規定に反しない)には反対[179]しながらも、株式の引出制限については本判決の立場を支持する説がある。この説は従業員持株は、原則としては譲渡または担保の目的とすることを禁止する合理的理由について次のように述べる。「会社から一定の奨励金を支給されて取得した自社株式を持株会会員が直ちに売却することが許されるときは、会員は奨励金を只取りして自社株を保有しないことになり、また現金化の結果としてこれを浪費することにもつながり、従業員持株制度の目的の一つである会社の利益と従業員の利益の一致を計るとの目的は、全く達成せられなくなると共に、会員の財産形成という他の目的も達成されなくなるおそれを生ずる。[180]」。

次に本判決を否定する説を見てみよう。熊谷組の株式三、〇〇〇株の時価（一九八五年七月二五日現在の一株の株価、八二五円）は二四七万五、〇〇〇円であり、同社の従業員が毎月一口一、〇〇〇円の積立を一〇口限度で行い、賞与時積立（月掛の三倍）を年二回加えたとしても、三、〇〇〇株を取得するためには約一四年もかかる。[181] 同社の三、〇〇〇株は年間の最低株価で計算しても一五〇万円を超えるのであり、財産価値の急激な変化の予想される株式投資の場合に一五〇万円超まで取引単位の三倍まで引き出すことができない。[182] 従業員の財産形成、福利厚生の観点から見れば、いうまでもなく自社株売買の自由を保有する体制こそ必要であり、値下がりの危険のある株式を反強制的に保有させ続けることは問題であり、実質的に合理性のない制約が加えられる場合、当該従業員持株制度が従業員の福利厚生以外の目的（たとえば不当な安定株主工作）に利用されていると推測されても已むを得ないであろう。[183]

(3)　私　見

肯定説が熊谷組持株会規約による株式の引出制限を合理的なものとする根拠は会社による奨励金の支払いと従業員持株制度の目的にあると思われる。従業員持株制度の目的としては会社の利益と従業員の利益の一致を図ることおよび従業員の財産形成があげられているが、後者が基本になると思われる。これに対し、否定説は従業員の財産形成、福利厚生の観点からすれば、自社株売買の自由を保障する体制こそ必要であり、三、〇〇〇株という制限枠は合理性がない、と主張する。双方共基本的には従業員の財産形成という目的から出発しながら相反する結果に到達していると思われる。

株式の引出制限の問題を考える際に重要なことは従業員持株制度を通じての従業員の財産形成方法の特徴であると思われる。熊谷組の従業員持株制度に限らず、現在、我が国において行われている従業員持株制度の実態から見る限り、そのほとんどは月掛投資方式のものであり、従業員は毎月給料から天引で一定額の資金の積み立てを行い、これに会社が若干の補助金を奨励金として与え、この積立金と奨励金からなる基金でもって自社株を継続的に購入している。(184)その投資方法の特徴は、集団で小額の継続的な積み立てをなすことによって株式投資を可能とすることおよび毎月決まった額の資金で株価の水準に関係なく購入可能な株式数を継続的に買い付けることによって株価変動のリスクを回避しようとする点にあり、この投資方法はドル平均法またはドル・コスト平均法と呼ばれる。その投資方法は一定期間の継続的投資を前提とするように思われる。また従業員持株制度は先に見たように経営参加意識の向上を目的とすることもある(第3表参照)。さらに従業員持株制度が従業員の財産形成を目的とする場合にも、会社がこれに奨励金を支給する根拠は従業員の勤労意欲の向上を図る点にあると思われる。自社株への投資の促進によって経営参加意識の向上ないし勤労意欲の向上を図り、ひいては従業員の財産形成を図る場合、取得した自社株式の一定期間の継続的保有を前提とするように思われる。それゆえ、期間を限って、特段の事情のない限り、取得株式の引出を制限することには合理性があると思われる。問題はその期間の長さをどの程度にすべきか、であるが、これに関しては投資理論も考慮しなければならないと思われるが、投資理論自体からは適切な期間を推定できないものと思われる。この期間に関しては、投資基金の主体は従業員の給料からの天引によって形成されており、会社からの奨励金はその補助にすぎないことを考慮しなければならないでろう。ことまた投資対象がその財産価値に急激な変化の予想される株式であることも考えなければならないであろう。ことに会社破産の場合には従業員は職を失うと同時に貯蓄を失う危険もある。これらの事情を配慮して従業員の財産形成という観点から株式の引出制限が許される期間をあえて予想すれば、せいぜい五年間程度ではないであろうか。熊谷組持株会について言えば、一単位の株式数ないし取引単位の株式数の三倍まで引出を制限していることも問題であろう。株式数が単位未満の場合には、その権利行使面および譲渡面において様々の不利益を受けると思われるので、単位未満の株式の引出を制限することは、それが先の投資方法等から予想して許されると思われる引出制限期間を若干上回る程度までなら、一応の合理性があるかとも思われる。だが一単位の数に達した株式にはそのような不利益はないのであって、従業員の財産形成を目的とする限り、その引出を制限する合理的根拠はないように思われる。熊谷組持株会規約による株式の引出制限は、一単位の三倍まで引出を制限しているのみならず、先の投資方法等から予想して許されると思われる期間を大巾に超えていることは明らかと思われるので、同社の従業員持株制度は従業員の財産形成以外の目的（たとえば安定株主の形成）に利用されていると推測されてもやむを得ないであろう。

なお本判決およびこれを肯定する説は、退会した会員の再入会は認めないことを、持株会のような団体にあっては当然の合理的な制約であるとし[185]、本判決を否定する説もこれを黙認しているように思われるが、退会した会員の再入会を永久に認めないことに合理的な理由があるとは思われない。当然の合理的な制約とする根拠が何なのかはよくわからないが、退会した会員といえども従業員である限りは、従業員の財産形成という制度目的から見て、むしろ本人が望むなら再入会を認めるべきであり、入退会を繰り返すことによる事務上の煩雑さは退会後一定期間入会を制限することによって回避できるものと思われる。

6　奨励金の額

(1)　序

奨励金の額が妥当か否かも利益供与禁止規定に関連して問題になると思われる。なぜならば奨励金は会社からの無償供与であり、「笛吹きに金を与えるものが曲目を決定する」という西洋のことわざにも明らかなように、無償供与の受供与者はその権利行使において供与者の意向を無視しえないと思われ、これはまさに商法二九四条ノ二の禁止するところと思われるからである。

熊谷組従業員持株会事件における事実関係は次のとおりである。熊谷組は従業員の財産形成の助成等の一環として持株会会員の積立金額の五パーセントおよび会員一名につき年四〇〇円（取扱証券会社に対する事務委託手数料相当額）を奨励金として支出しており、かくして同社は、昭和五七年一〇月一日から昭和五八年九月三〇日までの間に、同社の大株主である熊谷組持株会の会員らに対して、合計金三、四七五万二五〇円を無償で供与した。[186]

これに対する本判決の認定判断は次のとおりである。「前示争いのない奨励金の額又は割合も、前示規約等のいう趣旨ないし目的（会員の財産形成と会社との共同体意識の高揚―筆者注）以外の何らかの他の目的を有するほどのものではないと認めるのが相当である」。[187]

(2)　学　説

学説は奨励金の額の妥当性の問題について次の二説に分かれると思われる。一方の説はこの問題を従業員の積立金に対する比率の問題としてとらえる（比率説）。すなわち、この問題は従業員の福利増進という従業員持株制度の目的に照らし妥当な範囲かどうかによって判定するべきであり、このような点から考えて、現在一般に行われている積立額の三パーセントないし二〇パーセントの奨励金の支給は妥当な範囲のものと考える。[188] 他方の説はこの問題を従業員の福利厚生費全体から見ての総合的な判断の問題としてとらえる（総合説）。すなわち、従業員の福利厚生費として相当な金額であるか否かは、会社が従業員の福利厚生のために全体としてどの程度の金額を使っており、その中で持株会への支給額がどれほどの割合を占めているか、従業員の加入率はどのくらいであるか等、総合的な判断によって導き出されるものであって、積立金に対するパーセンテージで一律に判断することはできない。[189]

本判決において主に問題とされているのは、熊谷組持株会規約及び同運営細則であり、奨励金と会社の福利厚生費全体との関係は問題とされていないので、本判決は比率説に立脚しているものと思われる。総合説の立場からは、規約等のみでは奨励金の相当性は判断できないのであり、したがって本判決のこの点についての判断は根拠を欠いたもの[190]、との批判を免れないことになる。

(3)　私　見

総合説が、福利厚生費としての相当額の範囲内であれば、会社は無償で従業員に株式を取得させることができる[191]、と解するとすれば、問題ではなかろうか。確かに福利厚生費として相当額の範囲内であるならば、株式取得価額の全額を会社が奨励金として負担したとしても、利益供与禁止規定が存しないならば、おそらくこれだけでは取締役の忠実義務違反の問題を生じないであろう。だが奨励金は会社の債務ではなく、従業員がそれに対して権利を主張できるようなものではない。その支給および額は基本的には取締役の任意の判断に任されている。従業員が毎月継続的に取得する株式の対価価額全額を会社が負担するとすれば、従業員はいわば恩恵としてこの株式を取得するのであり、この恩恵の継続を望む限り、取締役の意向に反して取得株式の議決権を行使することはできないと思われる。これが利益供与禁止規定に違反することは明らかであるように思われる。したがって法令違反として取締役の忠実義務違反も問題になる思われる。奨励金についての会社の債務性および従業員の権利性が確立していない限り、利益供与禁止規定から見て、自社株投資の危険は基本的には従業員の拠出金によって負担されねばならないのであって、会社の奨励金はそれに対する単なる補助にとどまらなければならないと思われる。このような観点からすれば、たとえ株主としての権利行使において持株会会員の独立性が完全に確保されていたとしても、後に続く無償供与が期待されている限り、従業員の積立金に対する会社の奨励金の比率の妥当性が問題にならざるをえないと思われる。利益供与禁止規定違反のおそれを免れるためには、この比率は、株式の投資対象としての危険の程度に配慮したとしても、二〇パーセント以下でなければならないように思われる。妥当な比率を超える奨励金は、従業員の自社株投資に対する単なる補助（従業員の財産形成の助成）と言うことはできないのであって、利益供与禁止規定に違反するおそれがあるものと思われる。熊谷組持株会規約によれば、従業員の積立金に対する奨励金の比率は五パーセントであり、これは妥当な比率の範囲内と思われるので、この点についての本判決の判旨は正当である。

奨励金の額が妥当な比率以下であるなら、利益供与禁止規定との関係では問題ないと思われるが、なお次のような問題がある。従業員の積立金に対する奨励金の比率は同じでも、現実に個々の従業員に支給される金額は、各々が自社株投資にまわすことのできる資金的余裕によって決まってくる。福利厚生費としての性質から見て、従業員によって支給される金額に大きな違いがあることは望ましくないのであって、従業員各自に与えられる奨励金の額には自ずから妥当な上限を設けることが必要であろう。また妥当な比率で妥当な上限が設けられていても、なお奨励金の総額が問題となるであろう。これは、総合説の主張するとおり、株式の福利厚生費全体との関係で妥当なものでなければならないと思われる。さらに株式の福利厚生費全体は会社の利益や従業員数など会社全体の状況から考えて妥当なものでなければならないであろう。ただこれらの問題は原則として取締役の判断に任されており、極端な場合に限って、取締役の忠実義務違反の問題を生じるものと思われる。

7　利益供与禁止規定違反の効果

(1)　序

熊谷組持株会規約における制度上の仕組みによれば、持株会取得株式の議決権行使における持株会会員の独立性の確保が十分でなく、その議決権行使において同社取締役の影響を排除するものとはなっていないと思われること、および持株会が会員に課している取得株式の引出に対する制限は会員の財産形成手段の一つとしての株式投資方法という観点から見て、合理的なものとは考えられないので、同社の従業員持株制度は従業員の財産形成以外の目的（たとえば安定株主の形成）に利用されているとの推測を排除するものとはなっていない。それゆえ、本判決に現れた被告提供の証拠だけでは商法二九四条ノ二第二項の推定を覆す反対の証明としては十分でないと思われる。したがって同社の従業員持株会への奨励金の支給は利益供与禁止規定に違反するものと思われる。

それでは、熊谷組による従業員持株会への奨励金の支給が利益供与禁止規定に違反し、違法であるとした場合、その効果はどうなるのであろうか。これに関して、本判決を支持する説は次のように述べる。「同条（商二九四条ノ二―筆者注）違反は、同時に、商法四九七条違反となり、刑罰の対象となる。しかも、これらの条文の適用を受けるのは、取締役だけではない。持株会に加入した従業員にも及ぶ。もし現在一般に行われている従業員持株制度が違法だということになれば、奨励金を受け取った従業員は、これを会社に返還しなければならない（商二九四条ノ二第三項）。刑罰の対象にもなる（商四九七条二項）[192]」。この主張がそのままあてはまるとすれば、「わが国の従業員持株制度を根底から覆すことになる。それはとうてい法の意図するところではない[193]」ということになるであろう。本件原告は取締役または従業員の刑事責任ないし従業員の返還責任を追及しているわけではないことを度外視しても、この説には次のような問題点があると思われる。

(2)　民事責任

まず民事責任について考えてみよう。利益供与禁止規定に違反した場合の民事責任については、商法上では取締役についての商法二六六条一項二号による供与した利益の価額の弁済責任および同条一項五号と商法二六六条ノ三第一項による損害賠償責任並びに受供与者についての商法二九四条ノ二第三項による返還責任が問題になると思われる。従業員持株制度の場合、供与者である取締役および受供与者である従業員株主にこのような責任を課すことは、同制度の有する社会的効用を否定することになり、問題である、ことに従業員株主には酷であるとの主張もありうると思われる。しかしながら、従業員持株制度が安定株主の形成に利用される場合、会社資産を利用しての経営者と従業員株主との一体化を通じての経営者支配の助長があると思われ、これは結局、経営者や従業員でない他の株主の会社経営に対する監督是正権を害し、その利益を害するものであり、それは会社資産の不適切な使用になると思われる。それゆえ、会社資産の不適切な使用を抑制するという商法二九四条ノ二の立法趣旨[194]からして、取締役は、違法原因を除去しない限り、前述の弁済責任および損害賠償責任を負い、従業員株主も、違法原因が除去されない限り、前述の返還責任を負うものと考える。ただ後に述べるように、従業員株主の返還責任の範囲は会社の支給した奨励金の額とは必ずしも一致しないものと思われる。遅延損害金については、取締役も従業員株主も、奨励金支給の当時、これと株主権の行使との関連性について善意であったと思われるので、違法性について悪意になった時から生ずるものと考える。

ただし、取締役についての商法二六六条一項二号による弁済責任と従業員株主についての商法二九四条ノ二第三項による返還責任はいずれも奨励金の支給と株主権の行使との関連性の存在を前提とするものであり、従業員持株会の制度上の仕組みにその違法原因がある。この違法原因が存続する限り、取締役も従業員株主もこの民事責任を負うが、従業員持株会の制度上の仕組みが改正され、違法原因が除去されるならば、瑕疵は治癒されたのであって、取締役や従業員株主のこの責任は過去に遡って消滅するものと考える。すなわち、取得株式の議決権行使における持株会会員の独立性を確保する制度上の仕組みが確立され、取得株式の引出に対する不合理な制限が排除されるならば、両者のこの民事責任はなくなるものと考える。

瑕疵の治癒によって取締役の弁済責任と従業員株主の返還責任が過去に遡って消滅すると考える追加的な根拠として次のこともあげられよう。熊谷組の従業員持株制度設立は商法二九四条ノ二制定のかなり前であると思われ、その設立当時、両者は同条違反について配慮する義務がなかったと思われるので、同条制定前の奨励金支給について両者の責任を問うことは困難と思われる。奨励金の金額は妥当なものであり、奨励金の支給自体に違法性はないのであって、問題はこの奨励金の助成によって取得された自社株式の管理の側面つまり議決権行使方法と引出制限にある。制度が改正され、管理の側面における問題性が消失するならば、従業員持株会管理株式については、従業員の福利厚生以外の目的に利用されているという疑いは払拭されるのであり、もはやその取得の助成に用いられた奨励金を会社に返還させる正当な理由はないと思われる。その場合、従業員持株会から引出され、それによる管理の拘束から解放されている株式についてもこれと異なる扱いは必要でないと思われる。

ただ前述のような瑕疵の治癒によって過去に遡って消滅するのは、取締役の商法二六六条一項二号による弁済責任および従業員株主の商法二九四条ノ二第三項による返還責任に限られるものと思われる。瑕疵の治癒以前に、奨励金の支給およびこれと関連ある株主権の行使によって瑕疵もしくは第三者に損害が発生していれば、これについては取締役は商法二六六条一項五号および商法二六六条ノ三第一項による損害賠償責任を負い、この責任はたとえ瑕疵が治癒されたとしても過去に遡っては消滅しないものと考える。

なお違法原因が存続する場合にも、従業員株主については、彼が受けた利益の全額を返還すればよいのであって、これは必ずしも会社の供与した財産上の利益の価額とは同じではないと思われる。会社の奨励金支給は自社株式への投資を条件とするものであり、既に支給された奨励金は急激な価格変動の予想される株式に投資されている。投資元本の大部分は従業員の給料から天引された積立金であり、会社からの奨励金はその補助にすぎない。

投資危険の主たる負担者は従業員であるにもかかわらず、取得した株式の引出は一定期間拘束され、従業員はこれを自由に処分することができない。取得株式を処分し、現金化して、投資利益が発生したときに初めて従業員の受けた利益が確定する。だがこの投資利益は必ずしも会社からの奨励金を上回るとは限らないのであって、場合によってはマイナスになることも起りうる。従業員は投資利益の発生した限度において会社からの奨励金を返還すればよいと考える。なお投資利益の発生額を判断する時点としては、必ずしも従業員が取得株式を処分し、現金化した時ではなく、これに先立つ取得株式を持株会から引出した時が考えられる。従業員が取得株式を引出して自己の名義に書き換えた時から、従業員が他の株主と同様にこれを市価で処分できるとすれば、引出時の市価でもって投資利益を判断してよいと思われる。

従業員の商法二九四条ノ二第三項による返還責任は会社の供与した財産上の利益の価額以下であり、かつ投資利益を限度とすると解する追加理由として次のことがあげられよう。取締役は会社の政策の一環として自ら指揮命令して従業員持株制度を推進しており、その制度上の仕組み形成および改正に直接的な責任があると思われるのに対し、従業員株主は取締役に対しては被傭者としてその指揮命令に服する立場にあり、従業員持株制度の制度上の仕組み形成および改正に直接的な責任を負わないと考えられる。

(3)　刑事責任

次に刑事責任について考えてみよう。商法四九七条による刑罰の対象となるためには、供与者についても受供与者についても、財産上の利益の授受が株主権の行使に関するものであることの認識（故意）を必要とする。[195] 本条の対象は、本来私人間の経済的関係にすぎないのであり、このような場合には、刑法の介入には、明確な利益の侵害のあることが要求されるべきである。[196] 本条に関しては推定規定はない。民事法の違反は刑事法の違反についての事実上の推定を与えるものではない。また「疑わしきは被告人の利益に判断する」ということは刑事法の基本原則である。それゆえ、従業員持株制度への会社による奨励金の支給に関して、取締役または従業員を刑罰の対象とするためには、検察官は、奨励金が株主権の行使に関して供与されたことについての取締役または従業員の故意を積極的に証明し、これについて裁判官に真実間違いないとの確定的な心証を引起させなければならない。従業員持株制度が、従業員の財産形成を目的とし、現実に従業員の財産形成に役立っていると思われる以上、このような立証は困難であって、取締役または従業員は商法四九七条による刑罰の対象にならないと思われる。

(4)　民事責任と刑事責任の関係

利益供与禁止規定違反の場合の民事責任と刑事責任との関係については、「同条（商法二九四条ノ二―筆者注）違反は、同時に、商法四九七条違反となり、刑罰の対象となる。[197]」（傍点筆者）との主張がある。しかしながら、商法二九四条ノ二第二項の適用ある場合にはその推定を覆す反対の証明がなされない限り（この証明は既に述べたように反証ではなく本証であるので、裁判官に推定事実の不存在または反対事実の存在につき真実間違いないとの確定的な心証を引起すものでなければならず、相当に困難である）、取締役については商法二六六条一項二号の責任が、受供与者については商法二九四条ノ二第三項の責任が発生する。つまり、民事責任の発生には、供与者である取締役についても受供与者である従業員株主についても故意（株主権の行使に関する利益の授受との認識）の立証は必要ないのである。これに対して、商法四九七条による刑罰の対象とするためには、検察官は供与者についても受供与者についても故意の存在について積極的に立証し、裁判官に真実間違いないとの確定的な心証を引起させなければならない。すなわち、民事責任については故意の存在の立証を要しないが、刑事責任については故意の存在の立証を要するのであり、商法二九四条ノ二の違反が必ずしも商法四九七条の違反とならないことは、両条の立法形式からして明らかであるように思われるがいかがなものであろうか。

8 違法原因を除去する方法

(1) 序

ここにおいて違法原因を除去するためには、熊谷組持株会における制度上の仕組みはどのように改正されねばならないかについて考えてみよう。株式の引出制限の問題については述べた[198]ところから明らかであると思われる。ここでは議決権行使における持株会会員の独立性を確保する方法について考えてみよう。実質的に持株会会員各自の自由な議決権行使を確保し、議決権行使に関して取締役の影響を排除する制度的仕組みを確立するにはどうすればよいのであろうか。この点に関して米国における規制および慣行が有益な参考になると思われる。

米国では、法律によって議決権パス・スルーが強制されるかなり前の一九六一年頃から証券取引所の指導によって、従業員福祉制度の参加者への議決権パス・スルーが行われていた。その主な目的は参加者に会社についての情報を開示することと、参加者による議決権の行使によって、参加者の投資者としての利益を保護することである[199]。

株主運動家達は従業員株主による秘密投票を求めて次のような理由を述べた。「秘密投票は民主的な社会の品質証明（hallmark）である。株主は会社市民であり、重大なものであれ、ささいなものであれ、実在するものであれ、空想上のものであれ、あらゆる圧力に対して保護されるに値し、政治的投票者に与えられると同じプライバシーに値する。公開投票はどのように用いられようと支配の手段である」。米国では経営者がこのような要求に率直に応じてきたように思われる[200]。

一九七四年の従業員退職所得保障法の制定後は、同法によって従業員持株制度は参加者の排他的利益のため設立され、維持されねばならない、と明定され、多くの使用者が、彼らの従業員持株制度は参加者の排他的利益のため設立され、維持されていることを示す追加的な証拠として、任意に議決権パス・スルーを認めた、と言われている。(201)

一九七八年歳入法以来、法律によって、公開会社の場合には株主の承認を必要とするすべての事項に関して議決権の参加者へのパス・スルーが強制されており、閉鎖会社の場合には特定の重要な事項に限ってのみ議決権参加者へのパス・スルーが強制されている。(202) 実態調査によれば、閉鎖社会でも議決権パス・スルーの強制されていない取締役選挙その他の事項に議決権パス・スルーを認める例がかなりあると思われるが、従業員持株制度の年令の若い会社ほど、議決権パス・スルーその他の方法による従業員の経営参加に積極的であり、その要因は、経営参加が従業員の所有感と満足感を強め、従業員の態度に積極的な効果を有することがしだいに知られるようになってきたからである、と言われている。(203)

米国の従業員持株制度における議決権行使の特徴は議決権パス・スルーすなわち受託者の議決権行使が参加者の直接秘密投票に基づいて行われることにあると思われる。(204) 大規模公開企業においては、議決権を行使する受託者は会社とは関係のない第三者であること、その議決権行使は参加者の直接秘密投票に基づくこと、およびその投票は会社と関係のない第三者が管理集計することによって、参加者の議決権行使における独立性がほぼ完全に確保されていると思われる。

日本においても従業員持株制度取得株式の議決権行使における持株会会員の独立性を確保するために、その制度上の仕組みは前述の三要件を備えていることが望まれる。また投票を管理集計する第三者は、米国の例に見られるように、弁護士や公認会計士のような職業倫理の確立している者であることが望ましい。だがこの方法の欠点は、おそらく投票の管理集計に費用のかかることであろう。それゆえ実際には、会社の計算書類に会計監査人の監査を義務づけられているような大規模な株式会社にその適用を限らざるを得ないと思われる。中小規模の株式会社では制度受託者または社内の選挙管理委員会のような組織が投票の管理集計に当たることがあってもよいと思われる。しかしこの場合にも、持株会会員の議決権行使における独立性が確保されていると言いうるためには、会員の投票においては、誰からの干渉も排除するような、直接秘密投票が必要であり、受託者の議決権行使はこの会員の直接秘密投票に基づくことが必要であろう。さらに会員が彼の株式の議決権を行使しない場合には、その株式の議決権は受託者によって行使されることができない、とすることも必要であろう。[205] そうすれば、受託者は会員の直接投票を積極的に推進するであろう。また、会員による議決権行使の前提および方法として、会員に株主に配布されると同じような株主総会招集通知および委任状勧誘資料が配布されるべきであろう。[206] これらのことは、日本の会社が米国の会社より、利益社会（Gesellshaft）的でなく、共同社会（Gemeinshaft）的体質を濃厚に有すると思われるだけに、持株会会員の議決権行使における独立性を確保するために、日本の従業員持株制度にはより一層必要であると思われる。

なお、従業員持株会会員の議決権行使における独立性を確保する方法として、従業員持株会制度よりは従業員持株信託制度のほうが優れているとの意見がある。[207] 従業員持株信託の場合、その管理に当る受託会社は確かに会社とは関係のない第三者であるが、その選任がまず問題となる。その選任が会社経営陣の影響下に行われるとすれば、受託会社は受託株式の議決権行使において受益者である従業員よりも会社経営陣の意向を尊重するおそれがある。[208] 従業員持株信託の場合、受託会社の議決権行使が受益者である持株会会員各自の直接秘密投票に基づいて行われるとすれば、既に述べたパス・スルー議決権と同じことになる。これに対し、日本で現実に行われている信託銀行方式の従業員持株制度の場合には、持株会の理事長が持株会会員全員の包括代理人となっており、持株会会員が自己の信託株式にかかる議決権を行使しようと思えば、理事長に特別の指図をしなければならないのであり、それはとても直接秘密投票と言えるようなものではない(209)。また従業員持株会会員の議決権行使における独立性を確保する方法として、持株会会員に登録配分された株式をただちに当該会員の名義に名義書換をするとの提案がある(210)。このようにすれば、確かに議決権行使に関しては持株会会員も通常の株主と同じ扱いを受けることとなる。しかしながら、従業員持株制度における投資方法の特徴は小額の積立てによって株式投資を可能とすることにあり、各会員の持分に相当する株式数は一単位に満たない場合もかなりあると思われるが、このような場合には会員名義に名義を書き換えることはできないと思われるし、単位未満株式には元々議決権が認められていない(参照、昭和五六年商法改正法附則一八条)。さらに会員名義に名義を書き換えたとしても、記名株式制度の下では、取締役会提案に反対投票するためには、会員は自己の氏名を明らかにしたうえで議決権行使書面に否と記載するか現実に株主総会に出席して反対の意思を表示しなければならないのであり、とても秘密投票とは言えない(211)。

(2)　パス・スルー議決権と株式譲渡制限会社

ただ、米国では従業員持株制度は従業員退職所得保障法によって参加者の排他的利益のため設立され維持されなければならないと明定されているが、その米国においても、閉鎖所有会社に対するパス・スルー議決権の法律による強制は会社の組織構造の重要な変化に関係する事項に限られている(212)。これは投資対象に重要な変化の予想される場合に従業員株主に議決権行使を認めると共に、一般的には会社支配への従業員株主の介入を排除しているものと見ることもできる。[213] 日本においても、定款によって株式の譲渡を制限しているような閉鎖的な会社においては、企業平和ないし会社支配の統一性確保を尊重して、商法二九四条ノ二に関して既に述べたのとは別の解釈が成立する可能性がありうるのであろうか。この可能性は否定されるべきであろう。なぜならば、商法二九四条ノ二はその適用に際して株式譲渡制限の有無に関係ないし、商法二〇四条一項但書は譲渡の相手方についてのみ制限を認めるものであり、株式所有者の権利行使の制限を認めるものでない。さらに、譲渡制限のない株式に比べて、譲渡を制限されているような株式においてこそ、従業員株主の投資者としての利益を守るためには、従業員株主の直接秘密投票に基づく議決権行使がより一層必要であり、また議決権行使への取締役の影響を排除することがより一層必要であると思われる。

(3)　パス・スルー議決権に伴う費用負担

なおパス・スルー議決権に伴う費用負担を問題とする意見がある。[214] 米国において法律によってパス・スルー議決権を強制されていない会社が自主的にパス・スルー議決権を導入しているのは、これに伴う人事上の効果がこれに伴う費用を上回るからであると言われている。[215] また日本の従業員持株制度において大部分の会社は従業員株主への情報開示を既に行っているものと見られ、[216] 議決権行使の前提となる資料の配布のための追加費用はあまり問題にならないと思われる。問題は投票を回収する費用であるが、これも多くの場合、投票の秘密性を確保したうえで、回収のため社内制度を利用することが可能であろう。郵送によって投票を回収する場合には追加費用を必要とするが、その費用を会社が負担したとしても、会社は人事上の効果によって十分に償われるものと思われる。

(4)　違法原因除去の効果

なお熊谷組従業員持株会事件の判決を支持する説が熊谷組持株会規約におけるような手当てがなされていれば、商法二九四条ノ二第二項の推定を覆すのに十分であると考え、「これ以上のことを要求するとわが国の従業員持株制度を根底から覆すことになる。それは、とうてい法の意図するところではないと考える」[217]根拠は、前述の7利益供与禁止規定違反の効果において述べたような違法とした場合の法律上の効果によるのではなく、従業員持株制度導入の縁由に関係がある、とも考えられる。すなわち、取得株式の議決権行使における持株会会員の独立性を確保し、取締役等のこれに対する影響を排除する制度的仕組みが確立すれば、経営者が従業員持株制度を自己の支配地位の強化に利用できなくなり、経営者にとってそのメリットがなくなるので、あるいはむしろ従業員株主が会社支配に介入してくるようになるので、経営者にとってデメリットが大きくなるので、経営者が従業員持株制度の設立・維持に消極的または反対となり、その結果、従業員持株制度は存続しえなくなる、と考えているのかも知れない。これはまさに米国において閉鎖所有会社における限定議決権パス・スルーに反対する人々の主張するところと同じであると思われる。[218]だが米国での実態調査によれば、従業員が株式の過半数を所有している会社においても、従業員株主は伝統的な株主とほぼ同じように行動し、その議決権行使は会社支配および会社政策にほとんど関係ないのであって、議決権は所有認知の象徴にすぎないとされている。[219]

「従業員株主による直接秘密投票制度を確立しても、その制度のもとでの投票が、『敵対的な乗っ取りに際して経営陣に極めて忠実』に行われるとの一般的認識がある以上、これを期待しての利益供与は、商法二九四条ノ二の適用を免れない」[220]との主張がある。この主張に対しては次のような反論が可能と思われる。従業員の直接秘密投票制度によって株主としての権利行使に対する取締役の影響の排除が確立していること、株式の引出に不当な制限のないことおよび奨励金の額が妥当であることの三要件を立証すれば、商法二九四条ノ二第二項の推定を覆す反対の証明として十分と思われる。前述の三要件を備えた従業員持株制度の下においても、従業員株主による投票は「敵対的な乗っ取りに際して経営陣に極めて忠実」に行われるとの認識がある場合、この認識内容が経験則と言えるほどのものかどうか問題であろう。おそらく経験則と言えるほどのものではないと思われるが、仮にそうであったとしても、これを利用しての推定は事実上の推定にすぎない。事実上の推定は裁判官の自由心証の範囲内における心証形成の問題であるから、これを争う相手方に必要とされるのは反証であって本証ではない。すなわち、相手方はその事実の不存在または反対事実について裁判官に確定的な心証を生ぜしめることは必要でなく、その事実について裁判官に疑いを生じさせれば、いいかえると、推定事実を不確定の状態におけば十分である。推定事実を不確定の状態におく反証としても先の三要件の立証で十分であると思われる。

利益供与禁止規定違反の効果、その違法原因を除去する方法および違法原因除去の効果について前述のように解するならば、熊谷組持株会規約におけるような制度上の仕組みは、利益供与禁止規定に違反し、違法であるとの説をとったとしても、それは「わが国の従業員持株制度を根底から覆す」ことにはならないのであって、むしろ、会社資金を利用しての経営者支配の助長を抑圧して、わが国の従業員持株制度を健全化し、その発展を助長することになるのであって、これこそまさに「法の意図するところ」であると思われるが、いかがなものであろうか。

制度受託者の議決権行使が従業員参加者の直接秘密投票に基づくことを要求する直接のねらいは、従業員の投資者としての利益を保護することにあるが、その現実への効果は、米国での実態調査から明らかなように(221)、それにとどまらず、従業員の経営参加を促進することによって、従業員の労働意欲を強めると共に、商法二九四条ノ二の立法目的である会社経営の適正化(222)にも役立つであろう。この要求を満たすことによって、わが国の従業員持株制度は現状より健全なものとなり、より一層発展するであろう。

日本の従業員持株制度を見ると、持株会規約のうえでは、会員総会が理事を選任し、理事会が互選によって理事長を選任するとしているものが多いようであるが、現実には、理事には会社の課長級の人達が、理事長には部長級の人がほとんど自動的に就任し[223]、理事会も事実上会社の課長会等の会合と一体化しているものが多いようである[224]。

四　むすび

このような状況および日本企業の共同社会的体質を合わせ考えると、議決権は理事長が行使する、ただし会員は各自の持分に相当する株式の議決権行使について特別の指示を与えることができる旨の規定の実際的な効果は、事実上理事長一任と異ならないものと思われる。会社経営者の支配下にある者が理事長に就任している以上、その議決権行使は経営者の意向を無視できないであろう。持株会会員各自の議決権行使における自由はほぼ完全に抑圧されており、従業員持株制度取得株式の議決権は専ら会社経営者の支配地位を補強する手段として利用されている[225]、と見てよかろう。

米国では、個々の従業員株主に対して議決権代理行使委任状を勧誘するという仕組みさえが、経営者の圧力を免れず、従業員株主の投票のプライバシーを犯すものとして批判され、直接秘密投票を確保するパス・スルー議決権が導入された[226]。

株式の議決権行使においても政治的投票と同じく秘密性と並んで直接性が重要である。持株会理事長による議決権行使は、個々の総会議案についての会員各自の意見がくみ上げられない点でも問題である[227]。

従業員持株制度への会社の奨励金支給が商法二九四条ノ二に違反しないためには、持株会会員の議決権行使における独立性が確保され、取締役のこれに対する影響が排除されていることが必要である。このためには、議決権を行使する受託者は会社とは関係のない第三者であること、その議決権行使は会員の直接秘密投票に基づくことが必要であろう。この二要件を備えた議決権行使の仕組みは従業員持株制度の合法的な目的である従業員の財産形成および経営参加に適合的であると共に、従業員の所有感および満足感を強め、勤労意欲を向上させることとなるであろう。

日本では従業員持株制度は元々その発端において安定株主の形成を主要な目的として導入されたために、その制度上の仕組みおよび運営実態は様々な法的問題を含んでいる。商法二九四条ノ二はその立法目的からしてこれを適切に機能させることによってある程度まで従業員持株制度の健全化をはかることができるように思われる。従業員持株制度の健全化はその成長を促し、株主の法人化が問題とされている証券市場での個人株主増加に寄与するであろう。従業員株主は企業活動の主な担い手であると同時に社会の市民、大衆である。その直接秘密投票による経営参加は企業経営の適正化、民主化にも役立つであろう。現代の経済活動の主要な担い手である企業の経営が民主化されれば、それは社会全体の民主化を促進するであろう。

(153)　河本一郎「株主の権利行使に関する利益供与の禁止（その一）」法学セミナー一九八四年二月号一一八頁。

(154)　稲葉威雄「商法二九四条ノ二・四九七条に当たる場合」北沢正啓編『商法の争点（第二版）』（一九八三年）一七四頁。

(155)　参照、稲葉威雄『改正会社法』（一九八二年）一八三―一八四頁、関俊彦「利益供与の禁止―問題提起とその解明」商事法務九五二号（一九八二年）三―四頁。

(156)　東京弁護士会会社法務部・編『利益供与ガイドライン』（一九八三年）一三〇頁。参照、稲葉・前掲注（155）一

八四頁、蓮井良憲「株主の権利行使に関する利益供与の禁止」上柳＝鴻＝竹内編『会社法演習Ⅲ』（一九八四年）一一九頁、元木伸『改正商法逐条解説〔改訂増補版〕』（一九八三年）二二三頁。
(157)　参照、東京弁護士会・前掲注(156)一三一頁。
(158)　味村治「従業員持株制度〔上〕」商事法務四三〇号（一九六七年）二―三頁、矢沢惇「いわゆる『新従業員持株制度』の商法上の問題点」商事法務四八〇号（一九六九年）二―三頁。
(159)　大和・前掲注（3）四頁。
(160)　参照、木下公明「わが国における実施状況」河本他『従業員持株制度のすべて』（一九七〇年）二〇頁。
(161)　参照、前掲注(158)。
(162)　東京弁護士会・前掲注(156)一三〇―一三一頁。
(163)　結果同説、福井地裁昭和六〇年三月二九日判決、金融・商事判例七二〇号（一九八五年）四二頁、大和・前掲注（3）四頁、川島・前掲注（3）二六四頁、中村・前掲注（3）四九頁、盛岡・前掲注（3）八三頁、別府・前掲注（3）六五頁、田村・前掲注（3）一〇一頁、河本・前掲注（3）四頁。
(164)　判決・前掲注(163)四二頁。
(165)　同所。
(166)　大和・前掲注（3）五頁。
(167)　河本・前掲注（3）七頁。
(168)　中村・前掲注（3）五〇―五一頁。
(169)　田中・前掲注（3）八頁。ほぼ同旨、前掲注（3）「従業員持株会への奨励金と利益供与」四一頁、盛岡・前掲注（3）八五―八六頁、別府・前掲注（3）六八頁。
(170)　村上博己「法律上の推定と事実上の推定」三ケ月・青山編『民事訴訟法の争点』（一九七九年）二四〇頁。
(171)　兼子一「推定の本質及び効果について」『民事法研究第一巻』（一九五〇年）三一九頁。
(172)　兼子一「立証責任」民事訴訟法学会編『民事訴訟法講座第二巻』（一九五六年）五八〇頁。

(173) 同・五六六頁。
(174) 同・五六八頁。
(175) 参照、日本証券経済研究所『従業員持株制度の実態調査――昭和60年の実情――』(一九八六年)資料の部。
(176) 判決・前掲注(163)四二頁。
(177) 河本・前掲注(3)六頁。
(178) 同・六―七頁。
(179) 田中・前掲注(3)一〇頁。
(180) 同・九頁。
(181) 中村・前掲注(3)五一頁。
(182) 前掲注(3)「従業員持株会への奨励金と利益供与」四一頁。
(183) 中村・前掲注(3)五一頁。ほぼ同旨、別府・前掲注(3)六九頁、盛岡・前掲注(3)八六―八七頁、亀山孟司「わが国における従業員持株制度」国士館大学日本政教研究所紀要10号(一九八六年)一一八頁。
(184) 参照、市川・前掲注(2)三および六頁(本書五一頁および五六頁)、日本証券経済研究所・前掲注(175)五頁。
(185) 判決・前掲注(163)四二頁、河本・前掲注(3)六―七頁。
(186) 判決・前掲注(163)四一頁。
(187) 同・四二頁。
(188) 東京弁護士会・前掲注(156)一三一頁。
(189) 川島・前掲注(3)二六七―二六八頁、ほぼ同旨、大和・前掲注(3)四頁。
(190) 川島・前掲注(3)二六八頁。
(191) 大和・前掲注(3)四頁。
(192) 河本・前掲注(3)三頁。

(193) 同・七頁。
(194) 稲葉・前掲注(155)一八三頁。
(195) 稲葉・前掲注(155)一九一―一九二頁、神崎武法「改正商法の罰則関係規定について〔2・完〕」商事法務九三〇号(一九八二年)二八および三一頁。
(196) 中森喜彦「利益供与罪の新設」判例タイムズ四七一号(一九八二年)三頁。
(197) 河本・前掲注(3)三頁。
(198) 参照、前掲三5。
(199) 参照、前掲二1。
(200) 参照、前掲二3。
(201) 参照、前掲二5(4)a。
(202) 参照、前掲二5(1)、(2)および二6(4)。
(203) 参照、前掲二8(3)b。
(204) 参照、前掲二7。
(205) 参照、前掲二5(2)e。
(206) 参照、前掲二7。
(207) 中村・前掲注(3)五一頁。
(208) 参照、前掲二5(4)b。
(209) 参照、河本・前掲注(3)七頁、松本暢一「従業員持株信託」商事法務四九一号(一九六九年)六および九頁。
(210) 田中・前掲注(3)九頁。
(211) 参照、河本・前掲注(3)七頁。
(212) 参照、前掲二5(2)b、二6(4)bおよびc。
(213) 参照、前掲二6(1)、(2)および(3)。

(214)　河本・前掲注（3）八頁、なお参照、前掲二6(1)および(2)。
(215)　参照、前掲二5(4)dおよび二8(2)h。
(216)　参照、河本他著『従業員持株制度のすべて』（一九七〇年）九六―九七頁。
(217)　河本・前掲注（3）七頁。
(218)　参照、前掲二6(1)および(2)。
(219)　参照、前掲二8(2)c、d、e、iおよび(4)。
(220)　河本・前掲注（3）八頁。
(221)　参照、前掲二8(2)h、(3)bおよび(4)。
(222)　参照、稲葉・前掲注(154)一七四頁。
(223)　運営細則によってこのことを明定している例もある。参照、河本他・前掲注(216)一〇五頁。
(224)　我が国の従業員持株制度においては、その管理主体が事実上社内組織と一体化しているものがかなり多いと思われる。これは議決権行使のみならず他にも様々の法的問題を引起すおそれがある。
(225)　参照、市川・前掲注（2）一五一―一六頁（本書七一―七三頁）。なお、一九八五年九月三〇日現在で、熊谷組従業員持株会（持株比率三・六二％）は、創業者同族の持株機関と思われる土地興業（持株比率二四・三三％）および創業者同族の一員である熊谷太三郎氏（持株比率六・九八％）に続く第三位の大株主であり、この三者で合わせるとその持株比率は三四・九三パーセントになる（『東洋経済臨時増刊企業系列総覧一九八七年版』（一九八六年）七四頁）。この三者は最近の数年間にわたって同社の三大株主であり続けている。同社において従業員持株会の持株が創業者同族の支配を補強する重要な役割を果していることは明らかと思われる。持株会取得株式の議決権が持株会会員の直接秘密投票に基づいて行使されるようになったとしても、同社持株会のこの役割に大きな変わりはないであろう。しかしながら、結果ではなく手続の公正さが問題であり、また株式所有者である従業員会員の率直な意思が議決権行使に反映されるようになるならば、それは同社の経営の適正をはかる（商法二九四条ノ二の立法趣旨、参照、稲葉・前掲注(154)一七四頁）うえで何がしかの貢献をなすであろう。

(226)　参照、前掲二3。

(227)　参照、川島いづみ「従業員持株制度、経済的援助——利益供与禁止規定との関係」会社法務三一号（一九八六年）一三頁、前掲二5(4)e。

第三章　従業員持株制度と株式社内留保契約

一　はじめに

未上場会社において従業員持株制度が実施されている場合、従業員が同制度により取得した株式の社外流出を避けるために、しばしば在職中の株式処分の制約と退職時における一定価格での株式の買い戻しが契約等により定められている。ところが従業員が退職後も株式保有を望むことがあり、また株式の譲渡価格とされているものが時価もしくは公正な価格と考えられるものよりかなり低い場合があって、右記契約等の効力をめぐって争いが生じている。

従業員持株制度により株式を取得した従業員が退職時に株式を一定価格で売り戻す旨の契約等の効力が争われた事件は六件ある。この六事件についての判決はいずれも右記契約等の有効性を肯定している。これら六件の判例の概要を見てみよう。

二　従来の判例

1　昭和四八年事件

東京地方裁判所昭和四八年二月二三日判決（判例時報六九七号八七頁）（以下本件を昭和四八年事件と言う）があ

る。

本件の事実の概要は次のとおりである。

被告会社労働組合は昭和二二年六月二一日訴外会社から被告会社の全株式の三割にあたる五万四、〇〇〇株を被告会社の従業員の持株とする条件で、一株当たり五五円で譲り受け、その頃組合員に対し右株式を一株当たり五五円で分配譲渡したが、その際、右従業員持株制度を維持運営するために株主代理委員会を結成した。その主たる職務は、同委員会から被告会社に三名の取締役を推挙して、同社の経営に組合の意向を反映させることと、右組合員所有の株式が他に流出し従業員持株制度が破綻することを避けるため、委員会が、各組合員株主との間において、当該組合員が退職、またはその所有株式を他に売却することを希望するときは、右株式が同組合もしくは委員会を介して取得したもの（その後の増資分を含む）については同委員会もしくは委員会の指名する他の在職従業員に一株当たり取得価額と同じ五五円で譲渡する旨の契約を締結し、その履行を確保することにあった。

原告は被告会社の従業員であり、右代理委員会との間に前項の株式譲渡の契約をしたため、これに基づき右委員会の指名を受けて、昭和三〇年一二月一七日から同四三年一月二九日までに先に退職した従業員から一株当たり五五円の割合で株式の譲渡を受け、これに対する増資分も含めて、二万三、五二〇株を取得するに至ったものであるが、昭和四四年六月二六日被告会社を定年退職したので、右代理委員会が原告に対して、右契約に基づき原告所有の株式を被告会社の在籍従業員二名に一株当たり五五円で譲渡するよう通知し、この二名も原告に対し右株式の買受の意思表示をした。

原告が買受代金の受領を拒絶したため、この二名が本件訴訟の参加人として、合わせて、一二九万三、六〇〇円（一株当たり五五円）の弁済供託をして原告に対し株券の引き渡しを求めた。原告は株主代理委員会と原告との間の株式譲渡に関する契約は株式譲渡の自由を規定した商法二〇四条一項に違反するから無効であると主張した。

裁判所は次のとおり判示した。

「右条文（商法二〇四条—筆者注）は当事者間の個々的債権契約の効力まで否定するものではないと解すべきであるから、右代理委員会と原告X間における右契約における株式譲渡の効力が否定される理由はなく右主張も採用できない。」。

2　昭和四九年事件

東京地方裁判所昭和四九年九月一九日判決（判例時報七七一号七九頁）（以下本件を昭和四九年事件と言う）がある。

本件の事実の概要は次のとおりである。

被告Y_1社は昭和三五年八月から被告Y_2社は昭和三六年一月の設立当初から、いわゆる従業員持株制度を採用することとなった。右両被告会社で採用した右制度は、右両被告会社の株式の所有者は従業員に限定されるとするもので、これは企業より挙がる利益を従業員への分配、従業員の経営への参画、愛社精神の昂揚等を目的として、従業員のうちの希望者に対し、額面金額で株式を取得させ、株式の譲渡を希望する時及び退職の際は両会社代表者に額面金額で譲渡し、代表者において従業員中から買受希望者を募り額面金額で取得されるということを内容とするものであった。

昭和三八年一二月頃に、両被告会社の会長、代表者A及び原告の三名を除くその余の全株主から「この度私が引受けました株式及、将来引受ける全株式を譲渡するときは、当社取締役会に、引受価格で為し、其他の何者にも譲渡いたしません。」と記載した念書を差し入れさせたうえに、株式を取得した従業員から両被告会社において株券を預かり保管し、株主に預かり証を交付していた。

両被告会社の各定款には、株式の譲渡には取締役会の承認を要する旨の規定がある。

原告は、株式を取得した際、原告と両被告会社代表者Aとの間に、原告が両被告会社の役員または従業員の身分喪失を条件として、株式をAに額面金額で譲渡する旨の黙示的な契約をなしていたことが推認できる。

裁判所は次のとおり判示した。

「原告は、右の契約は商法二〇四条一項に違反すると主張する。しかしながら、右条文は当事者間の個々的債権契約の効力に対し直接規定するものではなく、本件における従業員持株制度の目的、内容及び従業員たる株主に対する利益配当額の程度などからみて、右契約は商法二〇四条一項の趣旨に違反する無効なものとはいえないと解すべきであるから、右主張は採用できない。」。

3　昭和五七年事件

神戸地方裁判所尼崎支部昭和五七年一二月九日判決（判例時報一〇五二号一二五頁）（以下本件を昭和五七年事件と言う）がある。

本件の事実の概要は次のとおりである。

原告は昭和三六年五月二四日資本金五〇〇万円発行済株式数一万株として設立され、当初は代表者Aの一族が全株式を所有していた。その後原告の業績が順調に発展し、経営規模も拡大したので、同四五年七月二〇日取締役会において、資本金を二、〇〇〇万円に増資することとし、その際、原告の今後の一層の発展のために、従業員の経営参加意識を昂揚させること、企業利益を配当により従業員に還元すること等を目的として、いわゆる従業員持株制度を発足させることを決議した。

右決議にかかる従業員持株制度の内容は、Ａ一族の所有株式を従業員のうち希望者に譲渡すること、増資により新規に発行した株式を額面価格（一株五〇〇円）で従業員のうち希望者に割当てもしくは譲渡すること、株主に対し年二割の利益配当をするように努力すること、従業員が株式の譲渡を希望する場合及び退職する場合は、原告がそれらの者の所有株式を額面価格で譲り受けること、そして原告は更にこれを従業員のうち希望者に譲渡すること、というものであった。なお、原告の定款には株式の譲渡には取締役会の承認を要する旨の定めがある。

被告らはいずれも本件各株式を取得したつど、原告との間において、被告らの従業員の身分喪失を停止条件としてこれを原告に額面価格で譲渡する旨の黙示的な売買契約を締結したものと認めることができる。

裁判所は次のとおり判示した。

「ところで、被告らは右の契約は商法二一〇条に違反し無効であると主張する。

しかしながら、同条の主な立法趣旨が会社の財産の安全確保にあることに鑑みると、同条によって保護されるべき者は会社、会社債権者、一般株主等であって、譲渡人ではないから、同条による無効の主張は、譲渡人を保護すべき特段の事情がない限り会社側にのみ認められ、譲渡人からこれを主張することは許されないものと解するのが相当である。

そして、右のとおり解しても、譲渡人は当初の契約どおりに株式を譲渡することによって自己の望む結果を得られなんら不利益を被らないのであって、この場合保護されるべき会社側が当該契約の無効を望まないにもかかわらず、保護の対象となっていない譲渡人の利益のために無効を認めるべき合理的な理由を見出すことはできない。

本件においても、譲渡人たる被告らを保護すべき特段の事情は認められないから、原告自ら効力を認める右契約について、被告らが同条違反による無効を主張することは許されないものというべきである。

次に、被告らは、右の契約は商法二〇四条一項に違反し無効であると主張する。

しかしながら、右規定は会社が株主との間で個々に締結する債権契約の効力について直接規定するものではなく、また、これを実質的にみても、前記認定の原告の従業員持株制度の目的、内容及びその利益配当の実績等からすると、右契約は株主の投下資本の回収を不当に妨げるものとはいえないから、右契約が商法二〇四条一項に違反するものとはいえず、右契約による株式譲渡が無効とされるべき理由はない。」。

4　昭和六二年事件

東京高等裁判所昭和六二年一二月一〇日判決（金融法務事情一一九九号三〇頁）（以下本件を昭和六二年事件と言う）がある。

本件の事実の概要は次のとおりである。

被控訴人は、会員である訴外会社の従業員らの財産形成に寄与するという会員側の利益と、従業員が訴外会社の株式を取得することにより愛社精神を高揚させ、会社との一体感を強めて会社の発展に寄与するという訴外会社側の利益とをその目的として設立されたものであること、右の設立を決定した昭和五七年六月二五日開催の訴外会社の取締役会では、被控訴人に対し第三者割当ての方法により一二〇万株の新株（一株の額面五〇円）を発行することとし、一株当たりの発行価格を二〇〇円とすることが了承されたこと、被控訴人の発足に先立ち、訴外会社は従業員らに対する入会勧誘のパンフレットを作成し、希望者に配布したが、それには、付則を含む本件規約や運営細則の全文が掲載されたうえ、株式は非上場なので市場価格がなく、当分の間は、理事会が決定した価格一株二〇〇円で購入することになること及び、退会の際には、当分の間すべて現金で返還されるが、その引き取り価格も理事会決定価格一株二〇〇円であることなどが質問回答方式で分かり易く説明されていること、会員の株式の購入は、会員の毎月の給料からの拠出金及び配当金等をもってなされるが、株式購入等の手続一切は被控訴人が代行し、その事務代行手数料は、訴外会社が、右手数料相当額を奨励金として被控訴人に対して拠出する方法により会員のために負担していること、会員に対する利益配当の割合は、これまで年間二割程度の実績であること、訴外会社の取締役であった控訴人は、昭和五七年六月二五日開催の前記取締役会に出席し、被控訴人設立の案件につき、付則を含む本件規約や運営細則等すべての内容を了解のうえこれに賛成して直ちに入会し、同年八月二五日に一株二〇〇円の計算で一七万一、九八〇株の株式を引き受けたのを初めとして、同額で多数の株式を取得した。

裁判所は次のとおり判示した。

「被控訴人が訴外会社の持株会として運営している本件の従業員持株制度は、会員にとって、訴外会社の株式をその時価にかかわりなく一律に一株二〇〇円の価格で簡便に取得することができ、年二割程度の利益配当を受けるほか、増資の際には新株の無償割当にあずかる可能性があり、更に将来株式が上場された場合には時価による株式の処分によって譲渡益の取得を期待することもできるものであって、それなりに会員の財産形成に寄与するものであることは疑いがない。もっとも、付則五条の定めによると、会員は、退会時にはその所有株式を取得時の価格と同額の理事会一任価格一株二〇〇円で被控訴人に引き取られることになっているため、株式の自由な売却及びそれによる売却益の取得を否定されることになる。しかし、前認定のような目的をもって設立された被控訴人が、その目的を達成するために、会員相互間で定めた規定によって、退会者の所有株式の譲渡先を被控訴人と限定することは、法令上禁止されているところではないし、また、被控訴人による引取価格が時価によらず定額に固定される点も、その取得時の価格自体が右と同額に定められ時価にはよっていないこと並びに非上場株式について退会の都度個別的に引取価格を定めることが実際上むずかしいことなどを考慮すれば、直ちに会員の投下資本の回収を著しく制限する不合理なものとまで断ずることはできない。本件において、控訴人が一株当たり二〇〇円の価格で株式を取得してから退会するまで約三年四か月の期間が経過しているが、右取得価格が当時の適正な時価を反映したものであったこと及びその取得後に右株式の時価が無視し得ないほどに高騰したことを確認するに足りる的確な証拠はなく、このような場合にもなお、引き取りについてのみ時価による売却益の取得を保障しなければならない合理的理由は見い出しがたい。本件の従業員持株制度のもとにおける会員の株式の所有は、前示のような持株会設立の目的及び株式取得の手続等に鑑みると、すべての点において一般の株式投資と同列に論ずることはできず、その投下資本の回収についてある程度の制約を受けることも性質上やむを得ないというべきである。以上のほか、先に認定した本件の諸般の事情を総合すると、前記付則五条の規定は、これを控訴人に適用する限りにおいて、控訴人主張のように株式投資の本質に反するもの、不合理なものとはいえず、これを公序良俗に違反すると認めることはできない。」。

5　平成元年事件

京都地方裁判所平成元年二月三日判決（判例時報一三二五号一四〇頁）（以下本件を平成元年事件と言う）がある。

本件の事実の概要は次のとおりである。

被告が実質的に経理課長の職務を担当していた昭和四二年、被告はAに対し原告会社の増資を提案し、Aと協議のうえ一、〇〇〇万円の倍額増資を実施することでAの了承を得て新株の割当てを開始したが、新株の払込み金額が多額のため引き受ける者が予定数に足らず、Aが取引先等へ勧誘したが不充分であった。そこで、被告はA

に対し、原告会社従業員等に新株を引き受けさせるよう提案し、Aの了解を得て従業員等に対し勧誘を行ったところ、約四〇名の承諾を得て予定どおり倍額増資を実施した。また、被告は右増資後Aに対し、原告会社の定款に原告会社の株式を譲渡するには取締役会の承認を要する旨定めた後に株券を発行することを提案し、Aはこれを承諾して、昭和四三年八月二五日原告会社の定款に株式譲渡制限の規定が設けられ、更に同年九月一日原告会社株式が発行された。

被告は右増資後の株式事務について、株式事務の責任者として、退職する従業員の株券を額面で買い取る等右合意の存在を前提として株式事務を行っているのである。従って、昭和四二年増資の際、当時の原告会社代表者であったAと被告との間で、額面価額で原告会社株式を取得した他の従業員等と同様、以後被告が額面価額で取得する原告会社株式は全て、被告が従業員等の身分を喪失したとき原告会社に額面価額で譲渡する旨の合意（始期付売買契約）の成立した事実は明白である。

裁判所は次のとおり判示した。

「商法二一〇条の自己株式取得禁止規定は会社、株主、会社債権者保護の規定であり、本件は原告が右規定を理由として本件株式譲渡の無効を主張する事案ではない。」。

「右認定の、原告会社と被告との間の右持株制度ないしは売買の合意は商法の規定する株式譲渡の自由を両者間の契約によって制限するものに外ならないが、株主も合意のうえ契約を締結する以上契約自由の原則が妥当すると解されるところ、商法もこの様な契約の効力を全く否定するものではなく、右契約が株主の投下資本回収を不能ならしめ不合理な内容である場合に限り契約が無効になると解すべきである。

（証拠略）によれば、昭和五九年一一月二〇日現在での原告会社の株式が一株一万四、四九二円であるというのであるけれども、これだけをもって特段の事情があるものとはいえず、一方、原告会社は定款により原告会社の株式を譲渡するには取締役会の承認を要する旨定めており、右株式は元々市場における自由な売買が予定されているとはみられないこと、被告が本件株式を総て額面価額で取得していること、被告が初めて原告会社株式を取得した昭和四二年から退職した昭和五九年までの間、原告会社は比較的高率の年一五ないし三〇パーセントの配当を実施したことを総合するならば、被告が原告会社株式を時価で譲渡し得ないことが直ちに投下資本の回収が不可能であるとは言えず、むしろ取得価額は回収したうえで右高利回りの配当を受けた分だけ被告に利益が残ることになるから、右契約が不合理であり公序良俗に反するものとは言い難い。」。

6　平成三年事件

神戸地方裁判所平成三年一月二八日判決（判例時報一三八五号一二五頁）（以下本件を平成三年事件と言う）がある。

本件の事実の概要は次のとおりである。

被告は、昭和三四年一月設立された会社であり、昭和四〇年頃から既に社員持株制度が存在し、一定の年功と役職にある被告会社又はその関連会社の社員に対し、取締役会で決定された一定の価額で被告株式を割り当て、社員株主が被告会社ないしその関連会社を退職する時には、被告に前記価額で被告株式を売り戻すべきものとされていたが、その後年を経る毎に社員持株制度が整備され、制度化されていった。

被告は従来からの慣行として存在していた社員持株制度の確認作業に着手し、昭和六〇年二月から約二三〇名の社員株主との間で、同人の退職時に保有株式全部を一株当たり三万円の価額で買い戻す旨の個別的な始期付売買契約を締結し、その趣旨が記載された確認書の交付を受けた。

その後、被告は昭和六一年一〇月二六日の株主総会で三〇〇%の株式配当を決議し、昭和六一年一二月に実施された株式配当により社員株主の持株数が四倍になったので、更に被告は念のため、昭和六二年一月から個々の社員株主との間で、同人の退職時に保有株式全部を一株当たり七、五〇〇円の価額で買い戻す旨の個別的な始期付売買契約を締結し、その趣旨が記載された確認書の交付を受けた。

裁判所は次のとおり判示した。

「原告は、始期付売買契約では、被告株式を時価の何十分の一という極めて安い価額で売り渡すことを約するものであり、公序良俗に反して無効であると主張する。

しかし、前記認定によると、原告自身も社員持株制度に基づき、被告株式を時価の四分の一以下の安い価額で取得していること、原告は、昭和五三年一月被告株式を二〇〇万円の価額で取得して以来、毎年被告から八〇万円ないし九〇万円もの高額の配当金を受領しており、昭和六二年六月三〇日の退職により、被告株式を三〇〇万円の価額で被告に売り戻したとしても、充分な程の利益を受けていること、被告会社は、株式の譲渡制限に関する規定を設け、被告株式を譲渡するには取締役会の承認を受けなければならない旨定めており、被告株式については自由な取引は予定されていないことに照らすと、原告が被告に対し始期付売買契約により被告株式を時価よりも安い価額で売り戻さなければならないとしても、始期付売買契約が公序良俗に反する無効なものとは認められず、原告の前記主張も理由がない。」。

三　六事件に現れた未上場会社従業員持株制度の特徴

1　従業員持株制度実施会社の概要

ここにおいて六事件における従業員持株制度の特徴について見てみよう。これは同時に不完全ながらも未上場会社の従業員持株制度の特徴を明らかにすることとなろう。

まずその第一として従業員持株制度実施会社の概要を見てみよう。可能な限り判決時に近い決算期におけるその概要を見てみよう。以下の資料は特に断りのない限り日本経済新聞社発行の会社総鑑未上場会社版によるものである。

昭和四八年事件の被告会社は、昭和四八年九月期において資本金五億円、純資産一二億八、六五六万円、総資産九七億三、四五六万四、〇〇〇円、発行済株式数一、〇〇〇万株、従業員数二、一一三名、五〇円額面で一株当たり純資産一二八・六六円、一株当たり利益六・〇六円（決算期間六ヵ月）である。

昭和四九年事件の両被告会社は判決記録によれば両者を合わせると資本金二、五〇〇万円、従業員数二四〇名であり、本事件の両被告会社についてはこれ以上の情報を入手できなかった。

昭和五七年事件の原告会社は会社総鑑により詳しい情報を知ることのできる昭和六三年七月期について見ると、資本金二億五、七四九万三、〇〇〇円、発行済株式数五一万四、九八七株、純資産四三億三、〇五四万二、〇〇〇円、総資産一三四億九、八七七万三、〇〇〇円、従業員数二二九名、五〇〇円額面で一株当たり純資産八、四〇九・一五円、一株当たり利益一、五四三・四一円である。

昭和六二年事件の訴外会社は昭和六二年九月期において資本金六億三、〇〇〇万円、発行済株式数一、二六〇万株、純資産一九〇億一、五二九万四、〇〇〇円、総資産二三九億八、二一八万円、従業員数一七五名、五〇円額面で一株当たり純資産一、五〇九・一五円、一株当たり利益一二三・四七円である。

平成元年事件の原告会社は平成元年九月期において資本金八、〇〇〇万円、発行済株式数一六万株、純資産一六億二、三二七万円、総資産二六億七、四四三万一、〇〇〇円、従業員数八一名、五〇〇円額面で一株当たり純資産一万一四五・四四円、一株当たり利益一、二〇三・四二円である。

平成三年事件の被告会社は平成三年三月期において、資本金七〇億七二五万円、発行済株式数九三六万五、〇〇〇株、純資産一、二五四億一、五〇〇万円、総資産二、六九二億二、九〇〇万円、従業員数二、七八一名、五〇円額面で一株当たり純資産一万二、三二四・〇八円、一株当たり利益四〇五・七七円である。

これらの事件の当事会社が定款による株式の譲渡制限をしていたかどうかについて見ると、情報が不明な昭和四八年事件の被告会社を除くすべてが、判決記録からそのような制限をしていたことが明らかである。定款によって株式の譲渡制限をしている会社はその株式を証券取引所に上場できないけれども、六事件に現れた従業員持株制度実施会社は、情報を入手できなかった昭和四九年事件の被告会社を除くと、外はすべて、純資産額及び一株当たり純資産額から見る限り、東京証券取引所上場基準（純資産一〇億円以上、一株当たり純資産一〇〇円以上）を優に上回っている。昭和四九年事件の両被告会社も、その従業員数合計二四〇名から見るとかなりの規模の企業と思われる。

つまり判例に現れたる従業員持株制度実施会社はそのほとんどが上場会社に匹敵するだけの企業規模と内容を有するものと思われる。

これから見る限り、これらの会社の株式は定款によって譲渡制限がなされているまたは閉鎖的な未上場会社の株式であるとは言え、必ずしも流通性を欠くとは言えないであろう。また、未上場会社の株式であるから、上場会社の株式と異なり、その時価を知ることが困難であると言われるけれども、少なくとも一株当たり貸借対照表上の純資産価値はいずれも明白であり、これを基礎として公正な価格を推定することはかなり容易であると思われる。

2　従業員持株制度の目的

昭和四八年事件においては、従業員持株制度を維持運営するために株主代理委員会が結成されており、その主たる職務は同委員会から被告会社に三名の取締役を推挙して同社の経営に労働組合の意向を反映させることである(判時六九七号九〇頁)。これから見ると、この従業員持株制度はいわば従業員の経営参加を基本目的とするものと考えられよう。

昭和四九年事件における、従業員持株制度は、両被告会社の株式の所有者は従業員に限定されるとするもので、これは企業より挙がる利益を従業員への分配、従業員の経営への参画、愛社精神の昂揚等を目的とする(判時七七一号八一頁)。また判決記録によれば、昭和四二年三月二一日後両被告会社の株主はすべて従業員となった事実が認定されている。これより見れば、この従業員持株制度は従業員所有企業を基本目的とするものと言えよう。

昭和五七年事件においても、原告会社の主張によれば、従業員持株制度は原告会社発行の株式取得を従業員に限るものとし、従業員の経営参加、企業利益の分配、愛社精神の昂揚、従業員の福利厚生の増進等を目的とする(判時一〇五二号一二六頁)。これから見ると、この従業員持株制度もやはり従業員所有企業を基本目的とするものと見てよかろう。

昭和六二年事件においては、被控訴人である持株会は会員である訴外会社の従業員らの財産形成に寄与するという会社側の利益と、従業員が訴外会社の株式を取得することにより愛社精神を高揚させ、会社との一体感を強めて会社の発展に寄与するという訴外会社側の利益とをその目的として設立された(金法一一九九号三三頁)。これより見れば、本件の従業員持株制度は従業員の財産形成と愛社精神の高揚を基本目的とするものと見てよかろう。

平成元年事件においては、原告会社の主張によれば、原告会社の株式の取得は原告会社の役員または従業員(以下「従業員等」という)に限定し(判時一三二五号一四一頁)、また、判決記録によれば昭和五三年ごろまでには社外株主の株式はすべて原告会社に譲渡され株主は従業員等のみになった事実が認定されている(同一四二頁)。これより見れば、本件従業員持株制度は従業員等所有企業を基本目的とするものと見てよかろう。

平成三年事件の従業員持株制度の目的は当事者の主張および判決記録から見る限り明らかでない。被告会社の社員持株制度約款第一条(目的)には、同約款は被告会社社員持株制度に関して、被告会社社員持株会と参加者とのとりきめを行うものである、とあり、また被告会社の社員持株制度規約第一条(目的)には、本会は参加者が所有する被告会社の株式の管理運営を行うことを目的とする、とある。これから見る限り、被告会社の社員持株制度とは、従業員の所有する被告会社株式の管理運営を基本目的とする制度であって、従業員に株式を取得させることないしは従業員の財産形成を直接の目的とするものではないように思われる。

以上六件の従業員持株制度は、その基本目的によって、従業員所有企業を目的とする三件(昭和四九年事件、昭和五七年事件、平成元年事件)、従業員の経営参加を目的とするもの一件(昭和四八年事件)、従業員の財産形成と愛社精神の高揚を目的とするもの一件(昭和六二年事件)、従業員所有自社株式の管理運営を目的とするもの一件(平成三年事件)に分けることができよう。

3　従業員持株制度の参加者と管理運営

昭和四八年事件では、被告会社の労働組合が昭和二二年に被告会社の親会社から従業員の持株とする条件で被告会社の株式を譲り受け、これを組合員に分配譲渡したが、その際、右従業員持株制度を維持運営するために、株主代理委員会を結成した。右委員会の構成は右株式を譲り受けた組合員全員からの選出者として、委員長に被告会社労働組合の執行委員長が、委員に同組合の各支部の支部長があたった。

ところで、その後右委員会の構成は組合員であったものが、被告会社の管理職や経営者に昇進し、被告会社労働組合を脱退せざるを得ないものも現れるに至り、持株制度を組合員のみに限定することは右株式の他への流出を防ぎえない状態となったこともあって、昭和三八年に委員会の構成員に経営陣も含めることとなり、その結果委員長は従来と同じく労組委員長があたったが、委員としては同組合支部長と労組三役の外に、新たに経営側としての委員三名、次長課長から二名、所長責任者から三名の割合で選出されることとなった（以上判時六九七号九〇頁）。

これから見ると、昭和四八年事件の従業員持株制度への参加者は当初は従業員に限られていたが、後には経営陣を含むものとなった。その管理運営にあたる株主代理委員会の構成員も当初は従業員に限られていたが、後には経営陣を含むものとなった。本件において退職した原告から株式を譲り受けた二名は、一九七五年版会社総鑑によれば、一人は専務取締役であり他の一人も取締役である。また同書によれば、この両名は親会社に次ぐ第二位と第三位の大株主でもある。これより見ると、本件では経営陣が従業員と共に従業員持株制度の参加者であり、従業員と経営陣が事実上一体となって従業員持株制度の管理運営にあたっているようであるが、その主導的地位を占めているのは経営陣と見てよかろう。

昭和四九年事件の従業員持株制度では両被告会社の株式の所有者は従業員に限定されるとする。その内容は従業員のうちの希望者に対し、額面金額で株式を取得させ、株式の譲渡を希望する時及び退職の際は両会社代表者に額面金額で譲渡し、代表者において従業員中から買受希望者を募り額面金額で取得されるというものであった。そして本件では右制度の実施に当たり、右の同意を明確にするため、両被告会社の代表者等三名を除くその余の全株主から「この度私が引き受けました株式及び、将来引き受ける全株式を譲渡するときは、当社取締役会に、引受価格で為し、其他の何者にも譲渡いたしません。」と記載した念書を差し入れさせ、株式を取得した従業員から両被告会社において株券を預かり保管し、株主に預かり証を交付していた(判時七七一号八一頁)。なお本件原告は両被告会社の常務取締役であった（同八二頁)。

これから見ると、昭和四九年事件の従業員持株制度では、その参加者は会社役員も含めた全従業員であると考えられ、その管理運営にあたる組織は特別には作られず、むしろ会社自体がその管理運営にあたっているものと見てよかろう。

昭和五七年事件の従業員持株制度は原告会社発行株式の取得を従業員に限るものとし、その内容は従業員のうち希望者に対し額面価格で株式譲渡または新株割当をする（判時一〇五二号一二六頁）が、従業員が株式の譲渡を希望する場合及び退職する場合は、原告会社がそれらの者の所有株式を額面価格で譲り受けること、そして原告会社は更にこれを従業員のうち希望者に譲渡する（同一二七頁)、というものであった。

本件では、従業員持株制度への参加者は従業員に限られているが、この従業員の中に会社役員が含まれるか否かは明らかでない。本件でも従業員持株制度の管理運営にあたる特別な組織はなく、会社自体がその管理運営にあたっていると思われる。

昭和六二年事件では、訴外会社の従業員持株会である被控訴人は訴外会社の従業員を主たる会員として形成された(金法一一九九号三二頁)。本件の従業員持株制度は、会員にとって訴外会社の株式をその時価にかかわりなく一律に二〇〇円の価格で取得することができるが、会員は、退会時には、その所有株式を取得時の価格と同額の理事会一任価格二〇〇円で被控訴人に引き取られることになっている(同三三頁)。従業員持株制度により株式を取得した控訴人は訴外会社の取締役であった(同所)。また持株会設立当時からその全持株のうち約六割を会社役員が所有している(同三四頁)。

これより見ると、昭和六二年事件の従業員持株制度の参加者は会社役員と従業員であり、その管理運営にあたる持株会は形成されているが、持株会の実質的な支配者はその持株量から見て会社役員であろう。

平成元年事件の従業員持株制度は、原告会社の株式の取得を原告会社の役員または従業員(以下「従業員等」という。)に限定し、従業員等に対し株式を額面価額で取得(譲受または新株割当)させる代わり、右取得者が従業員等の身分を喪失したときは、取得した原告会社株式を額面価額で原告会社に売り渡す旨のものであった(判時一三二五号一四二頁)。被告は原告会社の取締役経理部長であった(同一四二頁)。

これから見ると、本件の従業員持株制度の参加者は会社役員と従業員を含むものであり、同制度の管理運営は会社が行っていたものと思われる。

平成三年事件の社員持株制度は一定の年功と役職にある被告会社またはその関連会社の社員に対し、取締役会で決定された一定の価額で被告株式を割り当て、社員株主が被告会社ないしはその関連会社を退職する時には、被告会社に前記価額で被告株式を売り戻すというものであった(判時一三八五号一二七頁)。原告は被告会社の小売部門を担当する関連会社の専務取締役であった(同所)。被告会社の従業員持株制度約款第七条(株式の取得)第一項には、参加者が脱退したときは、その参加者が所有する株式を持株会が買い取るものとする、とあり、同第三項にはその場合の売買価格は、取締役会の承認を得た上、持株会理事会で決定する、とある。また、同約款第九条（買取資金の借入）には、持株会の株式買取に必要な資金は、会社から一時借受ける、とある。昭和六二年社員持株会結成当時の理事長は被告会社の取締役人事部長、四名の理事のうち二名は被告会社の取締役である。これより見ると、平成三年事件の社員持株制度の参加者は会社役員と従業員である。

本件の場合、形のうえでは、社員持株制度の管理運営にあたる組織として持株会が結成されている。しかし判決記録によれば被告株式の売買価額は被告会社取締役会で決定し、退職する時には同じ価額で被告会社に売り戻す、ことになっていると共に、社員の取得した株式は被告会社で預かり保管している（判時一三八五号一二七頁）。また理事会の五名中理事長を含め三名が被告会社の役員である。被告会社の社員持株会規約第一五条によれば、「本会の事務は被告会社に委託する。」となっており、同第一六条第一項によれば「本会の運営に要する経費は、会員が負担するものとする。」となっているが、同条第二項によれば「会員は、会社から前項の負担額の支給を受けるものとする。」となっている。これから見れば、平成三年事件の社員持株制度の管理運営は実質的には被告会社が行っていると見てよかろう。

以上六件の従業員持株制度は、明白でない昭和五七年事件を除くとすべて参加者に会社役員を含んでいる。これを同制度の管理運営組織から見ると、そのための組織が結成されているもの三件(昭和四八年事件、昭和六二年事件、平成三年事件）と、そのための組織は特別には結成されず、会社がその管理運営にあたっているもの三件（昭和四九年事件、昭和五七年事件、平成元年事件）とに分けられる。

会社が従業員持株制度の管理運営にあたっているものでは、そのための費用はすべて会社が負担しているものと思われる。従業員持株制度の管理運営のための組織が結成されているもののうち、昭和六二年事件では株式購入等の手続一切は持株会が代行しているが、その事務代行手数料は、会社が手数料相当額を奨励金として持株会に対して拠出する方法により会員のため負担している（金法一一九九号三三頁）。また平成三年事件では会社が株券を預かり保管すると共に従業員持株制度の管理運営のための費用を負担している。以上より見ると明白でない昭和四八年事件を除く、他のすべての事件においては従業員持株制度の管理運営費用は会社が負担しているものと思われる。

会社が直接従業員持株制度の管理運営にあたっているものはすべて従業員持株制度が従業員所有企業を目的としているものである。これらの場合には当然に従業員持株制度の会社からの独立性はないと考えられる。また会社とは別に従業員持株制度の管理運営のための組織が形成されている場合でも、これらの組織にいずれも会社役員が参加して重要な役割を果たしているものと思われ、やはり会社からの独立性はないものと思われる。

4　従業員の株式取得の前提条件

六事件のすべてにおいて、従業員の株式取得には従業員であることの他にその前提とも言うべき条件が付されていると思われる。この点について各事件を見てみよう。

昭和四八年事件では、株主代理委員会が各組合員株主との間において、当該組合員が退職またはその所有株を他に売却することを希望するときには、右株式が同組合もしくは委員会を介して取得したもの（その後の増資分を含む）については同委員会もしくは委員会の指名する他の在籍従業員に一株当たり取得価格と同じ五五円で譲渡する旨の契約を締結しているものと思われる（判時六九七号九〇頁）。

昭和四九年事件では、従業員のうちの希望者に対し、額面金額で株式を取得させる際に、従業員が株式の譲渡を希望する時及び退職の際は会社代表者に額面金額で譲渡する旨の契約を締結しているものと思われる（判時七七一号八一頁）。

昭和五七年事件では、従業員に株式を額面価格で譲渡する際に、従業員が株式の譲渡を希望する場合及び退職する場合には、原告会社がそれらの者の所有株式を額面価格で譲り受ける旨の契約が締結されているものと思われる（判時一〇五二号一二七頁）。

昭和六二年事件では、持株会会員は理事会が決定した一株二〇〇円の価格で株式を取得する際に、会員が持株会を退会する時には取得時の価格と同額の理事会一任価格の一株二〇〇円で持株会に引き取られる旨の契約を締結しているものと思われる（金法一一九九号三三頁）。

平成元年事件では、従業員が原告株式を取得する際に、従業員と原告会社代表者との間で従業員退職時に従業員所有株式を原告会社が額面価格で買い取る旨の契約を締結しているものと思われる（判時一三二五号一四三頁）。

平成三年事件では、被告会社またはその関連会社の社員に対し、取締役会で決定された一定の価額で被告株式を割り当てる際に、社員株主が被告会社ないしはその関連会社を退職する時には、被告会社に前記価格で被告株式を売り戻す旨の契約が締結されているものと思われる（判時一三八五号一二七頁）。本件被告会社の社員持株制度約款第一一条（処分の禁止）には、参加者は、その所有する株式を引き出すこと、持株会以外のものに譲渡すること、または担保に供することができない、とある。

従業員持株制度によって取得した従業員所有株式の処分禁止が制度約款等により定められていることが明らかであるのは、平成三年事件においてのみであるが、他の五事件においても株式の社外流出を避けるためにほぼ同旨の約定が存するものと思われる（後掲三6参照）。とすると、六事件のすべてにおいて、従業員は株式取得に際し、その前提条件として、特定の時に、特定の者に、特定の価額で、従業員持株制度を通じて取得した株式全部を譲渡する旨の契約の締結を要求されているものと思われる。つまり従業員はその所有株式をいつ、誰に、いくらで、どれだけ売るかについての自己の決定権を放棄して初めて株式の取得を許されているものと思われる。

5　株式の取得方法、取得価額、取得資金、取得量

従業員は株式を誰から、いくらで、どのぐらい取得しており、その取得資金をどのように調達しているかについて見てみよう。

昭和四八年事件では、従業員に分配譲渡された株式は被告会社の労働組合が被告会社の親会社から被告会社の全株式の三割に当たる五万四、〇〇〇株を被告会社の従業員の持株とする条件で譲り受けたものである。その際同組合は被告会社株式を親会社から一株当たり五五円で譲り受け、これを一株当たり五五円で従業員に譲渡している。本件原告は、株主代理委員会の指名を受けて、退職した従業員十数名から一株当たり五五円で株式を譲り受け、これに対する増資分も含めて二万三、五二〇株（額面五〇円）を取得した（判時六九七号九〇頁）。会社からの新株発行によりどの程度取得したかは明らかでない。二万三、五二〇株は被告会社の昭和四五年九月増資前の発行済株式総数の〇・三九二％である。その取得資金の調達については判決記録には何も述べられていないが、会社や労働組合からの援助はなく、すべて原告が自ら調達しかつ一括払いしているものと思われる。

昭和四九年事件では、原告はその持株一、八一〇株のうち一、二一〇株を両被告会社代表者から額面価格（五〇〇円）で、六〇〇株を両被告会社から新株発行により額面価格で取得しているものと思われる（判時七七一号八〇―八一頁参照）。この会社代表者はおそらく会社創業者もしくはその一族であろう。原告の持株一、八一〇株は当時の両被告会社の発行済株式総数の三・六二％に相当する。その取得資金については、原告がすべて自ら調達し一括払

いしており、会社からの援助はないものと思われる。

昭和五七年事件では、原告会社は昭和四五年資本金を二、〇〇〇万円に倍額増資した際に、従業員持株制度を発足させたが、その時二、三名を除くその余の全従業員が原告会社から新株の割当を受けたとある（判時一〇五二号一二七頁）。また本件被告のうち最も多くの株式（四、八二〇株）を所有していた者は、原告会社から六〇〇株を取得したのを初めとして別表㈠のとおり原告会社発行の株式を取得した（同所）、とあるので、その大部分を原告会社から新株発行により取得したものと思われる。四、八二〇株は原告会社の当時の発行済株式総数の二・八二％に相当する。本件では従業員の株式取得に関して取得資金とするために、会社が特別賞与を支給している（同所）。この特別賞与が従業員の株式取得資金のうちどの程度を占めているのか、従業員がこの特別賞与以外にどの程度資金を負担しているのかは明らかでない。だが特別賞与と言えどもこれは従業員の給与であると思われるし、また会社が従業員の株式取得のため特に奨励金等を支出しているとも思われないので、株式取得資金は従業員がすべて調達し一括払いしているものと思われる。

昭和六二年事件では、従業員持株会の設立を決定した昭和五七年六月二五日開催の訴外会社の取締役会において、同会に対し第三者割当の方法により一二〇万株の新株（一株の額面五〇円）を発行することとし、一株当たりの発行価格を二〇〇円とすることが了承された（金法一一九九号三三頁）とあり、当初従業員持株会発足時の同会会員への株式供給が会社からの新株発行によりなされたことは明らかである。

本件の控訴人については、昭和五七年八月二五日に一株二〇〇円の計算で一七万一、九八〇株の株式を引き受けたのを初めとして、同額で多数の株式を取得した（同所）こと及び本件では持株会を通じて取得した株式は同会理事長に信託しておくこととされ、控訴人は同会退会時にこのような株式として一八万二、七三〇株を所有していたによるものと思われる。一八万二、七三〇株は当時の訴外会社の発行済株式総数の一・四五％に相当する。

本件では持株会会員の株式の購入は、会員の毎月の給料からの拠出金及び配当金をもってなされる（同三三頁）とあり、これより見ると、従業員は株式取得資金を毎月の給料及び株式配当金によって分割払いしていたものと思われる。従業員の株式取得についての会社からの奨励金等はなかったものと思われる。

平成元年事件では、原告会社は昭和四二年に一、〇〇〇万円の倍額増資を計画したが、新株の払込み金額が多額なため引き受ける者が予定数に足らず、会社代表者が取引先等へ勧誘したが不充分であった。そこで新株を引き受けさせようと、従業員等に対し勧誘を行ったところ、約四〇名の承諾を得て予定どおり倍額増資を実施した。原告会社はその後も昭和四八年、昭和五二年、昭和五六年と増資して資本金を八、〇〇〇万円にしているが、これらの増資の新株はすべて従業員等にのみ割り当てられた（以上労働判例五五二号一〇〇頁）。

被告は本件訴訟の時六、〇〇〇株を有していたが、そのうち三、八二〇株はこのような増資の際に新株を引き受けたことがほぼ明らかである（同九九頁別表参照）。残る二、一八〇株もその多くは他の従業員等が新株引受によって取得した株式を譲り受けたものと思われる。六、〇〇〇株は当時の原告会社の発行済株式総数の三・七五％に相当する。その取得資金の調達については被告が自ら調達し一括して支払ったものと思われる。

平成三年事件では、被告会社が昭和五三年一月二〇日同社役員であった者からその取締役退任に伴い買い戻した被告株式の中から一〇〇株（額面一、〇〇〇円）を二〇〇万円（一株当たり二万円）で原告に割り当てた（判時一三八五号一二七頁）。この取得資金は原告が全額自ら調達し一括して支払ったものと思われる。この二〇〇万円の外にも原告は取得価額と時価との差額から贈与税一八一万円を納付した（同一二八頁）。

なおその後原告は昭和六一年一二月の株式配当により被告株式四〇〇株を所有するに至った（同所）。この四〇〇株は当時の被告会社発行済株式総数の〇・一一％に相当する。

六事件を従業員もしくは持株会会員の株式の主な入手先によって分類すると、退職した従業員から株式を取得していると思われるもの二件（昭和四八年事件、平成三年事件）、創業者一族から株式を取得していると思われるもの一件（昭和四九年事件）、会社からの新株発行により株式を取得していると思われるもの三件（昭和五七年事件、昭和六二年事件、平成元年事件）である。主として会社からの新株発行により株式を取得していると思われる三件は、従業員持株制度自体が会社の発行新株の受け皿として設立されているものと思われ、これらの場合、従業員持株制度を通じての従業員の新株引受は会社の資本増加および資本調達に大きく貢献していると思われる。

従業員の株式取得が新株引受によってなされている場合には、誰にどれだけ新株を割り当てるかについての決定は会社の取締役会が行っているであろう。退職した従業員から株式を取得している場合には、昭和四八年事件では株主代理委員会が、平成三年事件では会社経営陣が誰にどれだけ割り当てるかを決定している。昭和四八年事件の株主代理委員会は、既に見たように会社経営陣と従業員を構成員としているが、その主導者的地位にあるのは会社経営陣と思われる。創業者一族から株式を取得する場合には、誰にどれだけ割り当てるかを決定しているのは創業者一族であろうが、この創業者一族は会社経営陣でもあろう。このように見てくると、従業員の株式取得は、従業員の希望を前提とするものではあろうが、株式を誰にどれだけ所有させるかを事実上決定しているのは会社経営陣であると思われる。

従業員の株式取得価格を見ると、株式の額面価格三件（昭和四九年事件、昭和五七年事件、平成元年事件）、取締役会の決定した価格二件（昭和六二年事件、平成三年事件）、親会社から労働組合が譲り受けた価格一件（昭和四八年事件）である。上場会社においても一九七〇年頃までは額面発行が増資の九割前後を占めていたのであり[1]、その頃までであれば従業員が未上場会社の株式を額面価格で取得することは他の株式引受人に比べ従業員が特に優遇されているとは言えないであろう。従業員が株式を額面価格で取得している三件はいずれもそのような場合であると思われる。

株式取得の代金は、昭和六二年事件を除く、他のすべての事件において、従業員が自ら調達し、一括で支払っているものと思われる。昭和六二年事件だけは毎月の給料からの拠出金と配当金でもって分割払いで支払っているものと思われるが、この場合にも会社は従業員の株式取得を直接に援助する奨励金のようなものを支出していないと思われる。

事件の当事者となった元従業員の取得株式量を見ると、昭和四八年事件では五〇円額面株二万三、五二〇株（発行済株式総数の―以下同じ―〇・三九二％）、昭和四九年事件では五〇〇円額面株一、八一〇株（三・六二％）、昭和五七年事件では五〇〇円額面株四、八二〇株（二・八二％）、昭和六二年事件では五〇円額面株一八万二、七三〇株（一・四五％）、平成元年事件では五〇〇円額面株六、〇〇〇株（三・七五％）、平成三年事件では一、〇〇〇円額面株四〇〇株（〇・一一％）である。いずれも一従業員の取得株式量としてはかなり大きいということが言えるように思われる。これらの元従業員は従業員持株制度において一般の従業員よりはるかに多くの株式を取得しているように思われる。なおこれらの元従業員は、明白でない昭和四八年事件と昭和五七年事件を除くと、他はすべてその株式を発行している会社もしくはその関連会社の役員である。昭和四八年事件において元従業員の株式を譲り受けた二名はいずれも会社役員である。また昭和五七年事件では被告のうち持株量最大の元従業員は昭和四五年の原告会社の従業員持株制度発足当時に総務課長であった（判時一〇五二号一二七頁）。従業員持株制度が一般的な従業員の財産形成ないしは福祉の向上を目的とするものであるとすれば、六事件の会社の従業員持株制度の多くは、会社役員・幹部に株式保有を集中するという機能を果たしているようであり、その管理運営においてかなり問題があるように思われる。

6　株券の管理、株主権の行使、株式の処分禁止

従業員が従業員持株制度を通じて取得した株式について株券の管理はどのように行われているのであろうか、およびその株式に基づく株主権はどのように行使されているのであろうか。なお、ここにおいて従業員が従業員持株制度を通じて取得した株式の処分に対する制約についても見ることにしよう。

昭和四八年事件では、判決において原告から在籍従業員への株券の引き渡しが命じられており、従業員が従業員持株制度を通じて取得した株式の株券を管理していたことが明らかである（判時六九七号八八頁参照）。従業員が従業員持株制度を通して取得した株式の株主名簿上の名義が従業員自身になっていることもほぼ明らかである（同九一頁参照）。従って従業員自身が直接議決権等の株主権を行使し利益配当を直接受け取っていると思われる。

昭和四九年事件では株式を取得した従業員から両被告会社が株券を預かり保管し、株主に預かり証を交付していた（判時七七一号八一頁）とあるので、株券は発行会社が管理していたことは明らかである。本件の場合、従業員持株制度を管理運営するための特別な組織はなく、発行会社自身がそれに当たっていると思われるので、株主名簿上の名義は従業員自身であろう。従って従業員自身が議決権等の株主権を直接行使し、利益配当も直接受け取っているものと思われる。

昭和五七年事件では、被告らが退職した後にも株券を所持していたこと（判時一〇五二号一二七頁）から明らかなように、従業員自身が従業員持株制度を通して取得した株式についての株券を管理していた。本件においても

従業員持株制度の管理運営のために特別な組織は結成されず、発行会社自身がそれに当たっていると思われるので、株主名簿上の名義は従業員自身であろう。従って従業員自身が議決権等の株主権を直接行使し、利益配当も直接受け取っているものと思われる。

昭和六二年事件では、被控訴人（持株会―筆者注）においては、会員からの拠出金等をもって訴外会社の株式を購入し、これを被控訴人の理事長に信託しておくこととされ、会員は右信託株式につき拠出額に応じた持分を有する（金法一一九九号三二頁）とされているので、従業員が従業員持株制度を通じて取得した株式についての株券は持株会が管理し、その株主名簿上の名義は持株会理事長となっているであろう。本件の場合、従業員は持株会規約付則五条において退会時の持分の清算について、「当分の間、規約一九条にかかわらず、退会者に属する持分の全株数の株式を理事会一任価格で換算し、付則六条の金銭と合わせて現金で返還する。」と、つまり株式ではなく現金で返還すると定められており（同所）、本件判決でこの付則の有効性が是認されているので、従業員は従業員持株制度を通じて取得した株式の株券を持株会から引き出すことができず、一度も株券を手にできないので、事実上株式の処分を禁止されることとなる。

株主名簿上の名義が持株会理事長となっているとすれば、同理事長が株式に基づく議決権等の株主権を行使し利益配当も受け取っていると思われるが、利益配当については会員の株式購入代金が全額支払済でない場合にはその購入代金の返済の一部にあてられているようである（同三三頁）。もし会員の株式購入代金が全額支払済となれば利益配当はおそらく持株会を通じて会員に手渡されることとなるのであろう。経営陣の一端を構成すると見られる持株会理事長の議決権等の株主権の行使は事実上会社経営陣の影響下にあるものと思われる。

平成元年事件では、発行会社が退職した従業員にその所持する株券の引き渡しを請求していることから明らかなように、従業員が従業員持株制度を通じて取得した株式の株券を管理していた。本件では従業員持株制度の管理運営のための特別な組織はなく、発行会社がそれに当たっていると思われるので、株主名簿上の名義は従業員自身であろう。従って、従業員が議決権等の株主権を直接行使し、利益配当も直接受け取っているものと思われる。

平成三年事件では、被告（発行会社—筆者注）が退任取締役から買い戻した被告株式の中から、一〇〇株を二〇〇万円の価額で原告に割り当て以後同株式一〇〇株を預かり保管した（判時一三八五号一二七頁）とあるので、従業員が従業員持株制度によって取得した株式の株券を、発行会社自身が管理していたことは明らかである。退任取締役から買い戻した株を在職従業員に割り当てたとあるから、株主名簿上の名義は従業員自身であろう。この点において本件は昭和四八年事件に類似していると思われる。株主名簿上の名義が従業員であるとすると、従業員が議決権等の株主権を直接行使し、利益配当も直接受け取っていたものと思われる。本件の場合、被告会社の社員持株制度約款第一一条（処分の禁止）において「参加者はその所有する株式を引き出すこと、持株会以外のものに譲渡すること、または担保に供することができない。」と定められているので、従業員は従業員持株制度を通じて取得した株式の株券を一度も手にすることができず、また株式の処分も持株会以外のものに対してはできないこととなっている。この点において本件は昭和六二年事件に類似していると思われる。

このように見てくると、従業員が従業員持株制度を通じて取得した株式の株券を管理しているのは、当該従業員自身の場合が三件（昭和四八年事件、昭和五七年事件、平成元年事件）、発行会社の場合が二件（昭和四九年事件、平成三年事件）、持株会の場合が一件（昭和六二年事件）と思われる。従業員が従業員持株制度を通じて取得した株式の株主名簿上の名義は、昭和六二年事件を除くと他はすべて従業員自身であると思われる。昭和六二年事件を除く、他のすべてにおいて従業員は株式に基づく議決権等の株主権を直接行使し利益配当を直接受け取っていると思われる。従業員が株主権を直接行使している場合には、おそらく持株会理事長が株主権を代理行使する場合よりは、従業員の企業経営への参加意識を高揚させることとなろう。しかし、在職中の従業員が自らの名を明らかにして経営陣に批判的に株主権を行使するということは共同体的企業風土の日本の会社においては一般にはありえないことと思われるのであって、従業員が議決権等の株主権を直接行使する場合であっても、経営陣の一端を構成すると思われる持株会理事長が議決権を行使する場合と同じく、事実上経営陣の意向に沿う権利行使がなされることとなろう。

昭和六二年事件の場合、従業員が従業員持株制度を通じて取得した株式の株券は持株会で管理し、その株主名簿上の名義は持株会理事長となっている。これは本件の訴外会社が従業員持株制度設立の時に近い将来での株券上場を考慮していたこと（金法一一九九号三二頁）および従業員持株制度設立当時には定款による株式の譲渡制限をしていなかった（同三三頁）ので、この点に関し多くの上場会社に見られる例に従ったものであろう。しかし昭和六二年事件の場合、持株会会員は如何に多くの株式を取得しようと持株会からの株券の引き出しを認められていないのであって、この点において一般に単位株になれば持株会からの株券引き出しを認めている上場会社の従業員持株制度とは異なると思われる。昭和六二年事件の場合には、従業員は従業員持株制度を通じて取得した株式の株券を一度も手にすることができず、従って持株会以外への処分は事実上禁止されている。この点について平成三年事件の場合もほぼ同じであることが明らかである。おそらく発行会社が株券を管理している昭和四九年事件においても、従業員が株式の譲渡を希望する時及び退職の際は両会社代表者に額面金額で譲渡するとされておりかつ従業員は「株式を譲渡するときには当社取締役会に引受価格で為し、其他の何者にも譲渡いたしません」

と記載した念書を差し入れている（判時七七一号八一頁）ので、従業員は自らが取得した株式の株券を一度も手にすることができず、従って会社代表者以外への処分は事実上禁止されているものと思われる。従業員が従業員持株制度を通じて取得した株式の株券を自ら管理している昭和四八年事件の場合も、「各組合員株主が退職、またはその所有株を他に売却を希望するときには、……委員会の指名する他の在職従業員に……譲渡する」（判時六九七号九六頁）こととなっているので、従業員は事実上委員会の指名する他の在職従業員以外への処分を禁止されていると思われる。同じく従業員が自ら株券を管理している昭和五七年事件の場合も「従業員が株券の譲渡を希望する場合及び退職する場合は、原告（発行会社―筆者注）がそれらの者の所有株式を額面価格で譲り受けること」（判時一〇五二号一二七頁）となっているので、従業員は事実上発行会社以外への譲渡を禁止されているものと思われる。平成元年事件の場合には「被告が従業員等の身分を喪失したとき原告会社に額面価額で譲渡する旨の合意（始期付売買契約）の成立」（判時一三二五号一四四頁）という事実が認定されているが、従業員が退職前に株式の譲渡を希望する場合にどうなるのかについては明らかでない。しかし、おそらく本件の場合にも、従業員が発行会社以外に株式を処分するならば、従業員は勤務上何らかの不利な扱いを覚悟しなければならないものと思われ、これを避けようとするならば事実上発行会社に譲渡せざるをえないであろうと思われる。

7　株式の譲渡時期、譲受人、譲渡価格

すでに株式取得の前提条件のところで見たように、従業員は特定の時期に特定の者に、特定の価格で従業員持株制度を通じて取得した株式全部を譲渡する旨の契約をして初めて株式の取得を許されているものと思われる。ここでは譲渡時期、譲受人及び譲渡価格をそれぞれ具体的に見てみよう。

まず株式の譲渡時期について見てみよう。

昭和六二年事件のみが持株会退会時である他はすべて従業員の退職時である。昭和六二年事件において持株会からの退会はそれが同会会員の退職に基づくものか否かは明らかでないが、従業員の身分を失えば同会を退会することになることは間違いないと思われる。昭和六二年事件の場合、ダイヤモンド社発行の『会社職員録非上場会社版』によれば、一九八五年版までは控訴人は訴外会社の取締役をしていたが、一九八六年版以後は同社の取締役をしていない。訴外会社の決算期は九月であり、定時株主総会は一二月に開催されているであろう。とすれば控訴人は昭和六〇年一二月開催の定時株主総会まで同社の取締役であったものと推測してよかろう。ところで控訴人が持株会を退会しているのは昭和六〇年一二月二四日（金法一一九九号三二頁）であり、これはおそらく控訴人の訴外会社退職に伴うものと思われる。とすれば六事件のすべてにおいて株式の譲渡時期は従業員の退職時であると見てよかろう。

従業員の退職までの勤務期間について見てみよう。

昭和四八年事件では原告は被告会社に三〇年三カ月勤務した後での退職である。昭和四九年事件では原告は一五年七カ月勤め、常務取締役となった後の退職である。昭和五七年事件では被告らのうち勤務期間の最も長い者は一四年九カ月勤務した後の退職である。昭和六二年事件の控訴人は訴外会社への入社が昭和五四年とされており、(2)先の退職時についての推測があたっているとすれば、控訴人の在職期間は六年弱となろう。平成元年事件では被告は一二年二カ月勤務した後の退職である。平成三年事件では原告は一二年九カ月勤務した後の退職であり、退職前には関連会社の常務取締役をしていた。

昭和六二年事件の控訴人だけは在職期間が六年弱と例外的に短いが、他の場合には元従業員の在職期間は最も短いものでも一二年九カ月である。

譲渡までの株式保有期間を見てみよう。

昭和四八年事件では一三年八ヵ月、昭和四九年事件では六年一一ヵ月、昭和五七年事件では七年七ヵ月、昭和六二年事件では三年四ヵ月、平成元年事件では一七年間、平成三年事件では九年五ヵ月であった。株式保有期間についても昭和六二年事件の場合は三年四ヵ月と例外的に短いが、他の場合には最も短いものでも六年一一ヵ月である。

元従業員の株式譲渡先について見てみよう。

昭和四八年事件では在職従業員、昭和四九年事件では会社代表者、昭和五七年事件では発行会社、昭和六二年事件では持株会、平成元年事件では発行会社、平成三年事件では発行会社である。株式の譲渡先は発行会社が最も多く、丁度半分を占めている。

元従業員の株式の譲渡価格について見てみよう。

譲渡価格は、平成三年事件を除くと、他はすべて取得価格と同じであり、これらの場合には、元従業員は長期間にわたる株式保有にもかかわらずキャピタル・ゲインを獲得できない。平成三年事件では取得価格と異なる取締役会決定価格によって譲渡しており、二〇〇万円で入手した株式を三〇〇万円で譲渡しているが、この場合にも元従業員の株式の取得費用は贈与税を含めると三八一万円であり、それを三〇〇万円で譲渡したのでは取得費用にも足りない。

なお昭和四九年、昭和五七年、平成元年の各事件では、株式の取得価格と譲渡価格は額面価格に同じである。

これら三事件の従業員持株制度はいずれも従業員所有企業を基本目的とするものである。

8　譲渡価格の公正さ

(1)　序

既に見たように、六事件における株式の譲渡価格ではいずれもキャピタル・ゲインを獲得できない。たとえキャピタル・ゲインを獲得できない譲渡価格であっても、その譲渡価格が公正もしくは合理的であるということはありうると思われる。ここでは六事件における株式の譲渡価格の公正さを一株当たりの純資産価値、配当利回り、配当性向から検討してみよう。

(2)　一株当たりの純資産価値

株式所有者は企業の経済的所有者であると考えると、株式は企業の持分であると考えられる。株式が企業の持分であるとするなら、株式の公正な価値は、本来ならば、株式譲渡の時に、企業全体を一括して譲渡すると仮定した場合のその譲渡価格を発行済株式総数で除したものとなろうが、このような価格を知ることはかなり困難である。そこでここでは、簡単に知ることが出来る貸借対照表上の純資産価値を発行済株式総数で除した一株当たりの純資産価値でもって、これを推定することにしよう。たとえ株式の譲渡価格がキャピタル・ゲインを得られないものであったとしても、その価格が貸借対照表上の一株当たり純資産価値にほぼ等しいものであるなら一応公正な価格との推定が成り立つと思われる。

六事件における一株当たりの株式の譲渡価格を可能な限り、元従業員退職時に近い決算期の一株当たりの貸借対照表上の純資産価値と比較してみよう。特に断らない限り、一株当たりの貸借対照表上の純資産価値は日本経済新聞社発行の『会社総鑑未上場会社版』によっている。

昭和四八年事件では譲渡価格が五五円に対し純資産価値は一五六円（昭和四四年九月期）である。昭和四九年事件については純資産価値を知る手がかりがない。昭和五七年事件では譲渡価格が五〇〇円に対し純資産価値は六、八八五円（昭和五三年一月期について判時一〇五二号一二七頁被告の請求額より算出）である。昭和六二年事件では譲渡価格が二〇〇円に対し、純資産価値は一、三三六円（昭和六〇年九月期）である。平成元年事件では譲渡価格が五〇〇円に対し、純資産価値は九、二〇八円（昭和五九年九月期）である。平成三年事件では譲渡価格が七、五〇〇円に対し純資産価値は二二万二、四九五円（昭和六二年三月期）である。

株価純資産倍率を求めて見ると、昭和四八年事件が〇・三五三、昭和五七年事件が〇・〇七三、昭和六二年事件が〇・一五〇、平成元年事件が〇・〇五四、平成三年事件が〇・〇三四である。つまり株式の譲渡価格はその純資産価値の三五・三%から三・四%とかなりの広がりがあるが、五事件中の三事件において一〇%未満である。一九九二年六月一二日の東京証券取引所における株価純資産倍率を見ると、一部市場の全銘柄平均値が一・九八、二部市場の全銘柄平均値が一・八八であり（日本経済新聞一九九二年六月一三日号）、株価は純資産価値の二倍弱である。

判決で決定した一株当たりの譲渡価格と貸借対照表上の一株当たりの純資産価値との間には、格段の差が存在すると言えよう。少なくとも貸借対照表の一株当たり純資産価値との比較から見る限り、判決で決定した譲渡価格は公正な価格とはとても言えないであろう。

(3)　配当利回り

株式に対する配当利回りが十分に高いならば投資としては十分に見返りを得ているのであって、株式の譲渡価格がキャピタル・ゲインを取得できないものであったとしても、キャピタル・ゲインを取得できない譲渡価格も不当でない（参照、昭和五七年事件の判決、判時一〇五〇号一二八頁、平成元年事件の判決、判時一三二五号一四四頁、平成三年事件の判決、判時一三八五号一二八頁）との考え方もありうるかも知れない。ただこのような考えは、株式投資における危険負担を基本的には債券投資と同じものと見ているようであり、であるとすれば、配当利回りが十分に高い他に債券投資と同じ程度には元本の回収が保障されていることが必要であろう。六事件での配当利回りを見てみよう。

昭和四八年事件では元従業員退職直前三年間の配当は額面金額に対する一割二分の配当（一九九〇年版会社総鑑）つまり一株年六円であり、これを株式取得価格と思われる一株当たり五五円で割ると配当利回りは一〇・九％になる。

昭和四九年事件では判決記録によれば額面金額に対し年二割の配当をしており（判時七七一号八一頁）、額面金額が取得価格でもあるので配当利回りは年二〇％になる。

昭和五七年事件では判決記録によれば額面金額に対し年二割ないし五割の配当をしており（判時一〇五二号一二七頁）、本件の場合も額面金額が取得価格でもあるので、配当利回りは年二〇％以上五〇％以下になるが、同事件の原告会社は会社総鑑により情報を知ることのできる昭和五九年七月決算期以後については一株当たり七五円の配当を五年間続けており、これらの場合の配当利回りは年一五％になる（一九八九年版会社総鑑）。

昭和六二年事件では控訴人が持株会を退会する直前三年間はすべて額面金額に対して年二割の配当であるが、これは一株当たり年一〇円の配当となり（一九八七年版会社総鑑）、本件の場合、取得価格は一株当たり二〇〇円であるので配当利回りは年五％になる。

平成元年事件では判決記録によれば額面金額に対し年一五％ないし三〇％の配当をしており（判時一三二五号一四一頁）、額面金額が取得価格でもあるので配当利回りは年一五％以上三〇％以下になる。

平成三年事件では判決記録によれば昭和五三年から昭和六一年までの九年間で約八〇〇万円の配当がなされており（判時一三八五号一二八頁）、昭和六二年度については一株当たり七五〇円の配当である（一九八九年会社総鑑）ので配当金は三〇万円（七五〇円×四〇〇株）となるので、合わせると一〇年間で約八三〇万円の配当金となる。これは一年間では約八三万円の配当となり、これを取得価格の二〇〇万円で除して配当利回りを求めればそれは約四〇％となるが、これを贈与税を加えた取得費用の三八一万円で除して配当利回りを求めると約二〇％になる。本件株式の実質的な配当利回りは約二〇％と見てよかろう。

六事件における配当利回りをみると五％から五〇％まで考えられ様々である。配当利回りがなかには五％から一一％という低いものも見られるが、多くは二〇％程度であると思われ、比較的配当利回りの高いものが多いと言えるようである。だが従業員持株制度では多くの場合に長期投資となることを考えるなら、ことに上場企業の増資でも九割前後が額面金額であった一九七〇年頃までの株式投資ならこの程度の配当利回りは当然であるとも思われ、株式取得の後のインフレも考慮に入れると、これだけでは従業員持株制度における株式投資についてキャピタル・ゲインが与えられないことを正当化する理由にならないように思われる。

(4)　配当性向

配当性向が高い場合、つまり会社の事業経営による利益のほとんどが利益配当として株主に分配されているような場合には、キャピタル・ゲインを得られないような株式の譲渡価格も不合理でない[3]、との見解もある。それゆえ、ここでは六事件での当事会社の配当性向について見てみよう。

原則として元従業員が会社を退職したまたは元持株会会員が持株会を退会した直前決算期より遡及して三年間についての配当性向を見てみよう。

昭和四八年事件での被告会社の昭和四四年三月期以前の三年間の配当性向は五四・〇%である（一九六九年版および一九七〇年版会社総鑑より算出）。

昭和四九年事件については、両被告会社の税引利益を知ることができないので配当性向を知ることができない。

昭和五七年事件での原告会社については、昭和五九年七月決算期以後についてしか税引利益を知ることができないので、それ以後の三年間について配当性向を求めて見ると一八・六%になる（一九八九年版会社総鑑より算出）。

昭和六二年事件での訴外会社の昭和六〇年九月決算期以前三年間の配当性向は五・四%である（一九八七年版会社総鑑より算出）。

平成元年事件での原告会社の昭和五九年九月期以前三年間の配当性向は八・四%である（一九八五年版会社総鑑より算出）。

平成三年事件での被告会社の昭和六二年三月期以前三年間の配当性向は六・九%である（一九八八年版会社総鑑より算出）。

昭和四九年事件の当事会社を除く、他の五事件の当事会社の配当性向は五・四%（昭和六二年事件）、六・九%（平成三年事件）、八・四%（平成元年事件）、一八・六%（昭和五七年事件）および五四・〇%（昭和四八年事件）である。

これから見ると、当事会社の大半の配当性向は一〇%未満である。つまり当期利益のごく一部のみが利益配当に向けられている。このような配当性向では、とても会社の事業経営による利益のほとんどを利益配当として株主に分配しているとは言えないであろう。これら当事会社の配当性向から見る限り、先の見解に従えば、キャピタル・ゲインを与えないような譲渡価格は不合理ということになるであろう。

日本の上場企業の配当性向の平均は一九九〇年度で三〇・三％であり、これでも欧米企業の約半分の水準である。(4) 日本上場企業の配当性向と比べても、これらの当事会社の配当性向はかなり低いと言えよう。

9　従業員持株制度と会社支配

ここでは従業員持株制度が同制度実施会社の株式所有の面から見た支配構造において、どのような役割を果たしているかについて見てみよう。これについては従業員持株制度が従業員所有企業を目的とするものであるか否かによって区別した方がよかろう。

従業員持株制度が従業員所有企業を目的とする場合（昭和四九年事件、昭和五七年事件、平成元年事件）には、従業員持株制度は自社株保有を従業員に限ることによって、これは同時に株式所有による会社支配への参加者を従業員に限ることになるのであり、従業員持株制度が株式所有の面から見た会社の支配構造において重要な役割を果たしていることは明らかであると思われる。ただこれらの場合には、いずれも創業者の一族が会社経営の面から見ても株式所有の面から見ても会社支配の中枢を占めているものと思われるのであって、従業員持株制度による一般従業員の株式所有はこの創業者一族の会社支配を補強する役割を果たしているものと思われる。

従業員持株制度が従業員所有企業を目的としていない他の三つの場合(昭和四八年事件、昭和六二年事件、平成三年事件）について見てみよう。

昭和四八年事件の場合には、被告会社の労働組合が被告会社の親会社から被告会社の全株式の三割にあたる株式を譲り受け、この株式所有を利用して被告会社に三名の取締役を推挙して被告会社の経営に組合の意向を反映させることを目的として、従業員持株制度が結成されている(判時六九七号九〇頁参照)。また本件において従業員持株制度によって原告より株式を譲り受けた両名は被告会社の専務取締役と取締役であると共に、被告会社の株式所有において彼らは親会社に次ぐ二位と三位の大株主である（一九七五年版会社総鑑）。それゆえ被告会社の支配構造において従業員持株制度が重要な役割を果たしていることは疑いないように思われる。ただ本件の場合、親会社が被告会社の発行済株式の約六四％を所有しており（同所）、親会社による被告会社支配も明白である。本件の被告会社は親会社と従業員持株制度によって結集した従業員との共同支配の下にあると思われるが、その共同支配において主導権を握っているのは親会社であろう。

昭和六二年事件の場合、訴外会社の筆頭株主の持株比率は一一・三七％であり、持株会はこれに並ぶ二位の大株主でその持株比率は一〇％である（一九八六年版会社総鑑）。これから見る限り訴外会社の従業員持株会が株式所有の面から見て訴外会社の支配構造において重要な役割を果たしていることは明らかであると思われる。ただ本件訴外会社はその筆頭株主等から見ておそらく三井系企業集団に属する企業であると思われるが、訴外会社の経営陣は同社従業員の持株会に結集した株式所有等の力によって筆頭株主ないし三井系企業集団の支配に対し相対的な自立を確保しようとしているように思われる。これがおそらく六事件中ただ一つ本件だけが従業員持株制度を通じて取得した従業員の株式は持株会理事長に信託され、株主名簿上同理事長名義とされているもう一つの理由であろう。推測が当たっているとすれば、同社の従業員持株制度は従業員の財産形成と愛社精神の高揚を目的とする（金法一一九九号三三頁）ものであるが、同時に同社経営の相対的自立も目的とすることとなろう。

平成三年事件では、従業員持株制度を通じて従業員がどの程度の株式を取得し所有しているのかが明らかでない。それゆえ本件被告会社の株式所有の面から見た支配構造において、従業員持株制度がどの程度の役割を果たしているかは明らかでない。本件原告の持株比率は〇・一一％であり、これだけでは株式所有の面から見て被告会社の支配に影響があるとはとても言えないであろう。しかし、もし本件原告と同程度の株式を従業員持株制度を通じて取得した従業員が二〇〇人いたとすれば、その持株比率を合計すると二二％になるわけで、従業員持株制度は株式所有の面から見て被告会社の支配に全く影響がないとも言えないであろう。なお本件被告会社が創業者である二家族の支配下にあることは明らかである。昭和六二年三月期の営業報告書によれば、一〇大株主中の六名が創業者二家族に属すると思われるが、その持株比率を合わせると五六・五％になる。

六事件のうち明らかでない平成三年事件の場合を除くと、従業員持株制度はいずれもその実施会社の株式所有の面から見た支配構造において重要な役割を果たしているものと思われる。ただ、そうは言っても、従業員持株制度を通じて結集した従業員の株式所有に基づく支配力が親会社もしくは創業者一族等他の会社支配者もしくは支配集団より強力もしくは対等である会社は存在しないと思われる。先に見たように、六事件のすべてにおいて従業員持株制度は一般従業員でなくむしろ会社役員・幹部に株式所有を集中する機能を果たしていると思われ、かつその管理運営組織は会社からの独立性を有しないと思われるので、つまるところ、従業員持株制度を通じて結集した株式所有に基づく株主権は事実上会社経営陣の影響下に行使されるのであって、従業員持株制度は株式を社内に留保して事実上会社経営陣の意のままになる株式ブロックを作り出すことによって、会社経営陣の会社支配を維持・強化するという機能を果たしているものと思われる。

（１）　岸田雅雄『ゼミナール会社法入門』二二四頁（一九九一年）。
（２）　『会社職員録非上場会社版一九八三年版』ダイヤモンド社刊。
（３）　参照、神崎克郎「従業員持株制度における譲渡価格約定の有効性」判例タイムズ五〇一号六—七頁（一九八三年）。

（4）　岸田・前掲注（1）八八頁。

四　判決理由

既に見たように、六事件のすべてにおいて、従業員は、従業員持株制度を通じて自社株式を取得するための前提条件として、従業員であることの他に、従業員持株制度を通じて取得した株式を特定の時に特定の者に特定の価格ですべて譲渡するという契約を締結しているものと思われる。つまり従業員はいつ、誰に、いくらで、どれだけ、譲渡するかについての自己の決定権を放棄して初めて株式の取得を認められているものと思われる。その契約の具体的内容は従業員退職の時に、社内の者に、その者が買いやすい価格で持株のすべてを譲渡することであると言ってよかろう。このような契約が締結される目的は株式のいわゆる社内留保に目的があると思われるので、このような契約を以下においては株式社内留保契約と呼ぶことにしよう。

株式社内留保契約はまず第一に従業員所有株式について、いつ、誰に、いくらで、どれだけ、譲渡するかについての従業員の決定権を奪う点において、従業員所有株式の譲渡を制限する契約であり、原則として株式譲渡自由の原則を強行法的に保障している商法二〇四条一項に違反しないかどうかが問題となろう。次に従業員所有株式の譲渡先が発行会社の場合には、自己株式の取得を原則として強行法的に禁止する商法二一〇条に違反しないかどうかが問題となろう。さらに、譲渡価格が不公正もしくは不合理な場合には公序良俗に反しないかどうかも問題となろう。

既に見たように、六事件の判決はいずれも株式社内留保契約の有効性を肯定する。昭和四八年事件ではこの契約は従業員と株主代理委員会との間のいわゆる第三者のための契約として締結されており、その効果によって従業員退職時に株式を譲り受けるのは在職従業員である。元従業員はその所有株式の譲渡自体には異存がなくその売却価額が一株につき五五円であることに不満があった（判時六九七号八九頁）。本件において主として争われたのは商法二〇四条一項違反の問題であるが裁判所は「右条文（商法二〇四条一項―筆者注）は当事者間の個々的債権契約の効力まで否定するものではない」（同九一頁）と解して元従業員の主張を退けた。

　昭和四九年事件では株式社内留保契約は従業員と会社代表者との間において締結され、従業員退職時の株式譲渡先は会社代表者であった（判時七七一号八二頁）。本件でも主として争われたのは商法二〇四条一項違反の問題である。これについて裁判所は「右条文（商法二〇四条一項―筆者注）は当事者間の個々的債権契約の効力に対し直接規定するものではなく、本件における従業員持株制度の目的、内容及び従業員たる株主に対する利益配当額の程度などからみて、右契約は商法二〇四条一項の趣旨に違反する無効なものとはいえない」（同所）と解して、元従業員の主張を退けた。

　昭和五七年事件では、株式社内留保契約は従業員と株式発行会社との間においてなされ、従業員退職時の株式の譲渡先は発行会社であった（判時一〇五二号一二八頁）。本件では商法二〇四条一項違反と共に、株式の譲渡先が発行会社であったので商法二一〇条違反の問題も争われた。

　商法二〇四条一項違反の問題について裁判所は「右規定（商法二〇四条一項―筆者注）は会社が株主との間で個々に締結する債権契約の効力について直接規定するものではなく、また、これを実質的にみても、前記認定の原告の従業員持株制度の目的、内容及びその利益配当の実績等からすると、右契約は株主の投下資本の回収を不当に妨げるものとはいえないから、右契約が商法二〇四条一項に違反するものとはいえず、右契約による株式譲渡が無効とされるべき理由はない。」（同所）と判示した。

商法二一〇条違反の問題について裁判所は「同条（商法二一〇条—筆者注）の主な立法趣旨が会社の財産の安全確保にあることに鑑みると、同条によって保護されるべき者は会社、会社債権者、一般株主等であって、譲渡人でないから、同条による無効の主張は、譲渡人を保護すべき特段の事情がない限り会社側にのみ認められ、譲渡人からこれを主張することは許されないものと解するのが相当である。そして、右のとおり解しても、譲渡人は当初の契約どおりに株式を譲渡することによって自己の望む結果を得られなんら不利益を被らないのであって、この場合保護されるべき会社側が当該契約の無効を望まないにもかかわらず、保護の対象となっていない譲渡人の利益のために無効を認めるべき合理的な理由を見出すことはできない。」（同所）と判示した。かくして裁判所は、元従業員にその所持している株券を発行会社に引き渡せ、と命じた（同一二六頁）。

昭和六二年事件では株式社内留保契約の趣旨が従業員持株会の規約として定められ、従業員が持株会を退会した時の株式の譲渡先は持株会とされていた。本件で主として争われたのは、同規約が公序良俗に違反するかどうかであった。その際、同規約が、取得価格での株式の譲渡を定めており、株式投資の利益を利益配当にのみ限定し、売却益の取得を否定しているので、株式投資の本質に反し不合理である（控訴人主張）か否かが問題となった（金法一一九九号三三頁）。

この点については本件裁判所は次のように述べている。「被控訴人（持株会—筆者注）による取引価格が時価によらず定額に固定される点も、その取得時の価格自体が右と同額に定められ時価によっていないこと並びに非上場株式について退会の都度個別的に引取価格を定めることが実際上むずかしいことなどを考慮すれば、直ちに会員の投下資本の回収を著しく制限する不合理なものとまで断ずることはできない。本件において、控訴人が一株当たり二〇〇円の価格で取得してから退会するまで約三年四カ月の期間が経過しているが、右取得価格が当時の適正な時価を反映したものであったこと及びその取得後に右株式の時価が無視しえないほどに高騰したことを確認するに足りる的確な証拠はなく、このような場合にもなお、引き取りについてのみ時価による売却益の取得を保障しなければならない合理的な理由は見い出しがたい。」（金法一一九九号三三頁）。つまり裁判所は取得価格での譲渡を不合理としない理由について、取得時の価格自体が時価によらず定額に定められていること、取得後譲渡時までに株式の時価が無視し得ないほどに高騰したとの証拠のないこと、および非上場株式については退会の都度個別的に引取価格を定めることが実際上むずかしいこと、の三点をあげていると思われる。取得価格での譲渡を不合理としない理由として、裁判所はこの他にも年二割程度の利益配当をしていることもあげている（同所参照）ように思われるが、本事件の場合、株式の額面金額（五〇円）に対しては二割の配当（一〇円）であるが、取得価格（二〇〇円）に対する配当利回りは五％になるので、これは当てはまらないと思われる。

平成元年事件では株式社内留保契約は従業員と株式発行会社との間において締結され、従業員退職時の株式の譲渡先は発行会社であった（判時一三二五号一四五頁）。本件では被告の元従業員は、仮に原告が買い取る旨の合意があったとしても、これは時価相当額で買い取る旨の合意であるから、被告は本件株券の時価相当代金の弁済を受けるまで、本件株券の引き渡しを拒絶する（同一四一頁）と主張しているので、元従業員の主な不満は株式の譲渡自体ではなく譲渡価格にあったものと思われる。

本件では株式の譲渡先が発行会社とされていたので、まず商法二一〇条の違反が問題となった。これについて裁判所は「商法二一〇条の自己株式取得禁止規定は会社、株主、会社債権者保護の規定であり、本件は原告（発行会社―筆者注）が右規定を理由として本件株式譲渡の無効を主張する事案ではない。」（同一四四頁）と判示した。商法二〇四条一項違反の問題について裁判所は「原告会社と被告との間の右持株制度ないしは売買の合意は商法の規定する株式譲渡の自由を両者間の契約によって制限するものに外ならないが、株主も合意のうえ契約を締結する以上契約自由の原則が妥当すると解されるところ、商法もこの様な契約の効力を全く否定するものではなく右契約が株主の投下資本の回収を不能ならしめ不合理な内容である場合に限り契約が無効になると解すべきである。」（同所）とする。つまり本件裁判所は株式社内留保契約が商法二〇四条一項に違反するか否かはそれが株主の投下資本の回収を不能ならしめ不合理な内容であるか否かによる、と解するのであり、この点において、次に見るとおり、同契約の公序良俗違反の問題と実質的に同じ判断基準に立つことになると思われる。本件裁判所は公序良俗違反の問題について次のように述べる。「原告会社は定款により原告会社の株式を譲渡するには取締役会の承認を要する旨定めており、右株式は元々市場における自由な売買が予定されているとはみられないこと、被告が本件株式を総て額面価額で取得していること、被告が初めて原告会社株式を取得した昭和四二年から退職した昭和五九年までの間、原告会社は比較的高率の年一五ないし三〇％の配当を実施したことを総合するならば、被告が原告会社株式を時価で譲渡し得ないことが直ちに投下資本の回収が不可能であるとは言えず、むしろ取得価額は回収したうえで右高利回りの配当を受けた分だけ被告に利益が残ることになるから、右契約が不合理であり公序良俗に反するものとは言い難い。」（同所）。

つまり本件裁判所は、原告会社の株式の譲渡には定款の定めにより取締役会の承認を要すること、被告が本件株式をすべて額面価額で取得していること、及び原告会社が比較的高率の年一五ないし三〇％の配当を実施していることの三つの理由でもって、取得価格で譲渡を義務づける契約は投下資本の回収を不可能にする不合理な内容ではなく、したがって商法二〇四条一項に違反せずかつ公序良俗にも違反しない、と判断したように思われる。

なお本件の場合も裁判所は元従業員にその所持する株券の発行会社への引き渡しを命じている（同一四一頁）。

平成三年事件では、株式社内留保契約は従業員と株式発行会社との間において締結され、従業員退職時の株式の譲渡先は発行会社であった（判時一三八五号一二八頁）。本件原告の元従業員は退職時に被告株式を被告に売り戻すとしても、当然時価によるものと考えていた（判時一三八五号一二六頁）とあるので譲渡価格に不満があったものと思われる。本件では株式の譲渡先は発行会社であったが、発行会社が株券を保管していたからか、商法二一〇条違反は問題とされていない。

本件における主な争点は被告株式を時価の何十分の一という極めて安い価額で売り渡すことを約することが公序良俗に違反しないかどうかであったと思われる。この点に関して裁判所は次のように述べる。「原告自身も社員持株制度に基づき、被告株式を時価の四分の一以下の安い価額で取得していること、原告は、昭和五三年一月被告株式を二〇〇万円の価額で取得して以来、毎年被告から八〇万円ないし九〇万円もの高額の配当金を受領しており、昭和六二年六月三〇日の退職により、被告株式を三〇〇万円の価額で被告に売り戻したとしても、充分な程の利益を受けていること、被告会社は、株式の譲渡制限に関する規定を設け、被告株式を譲渡するには取締役会の承認を受けなければならない旨定めており、被告株式については自由な取引は予定されていないことに照らすと、原告が被告に対し始期付売買契約により被告株式を時価よりも安い価額で売り戻さなければならないとしても、始期付売買契約が公序良俗に反する無効なものとは認められず、原告の前記主張も理由がない。」（判時一三八五号一二八頁）。

つまり本件裁判所は、原告が被告株式を時価の四分の一以下の安い価額で取得していること、原告が毎年高額の配当金を受領しており、被告株式を三〇〇万円で被告に売り戻したとしても充分な程の利益を受けていることおよび被告株式を譲渡するには定款の定めにより取締役会の承認を受けなければならず、被告株式については自由な取引が予定されていないことの三つの理由によって、原告が被告株式を時価より安い価額で売り戻す契約は公序良俗に反する無効なものではない、と判断した。

判例を見ると、昭和四八年、昭和四九年、昭和五七年の前半三事件においては主として商法二〇四条一項違反が争われており、昭和六二年、平成元年、平成三年の後半三事件においては主として公序良俗違反が争われている。(5) 商法二一〇条違反が争われたのは昭和五七年事件と平成元年事件であるが、これらはいずれも退職した従業員が株券を所持しており、発行会社がその株券の引き渡しを請求した事件である。

前半三事件において、裁判所が従業員所有株式の社内留保契約を商法二〇四条一項に違反しないとした理由は、二つあるものと思われる。すなわち、

① 同条は当事者間の個々的債権契約の効力について直接規定するものではない（昭和四八年事件、昭和四九年事件、昭和五七年事件）。

② 従業員持株制度の目的、内容及びその利益配当の実績等からすると、右契約は株主の投下資本の回収を不当に妨げるものとはいえない（昭和四九年事件、昭和五七年事件）。

後半三事件においては主として公序良俗違反の問題が争われているのであるが、その際、譲渡価格が時価もしくは公正な価格と考えられるものとかけ離れていることが問題とされた。裁判所が譲渡価格は時価もしくは公正な価格とかけ離れていても公序良俗に違反しないとした理由は五つあると思われる。すなわち、

① 株式を時価より安い価額で取得している（昭和六二年事件、平成三年事件、平成元年事件の判決は額面価格で取得していることをあげるがこれも実質的には同じ内容のものであろう）。

② 毎年高額の配当を受領して利益を得ている（平成元年事件、平成三年事件）。

③　定款の定めにより株式譲渡に取締役会の承認を要するので右株式については元々市場における自由な売買が予定されていない（平成元年事件、平成三年事件）。
④　未上場株式について退会の都度個別的に引取価格を定めることが実際上むずかしい（昭和六二年事件）。
⑤　株式取得後右株式の時価が無視し得ないほどに高騰したことを確認するに足りる的確な証拠はない（昭和六二年事件）。

昭和五七年事件と平成元年事件では商法二一〇条違反の問題も争われているのであるが、その際問題となったのは元従業員が同条違反を理由にして発行会社の株券引渡請求を拒否できるかどうかであった。裁判所が元従業員による同条違反の主張を退け、発行会社による株券引渡請求を肯認した理由は二つあると思われる。すなわち、

①　同条は会社、株主、会社債権者保護の規定であり、同条による無効の主張は、譲渡人を保護すべき特段の事情がない限り会社側にのみ認められ、譲渡人からこれを主張することは許されない（昭和五七年事件、平成元年事件）。
②　右のとおり解しても譲渡人は当初の契約どおりに株式を譲渡することによって自己の望む結果を得られなんら不利益を被らない（昭和五七年事件）。

（5）　このように判例が分かれた原因の一つとして昭和五八年九月に発表された神崎克郎教授の論文（前掲注（3））の影響があるものと思われる。

五　学説

1 序

商法は会社が定款の定めによって株式の譲渡を制限することを認めているが、その制限方法は、取締役会の承認を要するという形のものに限られる（商法二〇四条一項但書）。会社が定款によって株式の譲渡制限を定めたときには、その定めを登記し（商法一八八条二項三号）、株券に記載しなければならない（商法二二五条八号）のであって、これによって善意の第三者にも譲渡制限を対抗できることとなる。

会社が定款によって株式の譲渡を制限した場合には、商法は株式の譲渡を希望する株主の利益を保護してその投下資本の回収を保障している（商法二〇四条ノ二以下）。

定款によらない株式譲渡制限契約には様々の内容のものが考えられるが、いずれにしてもそれが有効と考えられる場合にも契約当事者間での債権的効力しか有しない。たとえその契約内容が株券に明示されていたとしてもこの点において変わりはない。株式譲渡制限契約に違反して株式が譲渡された場合にも、株券が交付されれば、譲受人の善意悪意を問わず、その譲渡自体は有効であって（商法二〇五条一項）、譲受人が株券を会社に呈示して株主名簿の名義書換を請求すれば、会社はこれを拒否できない。それゆえ株式譲渡制限契約を効力あらしめるためにしばしば株券が株主以外の者の手に預託されることとなる。

以下における株式譲渡制限契約の効力をめぐる議論はすべて契約当事者間での債権的効力の有無をめぐる議論である。

株式譲渡制限契約の効力についての学説を見てみよう。この点についての学説は商法二〇四条一項がこれを規制対象としていると考えるか否かによってまず大きく二つに分けることができるように思われる。

2　株式譲渡制限契約を商法二〇四条一項の規制対象としない説

若干の学説は商法二〇四条一項が株式の譲渡を制限する契約を規制対象としていないと考える。つまり同契約には原則として私法の根本原則である契約自由の原則が適用されるのであって、ただ例外的にその内容が民法九〇条の定める公序良俗に違反する場合には無効になると考えるのである。このような立場からは当然に契約当事者の一方が会社であるか否かは問題とならない。ただ会社が当事者である場合には契約締結に際しての力関係、バーゲニング・パワーの相違から本当に心底合意したかどうかの事実認定を慎重にする必要があるだけである。(6)このような立場に属する学説の中にも、従業員持株制度によって株式を取得した従業員株主の株式譲渡を制限する契約については、公序良俗の中味の解釈において従業員持株制度の特殊性を考慮する説と考慮しない説に分かれるように思われる。

公序良俗の中味の解釈において従業員持株制度の特殊性を考慮する説においては従業員の企業利益への参加という従業員持株制度の趣旨からして、株式の譲渡価格は公正な価格であること、(7)または真実の価値と合理的な関連性を有することが必要であるということになるが、(8)従業員持株制度の特殊性を考慮しない説においてはこのようなことは問題とはならず、ただ契約内容が極めて不合理であるか否かだけが問題になるものと思われる。(9)

従業員持株制度の特殊性を考慮しないと思われる説として森本教授の説がある。同教授は次のように述べる。

「商法二〇四条一項但書が規制対象とする譲渡制限は、その会社のすべての株式について、その付加的属性となる譲渡制限制度ではないでしょうか。会社が株主との間の個別的合意に基づいて相対的な譲渡制限をなすことについて、この規定は何もいっていません。そこで、これらの合意に対しても私法の根本原則である契約自由の原則が妥当するはずです。もっとも、その内容が極めて不合理な場合には民法九〇条が定める公序良俗に違反するものとして無効になります。……二〇四条一項但書は、総会の多数決による譲渡制限の定め、しかも、いま申しましたような会社の株式それ自体の付加的属性としての譲渡制限の定めであり、それは決議に反した株主を含めて、決議当時の株主はもちろん事後の譲受人をも拘束し、その後に新株が発行される場合には、当然にその新株についても制限が妥当するというものです。債権譲渡に関する民法四六六条を参考に説明すると、これは民法四六六条一項但書所定の『その性質上譲渡を許さないもの』とするような譲渡制限の定めです。これに対して、契約による株式の譲渡制限は、いわば民法四六六条二項の『当事者が反対の意思表示をした』場合の譲渡制限の定めであり、個別的合意に基づく相対的な債権的効力を有するものにすぎません。したがって、会社が一方当事者であるとしても、原則として契約自由の原則を妥当せしめても問題ない[10]」。

従業員持株制度の特殊性を考慮する説として神崎教授の説がある。同教授は次のように述べる[11]。

「従業員持株制度において、従業員がその地位を離れる場合には、従業員持株制度によって取得した株式を会社又は管理委員会に対して取得価格で譲渡しなければならないということは、従業員に対して、従業員持株制度によって取得する株式につき売却益の獲得を否定することであり、株式投資の利益を利益配当に限定しなければならないことを意味する。しかし、このことは、会社の事業経営による利益がすべて利益配当として株主に分配される場合を除いては株式投資の本質に反するものである。そして、配当性向が高くない場合、すなわち、会社の当期利益の相当部分が利益配当として株主に分配されない場合には、かかる約定は、従業員持株制度によって株式を取得した従業員から、その者が本来受けるべき重要な利益を奪うものであり、不合理なものとして、公序良俗に反する無効なものと解される。……譲渡価格について会社又は管理委員会と従業員の間でその算定方式を合意しておくことが有益である。

しかし、そのような合意が有効であるためには、その合意に従って算定される価格が株式の真実の価値と合理的な関連性をもっていることが必要である。しかるに、株式の真実の価値と合理的に関連するものと認められる株式の純資産価格又は類似業績会社の株価等とは全く無関係に、株式の取得価格を会社又は管理委員会への譲渡価格とする合意は、かかる合意の有効性の要件を欠くものとして無効と断ぜざるを得ない。[12]」。

3　株式譲渡制限契約を商法二〇四条一項の規制対象とする説

多くの学説は商法二〇四条一項が株式の譲渡を制限する契約を規制対象としていると考えている。このような学説の中にも会社が契約の当事者であるか否かに関係なく、契約による株式の譲渡制限であればすべて同条の規制対象になると考える学説と、会社が契約の当事者である場合に限って規制対象になると考える学説とがある。

(1)　株式譲渡制限契約をすべて商法二〇四条一項の規制対象とする説

契約による株式の譲渡制限はすべて商法二〇四条一項の規制対象になると考える説[13]として上柳教授の説がある。同教授は次のように述べる。

「商法は、定款による譲渡制限について、方法及び法的効果を画一的に決定し、法定のもの以外の方法をとることや法定の効果以外の効果をめざす譲渡制限を定款規定によって実現することを許容しない。商法が直接に規定しているのは定款による制限についてであって、商法の規制は、契約という方法による譲渡制限を全面的に禁止するものでないのみならず、商法二〇四条一項但書および二〇四条ノ二ないし二〇四条ノ五が定めるような態様以外の態様の譲渡制限を契約によって行うことを全面的に禁止するものでもない。しかし、商法の規制は、単に定款による制限のみならず、契約による制限をも含む譲渡制限一般（狭義の譲渡制限約定のほか譲渡約定もここにいう譲渡制限である）について、投下資本回収の機会を不当に奪ってはならないという理想を明らかにしており、契約による譲渡制限がこの理想と矛盾する場合には、その契約は無効と解しなければならない[14]」。

(2)　株式譲渡制限契約を会社が当事者の一方である場合にのみ商法二〇四条一項の規制対象とする説

契約による株式の譲渡制限が商法二〇四条一項の規制対象になると考える説の多くは原則として契約の当事者の一方が会社である場合に限って、同条の規制対象になると考えているようである。このような考えに立つと、会社の関係しない、株主相互間の契約または特定人と個々の株主との間の契約は商法二〇四条一項の規定に関係ないのであって、その契約は原則として有効と解せられ、それが会社と株主との間の契約の脱法手段と認められる場合にのみ無効とされることになる[15]。

会社が契約の当事者であるか否かによって商法二〇四条一項の規制対象となるか否かを判断するとすれば、形式的には会社が当事者となっていない契約においてもその契約当事者の一方が会社の身代わりでないかどうか、つまり会社と真実関係なく会社から独立性を有するかどうかが問題とならざるをえないであろう[16]。

株式の譲渡を制限する契約は、会社が契約の当事者の一方となる場合に限って商法二〇四条一項の規制対象になると解する学説は、会社と株主との間の契約について会社と個々の株主との間の個別的な契約であることを重視して、これを原則として有効と解する説[17]と、会社による譲渡制限であることを重視してこれを原則として無効と解する説[18]に分かれると思われる。

a　会社と株主との間の契約を原則として有効とする説

会社と株主との間の個別的な契約であることを重視して会社と株主との間の契約を原則として有効と解する説は、それが明白になされた個別的な同意であることおよび契約による譲渡制限が定款による譲渡制限とは異質なものであることを根拠とする。[19] ただこの説も会社と株主との間の関係が商法二〇四条一項の脱法行為となる場合には無効と解する。この説によれば会社と株主との間の契約はその限りにおいてのみ商法二〇四条一項の規制対象になるものと思われる。このような説として石井・鴻説がある。この説は次のように述べる。

「会社と各個の株主との間の個別的な契約によって株式譲渡の自由を制約することは、定款による制限と異なり一般的かつ物権的な効力をもつ制限ではないから、かかる制限が有効であるか否かは商法二〇四条一項の直接に関知するところではない。しかし、株式申込証に株式の譲渡制限を記載するような形でなす個別契約(附合契約の一場合である)は、実質的には、株式取扱規則などによる会社の一方的決定を画一的に株主に強要することと変わらないから、同条の脱法行為として無効であると考える。また、会社と株主との各個の具体的な個別契約によって譲渡制限をなす場合においても、譲渡を禁止し、また投下資本の回収を不当に制約するもの(たとえば、株式の譲渡に取締役会の同意を必要とするもの)は、同条の趣旨に鑑み、その脱法的行為として無効と解すべきであるが(改商施二II参照)、その制約が不当でないもの(たとえば、会社の指定する第三者に先買権を認めるものは、譲渡そのものというよりは、譲渡の相手方の範囲の制限にすぎない)は必ずしも無効ではないと考える。この点では、昭和四一年改正法は、後述のように、このような制限を、定款変更すなわち株主の多数決により(従来は、各株主の同意)、しかも、一般的・物権的に定めうるものとしたものといえよう。なお、個々の株主間の契約もしくは株主と第三者との間の契約による譲渡制限の特約(違反に契約金を定めてもよい)などは、本条の全く関知しないところというべく、それが会社と株主との契約の脱法的方式とみられるような場合を除き有効であることは当然のことである。[20]」。

b　会社と株主との間の契約を原則として無効とする説

会社と株主との間の契約について会社による譲渡制限契約であることを重視して、これを商法二〇四条一項の脱法手段として、原則として無効と解する説の根拠は、会社が株式の譲渡を制限しようとするのであれば商法の提供している定款による譲渡制限を利用すべきであること[21]および会社が当事者の一方である以上形式的には具体的意思決定によっても実質的には附合契約的になされる結果となり易いこと[22]にあると思われる。

このような説の一つとして大隅・今井説を見てみよう。

「会社は定款をもって株式譲渡の制限を定めることができるが、このことと関連して問題となるのは、定款外の契約をもってするその制限である。

かような契約としては、（ア）株主相互間の契約または特定人（例えば支配的株主）と個々の株主との間の契約、および（イ）会社と個々の株主との間の契約が考えられる。このうち、（ア）にあげた契約は二〇四条一項の規定の関知しないところであって、かかる契約をもって株式の譲渡に特定の者の承認を要求し、その違反に対して違約金の定めをなしたとしても、その契約は原則として有効と解せられ、ただそれが（イ）の会社と株主との間の契約の脱法手段と認められる場合には、無効とされるのみである。これに反して、会社と株主との間の契約による株式譲渡の制限は、原則として商法二〇四条一項本文および但書の規定の脱法手段として無効といわなければならないが、ただその契約内容が株主の投下資本の回収を不当に妨げない合理的なものであるときは、その効力を認めるべきものと考える。例えば、会社と個々の株主との間の契約により、株式の譲渡を禁止したり、株式の譲渡に取締役会の同意を要求するがごときはすべて無効と解されるが、例えば株主がその株式を譲渡しようとする場合に、他の株主または会社の指定する第三者に先買権を認めるような契約（商二〇四ノ二以下参照）は有効と解される。しかし、かような有効な契約があるといいうるためには、会社と個々の株主との間に現実に合意がなされることを要するのであって、株式申込証または株券に株式譲渡の制限に関する記載をなし、これに基づき当然に株式引受人または株式譲受人と会社との間に株式譲渡の制限に関する契約が成立したものとなすことはできない。」[(23)]。

会社と株主との間の株式の譲渡を制限する契約は原則として無効と解するが、例外的に有効となる場合の解釈において大隅・今井説と異なると思われる説に田中（誠）説がある。同説を見てみよう。

「株式譲渡の自由を制限する方法として各個の株主が具体的な意思決定により、会社との個別的な契約によって譲渡の自由を制限するときには、その契約は有効であるとの説もあったが、これは当事者の一方が会社である関係上、形式的には具体的な意思決定によっても、実質的には、附合契約的になされる結果となり易く、二〇四条一項の立法趣旨から見て、またとくに四一年改正法でその但書による正式の手続が認められた関係上その脱法行為として、無効となることが通常であると解すべきである。つぎに、会社に時価をもってする先買権を与える契約について、有効と解する説もあったが、株式の市場価格の不明の場合もあり、又時間を要し、株主に損害を被らせるおそれがあるから、このような契約も、二〇四条一項の脱法行為と解すべき場合が多く、とくに、二〇四条ノ二以下の先買権の制度が法定された現在では、その脱法行為と解すべきであると思う[(24)]」。

4　学説の検討と従業員持株制度へのその適用

先に見た諸学説を具体的に従業員持株制度に適用するとどうなるかを見てみよう。昭和四八年事件、平成元年事件、平成三年事件の従業員側の主な不満は譲渡価格にあったと思われるので、他の三事件ではこの点が明らかではないが、それがかくれた不満であることは間違いないと思われるので、譲渡価格として公正な価格を要するか否かを中心にみて行こう。まず株式譲渡制限契約を商法二〇四条一項の規制対象としない説について見てみよう。

森本説では商法二〇四条一項但書が規制対象とする譲渡制限は、その会社のすべての株式について、その付加的属性となる譲渡制限であり、会社が株主との間の個別的合意に基づいて相対的な譲渡制限をなすことは同条に関係ないのであって、これらの合意に対しても私法の根本原則である契約自由の原則が妥当する。もっともその内容が極めて不合理な場合には民法九〇条が定める公序良俗に違反するものとして無効になる。

このような立場からすると、会社が商法二〇四条一項但書で定めているような内容以外の譲渡制限を従業員株主と合意する場合にも原則として有効であって、ただその内容が極めて不合理な場合には公序良俗に違反するものとして無効となる。従業員所有株式について、いつ、誰に、いくらで、どれだけ、譲渡するかについての彼の決定権を奪う契約が森本説ではその内容が極めて不合理な場合に該当するのかどうかは明らかではないが、少なくとも森本説からは従業員持株制度のもとでキャピタル・ゲインを実質的に排除する事前の合意はつまり株式の取得価格をその譲渡価格として合意することは極めて不合理な場合とはならず、したがってこれだけでは原則として公序良俗に反する無効なものとは言えないと思われる(25)。

神崎説では従業員持株制度のもとで取得した株式について取得価格を譲渡価格とする合意は、従業員に対して、従業員持株制度によって取得した株式について売却益の獲得を否定し、株式投資の利益を利益配当に限定しなければならないことを意味する。しかしこのことは会社の事業経営による利益がすべて利益配当として株主に分配される場合を除いては株式投資の本質に反する。そして会社の当期利益の相当部分が利益配当として株主に分配されない場合には、かかる約定は、従業員持株制度によって株式を取得した従業員から、その者が本来受けるべき重要な利益を奪うものであり、不合理なものとして、公序良俗に反する無効なものと解される。

閉鎖会社株式の譲渡価格について会社と従業員との間でその算定方式を合意しておくことは有益である。しかしそのような合意が有効であるためには、その合意に従って算定される価格が株式の真実の価値と合理的な関連性をもっていることが必要である。しかるに、株式の真実の価値と合理的に関連するものと認められる株式の純資産価格又は類似業績会社の株価等とは無関係に、株式の取得価格を会社又は管理委員会への譲渡価格とする合意は、かかる合意の有効性の要件を欠くものとして無効と断ぜざるを得ない。

つまり神崎説では企業利益の分配に与るという従業員持株制度の趣旨からしてそういうシステムのもとに行われるものは、投下資本の回収を図るような仕組みのものでなければいけない。投下資本の回収を図るというのは、やはり株式の価値が増えていれば、もしそれを処分する場合にはそれに見合って処分価格が決められるということが制度の趣旨となる。それゆえ神崎説では譲渡価格は公正な価格でないといけないこととなる。(26)

株式譲渡制限契約を当事者の一方が会社であるか否かにかかわらず、すべて商法二〇四条一項の規制対象とする上柳説について見てみよう。同教授によれば、商法の規制は、単に定款による制限のみならず、契約による制限を含む譲渡制限一般（狭義の譲渡制限約定のほか譲渡約定もここにいう譲渡制限である）について、投下資本回収の機会を不当に奪ってはならないという理想を明らかにしており、契約による譲渡制限がこの理想と矛盾する場合には、その契約は無効と解しなければならない。

それゆえ、同教授によれば、昭和四八年事件、昭和四九年事件および昭和五七年事件の判決のように、商法の規定が「個々的債権契約の効力まで否定するものではない」という理由によって有効と解するのではなくて、昭和五七年事件の判決のように「契約は株主の投下資本の回収を不当に妨げるもの」か否かを検討したうえで、契約の効力を判定すべきである。(27)また同教授によれば、契約の具体的内容の当否を検討しないで、いわゆる附合契

約であって自由な合意ではないという理由のみで、契約を不成立ないし無効と解することはできないこととなろう。(28)

同教授は「契約による株式の譲渡制限は、投下資本回収の機会を不当に奪ってはならないという商法の理想と矛盾しない限り有効であるが、契約が、投下資本回収の機会を不当に奪うものであるか否かの判断基準については、困難な問題がある。(29)」とされ、小規模閉鎖会社の株式の契約による譲渡制限について次のように述べる。「契約による譲渡制限の場合でも商法二〇四条ノ四第三項によって裁判所が決定するであろう価格に近い譲渡価格が定められていなければ、契約は無効と解するか（理論家的理想主義はこの立場を正当とするであろう）、『従業員持株制度の目的内容及びその利益配当の実績等からすると、右契約は株主の投下資本の回収を不当に妨げるものとはいえない』という昭和五七年事件の判決のような考え方をとるか（実務家的現実主義はこの立場を正当とするであろう）、困難な問題である。(30)」。

上柳教授によれば、株式譲渡制限は附合契約的になされているか否か会社が当事者の一方であるか否か、に関係なく、原則として有効と解され、例外的に、同契約が投下資本回収の機会を不当に奪うものである場合にのみ無効と解することとなろう。契約が合理的なものであることないし譲渡価格が公正な価格であることは同教授の立場からは少なくとも明白には要求されていないと思われる。

株式譲渡制限契約は会社が当事者の一方である場合にのみ商法二〇四条一項の規制対象になると解する説について見てみよう。このような説はさらに会社と株主との間の契約は原則として有効と解する説と、同契約は原則として無効と解する説に分かれる。ここでは前者の代表としての石井・鴻説と後者の代表として大隅・今井説の関係についてまず検討してみよう。

石井・鴻説によれば、会社と株主との間の契約による譲渡制限は原則として有効であるが、会社の一方的決定を画一的に株主に強要するものである場合または株主の投下資本の回収を不当に制約するものは、商法二〇四条一項の脱法行為としていずれか一方があてはまれば無効である。また、同説によれば、会社の指定する第三者に先買権を認める契約については譲渡の相手方の範囲の制限にすぎないので株主の投下資本の回収を不当に制約しないので必ずしも無効ではない。

大隅・今井説によれば、会社と株主との間の契約による譲渡制限は原則として無効である。しかしその契約が会社と個々の株主との間に現実に合意されており、かつその契約内容が株主の投下資本の回収を不当に妨げない合理的なものであるときは例外的に有効となる。また同説によれば、他の株主または会社の指定する第三者に先買権を認めるような契約は株主の投下資本の回収を妨げない合理的なものであるので、その限りでは有効である。

石井・鴻説では会社と株主との間の契約は原則として有効であるが、その契約内容が会社の一方的決定を画一的に株主に強要するものである場合には例外的に無効となる。大隅・今井説では会社と株主との間の契約は原則として無効であるが、その契約内容が会社と個々の株主との間に現実に合意がなされている場合には例外的に有効となりうる。両説共会社と株主との間の契約が有効となりうるためには、会社と個々の株主との間に個別的かつ現実に合意がなされていることを要求する点では同じであると思われるが、出発点が異なるので、石井・鴻説では契約の無効を主張する側が個別的現実的合意のなかったことを立証しなければならないと思われるのに対し、大隅・今井説では契約の有効を主張する側が個別的現実的合意の存したことを立証しなければならないと思われる。

石井・鴻説では会社と株主との間の契約は原則として有効であるが、株主の投下資本の回収を不当に制約するものは例外的に無効となる。大隅・今井説では会社と株主との間の契約は原則として無効であるが、株主の投下資本の回収を不当に妨げない合理的なものであるときは例外的に有効となりうる。石井・鴻説では契約内容が合理的なものであるかどうかは直接の判断基準として現れていない。だがかって石井教授は昭和二五年改正法の解釈に際して契約による譲渡制限について個別的な同意と並んでその制限が合理的であるかどうかを判断基準とされていた[31]。それゆえ、石井・鴻説においても、会社と株主との間の契約が株主の投下資本の回収を不当に妨げない合理的なものであれば有効となりうるように思われる。とすれば両説はこの点に関しても実質的にはほぼ同じと考えてよいようである。ただこの点に関しても両説は出発点が異なるので、立証責任の負担者が異なると思われる。

このように見てくると、石井・鴻説と大隅・今井説は出発点は異なるが結果はほぼ同じになると思われる。ただ、立証責任の負担者が異なると思われる。すなわち、石井・鴻説では会社と株主との間の契約は原則的に有効と解するので、その無効を主張する側がその契約は会社の一方的決定を画一的に株主に強要しているかまたは株主の投下資本の回収を不当に制約することのいずれかを立証しなければならなくなろう。その際、契約内容が株主の投下資本の回収という点から見て合理的なものでないということを立証すれば、それは株主の投下資本の回収を不当に制約することを立証したこととなろう。これに対して大隅・今井説では、会社と株主との間の契約は原則的に無効と解するので、その有効を主張する側がその契約は会社と個々の株主との間に現実に合意されていることおよびその契約内容が株主の投下資本の回収を不当に妨げない合理的なものであることを立証しなければならないであろう。

石井・鴻説と大隅・今井説においては、会社と株主との間の契約が有効であるためには、個別的に現実に合意のなされていることが必要である。従業員持株制度は一般に会社の経営政策の一環として会社により設立され運営されている。一般の従業員株主は、通常被傭者として会社の指揮命令に服する立場にあり、従業員持株制度の仕組み形成に参加していない。このような従業員持株制度の下での株式譲渡制限契約は一般に附合契約的性質をもっており、従業員がその内容に彼の個別的な意思を反映する余地はほとんどなく、彼はただ従業員持株制度に加入するかしないかを決定できるだけであろう。場合によっては従業員持株制度への加入がしたがって株式譲渡制限契約の締結が事実上従業員に強制されるというようなこともしばしば起こりうるように思われる。従業員持株制度の下での株式譲渡制限契約がこのような性質のものであるとすれば、両説の立場からすると、その契約が会社と株主との間の契約として締結されている場合（昭和五七年、平成元年、平成三年の各事件）にはその性質からして無効ということになろう。

株式譲渡制限契約は会社が当事者の一方となる場合にのみ商法二〇四条一項の規制対象になると解する説によれば、株主相互間もしくは株主と第三者との間の契約は商法二〇四条一項の規定の関知しないところであって、原則として有効であり、ただそれが会社と株主との間の契約の脱法手段と認められる場合には無効となる。これに関して、形式的には会社が契約の当事者の一方となっていない場合にも、その契約の当事者の一方が会社の身代わりでないかどうか、つまり会社と真実関係なく会社から独立性を有するか否かが問題となる。既に見たように、会社が契約の当事者の一方でない場合であってもその場合の当事者の一方（昭和四八年事件の株主代理委員会、昭和四九年事件の会社代表者、昭和六二年事件の持株会）はいずれも会社からの独立性を有しないと考えられる。とすればこれらの場合にも、会社と株主との間の契約と同じ法理が妥当することとなり、その場合には個別的な現実の合意が必要とされ、附合契約的性質の契約は無効となるので、従業員持株制度における株式譲渡制限契約はすべて無効となろう。

大隅・今井説では先に見たとおり、会社が契約の当事者の一方である場合には、契約が有効となるためには、個別的な現実の合意の他にその内容が株主の投下資本の回収を妨げない合理的なものでなければならない。同説はその理論の従業員持株制度への適用について次のように述べる。

「一般に、株主に対してその保有株式を一定条件の下で特定人に売渡すことを要求する契約は、株主の投資回収の可能性を直接奪うものではないにしても、株式を譲渡するか否か、何びとに譲渡するか等の選択の自由を制約する点において、これもまた株式譲渡の自由の制限に関するものと見るべきである。したがって、このような株式売渡しに関する定め（株式売渡しの強制）も、商法二〇四条一項但書の株式譲渡の制限に準じて考えられるべきであって、定款にそのような定めを設けることはもとより、会社と個々の株主との間の契約をもってこれを定めることも、原則として許されないものと解すべきであろう。しかし右のような契約も、従業員持株制度などの合理的な目的ないし必要（例えば、利益配当の方法での従業員への報奨金の支払い、安定株主の確保など）に基づき、株式保有に関する約束の一つとして会社と株主との間になされるのであって、しかも売渡しが譲渡の時における公正な価格によるものとされているのであれば、株式譲渡に関する株主の利益を不当に制限するものとはいえなく、例外的にその効力を認めてよいと考えられる。昭和五七年事件では、株式の譲渡価格が額面金額とされていたから、判旨の理論はともかく、その結論において批判を免れないであろう。(32)」。

つまり大隅・今井説では、会社と個々の株主との間の契約は原則として無効であるが、それが従業員持株制度などの合理的目的ないし必要に基づき、しかも売渡しが譲渡の時における公正な価格によるものとされているのであれば、株主の利益を不当に制限するものとはいえないので、例外的にその効力を認める。これから明らかなように大隅・今井説では譲渡価格は公正な価格であることが要求される(33)。

先に見たように石井・鴻説においてももし合理的であるかどうかを判断基準の一つとするのであれば、同じく譲渡価格は公正な価格であることが要求されよう。

田中(誠)説によれば、会社と株主との間の個別的契約は附合契約的になされる結果となり易く、また四一年改正法でその但書による正式の手続が認めれた関係上その脱法行為として、無効となることが通常である。会社に時価をもってする先買権を与える契約について、株式の市場価格の不明の場合もあり、又時間を要し、株主に損害を被らせるおそれがあるから、二〇四条ノ二以下の先買権の制度が法定された現在ではその脱法行為と解すべきである。

田中(誠)説によれば会社と株主との間の個別的な契約は無効となるのが通常である。この点に関しては田中(誠)説は同契約を原則無効と解する大隅・今井説とほぼ同じと考えられるが、田中(誠)説は例外的に有効と解される場合については何も述べないので、この点に関して大隅・今井説とほぼ同じになるかどうかは不明である。したがって田中(誠)説では会社と株主との間の契約が例外的に有効となるためには譲渡価格が公正な価格であることを要するのか否かについても不明である。田中(誠)説は四一年改正法で譲渡制限の正式の手続が認められたことを強調しているのでこの手続による以外の譲渡制限を認めない趣旨かとも解されるが、もしかすると田中(誠)説は商法が定款によって定められるとしているものと実質的に同じものである場合にのみ有効と解するのかも知れない。

田中(誠)説は、先買権を与える契約の扱いにおいて一見明らかに大隅・今井説と異なるように見える。

すなわち大隅・今井説では株主がその株式を譲渡しようとする場合に、他の株主または会社の指定する第三者に先買権を認めるような契約（商二〇四条ノ二以下参照）は有効と解されるが、田中（誠）説では会社に時価をもってする先買権を与える契約について、株式の市場価格の不明の場合もあり、又時間を要し、株主に損害を被らせるおそれがあるから、二〇四条ノ二以下の脱法行為と解される。

大隅・今井説においては契約内容が投下資本の回収を不当に妨げない合理的なものであるとの縛りが懸っており、また大隅・今井説では先買権を認めるような契約の後に続いてかっこ書きで（商二〇四条ノ二以下参照）とあるので、大隅・今井説が先買権者指定権や先買権の行使期間が不当に長期にわたる場合についてもそのような契約を有効とする趣旨とは思われない。この点では石井・鴻説でも同じであろう。[34] 田中（誠）説が先買権を与える契約であればすべて無効とする趣旨と思われないし、また株主がその株式を譲渡しようとする場合に、商法二〇四条ノ二以下の手続において示されるような期間内に、同手続によって決まるような価格で譲渡できる契約を無効とする趣旨とは思われない。先買権を与える契約の有効か無効かの判断において、おそらく両説とも商法二〇四条ノ二から二〇四条ノ四の規定内容を無視できないと思われる。とすれば両説の具体的な適用における差異はそれほど大きくないように思われる。

田中（誠）説は株主相互間での契約について直接に商法二〇四条一項の違反にならないとし、会社の取締役個人が会社に代わってなす場合を除いては、その脱法行為とも考えられないのが原則であると解する。同説はその実例として従業員持株制度維持のために締結された従業員以外への譲渡を禁止する旨の契約をあげ、これを有効とする昭和四八年事件の判決を正当とする。[35]

昭和四八年事件においては契約当事者は株主代理委員会と従業員株主であり、確かに会社は当事者の一方になっていない。しかし、本件株主代理委員会は会社からの独立性が疑問とされる場合であり、[36] 形式上会社が当事者になっていないというだけの理由で、商法二〇四条一項の規制対象外とするなら、会社は身代わりを利用することによって容易に商法二〇四条一項の規制を回避できることとなろう。

(6) 森本発言、河本他『従業員持株制度——企業金融と商法改正1』六七頁（一九九〇年）。
(7) 神崎発言、河本他・前掲注(6)七六頁、八二頁。
(8) 神崎・前掲注(3)七頁。
(9) 森本発言、河本他・前掲注(6)六六頁。
(10) 森本発言、河本他・前掲注(6)六六—六七頁。
(11) 神崎教授が株式譲渡制限契約は商法二〇四条一項の規制対象にならないと考えているかどうかははっきりしない。同教授の以下の主張は、株式譲渡制限契約が商法二〇四条一項の規制対象になると考えることと矛盾しないと思われるが、商法二〇四条一項違反を直接問題としている判例について論評されながら、同条には触れていないので、ここでは同教授の説を株式譲渡制限契約を商法二〇四条一項の規制対象としない説に含めて考える。
(12) 神崎・前掲注(3)六—七頁。
(13) このような説として昭和四一年商法改正前に松田二郎博士の説がある。同博士は株式譲渡制限契約をすべて無効とする。松田二郎『改訂会社法概論』一五三頁（一九五五年）。松田二郎＝鈴木忠一『條解株式会社法上』一一六頁（一九五一年）。
(14) 上柳克郎「株式の譲渡制限——定款による制限と契約による制限」大阪学院大学法学研究一五巻一・二号一四頁（一九八九年）。
(15) 大隅健一郎＝今井宏『会社法論上巻（第三版）』四三四頁（一九九一年）、石井照久＝鴻常夫『会社法第一巻』二二二頁（一九七七年）、田中誠二『再全訂会社法詳論上巻』三六八—三六九頁（一九八二年）。
(16) 前田雅弘「契約による株式の譲渡制限」法学論叢一二一巻一号四三頁（一九八七年）、江頭憲治郎「従業員株主と従業員持株団体との間で締結された持株処分禁止等の合意の効力」ジュリスト六一八号一六〇頁（一九七六年）。

(17)　参照、鈴木竹雄＝石井照久『改正株式法解説』八一頁（一九五〇年）、石井照久「株式の譲渡」田中耕太郎編『会社法の諸問題松本先生古稀記念』三三三頁（一九五一年）。
(18)　前田・前掲注(16)三九頁。
(19)　石井・前掲注(17)三三四頁。
(20)　石井＝鴻・前掲注(15)二二一―二二二頁。
(21)　参照、前田・前掲注(16)三九頁。
(22)　参照、田中・前掲注(15)三六八頁。
(23)　大隅＝今井・前掲注(15)四三四―四三五頁。
(24)　田中・前掲注(15)三六八頁。
(25)　参照、森本発言、河本他・前掲注(6)八〇頁。
(26)　参照、神崎発言、河本他・前掲注(6)七九、八二頁。
(27)　上柳・前掲注(14)一六頁。
(28)　参照、同・一九―二〇頁。
(29)　上柳・前掲注(14)一六頁。
(30)　同・一七頁。
(31)　石井発言、日本私法学会私法別冊『改正会社法の疑義と解明』二二―二四頁（一九五一年）。
(32)　大隅＝今井・前掲注(15)四三六頁。
(33)　ほぼ同旨と思われるもの、前田・前掲注(16)四〇―四一頁、前田発言、河本他・前掲注(6)七五頁。
(34)　参照、前田・前掲注(16)四〇頁。
(35)　田中・前掲注(15)三六八―三六九頁。
(36)　参照、吉井溥「従業員持株制度加入株式についての譲渡制限契約の効力その他」法律のひろば二六巻九号六九頁（一九七三年）、宮島司「従業員持株制度加入株式についての譲渡制限契約の効力その他」慶応義塾大学法学研究

五一巻三号一〇八頁（一九七八年）、江頭・前掲注(16)一六〇頁。

六　私　見

1　株式の譲渡制限をめぐる戦後の立法

昭和一三年改正商法の二〇四条一項は「株式ハ之ヲ他人ニ譲渡スコトヲ得但シ定款ヲ以テ其ノ譲渡ノ制限ヲ定ムルコトヲ妨ゲズ」と規定し、株式の自由譲渡を原則としながらも定款によってこれを「制限」することを認めていた。この制限の中には「禁止」も含まれるものと考えられていた。(37) そこで例えば定款をもって株式の譲渡に取締役会の承認を要するとしたり、株式を譲り受けることのできる者の資格を限定したり、さらに進んで譲渡を全く禁止することも差し支えないものと解されていた。(38) そして株式の譲渡が禁止されているときにはこれを質入れすることができないし、譲渡に会社の承諾を要するときには質入れについても同様に承諾を要するものと解されていた。(39)

しかしこのような株式の譲渡に対する制限ははなはだしく株主、特に投資株主の権利を阻むものであって、株式の大衆化に伴いその譲渡性を保障し、よって株式投資の回収の途と、これを担保に供する途とを確保することは、株主の権利の保護のため欠くべからざるものとなった。(40) つまり昭和一三年改正法は株式の譲渡制限について全面的に定款による会社の自治に委ねており、これが一般株主の利益をしばしば甚だしく害した。

そこで昭和二五年商法改正は二〇四条一項において「株式ノ譲渡ハ定款ノ定ニ依ルモ之ヲ禁止シ又ハ制限スルコトヲ得ズ」と規定することによって、株式譲渡自由の原則を強行法的に確立した。

しかしわが国において、株式会社形態をとっている企業の中には、同族会社その他の閉鎖的な企業が多く、このような企業にまで譲渡制限の禁止を強制することは、不良株主の輩出、会社乗っ取り等の弊害を生じやすい、あるいは企業の平和維持、外国資本の支配からの防衛等の観点から株式取得者について全然無関心ではあり得ない場合がある等の理由から、改正が要望されるようになってきた。(41)

また株式の譲渡が制限されると、株主は投下資本の回収をすることができなくなって、株主の保護に欠けることは、株式譲渡の自由が認められている実質的な理由であるが、株式の譲渡制限を必要とするのは、会社にとって好ましくない者が株主となることを防止するためであって、株式の譲渡性を完全に奪うことまでの必要はないのであるから、株主の投下資本の回収を保障しつつ、株式の譲渡制限を認めることは不可能ではない。(42)これらの理由から昭和四一年の商法改正は、二〇四条一項を「株式ハ之ヲ他人ニ譲渡スコトヲ得但シ定款ヲ以テ取締役会ノ承認ヲ要スル旨ヲ定ムルコトヲ妨ゲズ」と改めると共に、二〇四条ノ二から二〇四条ノ五の規定を設けた。

これによって、定款をもって、株式の譲渡について取締役会の承認を要する旨を定めることができるものとするとともに、株主の投下資本の回収を保障するために、株主は、取締役会が株式の譲渡を承認しないときは、他にその株式の譲渡の相手方を指定すべきことを請求できるものとした。(43)

昭和四一年改正法による二〇四条一項但書は、定款の規定をもってすれば、株式の譲渡を取締役会の承認にかからしめうるものとしているが、その趣旨は、二〇四条ノ二で譲渡の相手方のみを問題にしている点に明瞭に看取できるように、譲渡の相手方を制限して同族的ないし家族設立的な会社に、企業の平和をみだすような者の混入を防止する手段を提供するにある。(44)

二〇四条一項但書は「定款ヲ以テ取締役会ノ承認ヲ要スル旨ヲ定ムルコトヲ妨ゲズ」という消極的限定的な譲渡制限を認めたにすぎない。(45)したがって、本条により再び定款の規定による譲渡制限が認められるにいたったとはいえ、昭和一三年改正法の二〇四条一項但書「定款ヲ以テ其ノ譲渡ノ制限ヲ定ムルコトヲ妨ゲズ」の状態に決して復帰したわけではない。すなわち昭和一三年改正法の下では譲渡制限の方式について何の制限もしていなかったので、定款の定めによる譲渡禁止も可能であったが、昭和四一年改正法の下では定款の定めによるも譲渡禁止は認められないし、「取締役会の承認を要する」という形式以外の定款による譲渡制限は、少なくとも本条一項によっては認められない。(46) 昭和一三年改正法の下では譲渡制限をした会社の株式の換価方法について法は何の規定もしていなかったが、昭和四一年改正法の下では株主の投下資本の回収を保障するためその方法について規定した(商二〇四条ノ二―二〇四条ノ五)。昭和一三年の改正法の下では譲渡制限をするための定款変更も他の定款変更と全く同様の要件の下で行うことができたが、昭和四一年改正法の下では少数派株主の利益を保護するために特別の要件が課されることとなった(商三四八条―三四九条)。

昭和二五年改正法は定款の定めによるも株式の譲渡制限は全くできないことを明らかにしており、同法の下では契約による譲渡制限も全くできないと解される余地はあった。(47) 昭和四一年改正法の下では定款の定めによる譲渡制限が公然と認められることとなったので、契約による譲渡制限も少なくとも商法が定款によって定めうるとしているものと実質的に同じものである場合には、有効と解されることとなろう。(48)

昭和二五年改正法は、株式の自由譲渡性を強行法をもって絶対的に保障したが、その実質的な意味は株主の投下資本回収の自由を確保することにあった。(49) 昭和四一年改正法は定款によって株式の譲渡を制限することを認めたが、その場合には先買権者指定制度(商二〇四条ノ二―二〇四条ノ五)によって株主の投下資本の回収を保障しているので、若干手続上不利になるとはいえ、譲渡自由の絶対性の基本的態度は実質的に維持されている。(50)

昭和四一年改正法は昭和二五年改正法と実質的には余り異ならない程度に、株式の自由譲渡性を保障している。(51)それゆえ商法二〇四条一項の解釈にあたっては株式譲渡自由の原則を確立した昭和二五年改正の趣旨を無視できないと思われる。改めて同改正の趣旨をここでふりかえってみよう。

2　昭和二五年改正の趣旨

企業経営は多くの場合、長期にわたって返還することを要しない資本を望むが、資本を提供する出資者は多くの場合いつでも出資を回収できることを望む。この相矛盾する要求の処理において合名会社や合資会社に比べての株式会社の特徴は企業経営の要望をほぼ全面的に優先していることにある。

すなわち株式会社では出資者である株主に原則として、退社権がなく、出資を会社から回収できない。株主は出資を回収するためには自分に代わって出資してくれる者を探し出して、これに株式を譲渡することによって出資を回収することになる。最も株式会社においても株主が少数であり、株主全員が企業経営にたずさわっているような場合には、企業経営の要望がある程度優先しても、これは株主の希望を全く無視するということにはならないであろう。

だが合名会社や合資会社に比べての株式会社のもう一つの特徴は所有と経営が制度的に分離されていることである。株主であるというだけでは株式会社では経営にたずさわることはできない。経営に直接関与しない株主には必要な時に企業危険を回避する手段が与えられねばならず、このためにも随時出資の回収が可能でなければならない。それゆえ株式会社では株式譲渡の自由が原則的に保障されることが必要となる。

だが一方企業経営においては異質な分子の闖入によって経営が混乱するのを避ける必要がある。

株式譲渡をめぐるこの相対立する必要をどのように調整するかは立法者の課題である。

昭和二五年改正法は株式の自由譲渡性を強行法的に確立し、定款によっても、これを禁止し、または制限できないものとした[52]。同改正法は定款、特に原始定款によっても、株式譲渡の自由を制約できないものとすることによって、株式の自由譲渡性を株主有限責任の原則とともに法律上株式会社の本質的要請に高めたことになる[53]。昭和二五年改正法がこのように株式の自由譲渡性を絶対的に保障したのは、株主の利益を保護し株主の地位を強化するためであった[54]。

つまり株式の自由譲渡性は、昭和二五年商法改正において株式会社における資金調達の簡易化および経営機構の合理化と並ぶ三大基本目標の一つである株主の地位の強化の一環として取り上げられたのである[55]。

ところでなぜ昭和二五年商法改正において株主の地位の強化の問題が取り上げられたのであろうか。これは直接には政治的根拠によるものと思われる。つまりポツダム宣言の目標とする日本の民主化を実現する手段として「生産手段及び商業手段の所有及び所得を広範囲に分散させる政策」（米国初期の対日方針）が支持され、個別的な所有の分散が採用された[56]。分散所有の企業が支配的になるものとすれば、小株主の利益保護と経営者の恣意的な力の制限が不可欠となり、分散した個々の株主の会社理事者に対する地位を強化することが必要となる[57]。

昭和二五年商法改正が株式譲渡の自由を強行法的に保障した理由については次のように述べられている。「株式は自由に譲渡しうることを原則としながら、定款をもってこれを制限することを認めていたのが旧法の立場である（旧二〇四条一項但書）。例えば定款に『株式の譲渡には取締役会の承認を要する』と定めたり、又は定款をもって株式を譲り受くることをうる者の資格を限定したり、もしくは更に進んで譲渡を全然禁止することも差し支えないものと解されていた。株式の譲渡が禁止されているときには、これを質入れすることができないし（民三六二条II、三四三条）、又譲渡に会社の承諾を要するときには、質入れについても同様承諾を要するのである。しかし、このような株式の譲渡に対する制限は甚だしく株主特に投資株主の利益を阻むものであって、株式の大衆化に伴いその譲渡性を保障し、よって株式投資の回収の途と、これを担保に供する途とを確保することは、株主の権利の保護のため欠くべからざる必要となるのである。株式会社にあっては、合名会社におけるように株主に退社(八四條)又は会社の解散を請求する権利(一一二條)が認められていないので、株式譲渡の自由を認めることは、その代償ともいいうるのである。[58]」。

「近時における一般株主のいわゆる社債権者化の現象に鑑みるとき、株主が会社事業の状況に従い随時株式を売却して投下資本の回収をなす途をひらいておくことが必要であるのみならず、とくに改正法のように会社の経営をあげて取締役会に一任するところにおいては、資本回収の途をとざすことは一層株主にとって不当な結果となるからである。[59]」。

「経営を取締役会に一任しつつ、投下資本を釘づけにすることは妥当でないので、株主をして株式の譲渡によって自由に投下資本の回収を実現せしめるという方式のもとに、いわば『企業の経営に対する経済的判断』をなすことを可能ならしめているともいえるし、また、近代的な企業における大衆株主については、株主総会を通しての支配に代えて『株式の流通』を確保せしめることに、問題の重心が移行しているともいえるからである。[60]」。

また同改正が定款による自治的制限も認めない根拠については次のように述べられている。「巨額な大衆資本の集積体としての株式会社という、その典型的な場合として、これを考えるとき、定款を通しての株主の自由意思ということは実質的には、いわば法律上『擬制された自由意思』にすぎないともいえる。従って法が、その後見的任務を発揮して、株式の自由譲渡性を強行法的に確立し、投資者としての株主の実質的利益の保護を図るということも充分理由のあることである。[61]」。

つまり昭和二五年改正法二〇四条一項が株式譲渡の自由を絶対的に保障した理由は、昭和一三年法の下における株式の譲渡制限が甚だしく株主特に投資株主の利益を阻むことがあり、株式の譲渡自由を確立することによって株主の権利を保障する必要のあったこと、財閥解体等によって株式所有が分散しかつ会社の経営があげて取締役会に一任されると相対的に会社理事者の権力が強まるので会社理事者の恣意的な力を制限する必要があること、およびこのように強くなった経営者と弱くなった株主との間においては投資者としての株主の利益を保護する必要があること、であろう。

昭和二五年商法の一部を改正する法律施行法第二條第二項は「新法にてい触する定款の定及び契約の條項は、新法施行の日から、その効力を失う。」と規定して、定款の定めのみが問題でなく会社が当事者の一方となる契約の条項も対象となることを明らかにしている(62)。

これはつまり会社理事者が株式の譲渡を制約できるものとすれば、会社理事者は会社権力を利用して意のままになる株式ブロックを作り出し自らの支配地位を維持・強化するおそれがあり、これを許さないという立法意思を示すものであろう。

それと共に、商法は会社理事者と株主との関係を強者と弱者との関係として捕らえ、株式の譲渡制限を当事者の自由にゆだねると、強者である会社理事者によって弱者である株主の利益が害されるおそれがある。それゆえ株式の譲渡制限については会社理事者と株主との自由な合意を認めず、強行法的に介入して投資者としての株主の利益を保護するという立法趣旨を示すものでもあろう。

3　昭和四一年改正後の商法の基本的立場

株主は原則としてその持株をいつ、誰に、いくらで、どれだけ譲渡するかについて自由に決定できる。会社はこの株式自由譲渡の原則に介入して会社もしくは会社理事者の利益のために株主の利益を害してはならない。これが商法の原則であるが、これについては昭和四一年改正によって商法自らが例外を認めた。

つまり商法は二〇四条一項但書により会社が定款によって株式譲渡自由の原則を制限することを認める。例外的に（強者が弱者の権利を制約することを）認めるのであるから、会社が制限する場合には、会社は商法の規定を遵守せよ、ということになろう。とすると会社が商法規定と異なる方法で株式の譲渡を制限することは原則として違法、と思われる。これを合法化するためにはそれを正当化する特別な理由が必要であると考えられる。

以下において商法は会社と株主との間の契約によってどの程度まで株式譲渡自由の原則を制限することを認めているか具体的に検討してみよう。株式譲渡自由の原則とは、いつ、誰に、いくらで、どれだけ譲渡するかについて株主が自由に決定できる、ということであるので、この株主の決定権を会社は契約によってどの程度まで制限できるのか見ていこう。

ところで会社が株式の譲渡を制限する場合には商法によりその模範が与えられており、この模範を通じて明らかにされている商法の立場は会社が契約によって株式の譲渡を制限する場合にも基本的には尊重されねばならないであろう。それゆえ、会社が契約によってどの程度まで株式の譲渡を制限できるかを検討する場合にまず参考とさるべきは商法二〇四条一項但書およびこれを受けての商法二〇四条ノ二から二〇四条ノ五において商法が会社に模範的に許容している譲渡制限であろう。

(1)　譲渡時期

商法中株式の譲渡時期に関連する規定としては株式譲渡自由の原則を宣言する二〇四条一項本文を別とすれば、二〇四条ノ二第一項であろう。だがこの規定は定款によって譲渡制限されている株式を株主が譲渡したいと思った時にどうすればよいかその方法を規定しているだけであって、譲渡時期については株主が自由に選択できることを当然の前提としている。したがって会社が譲渡時期を株主に強制する契約は商法二〇四条一項及び二〇四条ノ二第一項の立法趣旨に反し原則として違法であり、これを合法化するにはそれを正当化できる特別な理由が必要であろう。

(2)　譲　受　人

定款によって株式の譲渡を制限している場合の譲受人選択に関する商法規定を見ると、商法二〇四条ノ二は株主に単純な譲渡の承認請求（譲渡の相手方を選択しての譲渡の承認請求）を認めており、これを取締役会が拒否する場合には、譲渡を取り止める自由を株主に認めている。取締役会が譲渡の相手方を指定できるのは株主がその旨会社に対して請求した場合（相手方指定請求）の場合だけであり、会社はそれを譲受人指定請求があってから二週間内にしなければならない（二〇四条ノ二第三項）。

この規定から見る限り、株主の譲受人選択権はかなり制約されているが、商法は投下資本さえ回収できるなら株主の譲受人選択権を無視することを認めているとは思われない。会社が契約によって株式の譲渡を制限する場合にも株主の譲受人選択権を無視して特定人への譲渡を強制することは原則として商法二〇四条一項および二〇四条ノ二第一項の立法趣旨に違反すると思われ、特定人への譲渡強制を合法とするためにはそれを正当化する特別な理由が必要であろう。

(3)　譲　渡　価　格

会社が定款によって株式の譲渡制限をした場合の株式の譲渡価格の定め方について商法は二〇四条ノ四において規定している。この規定の定める方法によって譲渡価格が決定するならば、譲渡人の価格決定権を奪うことを商法は認めていると思われる。ところでこの規定は公正な価格を決定する模範的な方法の一つと見てよかろう。会社が契約によって株式の譲渡を制限した場合に別の方法が全く許されないわけではないであろうが、これらの規定から見て譲渡価格の決定方法は公正な価格の算出という点から見て正当化できるものであることが必要であろう。したがって取得価格もしくは公正な価格とは関係のない特定の価格での譲渡を強制することは原則として違法であり、これを合法化するにはそれを正当化する特別な理由が必要であろう。

一般に株式投資での投下資本の回収とは、債券投資とは異なるのであって、元本回収と共に投資に見合う収益をあげるという意味ではない。株式が企業の持分価格いいかえると所有者的権利であり、その流通価格が企業そのものの価値いいかえると企業の収益力や純資産を反映して決まることを前提として、そのような価格での売却による投資の回収を意味するものと思われる。これはつまり公正な価格での投資の回収を意味するものであろう。

(4)　譲　渡　量

株主はその持株をどれだけ譲渡するかを自由に決定できる。これが商法の原則であって、この原則に対する例外を商法は規定していないと思われる。したがって会社が株主の持株について譲渡量を契約によって制約することとは原則として認められないと考えられるのであって、これを合法化するためにはそれを正当化する特別な理由が必要であろう。

(5)　商法の基本的立場

商法は株式譲渡自由の原則を認めている。これはつまり株主がその持株をいつ、誰に、いくらで、どれだけ譲渡するかを自由に決定できるということであり、会社は株主のこの決定権を制限してはならないということを意味する。だが商法は閉鎖的な株式会社の需要に応じるため、例外的に会社が定款をもって株式の譲渡を制限することを認めた。定款による株式の譲渡制限に関する商法の規制は、会社が株式の譲渡を制限する場合に商法の与えた模範と考えられるのであって、会社が契約によって株式の譲渡を制限する場合にも会社はこの模範を通じて明らかにされている商法の立場を基本的には尊重しなければならないと考えられる。商法は定款によって株式の譲渡を制限する場合にどのような制限でも許容しているわけではなく、株主から譲受人指定請求があった場合に先買権者指定権を取締役会に与えるという方法での譲渡制限のみを認めており、その先買権者指定権の行使期間は二週間内に限られ(商二〇四条ノ二第三項)、指定された先買権者の先買権行使期間は一〇日内に限られている(商二〇四条ノ三第一項)。その先買権が行使された場合の売買価格の決定方法については商法二〇四条ノ四において規定されており、これは公正な価格を決定する模範的な方法の一つと考えられる。つまり、商法は取締役会に先買権者指定権を与えるという方法での株式の譲渡制限を認めているが、それは先買権者指定権の行使期間及び先買権の行使期間が妥当なものであり、かつ売買価格が公正なものであることを要件としている。株式の譲渡時期と譲渡量については商法は何も規定していないので、株主の自由な決定に委ねられたままであると思われる。これらの定款による株式の譲渡制限についての商法規定から見て、会社が契約によって株式の譲渡制限をする場合にも、先買権者指定権の行使期間及び先買権の行使期間は妥当なものであり、かつ売買価格は公正であることを要件とするものと思われる。会社は原則として株式の譲渡時期及び譲渡量には介入できないのであって、これを制限するためにはそれを正当化する特別な理由が必要であろう。このような条件を満たすならば会社は附合契約的な性質の契約によってであれ、個別的な現実的合意によってであれ、株式の譲渡を制限することが可能であると思われる。

商法二〇四条一項は会社が契約の当事者の一方である場合のみを規制対象にすると考えるので、株主相互間および株主と第三者との間の契約は商法二〇四条一項の規制対象とならず、これには契約自由の原則が妥当することとなる。勿論このような契約も著しく不合理なものであれば民法九〇条の公序良俗に違反し無効となる。またそのような契約においても契約の当事者の一方が会社の身代わりもしくはその影響下にあるならば、会社が契約の当事者の一方である場合と同じく商法二〇四条一項の規制対象になると考えるので、商法二〇四条一項の規制対象となることを免れるためには、契約当事者は会社の支配下になく会社から独立していなければならない。

4　従業員持株制度の特殊性

(1)　従業員持株制度の趣旨とそのメリット・デメリット

商法の立場は右に述べた通りと思われる。ここでは従業員持株制度の存在が会社が株式の譲渡制限を契約によって株主に強制する正当な理由になるかどうかを検討する。従業員持株制度とは、「会社がその従業員に自社株を取得させるためになんらかの便宜を供与する制度」とされる。(63) 従業員持株制度においては、従業員の自社株取得を促進するため、会社が制度的にこれを補助・奨励している。

従業員持株制度の本質的特徴はまず何よりも従業員が雇い主である会社の株式を保有することにある。つまり従業員持株制度において従業員が自ら出捐して株式を取得しているとすれば、従業員は自らの貯蓄と職場の両方を同一企業に依存することになる。社内預金とは異なり自社株投資には法的な保護がない。もし会社が破産すれば従業員は貯蓄と職場の両方を一挙に失うこととなる。しかし、従業員が良く勤め働いて会社が利益をあげ成長するならば、従業員は賃金収入と株式価値の増大の両方で報いられることになる。

つまり自社株式の価値増大には他社株式とは異なって従業員自身の労働の成果が反映される。従業員持株制度はこれを積極的に利用して企業の成長・発展を図る制度である。

従業員持株制度は経営者にとって次のようなメリットがある。従業員持株制度によって従業員が自社株を保有するので従業員が愛社心をいだき、勤労意欲が高まり、経営参加意欲が向上して、経営者と協調するようになり、職場に定着するようにもなる。

従業員はその生活を雇い主である会社に依存しており、職場において経営者と支配・従属関係にある。それゆえ従業員が自社株を保有する場合、その議決権等株主権の行使は特別な手立てがほどこされない限り、経営者の影響を受けざるをえない。それゆえ従業員持株制度は経営者の支配を維持・強化する機能を有する。

未上場会社においては従業員持株制度が相続や贈与による事業承継時の節税対策として利用されることがある。企業所有者の持株は、純資産価額方式等の原則的評価方法によるため、土地の含み益等が加味されて比較的に高い評価額になる場合にも、従業員の持株は例外的に配当還元方式によって評価されるため比較的に安い評価額となる場合がある。(64)

(2)　従業員持株制度の目的と株式譲渡制限

従業員持株制度は一般には従業員の財産形成ないしは福祉の向上を目的とするものと考えられるが、既に見たように、従業員の経営参加ないしは従業員所有企業を目的とするものや、事業承継時の節税を目的とするものもある。従業員の財産形成や福祉の向上を目的とする場合にも同時に従業員の勤労意欲の向上や経営参加意欲の向上を目的とする場合や安定株主を目的とする場合もある。株主が投下資本を回収し企業危険を随時回避するためには、その持株をいつでも、誰にでも、いくらででも、どれだけでも自由に譲渡できることが必要である。従業員の財産形成ないしは福祉の向上を目的とする従業員持株制度においては、原則として従業員は従業員持株制度を通じて取得した株式をいつでも、誰にでも、いくらででも、どれだけでも譲渡できることが必要であろう。

従業員の財産形成や福祉の向上を目的とする従業員持株制度の多くは同時に従業員の勤労意欲の向上や経営参加意識の向上を目的とする場合が多く、このような場合には、従業員が従業員持株制度を通じて取得した株式を一定期間継続保有することが必要とされる場合もあると思われる。

従業員の経営参加ないし従業員所有企業を目的とする従業員持株制度の場合には、従業員の経営参加力を維持し強化するため、または従業員所有企業を実現し維持していくために、従業員が従業員としてのその身分を失った場合には、その持株を在職従業員に譲渡することが必要とされる場合があるものと思われる。

事業承継時の節税対策として従業員持株制度が利用される場合には、企業所有者が、従業員に株式保有を認めているのは、従業員が被傭者としての彼の指揮命令に服する立場にあり、それゆえ従業員の株式所有に基づく議決権等の権利行使が彼の意に従うであろうことを、つまり、従業員所有株式は彼の意のままになる株式ブロックであるからと思われる。このような場合、節税のために形の上では株式は従業員所有としているが、その株式の実質的所有者は企業所有者自身であるというのが企業所有者の意識であろう。したがって企業所有者としては従業員が従業員としての身分を失った場合には株式を返還させることが必要となろう。

従業員の株式取得に際し会社からいわゆる奨励金等が支出されている場合には、商法二九四条ノ二との関係からして、従業員持株制度を安定株主工作のため利用することは、できないものと思われる。しかし既に見たように、未上場会社の従業員持株制度の場合、会社から奨励金等が支出されている場合は少ないように思われ、このような場合には従業員持株制度を株主安定化のため利用することは必ずしもそれだけでは違法とは言えないように思われる。従業員持株制度が安定株主工作を目的とする場合には、従業員ならば安定株主だからということで株をもたせているとすれば、従業員が従業員としての身分を失った場合には、その持株を他の安定株主に譲渡させることが必要となる場合もあると思われる。

(3)　従業員持株制度における退職時の株式買戻をめぐる利益対立の状況

従業員持株制度において、退職する従業員の持株をめぐる利益対立の状況について見てみよう。

これについては公開会社と閉鎖的な会社とでは事情が異なると思われる。公開会社はその資金を公開された市場から調達しており、そこでは株主の個性は問題とならない。公開会社においては、市場から株式を購入することによって誰でも株主となれるのであり、また退職する従業員株主もその持株をいつでも市場で処分して現金化することができる。それゆえ、公開会社においては、会社側から見て、株主が従業員であるか否かは原則として問題にならないし、また退職する従業員側から見て、その持株の現金化につき会社側に頼る必要はない。株式を現金化する場合の代価についてもその市場価格があり、原則としてこれが公正なものと考えられる。

閉鎖的な会社においては、その資金調達の範囲は限られており、株主の個性が重要性をもつ。会社にとって、好ましくない者が株式を譲り受け、株主となって会社の経営を混乱させることを防止する必要がある。退職する従業員株主にとって、長年にわたる労働の成果である持株は通常株式のままでは生活のため享受できないのであって、これを現金化する必要があるが、そのための市場を見つけ出すことが一般的には困難である。会社側にとっては株式が社外の第三者に流出するのを防止する必要がある。また退職する従業員側にとっては、持株の現金化につきある程度まで会社側に依存せざるを得ない。株式を現金化する場合の代価についても、公正な価格を見い出すことが容易でない。それゆえ、退職する従業員からの会社側による株式の買戻しが大きな問題となるのは、閉鎖的な会社に限られると思われる。以下においては閉鎖的な会社に限って問題を考えてみよう。

まず従業員の側から考えてみよう。従業員が退職後も株式の保有を望む基本的な理由は株式保有による退職後の生活安定であろう。その場合、株式の配当収入による生活の安定確保を望むこともあれば、有利な資産として株式を保有し続けることを望むこともあろう。ただ一方で、もし従業員が退職時にその持株を現金化できず、流通性のない株式を保有し続けなければならないとすればどうであろうか。閉鎖的な会社の株式の買手を見つけることは一般に容易ではないであろう。株式はそのままでは生活のため使用できないのであり、退職者は長年にわたる勤労の成果を享受できないということもありうる。

次に会社側から考えてみよう。会社が従業員持株制度を実施しているのは、従業員が自社株式を保有することによって愛社心をいだき、勤労意欲が高まり、経営参加意識が向上して、経営者と協調するようになり、職場に定着するようにもなるからである。退職した従業員にはこのようなことは期待できないし、退職した従業員は競争関係にある企業に就職するかも知れない。それゆえ会社としては従業員が退職すれば一般には株式の買戻しを望むであろう。

だが一方で、もし従業員退職時の会社側の株式買戻し義務が単に道義的なものでなく法的な義務として明確になれば、会社側はその履行のための資金を用意しなければならなくなる。もし多くの従業員が一時に退職するようなことがあれば、会社側にとってそのための資金準備は大きな問題となるおそれがあろう。

順調に成長し、高配当を続けているような会社においては、会社は株式買取資金を比較的容易に用立てることができ、株式を買い戻すことを望むであろうが、従業員は退職後も、収入を安定させるため、株式を保有し続けることを望むであろう。一方、利益をあげることが困難であり、低配当ないし無配当を続けているような会社においては、従業員は退職すれば株式の現金化を望むであろうが、会社が買取資金を用意することは容易でなく、会社はその株式の買戻しを望まないであろう。

つまり従業員退職時の株式買戻しをめぐって会社側と従業員側との利益は鋭く対立するように思われる。このような場合、当事者の自由に委ねるならば、経済的な強者が経済的な弱者の利益を甚だしく害するということも起こりうるであろう。

(4)　従業員持株制度における株式買戻契約の特質

従業員持株制度は一般には会社の経営政策の一環として、会社によって設立され運営されている。従業員株主は、通常、被傭者として会社の指揮命令に服する立場にあり、従業員持株制度の仕組み形成に関与していない。このような従業員持株制度の下での株式買戻契約は一般に附合契約的性質をもっており、従業員がその内容に彼の意思を反映する余地はほとんどなく、彼はただ従業員持株制度に加入するかしないかを決定できるだけであろう。場合によっては、従業員持株制度への加入が、したがって株式買戻契約の締結が事実上従業員に強制されるというようなこともしばしば起こりうるように思われる。

株式買戻契約が以上のような性質のものであるとすれば、それが有効であるためには、単に当事者の同意があるだけでは足りず、その内容が客観的に見て公正なものでなければならないであろう。またそれは個々の加入者の意思によって様々のものとなるのではなく、従業員株主すべてに対し一律な内容のものであるべきであろう。

5　従業員持株制度における株式譲渡制限契約と商法二〇四条一項

閉鎖的な会社の従業員持株制度においては、既に見たように、従業員は株式取得に際し、取得株式をいつ、誰に、いくらで、どれだけ譲渡するかについての決定権を奪われており、その保有株式の議決権等の行使においても会社理事者の影響を受けざるをえない。これはいわば昭和一三年改正法の下で会社に許されていたと同じ程度の株式譲渡制限であり、甚だしく株主の利益を阻むものとして、昭和二五年改正法が株式譲渡自由の原則を確立する一つの理由となったものと同じ程度に株主の利益を阻害する譲渡制限と見てよかろう。しかもそれは会社の経営政策の一環として附合契約的に行われている。とすれば、それに関して株主の自由意志という形式があるとしても実質的には「擬制された自由意志」にすぎないのであり、法が後見的任務を発揮して投資者としての株主の利益の保護を図るために株式自由譲渡の原則を貫徹すべき場合[65]に相当しよう。それゆえそのような契約は原則として商法二〇四条一項に違反するのであって、これを合法化するためにはそれを正当化する特別の理由が必要となろう。はたして従業員持株制度は従業員株主から会社がその保有株式の譲渡時期、譲受人、譲渡価格、譲渡量についての決定権を奪う正当な理由となるか、これについて検討しよう。

(1)　譲渡時期

従業員持株制度は会社が従業員に特定の時期にその持株の譲渡を強制する正当な理由となるか。従業員の経営参加を目的とする従業員持株制度および従業員所有企業を目的とする従業員持株制度の場合には、従業員集団としての経営参加力を維持・強化するために、または従業員所有企業を実現・維持するために、従業員が退職する時にはその従業員に株式譲渡を契約によって義務づけることは可能であると思われる。しかし一般的な従業員持株制度におけるように従業員の財産形成もしくは福祉の向上を目的とする場合には、従業員持株制度により取得した株式は従業員の財産であり、財産所有者は原則として財産を保有し続ける自由を有する。それゆえその譲渡時期は従業員の自由な選択にゆだねられるべきであろう。

従業員の財産形成ないしは福祉の向上を目的とする従業員持株制度においても、同時に従業員の勤労意欲や経営参加意識の向上または職場定着を目的とする場合がある。このような目的は従業員が従業員持株制度を通じて取得した株式を一定期間継続して保有することによって初めて実現可能になると思われる。それゆえ、従業員の株式取得の経緯等から見て無理がないと思われる一定期間に限って、会社が従業員にその株式の譲渡を禁止することは可能であると思われる。

この一定期間を超えることとなる株式譲渡の禁止は従業員持株制度の目的（従業員の財産形成）および商法二〇四条一項に反し、許されないものと思われる。

従業員の財産形成ないしは福祉の向上を目的とする一般的な従業員持株制度において、従業員の定年退職時に株式譲渡を義務付けることはどうであろうか。

従業員は定年退職後こそ株式の配当によって生活を維持すること、または管理コストのかからない有利な資産として株式を保有し続けることが必要であり、彼が長年にわたって一所懸命働いた成果を享受し続けたいと思うのは正当であろう。それゆえ、会社が契約によって従業員の定年退職時に従業員に株式譲渡を義務づけることは、従業員持株制度の趣旨に反すると共に会社が従業員である株主から株式を保有し続ける自由を奪うものであり、商法二〇四条一項に反するものと思われる。

(2)　譲 受 人

従業員持株制度は会社が従業員株主に特定人への株式譲渡を強制する正当な理由となるか。従業員持株制度の中には、既に見たように、従業員の経営参加や従業員所有企業を目的とするものがある。このような従業員持株制度の場合には従業員の経営参加力を維持・強化するため、もしくは従業員所有企業を実現・維持していくために従業員株主の株式譲渡先を在職従業員その他の特定人に限ることは可能であろうか。もしこれが可能であるとすれば、従業員株主は在職従業員その他の特定人の中に株式譲受人を見い出すことができない場合には、株式への投下資本を回収できなくなる。それゆえ従業員株主の株式譲渡先を在職従業員その他の特定人に限ることはできないであろう。しかし商法二〇四条ノ二から明らかなように、従業員株主が株式の譲渡を欲したときに会社に先買権者指定権を与えるような契約は可能であり、このような先買権者としてあらかじめ在職従業員その他の特定人を指定しておくことは可能であろう。ところで従業員の財産形成または福祉の向上を目的とする一般的な従業員持株制度の場合にも、会社が従業員株主の株式譲受人選択を定款によって可能になると同じ程度に契約によって制限することは可能であると思われ、従って従業員株主が株式の譲渡を欲したときにそなえて先買権者としてあらかじめ在職従業員その他の特定人を指定しておくことは可能であろう。

(3)　譲渡価格

従業員持株制度は会社が従業員株主にその持株を取得価格もしくはこれとあまり異ならぬ特定価格での譲渡を強制する正当な理由となるか。

既に見たように、自社株式の価格には従業員の労働成果が反映される。会社がこのことを利用して企業利益の向上、企業成長を図るのが従業員持株制度である。従業員持株制度における従業員持株の現金化は単に投下資本の回収という意味だけでなく、労働成果の回収という意味もある。むしろ会社は自らの経営政策の一環として従業員持株制度を実施しているのであるから従業員福祉に配慮すべきであり、従業員持株制度における従業員持株の現金化に際して公正な価格が実現するよう積極的に協力する道徳的な義務があると言ってもよかろう。

ただ閉鎖的な企業の従業員持株制度において多くの場合、従業員は時価よりかなり安く株式を取得している。また従業員の株式取得及び従業員持株制度の管理運営に関して会社から何らかの補助のなされていることが多いであろう。従業員持株制度は従業員の勤労意欲や経営参加意識の向上もしくは職場定着を目的とすることもあり、これは従業員による株式の継続保有を前提とするように思われる。従業員持株制度によって取得した株式を従業員がただちに処分して売買差額を稼ぐ、もしくは補助金等を只取りすることは、同制度の目的からして許されないと思われる。それゆえ従業員の株式取得の経緯等から見て無理がないと思われる一定期間に限って従業員に取得価格での譲渡を義務づけることも可能であると思われる。だがこれは従業員持株制度本来の趣旨に反するような株式譲渡の場合である。従業員が定年退職まで多年にわたって株式を保有し続けてきたような場合には、従業員持株制度の目的は十分に達成されているのであり、また十分な期間にわたって従業員は株式投資の危険を負担しているのであり、その際の譲渡価格は企業成長を反映する公正な価格であるべきであろう。

従業員株主からの株式の引取価格が時価によらず、定額に固定されていることを、その取得時の価格自体がそれと同額に定められているという理由で合法とする説がある(参照、昭和六二年事件の判決)。昭和六二年事件の場合には従業員は第三者割当によって低価格で株式を取得した後、三年四ヵ月で株式を譲渡しており、このような保有期間での譲渡は一定期間の継続保有を前提とする従業員持株制度の本来の趣旨に反する譲渡と考えうるかも知れない。そうであるとすれば昭和六二年事件の場合、判決の理論構成はともかくその結論は支持してよいように思われる。

従業員が株式取得後一〇年近くたって、しかも定年で退職するような場合に取得価格での譲渡を義務づけることはどうであろうか。

従業員持株制度の特徴は従業員が雇い主である会社の株式を保有することにある。つまり従業員持株制度において従業員が自ら出捐して株式を取得しているとすれば、従業員は自らの貯蓄と職場の両方を同一企業に依存することになる。社内預金と異なり自社株投資には法的な保護がない。もし会社が破産すれば従業員は貯蓄と職場の両方を一挙に失うこととなる。しかし、従業員が良く勤め働いて企業が利益をあげ成長するならば、従業員は賃金収入と株式価値の増大の両方で報いられることになる。つまり自社株式の価値の増大には他社株式とは異なって従業員自身の労働の成果が反映される。従業員持株制度はこれを積極的に利用して企業の成長・発展を図る制度である。

従業員が株式取得後一〇年近くたって、しかも定年で退職するような場合には会社側から見ての従業員持株制度の目的は十分に達成されているのであり、また従業員は十分な期間にわたって株式投資の危険を負担してきているのであり、さらに株式価値の増大は従業員自身が一所懸命働いた労働の成果でもあるので、その際の譲渡価格は企業成長を反映する公正な価格であるべきであろう。このことは上場間近い会社の場合ことにそうすべきであろう。なぜならば上場後は従業員持株の取引についても市場価格によることになると思われるので、従業員が上場前に譲渡する場合と上場後に譲渡する場合で、ほんの数年の違いで、従業員の入手する株式譲渡代金が大きく異なるというようなことは従業員福祉の観点からみて可能な限り避けられるべきであろう。

従業員が取得時に時価より安い価格で取得していることは、従業員に自社株を保有させて従業員の財産形成もしくは福祉の向上を図るという従業員持株制度の目的からして当然であり、また、一〇年近くかつ定年退職まで働き続け株式を保有し続けたことによって十分に埋め合わせがついていると思われる。

毎年高額の配当により十分な利益を得ていることを理由として取得価格もしくはこれと余り異ならぬ特定価格での譲渡を正当化する説がある（参照、平成元年事件、平成三年事件の各判決）。

既に見たように、従業員持株制度は従業員の働いた成果が株式価値に反映することを利用して企業の成長・発展を図る制度であり、従業員は投資危険を負担している。従業員持株制度は投資危険を負担しない単なる利益分配制度とは異なる。配当性向が高く企業利益の大部分が配当に回されているような場合には、従業員の働いた成果の大部分が配当として分配されているので、株式価値の増大もあまりなく、取得価格もしくはこれに近い特定価格での譲渡を正当化することも可能であろう。しかし先に見たように、配当性向の明らかとなった五事件にあらわれた従業員持株制度実施会社の配当性向はその大半が一〇%未満であり、企業利益のほとんどは内部留保に回されている。それゆえこれらの会社の株式価値の増大には著しいものがあると思われ、これは従業員の労働の成果でもある。従業員が一〇年近くかつ定年退職まで株式を保有し続けたような場合には配当の如何にかかわらず、株式の譲渡価格は企業の成長発展を反映する公正な価格によるべきであろう。

また従業員株主以外の他の株主も従業員株主と同じように高額の配当を得ているが、これらの株主はキャピタル・ゲインの取得を否定されていない。それゆえ高額の配当を得ているという理由で従業員株主に限ってキャピタル・ゲインの取得を否定することは株主平等原則に反することとなろう。

未上場企業の株式評価が困難なことを一つの理由として、取得価格による譲渡を肯定する説がある(参照、昭和六二年事件の判決)。しかし前掲引用諸判例の事件からもわかるように、従業員持株制度を実施している企業は未上場会社の中でも比較的規模の大きい企業である。中にはゆうに上場会社たりうる企業もある。これらの企業においては経理組織が確立しており、貸借対照表の一株当たり純資産価値は簡単に算出できる。帳簿上の価格は必ずしも公正な価格とは言えないかも知れないが、少なくともその手がかりとはなろう。これを手がかりとして企業の真実の価値を反映する株価算定方式を定めておくことはそれほど困難なこととは思われない。

また従業員持株制度を実施している企業の多くはその規模から見て従業員のために株式評価コストを十分負担できると思われる。また従業員持株制度加入従業員数から見て加入者全体で株式評価コストを負担することはそんなに困難なこととは思われない。

定款の定めにより株式譲渡に取締役会の承認を要するので右株式については元々市場における自由な売買が予定されていない、ことを理由として取得価格もしくは特定価格での譲渡を肯定する説がある（平成元年事件、平成三年事件の各判決）。

定款の定めにより株式譲渡に取締役会の承認を要する場合には、確かに市場における自由な売買は予定されていないであろう。しかし従業員持株制度を実施している企業は既に見たようにほぼ上場企業に匹敵するような規模の企業であり、真の意味での家族企業ではない。従業員持株制度を実施している閉鎖会社の多くにおいては、従業員株主は経営陣を構成するものではなく、また株式である以上、会社からの投資の回収はできないのであって、その持株を基本的には会社以外の者に譲渡して投資の回収を図らざるを得ないのである。つまり市場での自由な売買は予定されていないとしても投資回収のための取引は予定されているのであり、その取引の際の価格は会社が先買権者指定権を有する場合には原則として商法二〇四条ノ四によって決まるような公正な価格によることとなろう。

(4)　譲渡量

従業員の経営参加を目的とする従業員持株制度もしくは従業員所有企業を目的とする従業員持株制度の場合には、従業員の経営参加力を維持・強化もしくは従業員所有企業を実現・維持してくために、従業員でなくなった場合には持株をすべて譲渡せよということも十分理由のあることと思われる。しかし従業員の財産形成もしくは福祉の向上を目的とする一般の従業員持株制度の場合には、そのような理由は見当たらないと思われるので、会社が従業員株主の持株の譲渡量を契約によって制限することは商法二〇四条一項に反し無効であると思われる。

6　従業員持株制度における株式買戻契約と商法二一〇条

(1)　商法二一〇条の立法趣旨

商法二一〇条は会社による自己株式の取得を原則として禁止している。同条の立法理由として一般に次のようなことがあげられている。①自己株式の有償取得は株主に対する出資の払戻しとなって会社財産の充実を害し、会社債権者を害するおそれがある。②会社の自己株式取得によって株主間に機会の不均等をもたらす。買付価格が実価より高くても低くても、残った株主または売った株主のどちらかが損をし、株主平等の原則に反するおそれがある。③自己株式の売買によって、内部情報を利用した不当な投機や不正な株価操作が行われ、株主や一般投資家の利益が害されるおそれがある。④自己株式の取得が支配に必要な株式数を減らしたり、敵対者の株を買い取ったりして、現在の経営者の支配権維持の手段として利用されるおそれがある。[66]

商法二一〇条は四つの場合に限って自己株式の取得を明文によって許容している。この外にも、右記のような弊害のない場合には、自己株式の取得は許されると解されている。たとえば、会社の名による自己株式の取得であっても、無償取得や取次的取得および信託的取得の場合には、会社財産の充実を害するおそれはなく、解釈によって同条に違反しないとされる。[67]

(2)　商法二一〇条違反の効果

商法二一〇条違反の効果については、資本維持の要請を尊重して無効と解するのが判例（最判昭和四三年九月五日民集二二巻九号一八四六頁参照）・通説である。[68] したがって株券の引渡し前であれば、会社は相手方に対しその引渡しを要求できないと思われる。[69]

しかし違法な自己株式の取得が絶対的に無効であるとすると、株式取引の安全を著しく害する。それゆえ、通説は、会社がその名義で会社の計算において自己株式を取得した場合には無効であるが、他人名義で会社の計算で取得する場合には譲渡人が悪意でない限り無効ではない、と解する。(70) さらに、商法二一〇条違反の契約について無効を主張できるのは、同条の立法趣旨が会社側を保護することにあると見て、会社側のみであり、譲渡人はその無効を主張できないと解するのが通説である。(71) つまり、会社側は譲渡人が会社の計算による取得であることを知っていたことを立証すれば、自己株式取得の無効を主張できる。が一方、譲渡人は善意・悪意の如何を問わず常に無効を主張できないこととなる。

譲渡人側からの商法二一〇条違反による無効の主張を認めるか否かについて、判例は分かれていると思われる。従業員持株制度における会社の株式買戻契約について譲渡人からの無効の主張を認めなかった判例がある（昭和五七年事件、平成元年事件の各判決）。しかし、自己株式の違法な質受を無効とし、質権設定者による株券引渡し請求を認める判例もある（最判昭和四三年九月五日民集二二巻九号一八四六頁）。後者の判例によれば、自己株式の違法な取得については、譲渡人からの無効の主張を認めることになると思われる。

(3)　従業員持株制度における株式買戻契約と商法二一〇条

閉鎖的な会社の従業員持株制度において従業員退職後の株式買戻契約が締結された先の諸事件の場合、株式の譲受人は在職従業員（昭和四八年事件）、会社代表者（昭和四九年事件）、持株会（昭和六二年事件）、会社（昭和五七年、平成元年、平成三年の各事件）と様々である。会社以外が譲受人となっている場合に株式の買取資金について会社が何らの負担もしていないのであれば、商法二一〇条違反の問題は生じない。

会社が譲受人となっている場合には、会社が譲り受けた後に株式を在職従業員に再譲渡する予定になっていたとしても、会社が一時的には買取資金を負担するし、在職従業員がその株式を必ず買い取るとは限らないので、持株会等が譲受人となっている場合にも、その買取資金を事実上会社が負担している場合（平成三年事件はこのような場合であると思われる）にも商法二一〇条違反が問題となる。

従業員持株制度における会社の株式買戻契約について、商法二一〇条違反を理由とする従業員側からの無効の主張を認めなかった昭和五七年事件の判決はその理由について次のように述べる。「同条（商法二一〇条―筆者注）の主な立法趣旨が会社の財産の安全確保にあることに鑑みると、同条によって保護されるべき者は会社、会社債権者、一般株主等であって、譲渡人ではないから、同条による無効の主張は、譲渡人を保護すべき特段の事情がない限り会社側にのみ認められ、譲渡人からこれを主張することは許されないものと解するのが相当である。そして、右のとおり解しても、譲渡人は当初の契約どおりに株式を譲渡することによって自己の望む結果を得られなんら不利益を被らないのであって、この場合保護さるべき会社側が当該契約の無効を望まないにもかかわらず、保護の対象となっていない譲渡人の利益のために無効を認めるべき合理的な理由を見出すことはできない」（判時一〇五二号一二八頁）。

商法二一〇条違反による無効の主張を譲渡人に認めない通説の立場からは、この判旨は当然のことであり、学説も多くはこの判旨に賛成するように思われる。[72] その理由も判旨とほぼ同じであるが、譲渡人が無効を主張するのは、譲渡後に株価が高騰した場合であろうが、譲渡人の側にこのような投機の機会を与える必要はないという理由もあげられている。[73] また商法二一〇条を命令的規定と解する立場から、自己株式取得行為自体を有効と解する説もある。[74] ただし売買価格の面から見て譲渡人を保護する必要性のあることおよび商法二一〇条の強行規定性を理由として、判旨に批判的な説もある。[75] また前記引用判例は会社側からまだ未履行の契約の履行つまり株券の引渡しを求めた場合であり、これを裁判所が肯定することは、言わば裁判所が自己株式取得違反という違法状態との立場からは、否定的に解されるおそれもあると思われる。

確かに商法二一〇条違反に藉口して会社に自己株式を譲渡した譲渡人が株価上昇による投機的利益を獲得することは認められるべきでない。だが、会社が自己株式を買い戻す旨の約定は、先に見たように判例および通説によれば、商法二一〇条に違反し無効である。そして譲渡人悪意の場合この無効を会社側が主張することは認められている。それゆえ日本の従業員持株制度において会社による株式買戻契約がある場合に、同契約によって従業員が会社に株式の買戻しを請求した場合、会社は同契約の商法二一〇条違反を主張して、株式の買戻しを拒否できることとなろう。だが一方、前記引用判例および多くの学説によれば、譲渡人は商法二一〇条違反による無効を主張できないのであって、会社が株券の引渡しを請求すれば、従業員はこれを引渡さざるをえない。つまり、日本の従業員持株制度において、会社による株式買戻契約のある場合には、会社は買戻し義務を負うことなく、従業員の危険負担において、会社が投機的利益を得ているように思われる。既に見たように、従業員の側に株式を保有し続ける正当な利益がある。また、商法二一〇条の立法趣旨の一つとして、株主間に機会の不均等をもたらすような行為を会社はなすべきでない、ということがあげられる。従業員株主からの株式の買付価格が実価より高ければ従業員株主を不当に優遇することとなり、また実価より低ければ残った他の株主が得をして売った従業員株主は損をすることになる。

従業員持株制度において制度的に会社が自己株式を取得するもしくはその取得資金を負担する場合があり、このような場合には会社は従業員株主すべてを一律に同じに扱わなければならないと思われる。会社はある従業員株主の持株については買取るもしくはその買取資金を負担するが他の従業員株主の持株については買取らないもしくはその買取資金を負担しないというようなことはできないであろう。もし会社の経営状態が良好な時においては会社が一部の従業員株主から特定価格で自己株式を買取る、またはその買取り資金を負担しているとすれば、会社の経営状態が良くなくなった時に、従業員株主全員が一斉に株式譲渡を望んだ場合にも、会社は原則として同じ特定価格で自己株式を買取る、もしくはその買取資金を負担しなければならないであろう。しかしそのような行為は会社の債権者を害するおそれがあり、債権者取消権（民法四二四条）の対象となるであろうと共に、株主平等原則に反するものとして、他の株主からの無効の主張が可能となろう。

会社の経営状態が良くなくなった時に従業員株主が一斉に株式譲渡を望んだ場合に、会社が従業員の持株を買取ることもしくはその買取資金を負担することができないとするならば、会社はその経営状態が良好な時にも一部の従業員株主からその持株を買取ること、もしくはその買取資金を負担することはできないものと思われる。さらに従業員持株制度における株式買戻契約は、先に見たように、附合契約的性質を有するものである。経済的強者であり、その一方的な作成者でもある会社が、自らその無効を主張できるとすれば、それとのバランスから言っても、経済的弱者である従業員にも無効の主張を認めるべきであろう。ことに前記引用判例のように、株券引渡しの履行前である場合には、従業員が商法二一〇条違反を主張して会社による株券の奪取を阻止することを認めてもよいように思われる。

(37)　大塚市助・大森＝矢沢編『注釈会社法(3)』五八頁（一九六七年）。
(38)　岡咲恕一『新会社法と施行法』三五頁（一九五一年）。
(39)　同所。
(40)　同所。

(41)　味村治「商法の一部を改正する法律の解説」法曹時報一八巻七号三九頁（一九六六年）。
(42)　同・四〇―四一頁。
(43)　同・四一―四二頁。
(44)　大塚・前掲注(37)五七頁。
(45)　同・六五頁。
(46)　同・六六頁、龍田節・鈴木＝大隅編『商法演習Ⅰ会社(1)』四四頁（一九六六年）。
(47)　参照、松田＝鈴木・前掲注(13)一一六―一一七頁、高島正夫「株式の自由譲渡性」慶応義塾大学法学研究二五巻一〇号三二頁（一九五二年）。
(48)　参照、上柳克郎・上柳＝鴻＝竹内編『新版注釈会社法(3)』七一頁（一九八六年）。
(49)　大塚・前掲注(37)六五頁。
(50)　同所。
(51)　同・六七頁。
(52)　石井・前掲注(17)三二八頁。
(53)　同・三二九頁、岡咲・前掲注(38)三五頁。
(54)　田中誠二『確定改正会社法解説』八三頁（一九五一年）、岡咲・前掲注(38)三五頁、石井・前掲注(17)三二九頁、大隅健一郎＝大森忠夫著『逐條改正会社法解説』一一五頁（一九五二年）。高鳥・前掲注(47)二五頁、矢沢惇「株主地位の強化」法曹会編『株式会社法改正の諸問題』一二三頁（一九四九年）。
(55)　大塚・前掲注(37)五八―五九頁。
(56)　矢沢・前掲注(54)九九頁。
(57)　同・九九―一〇〇頁。
(58)　岡咲・前掲注(38)三五頁。
(59)　大隅健一郎「株式の譲渡」田中耕太郎編『株式会社法講座第二巻』六四一頁（一九五六年）。

(60)　石井照久『新版商法Ⅰ㈠』二九五頁（一九六三年）。
(61)　石井・前掲注(17)三二九頁。
(62)　西本寛一「株式譲渡制限契約」愛知学院大学法学研究七巻一号四八―四九頁（一九六五年）。
(63)　河本一郎・河本他著『従業員持株制度のすべて』六頁（一九七〇年）。
(64)　太田昭和監査法人編『持株制度運用の実務〔改訂版〕』三三一―三三三頁（一九九〇年）。
(65)　参照、石井・前掲注(17)三二九頁。
(66)　参照、蓮井良憲・上柳＝鴻＝竹内編『新版注釈会社法(3)』二二七―二二九頁（一九八六年）。
(67)　同・二四一―二四二頁。
(68)　同・二四五頁。
(69)　河本一郎『現代会社法新訂第三版』一五七頁（一九八六年）。
(70)　鈴木竹雄＝竹内昭夫『会社法（新版）』一四三頁（一九八七年）。
(71)　同所、柴田和史「従業員持株制度に基づく会社の自己株式取得契約の有効性」ジュリスト八六四号一〇六頁（一九八六年）。
(72)　龍田節「従業員持株制度と株式の譲渡制限」商事法務一〇五五号一〇三頁（一九八五年）、柴田・前掲注(71)一〇六頁。
(73)　参照、柴田・前掲注(71)一〇六頁、前田庸「自己株式の買受と不法原因給付」会社判例百選（新版）八三頁（一九七〇年）、龍田節「自己株式の取得」鈴木他編『新商法演習Ⅰ』一三四頁（一九七四年）。
(74)　坂田桂三「従業員持株制度の採用に伴い締結される退職時に自社株を買戻す旨の合意の効力」金融・商事判例六七一号五八頁（一九八三年）。
(75)　大塚英明「従業員株主の株式譲渡に対する制限」会社法務三一号一八頁（一九八六年）。
(76)　河本・前掲注(69)一五七頁。

第四章　従業員持株制度における退職時の株式買戻

――ワールド平成三年事件――

一　判決による事実の概要と判旨

1　判決による事実の概要

Y会社（被告、株式会社ワールド）は昭和三四年に設立された会社であり、昭和四〇年頃からすでに社員持株制度が存在し、一定の年功と役職にあるY会社またはその関連会社の社員に対し、取締役会で決定された一定の価額でY会社株式を割当て、社員株主がY会社ないしその関連会社を退職するときには、Y会社に前記価額でY会社株式を売り戻すべきものとされた。

ところが訴外Aが昭和五九年一一月に会社を退職するに際し、社員持株制度に基づきY会社株式を売り戻すことを拒否したうえ、株券引渡を求めて裁判所に訴えを提起した。

そこでY会社は同種の事件の発生を未然に防止するため、従来から慣行として存在していた社員持株制度の確認作業に着手し、昭和六〇年二月から約二三〇名の社員株主との間で、同人の退職時に保有株式全部を一株当たり三万円の価額で買い戻す旨の個別的な始期付売買契約を締結し、その趣旨が記載された確認書の交付を受けた。

その後Y会社は昭和六一年一〇月二六日の株主総会で三〇〇パーセントの株式配当を決議し、昭和六一年一二月に実施された株式配当により社員株主の持株数が四倍となったので、さらにY会社は念のため、昭和六二年一月から個々の社員株主との間で、同人の退職時に保有株式全部を一株当たり七、五〇〇円の価額で買い戻す旨の個別的な始期付売買契約を締結し、その趣旨が記載された確認書の交付を受けた。

なお、Y会社は株式の譲渡制限に関する規定を設け、Y会社株式を譲渡するには取締役会の承認を受けなければならない。

X(原告)は昭和四九年一〇月Y会社に嘱託として入社し、Y会社の小売部門を担当する訴外B会社の設立準備活動に携わり、昭和五〇年二月B会社設立と同時に同社の取締役営業部長に就任し、その後同社の常務取締役、専務取締役へと昇格していった。

Y会社は昭和五三年一月二〇日社員持株制度に基づき訴外Cから取締役退任に伴い買い戻したY会社株式の中から一〇〇株を二〇〇万円(一株当たり二万円)の価額でXに割当て、以後同株式一〇〇株を預かり保管した。Xは前述したY会社の社員持株制度について十分に理解・納得したうえで、Y会社株式一〇〇株の割当を受けた。

Xは昭和五四年三月一五日所轄税務署へ、Y会社株式一〇〇株の時価八〇〇万円と価額二〇〇万円との差額六〇〇万円の贈与を受けたとして、贈与税の確定申告を行い、贈与税一八一万円を納付した。Xは昭和五三年から昭和六一年までに総額で八〇〇万円の配当金を受領した。

Xは昭和六二年六月三〇日B会社を退職した。そこでY会社は、始期付売買契約の期限到来を理由に、Xから預かっていたX所有のY会社株式四〇〇株を買い戻し、同年七月二一日Xに対し、買戻代金三〇〇万円から有価証券取引税立替分を控除した二九八万三、五〇〇円を現実に提供したが、Xが受領を拒否したため、法務局に同額を供託した。

2　判　旨

本件において問題となった契約は会社と従業員株主との間の株式買戻契約であるにもかかわらず、本件では商法二〇四条一項および同二一〇条違反は争われていない。Xは本件株式買戻契約の無効を主張してさまざまの理由を述べているが、そのうちの主なものは公序良俗違反の主張であると思われるので、これに対する判旨のみを引用する。

「原告は、始期付売買契約では、被告株式を時価の何十分の一という極めて安い価額で売り渡すことを約するものであり、公序良俗に反して無効であると主張する。

しかし、前記認定によると、原告自身も社員持株制度に基づき、被告株式を時価の四分の一以下の安い価額で取得していること、原告は、昭和五三年一月被告株式を二〇〇万円の価額で取得して以来、毎年被告から八〇万円ないし九〇万円もの高額の配当金を受領しており、昭和六二年六月三〇日の退職により、被告株式を三〇〇万円の価額で被告に売り戻したとしても、充分な程の利益を受けていること、被告会社は、株式の譲渡制限に関する規定を設け、被告株式を譲渡するには取締役会の承認を受けなければならない旨定めており、被告株式については自由な取引は予定されていないことに照らすと、原告が被告に対し始期付売買契約により被告株式を時価よりも安い価額で売り戻さなければならないとしても、始期付売買契約が公序良俗に反する無効なものとは認められず、原告の前記主張も理由がない。」。

二　問題点と判例

従業員持株制度により株式を取得した従業員からその退職時に株式を一定価格で買い戻す旨の契約等の効力が

裁判所において争われた事件は本件も含めて六件ある。すなわち、東京地方裁判所昭和四八年二月二三日判決(判例時報六九七号八七頁)、東京地方裁判所昭和四九年九月一九日判決（判例時報七七一号七九頁)、神戸地方裁判所尼崎支部昭和五七年一二月九日判決(判例時報一〇五二号一二五頁)、東京高等裁判所昭和六二年一二月一〇日判決(金融法務事情一一九九号三〇頁)、京都地方裁判所平成元年二月三日判決（判例時報一三二五号一四〇頁）および神戸地方裁判所平成三年一月二八日判決（本件判決、判例時報一三八五号一二五頁）である（以下においては本件を除く他の五事件をその判決年次をもって略称する)。

これら六事件のすべてにおいて、従業員は、従業員持株制度によって自社株式を取得するための前提条件として、従業員であることの他に、同制度を通じて取得した株式を、会社もしくは会社関係者が従業員退職の時に、特定の価格で、すべて買い戻す旨の契約を締結しているものと思われる。つまり、従業員はあらかじめ同制度によって取得する株式について、いつ、誰に、いくらで、どれだけ、譲渡するかについての自己の決定権を放棄して、初めて、同制度による株式取得を認められているものと思われる。ところで商法二〇四条一項は株式譲渡自由の原則を強行法的に保障している。これは株主がその持株をいつ、誰に、いくらで、どれだけ、売るかを自由に決定できるということであろう。それゆえ右記の株式買戻契約は商法二〇四条一項に違反するおそれがある。また同契約は同契約による株式の譲受人もしくは株式買取資金の負担者が発行会社である場合には、自己株式取得を原則として強行法的に禁止している商法二一〇条に違反するおそれがある。

さらに判例では公序良俗違反も争われている。

昭和四八年、昭和四九年、昭和五七年の前半三事件においては主として商法二〇四条一項違反が争われ、昭和六二年、平成元年、平成三年の後半三事件においては主として公序良俗違反が争われている。商法二一〇条違反が争われたのは昭和五七年事件と平成元年事件である。

前半三事件において、裁判所が株式買戻契約を商法二〇四条一項に違反しないとした理由は、二つあると思われる。すなわち、

① 同条は当事者間の個々的債権契約の効力について直接規定するものでない（昭和四八年事件、昭和四九年事件、昭和五七年事件）。

② 従業員持株制度の目的、内容、およびその利益配当の実績などからすると、右契約は株主の投下資本の回収を不当に妨げるものとはいえない（昭和四九年事件、昭和五七年事件）。

後半三事件においては主として公序良俗違反の問題が争われているのであるが、その際、買戻価格が時価もしくは公正な価格と考えられるものより著しく低いことが主として問題とされた。裁判所が買戻価格は時価もしくは公正な価格より著しく低い価格であっても公序良俗に反しないと判断した理由は五つあると思われる。すなわち、

① 株式を時価より安い価格で取得している（昭和六二年事件、本件。平成元年事件の判決は額面価格で取得していることをあげるが、これも実質的には同じ内容のものであろう）。

② 毎年高額の配当を受領して利益を得ている（平成元年事件、本件）。

③ 定款の定めにより株式譲渡に取締役会の承認を要するので右株式については元々市場における自由な売買が予定されていない（平成元年事件、本件）。

④ 未上場株式について退会の都度個別的に引取り価格を定めることが実際上難しい（昭和六二年事件）。

⑤ 株式取得後右株式の時価が無視し得ないほどに高騰したことを確認するに足りる的確な証拠はない（昭和

六二年事件)。

昭和六二年事件と平成元年事件では商法二一〇条違反の問題も争われているのであるが、その際問題となったのは元従業員が同条違反を理由にして発行会社の株券引渡し請求を拒否できるかどうかであった。裁判所が元従業員による同条違反の主張を退け、発行会社による株券引渡し請求を認めた理由は二つあると思われる。すなわち、

① 同条は会社、株主、会社債権者保護のための規定であり、同条による無効の主張は、譲渡人を保護すべき特段の事情がない限り、会社側にのみ認められ、譲渡人からこれを主張することは許されない(昭和五七年事件、平成元年事件)。

② 右のとおり解しても譲渡人は当初の契約どおりに株式を譲渡することによって自己の望む結果を得られ何等不利益を被らない(昭和五七年事件)。

三　本件事実関係の特徴

1　Y会社の発展

Y会社は昭和三四年一月一三日に資本金二〇〇万円で設立された後、急速に成長し、現在、東京、大阪、両証券取引所への上場も間近いと考えられている。

Xが嘱託としてY会社に入社した昭和四九年一〇月頃の同社の概要を昭和四九年七月決算期の資料から見てみよう(資料は日本経済新聞社発行の一九七五年版会社総鑑による)。従業員数五六二名、資本金四、六〇〇万円(額面一、〇〇〇円、四万六、〇〇〇株発行)、純資産三二億九、六六四万円、総資産九四億一、八五一万円、売上高二二九億

三、三七三万円、当期利益一〇億四、二八八万円、一株当たり純資産七万一、六六六円（五〇円額面に換算すると三、五八三円）、一株当たり当期利益二万二、六七一円である。Y会社はこの時期にすでに東京証券取引所の上場基準（純資産一〇億円以上、一株当たり純資産一〇〇円以上）をはるかに上回っている。同社は従業員数や資産規模からして閉鎖的な同族会社とはいえず、社会的に大きな影響力のある大企業といえるように思われる。

XがY会社株式を取得したのは昭和五三年一月二〇日である。この頃の同社の概要を昭和五二年七月決算期の資料から見てみよう（資料は一九七八年版会社総鑑による）。従業員数九六四名、資本金九、二〇〇万円（額面一、〇〇〇円、九万二、〇〇〇株発行）、純資産一二〇億六、五一一万円、総資産二六六億八、四三三万円、売上高五〇四億九、六七四万円、当期利益四一億八、五五三万円、一株当たり純資産一三万一、一四三円、一株当たり当期利益四万五、四九五円である。判決記録によれば、Xは一株当たり二万円でY会社株式を取得しており、これは貸借対照表上の一株当たり純資産価値の約一三分の二である。

XがY会社の子会社であるB会社を退職したのは昭和六二年六月三〇日である。この頃のY会社の概要を昭和六二年三月決算期の資料から見てみよう（一九八八年版会社総鑑による）。従業員数二、七九二名、資本金三億六、八〇〇万円（額面一、〇〇〇円、三六万八、〇〇〇株発行）、純資産八一八億七、八〇〇万円、総資産二、九二〇億九、〇〇〇万円、売上高一、〇二〇億六、七〇〇万円、当期利益六三億七、四〇〇万円、一株当たり純資産二二万二、四九五円、一株当たり当期利益一万七、三二一円である。買戻価格である一株七、五〇〇円は一株当たり純資産価値の約三〇分の一である。

XがY会社に入社してからB会社を退職するまでの間にY会社の純資産は約二五倍になっており、XがY会社株式を取得してからB会社を退職するまでの間にはY会社の純資産は約七倍になっている。なお、Y会社は昭和六二年三月期には多数の子会社・関連会社を擁しており、これらを考慮にいれるとY会社の実質的な成長はこの数字をかなり上回るものと思われる。

Xがその設立に当たって重要な役割を果たし、その後の会社の発展においても重要な役割を果たしたと思われるY会社の小売部門B会社の成長について見てみよう。B会社は昭和五〇年二月に設立された。設立して八年後の昭和五八年八月決算期には、同社は従業員数六五〇名で一一億九、七〇〇万円の所得をあげ、法人所得ランキングにおいて、衣料品等小売業界の一五位、全産業を合わせた総合のうちでは二、〇八〇位となっている。(1) 翌年にも従業員数六五〇名で一一億五、一〇〇万円の所得をあげ、法人所得ランキングにおいて、衣料品等小売業界の一九位、全産業を合わせた総合のうちでは二、三八七位となっている。(2) 子会社のB会社自体がこの時点ですでに優に上場会社たり得る大会社に成長している。

Xが株式を取得した後の最初の決算期である昭和五三年七月期の配当は一株八、〇〇〇円（額面の八〇〇％）であるが、その後の昭和五四年七月期から昭和六一年七月期までの八決算期の配当はすべて一株九、〇〇〇円（額面の九〇〇％）である。Y会社主張のごとく「売買直前二期間の配当率を参考とし、異常配当率と考えられる部分を控除した価額」をもって一株当たりの売買価額とするのであれば、XがY会社に一〇〇株を三〇〇万円で売り戻す旨の確認書を差し入れた昭和六〇年三月一日頃のY会社株式は税法上の配当還元価格によっても一株当たり九、〇〇〇円÷〇・一＝九万円となるはずである。とすると、一株三万円という価格はY会社が自ら定めた売買価額決定方式に違反していることは明らかなように思われる。

XがY会社株式取得後退職するまでのY会社の一〇決算期の配当性向の平均値は一〇・三パーセントであり、末尾三決算期のそれは六・二パーセントである。Y会社は毎年多額の内部留保を行っており、それによって急成長してきたものと思われる。

昭和六三年三月期のY会社の営業報告書によれば、同社は昭和六三年三月一七日に第三者割当増資により新株式二万六五〇株を一株の発行価額二五万円で発行し五一億六、二五〇万円の資金を調達している。これはこの頃同社の株式が少なくとも一株二五万円はすることを示すものであろう。日経ビジネス昭和六三年一一月一四日号の未上場企業株価ランキングによると、同社株式は評価額において第二位であり、五〇円額面換算で一万四、一五一円である。これは一、〇〇〇円額面に直すと二八万三、〇二〇円となる。Y会社の主張する一株当たり七、五〇〇円という価格は、これらの価額に比べて、また、昭和六二年三月期における貸借対照表上の純資産額を発行済株式総数で割った一株二二万二、四九五円と比べても、公正な価格と思われるものより著しく低い価格であろう。

昭和六三年三月期のY会社の営業報告書によれば、創業者である二家族以外の大株主として、三位に株式会社ジェルベ二万四、〇〇〇株（持株比率—以下同じ—四・七%）、四位に有限会社プラスオン一万九、五〇〇株（四・五%）、七位に株式会社太陽神戸銀行一万二、四〇〇株（二・八%）と、七位までに三者出ている。これは株主面からみてもY会社が閉鎖的な同族会社ではないことを明らかにしているように思われる。平成元年三月期のY会社の営業報告書によれば、右記大株主の持株数、持株比率に変わりはないが、Y会社も株式会社ジェルベに対し四万株（五〇・〇%）、株式会社太陽神戸銀行に対し六四三万八、一四六株（〇・四%）を有し、株式の相互持ち合いとなっている。上場を意識したうえでの安定株主作りと思われる。一九九二年版会社総鑑によれば、Y会社は平成二年四月に株式の額面を一、〇〇〇円から五〇円に変更している。着々と上場の準備がなされているようである。なお、平成四年三月二七日の朝日新聞によれば、社長インタビューにおいて、Y会社の次の課題は同年秋を目標とする東京、大阪二部市場への上場である旨、報道されている。

平成四年三月期のY会社の営業報告書によれば、Y会社社員持株会が同社社長（持株比率二四・七％）に続く第二位の大株主となり、三〇三万六、八〇〇株を有しその持株比率は一六・二パーセントである。株主名簿上の株主名が持株会になっていると思われるので、持株制度への参加者に代わって議決権などの株主権を行使するのは持株会理事長であろう。持株会理事長には同社の会長・社長の信任の厚い者が就任するものと思われる。とすれば、その議決権等の株主権の行使は会長・社長の意を受けてなされるものと思われる。なお、社員持株会はその大株主順位および持株比率からみて、Y会社の株式所有面から見た支配構造において重要な役割を果たしていることは明らかであると思われる。

2　Y会社社員持株制度の特徴

判決記録からY会社の社員持株制度の特徴を見てみよう。まず制度の文書化について見よう。Y会社の社員持株制度は昭和四〇年頃から存在していたが、これは慣行として行われ、文書化されていなかった。そのためもあってか、昭和六〇年初め頃に一社員が退職に当たり株券の引渡しを求めたためY会社と係争となった(3)。このためY会社は同種の事件の発生を防止するため昭和六〇年二月から社員株主との間で同人の退職時に保有株式全部を一株当たり三万円の価額で買い戻す旨の始期付売買契約を締結し、その趣旨が記載された確認書の交付を受けた。つまり、Y会社の社員持株制度は、当初慣行として行われ、文書化されていなかった。社員株主退職時の株式買戻については昭和六〇年二月から文書によって確認していた。従業員持株制度はその発足の時より文書によって基礎づけられた制度として運用されることが通常であると思われるので、これは特異なことに思われる。Y会社の規模が上場会社に匹敵するようになってからはことにそうである。

制度への参加者について見てみよう。Y会社社員持株制度への参加者は一定の年功と役職にあるY会社またはその関連会社の社員に限られている。また、Y会社は本件引渡請求の対象となった株式を訴外Cの取締役退任に伴いCから買い戻しており、その譲渡を受けたXはY会社の子会社Bの役員である。つまり、Y会社の社員持株制度への参加者は会社役員を含んでおり、一定の年功と役職にある者に限られているので、全社員を含むものとは思われない。

上場会社の従業員持株制度には通常見られる奨励金については何の記載も見られないので、これは会社から支出されていないものと思われる。つまり、会社から社員持株制度への特別な支出はなされていないものと思われる。

株券の管理は、Xに割り当てられた株式についてから明らかなように、Y会社が行っており、参加者は株式を購入しても一度も株券を手にすることができないので、事実上株式の処分を禁止されているものと思われる。株式の売買価格は取締役会が決定しており、Y会社の社員持株制度では参加者の株式購入価格とその譲渡価格が異なりうる。本件もそのような場合の一つである。これは判例に現れた未上場会社の多くの従業員持株制度とは異なるように思われる(4)。

買い戻した株式の割当先を決めるのも取締役会である。

これらからみると、Y会社社員持株制度の管理運営を事実上担当しているのは同社の取締役会であり、参加者の持株はほぼ完全に同社取締役会の管理支配の下にある。ところで事実上同社取締役会を支配しているのは同社の創業者である同社の会長と社長であろう。株式の売買価格および譲渡の相手方もこの両者の意向を反映して決定されているものと思われる。つまるところ、Y会社の社員持株制度は同社の会長・社長の指揮監督下にその意向を受けて運営されており、同制度参加者の所有する株式は事実上両者の管理・支配に服しているといってよかろう。これは社員持株会が第二位の大株主であり、その持株比率は一六・二パーセントもあるので、両者の会社支配にはきわめて好都合であろう。

四　商法の規制原理とその適用

1　序

本件では、主として公序良俗違反の問題が争われており、商法二〇四条一項違反及び同二一〇条違反の問題は争われていない。しかし事実関係のところで確認したように、Y会社社員持株制度への参加者は、取得株式について、退職時に、Y会社に、取締役会決定価格で、所有株式全部を譲渡することとされており、これは原則として株式譲渡自由の原則を強行法的に保障している商法二〇四条一項に違反するおそれがある。また参加者から株式を買い戻すのはY会社である。これは原則として自己株式取得を強行法的に禁止している商法二一〇条に違反するおそれがある。以下において両条文の本件事実関係への適用について考えてみよう。

2　商法二〇四条一項

商法は二〇四条一項本文において原則として株式譲渡の自由を強行法的に保障している。つまり株主は原則としてその持株をいつでも、誰にでも、いくらででも、どれだけでも自由に譲渡できる。その立法趣旨としては、株式会社においては株主は原則として会社から投資を回収できないので、その持株を他に売却して投資を回収する必要のあること、会社が自社株の譲渡を制限することを認めるならば、会社理事者がその権限を濫用して自らの個人的な利益を追求するおそれのあること、および経済的な強者である会社理事者と経済的な弱者である投資株主との間において株式の譲渡制限を当事者の自由に委ねるならば、株主の利益の害されるおそれのあること、があげられよう。商法は株式の譲渡制限については、会社と株主との間の自由な合意を認めず、強行法的に介入して投資者としての株主の利益を保護するという趣旨であろう。(5) 商法二〇四条一項本文は、その立法趣旨からして、会社による株式譲渡制限を対象とするものであって、会社による譲渡制限であれば、契約によるものであれ、定款や約款によるものであれ、規制対象となるが、(6) 会社と関係ない者による譲渡制限を規制対象とするものでないと解される。

商法二〇四条一項但書は例外的に株式の譲渡を会社が定款によって制限することを認めている。ただその制限は取締役会の承認を要するという形のものに限られるとともに、同二〇四条ノ二から明らかなように、取締役会に先買権者指定権を与えるという方法により譲渡の相手方を制限することだけが認められている。会社が定款の定めによって株式の譲渡を制限した場合には、取締役会の先買権者指定権の行使期間は二週間内に限られ（商二〇四条ノ二第三項）、指定された先買権者の先買権行使期間は一〇日内に限られている（商二〇四条ノ三第一項）。その先買権が行使された場合の株式の売買価格の決定方法については商法二〇四条ノ四において規定されており、これは公正な価格を決定する模範的な方法の一つと考えられる。つまり商法は取締役会に先買権者指定権を与えるという方法での株式の譲渡制限を認めているが、それは先買権者指定権の行使期間および先買権の行使期間が妥当なものであり、かつ売買価格が公正なものであることを要件としているものと思われる。株式の譲渡時期と譲渡量については、商法は何も規定していないので、株主の自由な決定に委ねられたままであると思われる。

会社が株式の譲渡を制限する場合には、例外的に（強者が弱者の権利を制約することを）認めるのであるから、会社は商法の規定を遵守せよ、ということになろう。とすると、会社が商法規定と異なる方法で株式の譲渡を制限することは原則として違法と思われる。定款による株式の譲渡制限についての商法規定からみて、会社が契約によって株式の譲渡を制限する場合にも、それが有効であるためには、先買権者指定権の行使期間および先買権の行使期間は妥当なものであり、かつ売買価格は公正であるであることを要件とするものと思われる。会社は原則として株式の譲渡時期および譲渡量には介入できないものと思われる。

Y会社の社員持株制度を事実上管理運営しているのはY会社であるので、それへの参加者に取得株式について特定の時期（退職時）に、特定の相手方（Y会社）に、特定の価格（取締役会決定価格）で持株全部の譲渡を強制することは、それを正当化する特別の事由のない限り、原則として商法二〇四条一項に違反する無効なものと考えられる。例外的にY会社とXとの間の株式買戻契約を正当化する特別な事由が存在する場合もありうる。本件の場合、Xは退職時に一株当たり七、五〇〇円で持株全部を譲渡することを強制されている。退職時に持株全部の譲渡を強制することおよびその際の譲渡価格として一株当たり七、五〇〇円を強制することを正当化する特別な事由があるか否かについて検討しよう。

まず、退職時に持株全部の譲渡を強制することを正当化する特別な事由があるか否かについて検討しよう。本件社員持株制度においては一定の年功と役職にある社員が株式を保有する資格を与えられており、これはその社員のそれまでの会社への貢献を評価するとともに、その社員の将来の会社への貢献を期待しているものと思われる。ところで、なぜ社員に株式をもたせることによって、その社員のそれまでの会社への貢献に報いることができるとともに、その後の会社への貢献が期待できるのであろうか。従業員の働いた成果が企業の利益と損失および企業の成長もしくは衰退となり、これが株式を通じて従業員に還元される。従業員がよく働いて企業利益が増大し、企業が成長するならば、株式の配当が増加し、株式の価値も増大する。しかしもし従業員の働きが悪く、企業が損失を被るならば、株式の配当はなく、株式の価値も下落する。場合によっては企業倒産により従業員は貯蓄（株式投資）と職場を一挙に失うという危険を負担する。それゆえ、株式をもたせることは、従業員の従来の労働成果に報いる一つの方法であるとともに、それによって従業員の勤労意欲を高め、将来の会社への貢献を期待できることとなる。

Xは Y会社に就職してから三年余りたった後に Y会社株式を与えられており、これは三年余の Xの会社への貢献を評価したうえで、Xを会社にとって将来を嘱望される人材と認めたがゆえになされたのであろう。このような場合、株式が通常公正な価格と考えられるものよりかなり低い価格で譲渡されることはその目的からして当然であろう。その代わりに、株式を取得した後短期間で会社を退職するような場合には、会社への貢献という社員持株制度の目的の一つがいまだ達成されていないので、退職者に持株全部の譲渡を強制することも正当化されるであろう。本件の場合、株式を取得してから退職するまで約一〇年の期間がたっており、社員持株制度の目的は十分に達成されているものと思われるので、退職時に持株全部の譲渡を強制することを正当化する特別な事由は存在しないと思われる。むしろ、従業員は退職後にこそ株式の配当によって生活を維持することまたは管理費用のかからない有利な資産として株式を保有することが必要であり、彼が長年にわたって一生懸命働いた成果を退職後も享受し続けたいと思うのは正当であろう。従業員が会社に大きく貢献したにもかかわらず、事実上会社によって退職を強制されたような場合には、ことにそうであろう。なおこのように解すると、閉鎖性の維持におけるY会社の利益が害されるおそれが生じる。しかし、Y会社はすでに社員以外にも大株主の存する社会的に大きな影響力のある大企業である。また、退職した従業員がその持株を譲渡しようとする場合には、定款の譲渡制限規定によって先買権者を指定できる。これを超えて閉鎖性の維持における会社の利益を保護することは、それが経済的な弱者である株主の利益を害することとなるゆえ、商法は、商法二〇四条一項の立法趣旨からして、認めていないように思われる。

本件の場合、Xに公正な価格より著しく低いと思われる一株当たり七、五〇〇円の譲渡価格を強制することを正当化する特別な事由が存するか否かについて検討しよう。これは実質的には判例が公序良俗に反しないとした五つの理由を検討することになろう。

まず、取得価格もしくはそれに近い特定価格での譲渡が正当化される場合を考えてみよう。本件の場合Xは公正な価格と思われるものよりかなり低い価格で株式を取得している。これはすでに見たように三年余のXの勤務を評価したうえでなされているとはいえ、取得後短期間の間に、社員持株制度の目的がいまだ達成されていない間に、株式を譲渡して利ざやをただ取りするようなことは許されないであろう。それゆえ、Xが株式取得後短期間の間に株式を譲渡するような場合には、取得価格もしくはこれに近い特定の価格で株式を譲渡することを強制することも正当化されるであろう。また、Xによる株式取得後株式譲渡までに、会社がほとんど利益をあげていないもしくは利益をあげていたとしてもその利益の大部分が配当に回されているような場合には、株式価値がそれほど増加していないと思われるので、取得価格もしくはこれに近い特定価格での譲渡を強制することも正当化されるであろう。したがって、判例が公序良俗に反しないとする第五の理由、つまり、株式取得後右株式の時価が無視し得ないほどに高騰したことを確認するに足りる的確な証拠はない、ことは取得価格またはこれに近い特定価格での譲渡を正当化する事由になると思われる。

本件においてXはY会社およびその小売部門であるB会社に約一三年間勤務しており、B会社についてはその設立に携わり、退職前にはその最高責任者の一人として、B会社の成長・発展に大きく貢献しているものと思われる。また、Ｘの退職は株式取得後約一〇年間勤務した後の退職である。この一〇決算期のＹ会社の配当性向の平均値は一〇・三パーセントであり、Ｙ会社の当期利益の大部分は内部に留保されている。それゆえ、Ｙ会社の株式価値の増大には著しいものがあると思われる。そしてこれはＸの長年にわたる労働の成果でもある。Ｘに関する限り、Ｙ会社の社員持株制度の目的は十分に達成されていると思われる。取得価格もしくはこれに近い特定価格での譲渡を正当化できると思われる二つの事由、つまり、取得後短期間での譲渡と取得後株式価値の増加していない場合の譲渡は、Ｘに関しては、当てはまらないと思われるので、株式の譲渡価格は企業の成長を反映する公正な価格であるべきように思われる。このことは本件Ｙ会社株式の証券取引所上場が間近いもしくはＹ会社がいつでも上場可能な規模の大企業と考えられるだけになおさらそのように思われる。

判例が株式の買戻価格は公正な価格と思われるものより著しく低い価格であっても公序良俗に反しないとする残る四つの理由について検討しよう。

まず、Ｘの株式取得代金が二〇〇万円であったことは、Ｘに株式譲渡代金として三〇〇万円を強制する正当な事由となるか否かについて検討しよう。Ｘは株式取得時に公正と思われる価格よりかなり低い価格で株式を取得している。これはＸの入社後三年余の勤務状態が評価され、Ｘの将来を特に嘱望して、つまりＸをＹ会社に定着させるとともにより一層の意欲を持って働いてもらうためになされたものである。また、Ｙ会社の社員持株制度においても多くの従業員持株制度と同じく従業員の財産形成ないしは福祉の向上という目的も無視し得ないであろう。とすれば、Ｘの株式取得が公正な価格と思われるものより低い価格でなされていること自体はむしろ当然なことであろう。ただこのような場合、Ｘが公正な価格での株式譲渡を要求するには低い価格での株式取得が認められた目的を満たすことが必要であろう。Ｘは株式取得後約一〇年間株式を所有し続けかつ勤務を続けてＹ会社に大きく貢献しているので、XをY会社に定着させるとともにより一層の意欲を持って働いてもらうという目的は十分に満たされていると思われる。また、公正な価格での譲渡が、これより著しく低いと思われる価格での譲渡よりも、従業員持株制度のもう一つの目的と考えられるXの財産形成に役立つことは明らかである。本件の場合、Xの株式取得費用は贈与税を加えると三八一万円になる。株式譲渡代金とされる三〇〇万円はその取得費用にも及ばない。一〇年間のインフレおよびY会社の著しい成長を考慮すれば、これは余りにも低すぎるように思われる。本件では株式配当によりXの持株数は四倍になっている。このような大幅な株式配当は通常大幅な企業成長を反映するものであろう。そうとすれば、株式配当後の株式の譲渡価格はこの大幅な企業成長を反映するのが当然と思われる。

Xが株式取得後退職するまでの約一〇年間に八〇〇万円の配当を得ていることは、Xに三〇〇万円での株式譲渡を強制する正当な事由となるか否かについて検討しよう。Xの株式取得費用である三八一万円に対する年平均の利回りは二一・〇パーセントになる。これはかなり高い利回りではあるが、有能な人材が職場に定着し彼に意欲的に働いてもらうための株式投資であることおよび約一〇年間にわたる長期投資であることを考えるならば、相当な利回りであるとも考えられる。株式投資は投資危険を負担しない単なる利益分配制度とは異なるし、固定利息が得られ元本回収を担保する手段のある債権投資でもない。株式は投資危険を負担しているのであって、長期にわたって欠損続きで配当のなかったことが公正な価格より著しく高い価格での売付強制を正当化する理由にはならないのと同じく、長期にわたって高額の配当が続いたということは公正な価格より著しく低い価格での譲渡強制を正当化する理由にはならないであろう。Xが株式を取得してから退職するまでのY会社の一〇決算期における配当性向の平均値は一〇・三パーセントであり、この間、Y会社では企業利益の大部分が内部に留保されているので、Y会社の株式価値の増大には著しいものがあると思われ、そしてこれはXの労働の成果でもある。約一〇年間にわたって株式を保有し続け働き続けた後の株式譲渡は配当の如何にかかわらず、企業の成長を反映する公正な価格によるべきであろう。

Y会社では定款の定めにより株式譲渡に取締役会の承認を要することが、Xに持株を三〇〇万円で譲渡することを強制する正当な事由となるか否かについて検討しよう。定款の定めにより株式譲渡に取締役会の承認を要する場合には、確かに市場における自由な売買は予定されていない。しかし本件Y会社は優に上場会社に匹敵する規模の大企業であり、その株式は上場間近いと予想される。それゆえ本件株式については容易に買手を見いだすことができると思われる。また定款で譲渡を制限されている株式についても商法は投資回収のための取引を保障しているのであって、その取引の際の価格は会社が譲受人を指定する場合には商法二〇四条ノ四によって決まるような公正な価格によることとなる。

Xが退職した頃の株式の評価について、手近に利用可能なものとして貸借対照表上の純資産価値二二万二、四九五円、第三者割当の際の発行価格二五万円、日経ビジネス誌の評価二八万三、〇二〇円がある。このうちいずれが公正な価格にもっとも近いのであろうか。純資産価値は資産取得後の資産価格の上昇およびのれん価値を含んでいないので公正な価格とはいえないであろう。第三者割当の際の発行価格は通常公正な価格より幾分か割引かれる傾向にあると思われるので、公正な価格はこれを上回るものと思われる。とすると、企業の収益力も含めて専門家が総合的に評価していると思われる日経ビジネス誌の評価が先にあげた三つのうちではもっとも公正な価格に近いと思われる。とすれば、一株七、五〇〇円は公正な価格と思われるものの三八分の一にすぎない。いずれにしろY会社株式は未上場ではあるが、その公正な価格と思われるものを見い出すことはそれほど困難なことではないと思われる。

なお、判例には、買戻価格が取得価格と同じであっても公序良俗に反しない理由の一つとして、未上場株式について（持株会から）退会の都度個別的に引取価格を定めることが実際上難しい、ことをあげるものがある（昭和六二年事件）。しかし、従業員持株制度を実施している会社の多くは小規模の家族的な企業ではなく、株式を上場していないとはいえ、社会的な影響力のある、上場会社に匹敵する規模の大企業である。(7) それゆえ、これらは毎決算期公認会計士の監査証明を受けた貸借対照表を公表しており、これから貸借対照表上の一株当たり純資産価値を計算することは簡単にできる。この一株当たり純資産価値を手がかりとして商法二〇四条一項の趣旨に反しない公正な買戻価格の算定方式を定めておくことはそんなに難しいことではなかろう。

3　商法二一〇条

商法二一〇条は原則として会社による自己株式の取得を禁止している。その立法趣旨としては、会社に有償での自己株式の取得を認めるならば、会社資産の充実を害し、株主・会社債権者の利益を害すること、会社に株式を売却する株主と売却しない株主との間に機会の不均等をもたらし、株主平等原則に反するおそれのあること、および会社による自己株式の売買を利用して会社理事者が自己の個人的利益を追求するおそれのあることがあげられよう。その立法趣旨からして、会社が自らの危険において自己株式を有償で取得する場合のみならず、会社が他の者に自己株式取得資金を貸付ける場合にも株式の売買損益が実質上会社に帰属する限り商法二一〇条に違反するものと思われる。

昭和五七年事件と平成元年事件の判決は、商法二一〇条の立法趣旨が会社財産の安全確保にあると見ることにより、同条によって保護されるべき者は会社、会社債権者、一般株主等であって譲渡人ではないから、同条による無効の主張は、特段の事情のない限り、会社側にのみ認められ、譲渡人から主張することは許されないものと解して、株券を所持する譲渡人に会社への株券の引渡しを命じた。

商法二一〇条違反による無効の主張が会社側に認められるのは、同条違反という違法状態の発生を阻止するもしくは発生した違法状態をなくするためである。商法は同条違反という違法状態を裁判所が積極的に作り出すことを認めているとは思われない。

昭和五七年事件および平成元年事件の判旨によれば、少なくとも、譲渡人が株式の譲渡先は会社であると知っている場合には、会社側からの無効の主張を認めることとなるであろう。[8] とすると、従業員持株制度においては従業員株主は株式の譲渡先が会社であることを知っているであろうから、会社側からの無効の主張は可能であり、会社は無効を主張して株券の買取りを拒否することもできるし、両判決のように株券の買取りを請求することもできることになろう。これでは従業員株主の危険負担において会社が投機的利益を得ることが可能になろう。したがって、従業員株主の利益が害される可能性は十分にあるから、昭和五七年事件の判旨のように、譲渡人はなんら不利益を被らない、とはいえないであろう。

本件Y会社の社員持株制度においては従業員が退職すると会社がその所有株式を買い取ることになっている。この株式は在職従業員に転売することが予定されているが、会社が買い付けた自己株式は必ず在職従業員に売れるとは限らない。従業員は株式の割当を受けても購入を拒否することはできる。それゆえ会社は買取代金を全額回収できるとは限らない。このような可能性がある限り、会社が自己株式の買取資金を負担することは、会社資産の充実を害するおそれがあり、商法二一〇条に違反する。

本件社員持株制度においては会社が買取資金を負担して自己株式を取得することが制度化されている。このような場合、会社は制度参加者全員を同じ取扱いにしなければならないであろう。会社の経営状態が良好なときに、ある参加者からの株式買取資金を会社が負担したとすれば、会社の経営状態が悪化したときにも多数の参加者が退職して株式の買取りを求めると、会社はその買取資金を負担しなければならないであろう。だがこのような行為は会社の債権者を害するおそれがあり、債権者取消権（民法四二四条）の対象となるであろうし、株主平等原則に反するものとして、他の株主からの無効の主張が可能であろう。

商法二一〇条違反の取引は原則として無効であって、その無効を主張するにつき正当な利益を有するものはその無効を主張できると思われる。本件Xは先に見たとおり退職後も株式を保有し続けることに正当な利益を有すると思われるので、商法二一〇条違反による無効を主張できると思われる。

五　民法の規制原理とその適用

1　序

私見によれば、X退職時の株式買戻契約はすでに述べたように商法二〇四条一項および同二一〇条に違反して無効であるので、この契約への民法規定の適用について考慮する必要はない。

従業員持株制度は通常会社の経営政策の一環として会社によって計画・実施されており、その内容に従業員の意思を反映する余地はほとんどない。この場合には、会社から完全に独立している従業員持株制度というものはまずないと考えられる。とすれば、商法二〇四条一項の解釈について通説的な立場（会社が契約の当事者であるか否かによって同条の規制対象となるか否かを区別する立場）を採る限り、従業員持株制度における株式の譲渡制限は商法二〇四条一項の規制対象となる。商法二〇四条一項の立法趣旨は株主の投下資本の回収の保障であり、投下資本の回収とはキャピタル・ゲインも含む、つまり株式の公正な価値による回収と考える限り、それは通常の従業員持株制度の制度目的（従業員の勤労の成果が企業損益になることを利用して企業の生産性向上と従業員の財産形成を図る）に合致する。それゆえ、通常の従業員持株制度の場合には、商法二〇四条一項による処理で必要かつ十分であろう。しかしながら、先に見たとおり、判例は従業員持株制度における従業員退職時の株式買戻契約について商法二〇四条一項もしくは同二一〇条に違反しないとしており、そうであるとすれば同契約への民法規定の適用について検討する必要がある。また昭和六二年事件、平成元年事件および本件の各判決は同契約について民法九〇条公序良俗違反を問題としている。それゆえ以下においてはX退職時の株式買戻契約が商法二〇四条一項もしくは同二一〇条に違反しないまたはこの両規定が存在しないと仮定して、同契約への民法規定の適用について考えてみよう。

従業員持株制度における従業員退職時の株式買戻契約への民法規定の適用に際してまず問題となるのは同契約と民法二五六条との関係であろう。次に問題となるのは判例でも検討されているように民法九〇条の公序良俗違反の問題であろう。さらに民法一条二項の信義則違反も問題になると思われる。これらについて順次検討しよう。

2　民法二五六条

従業員持株制度においては株式買戻契約の確実性を担保するためにしばしば従業員保有株式に関する株券を会社等が預かり保管するとともに従業員による株券等の引出を禁止することを契約等で定めている。このような場合の多くにおいて、従業員は特定の株券を所有するのではなく、株券は会社等に混蔵寄託され、従業員は寄託物全体のうえに寄託した株式数に応じる持分による共有権を有する。このような場合、従業員による株券等の引出しを禁じる契約等の有効性が問題となる。

退職時の株式買戻契約に追加して従業員による株券等の引出を禁止することの目的として考えられることの一つは、従業員所有株式を一括して特定の者の支配下に置き続けることであろう。とするとこれは、このような契約の全体でもって分割可能な共有財産の分割請求を禁止する特約と見ることができるように思われる。とすれば、このような契約全体が民法二五六条一項によって五年間しか効力を有しないと考えられる。この分割禁止期間は更新できるが更新の時より五年を超えることができない（民法二五六条二項）。

従業員が特定の株券に対して所有権を有する場合には、たとえその返還時期が契約によって定められていたとしても、従業員はいつでもその株券の返還を請求できる（民法六六二条）。

3　民法九〇条

従業員持株制度における従業員退職時の株式買戻契約が民法九〇条の公序良俗に違反しないかどうかが裁判所で争われた事件は、先に見たとおり三件ある（昭和六二年事件、平成元年事件、本件）。これら三件の判例が、株式の買戻価格は株式の公正な価格と思われるものより著しく低いと考えられる場合にも、株式買戻契約は同条に違反しないとした理由は五つあった。この五つの理由については商法二〇四条一項に関するところで実質的な検討を行った（前掲四2参照）。

従業員持株制度において株式の買戻価格が従業員の株式取得価格と同じである場合について、これは原則として民法九〇条違反であると解する説として神崎教授の説がある。同教授の見解を見てみよう。「従業員持株制度において、従業員がその地位を離れる場合には、従業員持株制度によって取得した株式を会社又は管理委員会に対して取得価格で譲渡しなければならないということは、従業員に対して、従業員持株制度によって取得する株式につき売却益の獲得を否定することであり、株式投資の利益を利益配当に限定しなければならないことを意味する。しかし、このことは、会社の事業経営による利益がすべて利益配当として株主に分配される場合を除いては株式投資の本質に反するものである。そして、配当性向が高くない場合、すなわち、会社の当期利益の相当部分が利益配当として株主に分配されない場合には、かかる約定は、従業員持株制度によって株式を取得した従業員から、その者が本来受けるべき重要な利益を奪うものであり、不合理なものとして公序良俗に反する無効なものと解される[9]」。また、同教授は株式の買戻価格について次のように述べる。「譲渡価格について会社又は管理委員会と従業員の間でその算定方式を合意しておくことが有益である。しかし、そのような合意が有効であるためには、その合意に従って算定される価格が株式の真実の価値と合理的な関連性をもっていることが必要である。しかるに、株式の真実の価値と合理的に関連するものと認められる株式の純資産価格又は類似業績会社の株価等とは全く無関係に、株式の取得価格を会社又は管理委員会への譲渡価格とする合意は、かかる合意の有効性の要件を欠くものとして無効と断ぜざるを得ない[10]」。

従業員持株制度のもとでキャピタル・ゲインを実質的に排除する事前の合意を、当然に無効とすることに疑問を持つ見解として森本教授の説があるように思われる。同教授は、次のように述べる。「投資理論としては、確かにキャピタル・ゲインも株の本質的な価値ですが、閉鎖会社の従業員持株制度のもとでのキャピタル・ゲインを実質的に排除する事前の合意を、当然に無効とすべきかどうかなお検討の余地があるのではないでしょうか。そういう約定のもとで利益配当をゼロにしたとか、そういう特別の事情があれば別ですが、少なくとも通常の同業他社並の利益配当、ないしそれに若干上乗せするような額面の二割といった利益配当がなされ、かつ取得の際にも若干の奨励金等が支給されているような場合には、これを民法九〇条の問題とすると、もちろん無効となる場合もあり、慎重に判断すべきですが、ならない場合もあるのではないでしょうか」[11]。森本教授の見解はやや不明瞭ではあるが、同教授は、従業員持株制度において株式買戻契約が従業員の株式取得価格と同じ場合であっても、同業他社並みもしくは額面の二割の配当がなされていれば、それは原則として民法九〇条に違反しない、と解するように思われる。

本件では株式の買戻価格は従業員の株式取得価格とは異なる。基本的には神崎教授と同じ見解を採りながらも、本件の株式買戻契約については、公正な価格での買い戻しであり、公序良俗に反しないと解する説として山口教授の説がある[12]。通常、公正な価格とは、神崎教授も述べるように、純資産価格または類似業績会社の株価等に関係して、客観的に定まるものである。本件の場合、一株七、五〇〇円という株価が純資産価格もしくは類似業績会社の株価等に関係する公正な価格でないことまたは配当の資本還元価格でないことは明らかなように思われる。

これらの判例・学説をどう解したらよいのであろうか。

株式は無記名債権に類するものとして民法八六条三項によって動産とみなされることになるが、動産の買戻契約については、民法上特別な規定はなく、したがって当事者の自由な合意に委ねられている。公正な価格と思われるものより著しく低い価格で退職従業員より株式を買い戻し、同じ価格で在職従業員に株式を譲渡することは、一般には株式投資の利回りと安全性を高めることになるので、従業員持株制度の運営においてきわめて便宜である。公正な価格より著しく低い価格での株式買戻には、明らかに形式的合法性と実務的便宜性があると思われる。とすれば、公正な価格より著しく低いと思われるような価格で株式を買い戻す契約も原則として不合理なものでなく、公序良俗に反しないことになりそうである。したがって、判例や森本教授の説のように、ある程度の配当をしていれば、従業員の取得価格で会社が株式を買い戻すことも公序良俗に反しないことになりそうである。しかしこの説には次のような問題があるように思われる。従業員が会社の設立や資金調達に協力して株式を取得し、その後従業員が長年勤めて企業の発展に貢献し、会社が上場会社もしくはいつでも上場可能な規模の企業に成長し、株価が数十倍になった後にもなお、従業員に取得価格での譲渡を強制することには合理性がないと思われる[13]。これはまた、通常、従業員持株制度の目的にも合わないと思われる。従業員持株制度においては、利益分配制度と異なり、従業員は投資危険を負担している。従業員持株制度においては従業員がキャピタル・ゲインを取得することは原則として正当であると思われる。

神崎教授の説の特徴は、従業員持株制度の趣旨を重視することにあるように思われる。「企業利益の分配に預かるというのが、従業員持株制度の主たる動機というか、趣旨なのです。そういうシステムのもとで行われるものは、広い意味でいえば、投下資本の回収を図るような仕組みのものでなければいけない。投下資本の回収を図るというのは、株主として参加するということは、やはり株式の価値が増えていれば、もしもそれを処分する場合にはそれに見合って処分価格が決められるということが制度の趣旨となる[14]」。それゆえ、神崎教授によれば、株式の買戻価格は公正な価格でなければならない。神崎教授の説には次のような疑問点があるように思われる。同教授の説によれば、株式の買戻価格は常に公正な価格であることが要求されるように思われる。とすれば、従業員が株式取得後短期間でその株式を譲渡する場合にも公正な価格での買戻しが要求されるように思われる。つまり、従業員が時価より低い価格で株式を取得して短期間のうちにその株式を譲渡して売買差額を稼ぐことを認めることになるように思われる。これを認めることは従業員持株制度の趣旨に反するように思われるがいかがであろうか。株式買戻契約は公正な価格によるのでなければ無効であると解すると、当事者の意思としては、売却価格またはこれに近い特定価格での買戻しを条件として売却しており、それが許されないなら株式を売却しなかったのにということにはならないであろうか。もしそうであるとすると、株式の売却契約も無効となり、株式は従業員が株式を取得する前の持主に戻されることになるのではないか。もしそうであるとすると、多くの場合、結果的には不公正な価格での株式買戻を認めたのと同じことにならないか。従業員からの株式買戻契約は無効だが、従業員への株式譲渡契約は有効ということはいえないのではなかろうか。さらに、公正な価格での株式買戻契約でないと無効と解するならば、株式買戻契約そのものが無効になると思われる。公正な価格によるなら株式買戻の請求を認めてもよいように思われるがいかがであろうか。

判例もしくは学説のいずれを採るかは結局のところ各人の従業員持株制度観および倫理観によることになるのであろう。

私見によれば、株式価値の増減は企業の経営結果によって決まるが、企業の経営結果は従業員の労働の結果でもあり、このことを積極的に利用して、企業の生産性向上と従業員の財産形成を図るのが従業員持株制度である。とすれば、従業員が株式取得後長年にわたって企業成長に大いに貢献し株式の時価が取得価格の数十倍にもなったときに、取得価格もしくはこれに近い特定価格での譲渡を強制することは不合理である。基本的には株価の上昇分（これは従業員の勤労の成果でもあるので、従業員の働いた成果は従業員に与えるべきと思われるので）は従業員に与えるべきであろうと思われる。これが一般には従業員持株制度の制度目的に合うとともに社会に一般的に存する倫理観にも合うと思われる。したがって、私見は基本的には神崎教授の説に与みするが、これにもすでに述べたような問題点があるように思われる。これらの問題点は、公正な価格によらない株式買戻契約の問題を民法一条二項の信義則違反の問題として考えることによって解決できるように思われる。

4　民法一条二項

従業員持株制度は通常会社の経営政策の一環として計画・実施されており、これに従業員の意思を反映する余地はほとんどない。従業員の意思によりその内容が変えられる可能性はまずない。株式買戻契約において株式を買い戻す当事者は会社もしくは会社経営陣に属する者であることが多く、株式を売り戻す従業員に対して優越的地位にある。当事者の間のバーゲニング・パワーの差は企業と一般消費者の間のそれよりはるかに大きく、当事者の関係は支配・従属関係に近いといってもよいように思われる。場合によっては、従業員の株式買取りおよび売戻しが事実上強制されることもあるように思われる。

従業員持株制度は通常企業の生産性向上と従業員の財産形成を目的とするものであり、株式をある程度従業員が継続して保有することおよびその間従業員が在職し続けることを前提としていると思われる。

従業員の株式取得後長年を経て、従業員の企業への貢献によって株価が取得価格の数十倍にもなった後においても、なお公正な価格より著しく低い取得価格もしくは従業員が決定に関与していない特定価格での譲渡を従業員に強制することは不合理であると思われる。

このように考えると、公正な価格より著しく低い取得価格もしくは従業員が決定に関与していない特定価格での株式買戻契約は、従業員が従業員持株制度の実施主体である会社もしくは会社経営陣の信頼に反した場合、その信頼に反した従業員に不当な利益を与えないという趣旨のものであると解することができるように思われる。とすれば、同契約の有効性を主張できるのは会社もしくは会社経営陣の信頼に反して不当な利益を得ようとする従業員に対してのみであろう。会社もしくは会社経営陣の信頼に応えた従業員に対しては会社もしくは会社経営陣もその信頼に応える義務があろう。つまり、会社もしくは会社経営陣は従業員の正当な利益を尊重して行動する義務があると思われる。とすると、会社もしくは会社経営陣は、信頼に応えた従業員に対しては、公正な価格より著しく低い取得価格または従業員が決定に関与していない特定価格で買い戻すことを強制することは信義則に反して許されないのであって、株式を買い戻すのであればその従業員の正当な利益を尊重したつまり公正な価格で買い戻さなければならないものと思われる。

何をもって従業員が従業員持株制度実施主体である会社もしくは会社経営陣の信頼に応えたことになるのかについては、一応の目処として、民法二五六条を参考として、従業員が株式取得後五年間在職し株式を保有し続けたことでもって信頼に応えたと推定してよいと思われる。

このような考えはいわば信義則違反説ということができると思われるが、そのメリットは次の点にあると思われる。

従業員が会社もしくは会社経営陣の信頼に反した場合、具体的には五年間の在職または五年間の株式継続保有に反した場合には、取得価格もしくはこれに近い特定価格での株式買戻を認める。一方、従業員が会社もしくは会社経営陣の信頼に応えた場合、具体的には五年間を超えて在職しかつ株式を保有し続けた場合には、公正な価格より著しく低い取得価格または従業員が決定に関与していない特定価格での株式の買戻は否定するが、公正な価格での株式買戻は認める。つまり、従業員が信頼に応えた場合には、会社もしくは会社経営陣は公正な価格より著しく低い価格での株式買戻を請求できないが、公正な価格での株式買戻を請求できる。このような解釈は、従業員持株制度の制度目的に合致するのみならず、当事者間の衡平な利益調整にも合致し、信義則の正義衡平的機能を生かすことにもなると思われる。

六　実行可能性

公正な価格より著しく低い取得価格もしくはこれに近い特定価格での株式の買戻契約が有効であるとすれば、転売によってその株式を同じ価格で取得する従業員にとっては株式の投資利回りが高くなるとともに投資危険は低くなる。それゆえ、従業員は、多くの場合、喜んで株式を取得するであろう。したがって、それが有効であることは従業員持株制度の運営においてきわめて便宜である。ところがそれが無効であり、公正な価格で株式を買い戻さなければならないとすると、転売によってその株式を同じ価格で取得する従業員にとっては株式の投資利回りが低くなるとともに投資危険は高くなる。それゆえ、従業員が株式の取得を嫌がる可能性は大きくなるであろう。したがって、それが無効であるとすれば従業員持株制度の運営は困難になるおそれがある。この問題をどのように解決すべきであろうか。

従業員持株制度における株式の売買が公正な価格によるものとすれば、株式を取得する従業員の投資利回りを高めかつ投資危険を低めて従業員が株式を取得し易くするために、会社は株式を取得する従業員に奨励金を支給することが必要となろう。この奨励金の額としては公正な株価の一〇パーセントから二〇パーセントが考えられよう。そうすれば、株式を取得する従業員が実際に負担するのは公正な株価の九〇パーセントから八〇パーセントとなろう。もし従業員が株式取得後五年以内に自己の都合により退職もしくは株式を譲渡する場合には、原則として従業員が株式の取得に際して実際に負担した金額で株式を買い戻すこととする。このようにすれば、会社の負担する奨励金は決して無駄ではなく、従業員の定着と自社株への長期投資を勧めるものとして経営上有益なものとなろう。

従業員持株制度における株式の売買が公正な価格によるものとして、その公正な価格はどのように決めたらよいのであろうか。これは基本的には前決算期の貸借対照表上の一株当たり純資産価値とすることが許されよう。このようにすれば、公正な価格産出のための特別な経費は必要でなく、毎決算期ごと自動的にそれが決まることになる。このようにすれば、株式の売買価格は原則として決算期ごとに異なることとなるが、株式が企業の持分である以上また純資産価値がある程度従業員の勤労の成果である以上やむを得ないものと思われる。

会社が従業員に株式取得に際し一〇パーセントから二〇パーセントの奨励金を支給したとしても、従業員の株式売却希望に応じて従業員の株式買取希望が現れないおそれがある。このような場合に売却を希望する従業員の株式現金化を助け株式の社外への流出を避けるために、あらかじめ株式買取ないしは株式プール機関を設けておくことが必要であろう。このような機関としては、発行会社とその子会社は商法二一〇条と同二一一条ノ二により株式を取得できないので、持株会や子会社でない関係会社、場合によっては創業者同族も利用することが可能であろう。このような機関に対して発行会社が株式取得資金を貸付けることも可能であろう。ただしその場合に商法二一〇条もしくは同二一一条ノ二に違反しないためには、株式の売買損益が実質的に見て発行会社もしくはその子会社に帰属しないことが必要であろう。(15)(16)

（1）「法人所得三〇、〇〇〇社ランキング」東洋経済臨時増刊（一九八四年）による。

（2）「日本の会社ベスト五〇、〇〇〇」東洋経済臨時増刊（一九八五年）による。

（3）この事件については参照、市川兼三「従業員持株制度と株式買戻」商事法務一一五三号二〇―二一頁（一九八八年）。

（4）参照、市川兼三「従業員持株制度と株式社内留保契約」香川法学一二巻三号三六頁（一九九二年）〔本書第二編第三章三八一頁所収〕。

（5）参照、岡咲恕一『新会社法と施行法』三五頁（一九五一年）。
（6）昭和二五年商法改正法施行法二条二項は「新法に抵触する定款の定め及び契約の条項は、新法施行の日から、その効力を失う」と定め、商法二〇四条一項本文が定款の定めのみならず、契約による譲渡制限も規制対象としていることを明らかにしている。
（7）参照、市川・前掲（注4）一六頁（本書三六一頁）。
（8）会社が自己株式を取得して一ないし三年後に倒産した場合に、無価値となった株券と交換に譲渡人に株式売却代金の会社への返還を命じた判決として、大阪地方裁判所昭和三一年六月二九日判決（下級裁判所民事判例集七巻六号一七〇八頁）、東京地方裁判所昭和五六年六月二九日判決（判例時報一〇二六号一二五頁）がある。譲渡人の予期に反してその利益の害されることははなはだしいように思われる。
（9）神崎克郎「従業員持株制度における譲渡価格約定の有効性」判例タイムズ五〇一号六―七頁（一九八三年）。
（10）同・七頁。
（11）森本発言、河本他『従業員持株制度――企業金融と商法改正1』八〇頁。
（12）山口賢「従業員持株会と退職時の株券の返還」商事法務一二六六号三四頁（一九九一年）。
（13）従業員持株制度における従業員の株式取得が会社の資金調達のための新株発行に応じての新株の入手であることが少なくないことについては参照、市川・前掲（注4）二八頁（本書三七三頁）。本件についても、XはB会社株式と交換にY会社株式を取得したと主張しており（判例時報一三八五号一二六頁）、そのB会社株式をXはB会社設立に際しての同社への出資によって取得しているものと推測される。このXの主張および推測が事実である可能性は十分にあると思われる。
（14）神崎発言、河本他・前掲（注11）七九頁。
（15）平成六年（一九九四年）の商法改正により、会社は、一定の要件を満たすならば、従業員に株式を譲渡するために自己株式を取得することができるようになったので、その限りにおいて、会社自らが株式買取ないし株式プール機関となることができることとなった（参照、商二一〇条ノ二）。

(16)　本件被告(株式会社ワールド)は、平成四年に一対二、平成五年に一対一・五と株式数を三倍にする株式分割を行った後に、平成五年(一九九三年)一一月に大阪証券取引所第二部に株式を上場する。その時、一八〇万株の公募を行っているが、その五〇円額面株式一株の価格は四、四七〇円であった。その後、株式分割(平成六年五月実施)が行われる前までの同社の株価は、日本経済新聞社発行の『会社年鑑一九九六年版』によれば、五、八五〇円から四、四三〇円であった。本件で買戻の対象となっている株式は一、〇〇〇円額面であるので、これを六〇倍すると、三五万一、〇〇〇円から二六万五、八〇〇円になる。これに比べると、本件での株式買戻価格七、五〇〇円は、著しく低いということができよう。

事項索引

あ 行

か 行

さ 行

た 行

［著者紹介］
市川兼三（いちかわ　かねぞう）
現　在　香川大学法学部教授
1944年　徳島県に生まれる
1966年　香川大学経済学部卒業
1968年　神戸大学大学院法学研究科修士課程修了
香川大学経済学部助手、講師、助教授を経て
1981年　香川大学法学部助教授
1982年　同教授、現在に至る
1996年　博士（法学）（早稲田大学）

〈主要著書〉
『大企業の所有と支配―相互参加規制を考える―』（1994年　成文堂）
『株式会社法入門―新聞記事に学ぶ―　三訂版』（1999年　成文堂）

従業員持株制度の研究

2001（平成13）年6月30日　第1版第1刷発行

著　者　市川兼三
発行者　今井　貴
発行所　株式会社信山社
〒113-0033 東京都文京区本郷6-2-9-102
電　話 03（3818）1019
FAX 03（3818）0344
出版編集　信山社出版株式会社
販売所　信山社販売株式会社
Printed in Japan

印刷・製本／勝美印刷・大三製本
ISBN 4-7972-3048-7　C3332
3048-012-050-010
NDC分類325.201